ROME 1720
SOUTERRAINE.

PARIS. — IMPRIMERIE DE Vᶜ DONDEY-DUPRÉ
Rue Saint-Louis, 46, au Marais.

ROME SOUTERRAINE,

PAR

CHARLES DIDIER.

NOUVELLE ÉDITION REVUE ET CORRIGÉE PAR L'AUTEUR.

PARIS.
LIBRAIRIE DE CHARLES GOSSELIN,
Éditeur de la Bibliothèque d'Élite,
9, RUE SAINT-GERMAIN-DES-PRÉS.

MDCCCXLI

ROME
EST SANS CONTREDIT
LA CAPITALE
QUE LES ITALIENS CHOISIRONT UN JOUR.
(NAPOLÉON.)

AU PAPE.

O voi, ch' avete gl' intelletti sani,
Mirate la dottrina che s'asconde
Sotto 'l velame degli versi strani.
DANTE.

ROME SOUTERRAINE.

I

ARDÉE.

— « Quel est, demanda Marius, ce château féodal qui se dresse là-bas sur la colline ? A voir sa masse vaporeuse ondoyer dans les brumes du matin, on dirait un de ces géans de l'Arioste, qui de loin défiaient les preux errans.

— » Ce géant de pierre debout dans le désert, répondit Anselme, c'est la ville de Danaé, la ville de Turnus. Jadis métropole d'un royaume, elle n'est plus aujourd'hui qu'un fief des Cesarini. Comme déjà au temps de Virgile, elle n'a plus que son nom. Nous allons la voir de près, car nous y devons faire rafraîchir nos chevaux. Le mien est tout baigné d'écume, et la tour d'Asture est encore bien loin. »

Anselme, en parlant ainsi, flattait de la main le petit cheval bai qu'il montait ; l'intelligent animal redressa brusquement sa tête courbée par la fatigue, et reprit l'allure rapide qu'il avait quittée ; les deux cavaliers, enveloppés dans leurs manteaux, et trottant côte à côte dans les prés humides, réveillaient en passant les troupeaux couchés au pâturage. Le tintement clair des sonnettes troublait alors le silence du crépuscule, pour s'aller confondre avec les premiers chants de l'alouette matinale, perdue bien haut dans la nue, et les derniers soupirs des rossignols nocturnes cachés dans les lauriers et les myrtes d'un ancien bois sacré d'Apollon.

Partis de Rome, les voyageurs avaient marché toute la nuit, et, comme Nysus et Euryale, de classique mémoire, traversé dans l'ombre et par des sentiers couverts ces champs laurentins dont l'Énéide nous a tant parlé. Théâtre des voluptés romaines, après l'avoir été des combats du pieux Énée et de la république naissante, ce fut comme un autre Baïa, tant les villas s'y multiplièrent. Aujourd'hui plus de villas, plus de délices; comme à Baïa, la nature semble s'être vengée de la mollesse des pères, en infligeant la fièvre aux enfans. Ce n'est plus qu'un désert, et sur ce désert règne la mort.

Sortis du bois d'Apollon, et entrés dans les vastes prairies de Camposelva, consacrées jadis à Vénus et aujourd'hui à la mal'aria, les cavaliers se trouvaient alors au-dessous de cette Lavinie des rois latins, qui, moins heureuse qu'Ardée, a perdu jusqu'à son nom royal, et n'a plus, dans la bouche du pâtre, que celui d'un hameau vulgaire, Pratica. Le Riotorto passé, ils s'enfoncèrent dans un bois fourré qui leur ferma soudain l'horizon, et leur déroba la plaine et le ciel. Les ténèbres étaient là profondes et pleines d'embûches; les buffles, hôtes farouches des bois romains, se dressaient à chaque pas devant eux comme des ombres, et fuyaient en mugissant à travers les halliers. Frappés de terreur par ces apparitions brusques et retentissantes, les chevaux se cabraient ou bronchaient contre les racines et les porcs-épics dont les noirs sentiers étaient partout hérissés. Les voyageurs, silencieux et tout imprégnés de la rosée nocturne, mirent leurs montures au pas, attentifs à ne pas se heurter eux-mêmes contre les branches en saillie.

Il fallait un intérêt bien mystérieux et bien puissant pour les avoir jetés à pareille heure dans ces déserts semés de tant de pièges. Préoccupés de leur propre sûreté et sans doute de plus hautes pensées, séparés souvent par la nuit et le lieu, ils cheminèrent assez long-temps en silence, et ne se rapprochèrent que lorsque, le bois et le ciel s'éclaircissant, l'aurore rendit par degré visibles les périls que la double obscurité de la forêt et du crépuscule leur avait dérobés.

Alors, comme pour faire diversion à leurs propres préoccupations et à leurs dangers, Anselme et Marius s'entretinrent des fables de cette mythologie si riante et si fraîche sur son doux théâtre et sous les cieux qui l'inspirèrent, si maussade et si pédantesque sur les bancs de l'école et sous des cieux sans poésie et sans éclat. Ils se surprenaient à parler, comme d'une aventure de la veille, de cette Danaé vaincue dans sa tour d'airain par la pluie d'or, puis livrée, elle et son nouveau-né, le nouveau-né le Jupiter, à l'inclémence de l'Océan. Cette jeune Grecque abandonnée, ils se la peignaient belle et voluptueuse comme leur Titien la leur a faite; ils la voyaient sillonner sur sa frêle barque, avec son fils au sein, l'immensité des mers, et, Moïse féminin, sauvée par les pêcheurs aborigènes, aborder aux côtes d'Italie pour y fonder Ardée, qui fut mère de Sagonte.

Enflammées par cette poésie primitive, leurs imaginations méridionales, car l'un et l'autre étaient Romains, se plaisaient à soulever le voile diaphane de toutes ces fables si vraies, si brillantes, mythes profonds qui recèlent toute la sagesse antique de l'humanité, et gazent l'histoire pour la mieux conserver. Ils aimaient à voir, dans une jeune mère chargée de la malédiction paternelle, et dans les vagissemens plaintifs d'un enfant proscrit au berceau, quelque migration de cette mystérieuse et infortunée nation pélasge, sœur aînée des Hellènes et mère de Rome, race errante et civilisatrice, qui fonda les premiers empires italiques, apporta à l'occident la charrue et les divinités domestiques, éleva sur les montagnes ces cités cyclopéennes dont les murailles de géans vivent encore, et qui, après avoir civilisé l'Italie et l'Europe, maudite des Dieux, comme le Caïn hébreu, poursuivie par l'ingratitude de ses propres enfans, dispersée, réduite en esclavage, bouleversée par les volcans, frappée à la fois de tous les fléaux de la terre et du ciel, disparaît des annales humaines pour n'y plus reparaître.

Cependant les cavaliers étaient sortis du bois, et le soleil des monts de la Sabine. Arrivés au bord d'une espèce de promontoire en saillie sur l'étroite vallée du Numicus, ils se trouvèrent face à face avec Ardée, assise au front du roc opposé, et comme la fille d'Acrise, sa fondatrice, inondée, par le soleil levant, d'une pluie d'or. Le château des Cesarini, qui commande la ville et la vallée, n'était plus cette masse grisâtre du crépuscule; illuminé par l'incendie, il nageait dans le feu, embrasant de son reflet volcanique l'onde jaune et lente du Numicus. Un sentier poudreux et tortueux conduisit les deux Romains à la rive du fleuve qui fut le tombeau d'Énée, et l'un et l'autre tressaillirent quand soudain les fers de leurs chevaux, toute la nuit muets sur la poussière des sentiers et sur l'herbe des pâturages, retentirent sur les dalles sonores de la voie antique. Ils l'avaient à dessein évitée, et s'étaient cachés dans les bois pour n'être ni entendus ni vus. Ce passage subit du silence au bruit les avait surpris, il y avait dans leur surprise une sorte de saisissement.

A peine en étaient-ils revenus, qu'ils furent rejoints sur le pont de Numicus par une caritelle, qui venait de Rome par le grand chemin. Marius fut le premier à l'apercevoir, et il se prit à rire, tant était bizarre le costume de l'homme qui la montait. Il était seul. Vêtu d'un habit écarlate tout bariolé d'or, et d'une culotte de peau jaune, à larges galons bleus ; il était chaussé de bottines à franges versicolores, et coiffé d'un énorme claque noir rehaussé d'un panache blanc et flanqué d'une vaste cocarde rouge. A sa ceinture de soie verte pendaient un tambour de basque et une trompette. L'attelage répondait au reste : le cheval fléchissait sous les caparaçons, les grelots, les rubans, les pompons dont il était affublé ; et la caritelle, peinte de toutes les couleurs les plus tranchantes, était chargée d'une pharmacie complète. Le nouveau venu était un Esculape de carrefour. Une si grotesque rencontre dans un pareil lieu contrastait étrangement avec le caractère austère et sérieux des ruines d'Ardée et des campagnes romaines.

— « Mais c'est le Catalan ! s'écria Marius.

— » A votre service, seigneurs cavaliers, répondit le faux docteur en se dressant de toute sa hauteur ; c'est moi-même. Si vos seigneuries désirent de la véritable poudre de Badajoz, j'en ai de première qualité. L'orviétan d'Orviète n'est rien auprès, et comparé à moi, le grand Lupi lui-même n'est qu'un empoisonneur, parole d'honneur et de Catalan. Mais, continua le charlatan en frisant fièrement sa moustache d'hidalgo, vos seigneuries aimeront mieux peut-être l'admirable histoire du fameux bandit Pépé Mastrilli de Terracine :

> Nella bella città di Terracina
> Nacque quest' uomo di sottil' ingegno...

On y voit comment l'amour lui fit commettre divers assassinats ; comment il fut banni des États-Romains et du royaume de Naples, sous peine d'être écartelé ; et comment, échappé des mains de la justice, il mourut dans son lit en état de grâce et de pardon. A moins, poursuivit-il avec volubilité, et cela convient mieux à d'aussi bons chrétiens que vos seigneuries, à moins, dis-je, qu'elles ne préfèrent l'histoire de l'empereur Néron, et des bienheureux apôtres saint Pierre et saint Paul, martyrisés par ce barbare empereur des Gentils. »

Le tambour de basque en main, le Catalan avait déjà entonné la première note de la ballade sacrée, car, au métier d'Esculape, il joignait, pour mieux attirer les chalands, celui d'Amphion de place publique.

— « Assez, assez, lui cria Marius en l'interrompant rudement ;

nous te faisons grâce du reste, fais-nous grâce, toi, de ton savoir-faire. Garde tes drogues pour la place Navone, et tes ballades pour le Capitole ; elles iront bien là avec les litanies des capucins d'Ara-Cœli. »

Il accompagna ces mots d'un sourire amer, comme s'il lui en eût coûté d'accoler le nom d'ignobles capucins au grand nom du Capitole.

— « Comme il plaira à vos seigneuries, répondit le charlatan sans se décontenancer, et en se rasseyant dans sa caritelle ; je ne force personne.

— » Çà, reprit Marius, contrarié de la rencontre, dis-moi, beau chanteur, où tu vas si matin et si loin de tes tréteaux ?

— » Hélas ! mes respectables cavaliers, les temps sont durs à Rome, et je m'en vais chercher fortune à Neptune ou à Porto d'Anzo.

— » Tu choisis mal ton public, car il y a là plus de cadavres à enterrer que de malades à guérir, et plus de baïoques à semer qu'à moissonner.

— » Dieu aidant, et avec le secours de saint Jacques de Compostelle, mon bienheureux patron, on tâchera de s'en tirer.

— » Au surplus, c'est ton affaire, passe ton chemin, et bon voyage ! »

Après avoir salué les voyageurs avec une humilité servile, le Catalan fouctta son cheval, et, pour l'animer davantage, se mit à sonner de la trompette. La légère voiture bondit, vola sur la voie antique avec la vélocité d'une flèche, et, tournant brusquement la colline d'Ardée, elle disparut. Mais on ouït long-temps encore le son clair et triomphal de la trompette, la première peut-être que le désert entendit depuis le clairon des légions romaines.

Anselme, qui pendant toute cette scène s'était tû, mais qui n'avait pas quitté de l'œil le malencontreux Catalan, fut quelques instans rêveur ; un froncement de sourcil et une contraction de lèvres dirent seuls qu'il venait de s'élever en lui quelque soupçon. Il ne fit part de rien à son compagnon, et ils gravirent en silence le chemin escarpé et glissant d'Ardée. Ils franchirent l'unique porte de la ville, que la ville était plongée encore dans le silence et le repos.

Si j'ai dit ville, c'est par un reste de respect pour l'antique capitale des Rutules ; c'est hameau que j'aurais dû dire, car le nom de hameau est le seul que mérite aujourd'hui la cité de Danaé.

Un plateau taillé de tous côtés à pic, une prairie fraîche et circulaire au sommet, une quinzaine de masures jetées sans ordre à l'entour, un vieux château féodal vide et délabré, de l'herbe partout, dans les cours, aux fenêtres, sur les murs; point de rues; quelques fragmens de murailles saturniennes, derniers vestiges de fortifications disparues; une poignée d'habitans ou plutôt d'ombres maigres et livides minées par la fièvre et la faim, telle est Ardée.

Ainsi réduite par trois mille ans d'existence, elle est encore le point le plus frappant du désert, soit pour la teinte chaude et magique des fabriques, teinte qui n'appartient qu'à elle seule, soit pour la variété pittoresque du paysage, et je ne sache pas dans toute la Campagne de Rome un site plus riche dans sa misère, plus beau dans sa décrépitude : riche de souvenirs et d'émotions, beau d'effets et de contrastes; seule richesse, seule beauté qui conviennent à de telles infortunes.

Contemporaine des volcans éteints d'Italie, son vieux nom d'Ardée est resté là comme un monument de ces temps fabuleux où *ardaient* encore les champs phlégréens du Latium. Rome n'existait point; on ne parla d'elle que bien des siècles plus tard. Cinquante-trois peuples divers labouraient alors ces campagnes latines, maintenant désertes, incultes; vingt-deux villes florissaient dans ces seuls marais Pontins, dont le nom est synonyme aujourd'hui de dépopulation et de mort; et, entre toutes ces villes, entre tous ces peuples, Ardée était estimée illustre et puissante. Ce qu'il en reste, on l'a vu.

Mais ce que les révolutions n'ont pu lui ôter, c'est ce que lui a donné la nature, la magnificence de son ciel, la fraîcheur de ses prairies. Bâtie au sommet d'un rocher creux et volcanique, sur le premier gradin du gigantesque amphithéâtre qui de la Méditerranée s'élève aux cimes neigeuses de l'Apennin, elle embrasse un horizon sans bornes du côté de la mer et du Tibre, fermé des deux autres par les monts de la Sabine et de l'Abruzze. Au pied des précipices qu'elle domine, ce n'est que vallons rians et fertiles, verts pâturages, eaux courantes, fontaines cristallines, végétation jeune et splendide. Au couchant, c'est la mer et ses brises, la mer et son infini; au nord, le Mont Albane, l'Ida des Romains, avec ses cités blanches, ses villas de marbre, ses lacs bleus, sa ceinture de forêts; plus haut encore, c'est le pays montueux des sages Sabins, premier séjour des aborigènes, quand le Soracte et le Mont de Circé étaient des îles, la plaine tout entière une mer; quand l'Océan battait les rochers de Palestrine et de

Tivoli. Dans ce magnifique cadre de montagnes aériennes, dont les lignes mouvantes ondoient à l'horizon comme les vagues d'un autre Océan plein de grâce et de variétés dans ses jeux, tout est plaine, solitude, mauvais air. Ici la côte de Laurente, où Lélius, les Scipions et Pline avaient leurs maisons de plaisance ; là le rivage morne et dépeuplé d'Antium, où la Fortune n'a plus de temple ; de tous côtés enfin, c'est la Campagne de Rome avec ses ondulations larges et prolongées, ses grands souvenirs, ses grands noms, son aspect sérieux, sa tristesse austère, ses pins agités du vent, ses aqueducs et ses ruines avec toutes les poésies du désert. Le soleil resplendissant et tiède d'une matinée de printemps répandait sur tout cela je ne sais quel air de fête et de bonheur qui semblait insulter à la désolation, au silence des terres saturniennes.

Assis au bord du précipice, sur le rocher à pic, les deux voyageurs contemplaient l'espace, en attendant que leurs chevaux fussent rafraîchis. Mais leur pensée n'était pas à la nature ; elle était toute à Rome, à Rome invisible, mais que leur œil devinait au loin.

— « Ami, dit Marius d'une voix forte, là, sous nos pieds, est le berceau de la République romaine, de cette république de géans dont notre enfance fut nourrie, et que nous avons juré de ressusciter. » — Et il indiquait du doigt un petit vallon plat traversé d'un ruisseau. C'est en effet là que, durant le siége d'Ardée, Tarquin le Superbe avait dressé son camp ; c'est là, sous la tente royale, et dans une orgie nocturne, qu'eut lieu ce pari fameux qui coûta à Lucrèce l'honneur et la vie, aux Tarquins leur couronne, et qui donna à Rome la République. Cette histoire, si bien racontée par Tite-Live, semble une aventure de notre âge, tant, de siècle en siècle, les passions ont toujours été les mêmes au cœur de l'homme !

Anselme fut frappé de ce rapprochement, et, se découvrant avec religion : — « Dieu veuille, dit-il, que la tour d'Asture soit pour nos descendans ce qu'est pour nous ce vallon sacré !

— » Dieu le veuille ! » répéta Marius. « Au reste, ajouta-t-il, nous pouvons prendre ici même une leçon salutaire, car ce lieu est fertile en enseignemens ; rappelons-nous qu'Ardée fut la mère de Sagonte, et que les Sagontins se firent de leur ville un bûcher, et qu'ils moururent pour la liberté. »

Les deux amis se serrèrent la main ; ils fixèrent l'un sur l'autre un regard qui semblait dire que c'était chose convenue entre eux, et que tout serment nouveau serait superflu. Leur âme romaine était dès long-temps vouée à une mort libre, et ils savaient bien qu'ils n'étaient pas hommes à reculer à l'heure du sacrifice.

Pendant ce temps, les habitans d'Ardée étaient sortis un à un de leurs bouges; ils reprenaient lentement et en silence leur lourde chaîne de tous les jours. L'un attelait à une charrette deux buffles rebelles qui se révoltaient sous le joug et soufflaient de rage; un autre s'efforçait de seller un cheval hérissé, fils indompté du désert, qui labourait la prairie de son pied de fer; quelques-uns jouaient déjà à la mourre. Les enfans, jaunes et bouffis, se roulaient tout nus au soleil matinal, des femmes maigres filaient sur leur porte. Personne ne prenait garde aux voyageurs, et, avec cette rudesse, cette inhospitalité du paysan romain, on passait et repassait devant eux sans les voir. Ils remontèrent à cheval et partirent.

Comme ils descendaient la colline toute percée de cavernes volcaniques habitées sans doute jadis par les Cimmériens, Troglodytes de l'Italie, et aujourd'hui par la misère, ils crurent entendre un gémissement sourd sortir d'un de ces hypogées ténébreux. Ils s'arrêtèrent, un cri plaintif leur parvint plus distinct. Ils remirent pied à terre, et pénétrèrent dans ce tombeau vivant. Un vieillard (chose horrible à voir!) un vieillard, plongé dans ces froides ténèbres, et couché sur la paille humide, se débattait là, seul et abandonné, contre les angoisses de la mort. Oublié par la charité ou plutôt par la misère publique, qui lui jetait chaque jour un morceau de pain noir, il n'avait rien mangé depuis deux jours, et, tandis que la faim lui déchirait les entrailles, la fièvre du mauvais air brûlait le reste de vieux sang qui le soutenait encore. Ils le traînèrent hors de cet affreux sépulcre, et le déposèrent au soleil. Les tièdes rayons le ranimèrent; quelques gouttes du vin que portaient les voyageurs dans ce désert manquant de tout lui rendirent peu à peu la vie. Les passans ne s'arrêtaient même pas, tant ils étaient faits à ce spectacle d'horreur. « Un de plus, » disait leur œil impassible et morne. « Aujourd'hui à lui, demain à nous. »

Un prêtre passa. Laissant du pain et de l'argent au moribond, les deux amis le recommandèrent à l'homme de Dieu, qui leur répondit, en hochant la tête : — « Je le veux bien, mais à quoi bon? Un jour plus tôt, un jour plus tard, qu'importe? Car, voyez-vous, c'est prêcher la vertu aux princesses romaines et la charité aux cardinaux, que de recommander la santé aux habitans d'Ardée. »

Quoique peu nouveau pour les deux Romains, le spectacle

d'une si horrible misère ne laissa pas de faire sur eux une impression profonde. Ils y puisèrent de nouveaux motifs d'action pour la grande œuvre qu'ils méditaient. — « Rome ! Rome ! murmuraient-ils tout bas en redescendant la colline, marâtre au cœur de fer, tes enfans meurent de faim à tes portes, et tu n'as pour eux ni pain ni pitié ! »

Une voie pavée, étroite et blanche, où ne passe personne, et que d'en haut on prendrait pour un gigantesque serpent déroulé dans les vertes prairies, conduit tristement d'Ardée à la mer par les champs Iemini et les bergeries de San-Lorenzo. Resserrée d'abord entre de petits coteaux percés de grottes, elle serpente à travers une suite de vallons solitaires, et s'ouvre dans une vaste plaine nue et remuée par les volcans, où croissent à peine de loin en loin quelques arbres, et où paissent de grands troupeaux de bœufs gris et farouches. Là le pavé cesse, et les pas des chevaux sont étouffés de nouveau par les herbes touffues. La scène change peu ; elle est triste dans son uniformité, et les accidens y sont rares ; tantôt c'est une tour du moyen âge qui se dresse mince et chancelante du milieu des ronces et de l'aubépine en fleur ; tantôt c'est un ruisseau qui glisse silencieusement dans un lit profond et sablonneux ; partout la solitude ; partout le silence.

Parvenus au bord de la mer, les cavaliers suivirent long-temps la grève, cheminant sur l'arène humide ; le flot soulevé par la brise leur disputait souvent le passage et venait en murmurant baigner les pieds des chevaux. Ils passèrent ainsi, battus de la vague et du vent, sous Torre Materna, fort de garde qui domine la plage du haut d'un roc rouge et déchiré. Craignant quelque mauvaise rencontre, surtout aux approches de Porto d'Anzo, ils quittèrent la plage ouverte et se jetèrent dans une gorge étroite et rocailleuse ; une rude et longue montée les ramena dans un haut pâturage riche et spacieux, mais d'un aspect sombre, bordé de chênes verts et d'oliviers sauvages. Un troupeau de cavales y paissait en liberté ; l'apparition subite des voyageurs les frappa d'une terreur panique, et tout le troupeau s'enfuit en bondissant, avec le bruit du tonnerre, emplissant la solitude de hennissemens belliqueux.

C'est là que commencent les campagnes de Porto d'Anzo, l'antique Antium, patrie de Néron. Aux villes impériales ont succédé les casins des princes romains ; à Néron, à Poppée, les Orsini, les Doria ; à Caligula, Albani ; à la Fortune, la Madone. Ces champs fameux ont bien mérité de l'art ; ils ont conservé dans leurs entrailles, pour nous les rendre intacts après quinze siècles de vandalisme, le gladiateur Borghèse et l'Apollon du Belvédère. Quant à la ville, ce n'est plus aujourd'hui qu'une assez méchante bourgade, pleine de ruines et de charbon, entourée de rizières pestilentielles et traquée par le mauvais air, entre les forêts et l'Océan.

— « Il faut par prudence, dit Anselme, tourner la ville et prendre par les bois. Nous retrouverons la plage après Neptune sous les ruines de la villa d'Agrippine. » — Ils quittèrent donc les prés et entrèrent dans une sombre avenue d'yeuses. Tout-à-coup une nuée de corneilles s'abattit sur la tête de Marius et fit cabrer son cheval.

— « O déesse d'Antium! que me veux-tu? s'écria-t-il avec un saisissement involontaire.

— » Rien que d'heureux, répondit Anselme en souriant; l'oiseau sacré prend à droite, le présage est propice, la Fortune est pour nous.

— » J'en accepte l'augure, répliqua Marius, en s'efforçant de rire; mais il y avait au fond de cette âme méridionale et païenne un germe de superstition que l'éducation de son pays et des habitudes d'enfance avaient développé. Il ne croyait pas en Dieu, et il croyait à une sorte de fatalité mystérieuse dont il se rendait mal compte, notion vague et confuse qui peuplait pour lui la nature de puissances occultes, et le rendait accessible à des terreurs qu'il commandait bien de sang-froid, mais dont il n'était pas toujours le maître.

— » Que vois-je, reprit-il soudain, se mouvoir là-bas à la lisière des chênes? ne dirait-on pas le Catalan?

— » C'est vraiment lui, dit Anselme en s'arrêtant. Ce misérable nous épierait-il? Il en a l'air.

— » Nous épier! répéta Marius pour qui ce mot fut un trait de lumière. Nous épier! Plus de doute, ce saltimbanque est un espion, et j'ai été sottement sa dupe au pont d'Ardée.

— » Non pas moi; depuis long-temps sur les places de Rome comme ici ce charlatan m'est suspect.

— » Malheur à lui! dit Marius. J'ai là de quoi payer les espions et les traîtres. » — En disant ces mots, il avait saisi le manche d'un poignard caché dans ses habits, et il lançait déjà son cheval du côté où avait paru le Catalan. Plus maître de lui et plus prudent, Anselme le contint. Aussi bien l'apparition s'était évanouie, et bientôt après on entendit résonner une trompette dans la direction de Porto d'Anzo.

— « Ce vil bateleur nous brave, dit Marius, l'œil enflammé de colère.

— » Qu'importe ? répondit tranquillement Anselme, pourvu qu'il ne nous suive ni ne nous découvre. Tu peux t'en remettre à moi du soin de le dépister ; je connais dans ces bois des retraites si profondes, que l'œil de Dieu lui-même nous y perdrait, le Dieu du Saint-Office, s'entend, car pour l'autre...

— » Oh! quant au mien, interrompit Marius, il ne me quitte pas ; où je suis, il est, car je le porte en mon cœur : mon Dieu est la liberté romaine.

— » Et la déesse d'Antium, n'est-ce pas ? »

Les deux amis sourirent, et s'enfoncèrent en des fourrés si épais, sous des dômes de verdure si impénétrables, qu'à midi y régnait la nuit, et qu'il ne fallait rien moins que la longue pratique d'Anselme pour ne pas s'égarer dans ces ténébreux dédales. Mais il marchait d'un pas sûr, il avait le fil du labyrinthe.

II

ASTURE.

— « Eh bien ! Oddo, demanda au sergent d'Asture une voix vénitienne sifflante et saccadée, avez-vous découvert quelque chose ?

— » Rien encore, répondit le sergent.

— » Voilà le soleil presque couché, et Anselme n'arrive pas. Il devrait être ici depuis long-temps.

— » Patience ! on ne chevauche pas dans nos bois comme on cingle en gondole sur vos lagunes. Pour moi, j'ai tant de confiance en lui que, ne vînt-il pas du tout, je dirais encore : 'il viendra.

— » Du reste, il n'est pas seul ce soir, dit un autre, que son cruscantisme dénonçait comme Toscan ; c'est là peut-être la cause de son retard.

— » Sait-on, demanda un troisième, avec un accent lombard fortement prononcé, quel est le mystérieux visiteur qu'il nous amène ?

— » Non, répondit le sergent ; mais ce doit être à coup sûr un carbonaro solide. Lorsque Anselme honore un homme de sa confiance, on peut tendre la main à cet homme-là les yeux fermés.

— » C'est vrai, dit Tipaldo le Vénitien, le sergent a raison ; et sur ce point nous croyons sans forfanterie faire autorité. Si un Vénitien ne se connaît pas en hommes, qui s'y connaîtra ?

— » Nous peut-être, répondit fièrement le Génois Grimaldi.

— » Oui, témoin Christophe Colomb que vous n'avez pas rougi de laisser mendier un vaisseau de cour en cour, quand il ne vous demandait qu'une misérable felouque pour vous aller chercher un monde.

— » Je me constitue juge du combat, dit Septime, vieux soldat piémontais tout balafré, et je déclare Grimaldi vaincu. Tipaldo a trouvé le joint de la cuirasse et lui a porté là un coup de maître.

— » Je récuse Septime, répliqua Grimaldi ; sa neutralité m'est suspecte : il ne m est contraire que parce qu'il est Piémontais et moi Génois.

— » Il faut pourtant bien, dit Côme, le Toscan, un arbitre entre un Génois et un Vénitien ; les plaies du Bosphore et de Chiozza saignent encore.

— » En qualité de Lombard, s'écria Cavalcabo, je suis neutre. Fils de Saint-Marc et de Gênes, je vous cite à ma barre, venez plaider votre cause.

— » Je suis l'avocat du Génois, dit Côme.

— » Et moi du Vénitien, dit Septime.

— » Assez, messieurs, assez, interrompit d'une voix grave un Modenais, jeune encore, mais pâle, et maigre comme Dante, comme lui usé et blanchi avant l'âge dans l'exil et dans les cachots. Rien, même en jouant, ne doit réveiller ici les rivalités de l'Italie ; tout, au contraire, doit nous rappeler que nous sommes les enfans d'une mère commune, et que nous ne formons qu'une seule famille.

— » Oui, oui ! s'écrièrent avec émotion tous les assistans, Azzo a parlé comme un véritable Italien. Romains et Lombards, Vénitiens ou Génois, nous sommes tous frères. Embrassons-nous donc, et vive la grande République Ausonienne ! »

Il y eut à ces mots une effusion générale, et l'on sentit que le sang italien coulait dans toutes ces veines, versait dans tous ces cœurs l'amour sacré du pays natal.

Un soldat de garde entra, annonçant au sergent que deux voyageurs à pied s'avançaient du côté de Paola.

— « Ce ne peut-être Anselme, dit le sergent, car il viendrait du côté de Neptune, et ne serait pas à pied. Je m'en vais à la découverte; vous, messieurs, de la prudence, ne vous montrez pas. » — Oddo suivit le soldat, et monta sur la tour. Il rentra l'instant d'après, disant que les deux voyageurs venaient du Mont de Circé, qu'ils demandaient à être hébergés pour la nuit dans la tour, et qu'ils étaient Allemands.

— « Allemands ! s'écrièrent tous les Italiens avec des gestes de haine. Des Allemands ! Ce ne peuvent être que des espions. » — Et le mot de Tédesques volait de bouche en bouche avec mépris.

— « Enfin, messieurs, dit le sergent, décidons quelque chose. Ils sont tous deux là-bas qui attendent une réponse ; que dois-je faire ?

— » Les chasser avec ignominie ! s'écria le Lombard.

— » Oui, dit le Toscan, pour qu'ils aillent le publier partout, et éveiller partout les soupçons !

— » En effet, dit le sergent, je n'ai pas l'habitude de fermer ma tour aux voyageurs, et on le sait bien. S'ils vont raconter à Neptune mon inhospitalité, cela fera causer et peut nous compromettre.

— » Mais, dit Azzo, le danger d'être vus ou entendus par eux, s'ils passent ici la nuit, est si grand, qu'il faut à tout prix l'éviter. Au reste, sergent Oddo, vous commandez ici, c'est à vous à prononcer : nous nous rangerons à votre avis.

— » Ma foi, reprit le sergent, de deux maux il faut choisir le moindre. Le soleil est couché, je m'en vais leur dire que passé cette heure on n'entre plus dans une tour de garde. Cela du moins aura une apparence de discipline militaire, et nous mettra à couvert.

— » Si ce n'est pas le meilleur parti, dit Azzo, c'est le plus sûr. »

Oddo descendit à la porte de sa tour, et il expliqua aux deux Allemands, le plus poliment possible, pourquoi il ne lui était pas permis de la leur ouvrir. — « Du reste, ajouta-t-il pour les consoler, la soirée est belle, la plage sans danger, et vous n'êtes qu'à six milles de Neptune. Vous trouverez là un meilleur gîte qu'ici, où je n'aurais à vous offrir qu'un lit de camp et du pain sec. »

Cela dit, il leur souhaita bon voyage, verrouilla la porte, et remonta dans la salle commune.

— « Mais que diable font-ils donc là ? s'écria tout-à-coup Septime en montrant à travers l'étroite fenêtre les deux voyageurs à genoux et tête nue, au pied de la tour. Les voilà maintenant qui chantent ; écoutons. »

On fit silence et l'on prêta l'oreille pour surprendre les paroles ; comme elles étaient en langue allemande, et que, Cavalcabo excepté, personne ne savait cette langue, personne ne les comprit. Mais la musique était mélancolique et grave ; elle parla au cœur de tous, car la musique est la langue universelle. Les accords lents et plaintifs faisaient vibrer en cadence les échos de la tour massive, et allaient mourir au loin dans la haute mer comme un soupir mélodieux. Il y avait je ne sais quelle solennité poétique dans cette scène du soir, dans ces deux étrangers agenouillés sur la plage déserte, dans cette forteresse du midi répétant ces voix du nord, dans le mystère qui la rendait inhospitalière au voyageur.

Quand les Allemands se furent tû, Cavalcabo expliqua leur chant aux Italiens. C'était un hymne national en l'honneur du dernier des Souabes, de ce jeune et beau Conradin, qui, battu aux champs palatins par Charles d'Anjou, et réfugié dans ce même château d'Asture, fut livré à l'usurpateur par le châtelain Frangipani, et porta sa noble tête sur l'échafaud.

— « Ils pourraient bien être carbonari, s'écria Septime ; ils ont attaqué le pape. Il serait fraternel de s'en assurer.

— » Cela peut être, répondit Azzo ; mais l'initiative d'une reconnaissance serait trop périlleuse. Mieux vaux s'en tenir au parti pris par le sage Oddo, et laisser les voyageurs poursuivre leur route vers Neptune.

— » D'ailleurs, dit le sergent, du pas qu'ils y vont ils y seront bientôt rendus. »

Pressés par la nuit, les Allemands marchaient en effet à grands pas sur la grève solitaire : on les vit quelque temps encore se mouvoir à l'horizon comme deux fantômes, puis ils se perdirent dans les brumes du soir.

Un instant distraits par les Allemands du retard d'Anselme, les Italiens de la tour s'entretenaient de l'histoire de Conradin, l'épisode le plus touchant et le plus tragique du moyen âge. Un seul ne parlait pas : appuyé à la fenêtre qui donne sur la mer, il semblait abîmé dans une contemplation profonde. C'était un jeune peintre de Parme, beau comme Raphaël, artiste comme lui, et qui eût en d'autres temps ressuscité la grande école lombarde. Mais jeté par son âme ardente et libre dans la voie sanglante des conspirations, il consumait dans ces luttes sourdes et ténébreuses toute une vie de poésie et d'enthousiasme.

— « Te voilà bien silencieux, Remo, lui dit Côme en s'approchant de lui ; à quoi penses-tu donc ?

— » Je pense, répondit le Parmesan en frappant du pied les noires murailles, que cette tour est funeste et marquée d'un sceau de malédiction. C'est ici déjà que, bien des siècles avant Conradin, s'embarqua Cicéron, pour aller tomber à Formies sous le poignard des triumvirs. Je pense aussi, continua-t-il d'une voix sombre, à ceux d'entre nous qui, comme eux, ne sortiront d'ici que pour monter à l'échafaud. » — Côme pâlit.

— « Au moins, dit Cavalcabo, ce ne sera pas, comme le Souabe, par la faute du châtelain ; car certes, ajouta-t-il en frappant amicalement sur l'épaule du sergent, voilà bien le plus fidèle carbonaro d'Italie.

— » Et je m'en vante, messieurs, dit Oddo en relevant fièrement la tête. Si pour cela il faut mourir, ce n'est pas le bourreau qui me fera baisser les yeux. »

En ce moment entra dans la salle commune un nouveau venu. C'était un jeune homme, un adolescent, presque un enfant. Il était né à Arona, au bord du lac Majeur. On l'avait baptisé dans la tour Conradin, parce qu'il était touchant et beau comme le dernier Souabe, qu'il avait comme lui seize ans, et comme lui les yeux bleus et de longs cheveux blonds. On eût dit en effet plutôt un Souabe qu'un Italien. A voir cette tête blonde et féminine, ces yeux bleus et doux au milieu de ces yeux noirs et ardens, de ces fronts mâles et bruns, on se demandait ce qui avait pu jeter un être si frêle parmi ces hommes énergiques, et quelle communauté pouvait exister entre eux. Tels sont les jeux bizarres et pourtant poétiques des révolutions : elles remuent, déplacent, confondent tout. Artistes puissans, elles se plaisent aux contrastes : faiblesse et force, ignorance et savoir, opulence et pauvreté, elles jettent tout pêle-mêle dans la même arène. Dans les poèmes piquans et terribles qu'elles composent, elles brisent tous les liens secondaires et de convention pour serrer plus étroitement les seuls qui soient immuables, éternels : la douleur et la foi. Car il y avait de la foi, une foi brûlante, sous ces formes gracieuses, fragiles, et la douleur avait brisé cette âme créée pour l'amour et la paix.

Compromis dans une sanglante sédition de l'Université de Turin, où son frère unique avait été massacré avec beaucoup d'autres sur les marches mêmes de l'autel, Conradin avait juré de le venger, et il avait révélé en cette occasion la force de son âme. Un soir qu'il suivait pas à pas, sous les arcades de la rue du Pô,

le gouverneur de la ville, homme féroce qui avait ordonné le carnage, son air parut suspect ; on l'arrêta, et l'on trouva un poignard caché dans ses habits. — « C'était pour lui, dit sans s'é-
» mouvoir l'héroïque enfant, montrant du doigt le gouverneur ;
» il a fait égorger mon frère, et le sang veut du sang. »

Il appartenait à une famille réprouvée, dont le chef avait péri sur l'échafaud pour la liberté de l'Italie. Conduit dans une forteresse et traité avec la dernière rigueur, il fut, malgré sa grande jeunesse et les supplications de sa mère, banni à jamais de sa patrie. Un raffinement de barbarie avait refusé à cette mère en larmes jusqu'à la triste consolation de suivre en exil son dernier fils : on la gardait comme un otage de sa conduite à l'étranger. Surveillée par l'inquisition sarde, ruinée par d'ignobles confiscations, cette femme, jeune encore, veuve et mère abandonnée, pleurait dans sa retraite d'Arona la mort tragique d'un époux, d'un premier-né, et la proscription précoce de son Benjamin. Elle pouvait dire, hélas, comme Rachel : Je ne veux pas être consolée, parce qu'ils ne sont plus.

Entré dans la vie sous de si cruels auspices, le cœur du jeune homme se partageait entre sa mère et l'Italie. Sa vie n'avait qu'un but, venger son père et son frère, ou mourir comme eux ; et si son âme s'envolait souvent vers sa mère, aux doux rivages d'Arona, exaltée par le malheur et la persécution, elle le précipitait dans tous les partis extrêmes et violens. Mais une si ardente épée usait un fourreau si frêle ; sa pâleur le rendait encore plus touchant.

Ainsi ce nom de Conradin, qu'il ne devait qu'à une ressemblance d'âge et de beauté, lui convenait sous tous les rapports : jamais destinée privée et destinée royale ne se ressemblèrent davantage. Le jeune enfant des Alpes n'avait-il pas, lui aussi, un héritage à revendiquer, une injure à laver, une mère qui le pleurait ? Tout donc rapprochait les deux Conradin, et la présence de l'adolescent d'Arona dans la tour d'Asture rendait tragique un surnom qu'on ne lui avait donné qu'en jouant.

Il entra, ou plutôt se glissa furtivement dans la salle, non qu'il fût intimidé par les yeux qui allaient se fixer sur lui ; c'étaient de vieux amis ; mais il avait intérêt à échapper aux regards pour échapper aux questions. Toutefois il échoua.

— « Eh ! mon bel espiègle, lui cria d'une voix retentissante le malin Tipaldo, d'où viens-tu donc si tard ? »

Cette question était tout ce que craignait le plus Conradin. —
« Le père Matteo, répondit-il en balbutiant et en essayant de

rire pour se donner une contenance, me lisait là-haut, dans la Vie des Saints, l'histoire de la mule de saint Thomas d'Aquin, qui mourut de mort subite au tombeau de son maître, là-bas, au bout des marais Pontins, dans les bois de l'abbaye de Fossa-Nova.

— » Et pendant ce temps, reprit l'impitoyable Vénitien, tu lisais, toi, n'est-ce pas, l'histoire de Lancelot dans les yeux d'Isolina? »

Cette cruauté inutile déconcerta Conradin; il rougit jusqu'au blanc de l'œil; mais on vint à son aide.

— « Pourquoi embarrasser malicieusement mon cher enfant? dit le vieux Septime en embrassant Conradin, et en jetant sur Tipaldo un regard de mauvaise humeur. Je ne veux pas, moi, qu'on le mette mal à l'aise; et s'il lui plaît de faire la cour à la petite, je ne vois pas qui a le droit d'en médire. Il est mon fils d'adoption; je remplace ici sa mère. »

Et certes il disait vrai; jamais tendresse plus maternelle ne lia un homme à un enfant. L'âme brusque et sincère du guerrier sexagénaire s'était émue de compassion pour les malheurs précoces et pour l'âge tendre de son jeune compatriote. Il l'avait adopté; il avait pour lui des entrailles de père; il veillait sur sa vie avec une sollicitude qu'on n'eût pas cherchée sous une si rude écorce. C'était son ange gardien, sa Providence visible; vivante égide placée au-devant de tous les coups, il le protégeait de son bras martial, et le guidait des conseils de sa vieille expérience dans l'orageux sentier qu'ils suivaient ensemble.

Le spectacle de cette intimité touchante et réciproque, — car si Septime aimait en père Conradin, Conradin aimait en fils Septime, — intéressait tout le monde, et chacun ressentait pour le bel Aronais quelque chose de l'affection paternelle du soldat. C'était comme un enfant commun. On le prévenait, on l'entourait, on le choyait; tous étaient jaloux de partager l'affection exclusive de Septime, d'usurper le rôle de son père adoptif; mais aucun n'y portait le même amour, la même constance, la même ardeur; car aucun, excepté lui, ne connaissait la mère de Conradin. Il l'avait connue, hélas! en de meilleurs jours; il l'avait aimée peut-être; au moins professait-il pour elle un respect bien tendre, et il n'en parlait qu'avec effusion et avec larmes. Il se plaisait à répéter au jeune orphelin qu'il était son image vivante, qu'il ne lui en était que plus cher, et en disant cela il le pressait sur sa poitrine en pleurant.

Tel était l'homme qui était venu au secours de Conradin, et

Conradin, sous une telle égide, était invulnérable. Mais il avait à cœur de vider lui-même sa querelle : profitant donc de la boutade acerbe du vieux soldat pour reprendre contenance, et cachant, suivant l'usage, sa timidité sous une audace offensive :

— « Or çà, dit-il au Vénitien en croisant résolument les bras, messire Tipaldo, regardez dans votre tente et laissez-nous dans la nôtre, le camp n'en ira que mieux. La première liberté est celle du cœur ; ôtez-moi celle-là, je ne veux pas de l'autre. D'ailleurs, pourquoi le tairais-je ? je trouve Isolina charmante, et j'en rougis si peu que je suis prêt à le publier du haut de la statue de saint Charles Borromée d'Arona.

Il prononça ces derniers mots d'une voix mal articulée, et se réfugia tout-à-coup dans le silence. Il avait trop présumé de ses forces ; son aventureuse résolution ne s'était pas soutenue jusqu'au bout. Le doux nom d'Isolina, si témérairement hasardé par ses lèvres, lui avait tourné le sang ; le frisson courait dans tous ses membres, et il n'avait jamais tant rougi qu'au moment où il disait ne pas rougir ; on voulut bien condescendre à ne pas le voir. Son trouble était patent, mais si naïf, que Tipaldo lui-même en eut pitié ; il usa de la victoire en ennemi généreux : il abandonna ses avantages et battit en retraite quand il pouvait rester maître du champ de bataille. Changeant brusquement de sujet, il revint à sa première pensée :

— « Mon inquiétude commence à être sérieuse, dit-il en s'approchant de la fenêtre ; il est nuit close, et point d'Anselme. Je crains vraiment quelque sinistre. Y a-t-il des sangliers dans vos bois ?

— » Il y a mieux que cela, il y a des loups.

— » Des loups ! quel triste pays ! On ne voit jamais de ces sottes bêtes aux bords de ma Brenta.

— » Mais on y voit des Tédesques, s'écria Cavalcabo, et c'est bien pis !

— » Il se fait réellement tard, dit le sergent préoccupé, et Anselme a coutume d'être ici de meilleure heure. Je m'en vais à la découverte. »

Tandis qu'Oddo montait sur la plate-forme de la tour, pour interroger de l'oreille et de l'œil l'espace des bois et des mers, les Italiens restés dans la salle se communiquaient leurs alarmes ; l'impatience les exagérait encore en centuplant les minutes, et ces imaginations frappées semaient la nuit d'embûches et la peuplaient de mille dangers.

— « Vous me faites rire, mes jeunes amis, avec votre pétulante ardeur, dit Azzo, toujours calme, toujours patient. Songez à la grandeur de l'œuvre qui nous rassemble, pénétrez-vous-en, et une heure d'attente, une heure de retard ne vous troublera plus. Ayez foi surtout dans l'étoile de l'Italie; elle luit là-bas sur Rome, voyez. Elle est vive et pure; elle nous dit : — Courage, mais patience ! — Patience donc, amis; votre fougue juvénile, en précipitant tout, peut tout perdre. La liberté n'a pas de plus grand ennemi que la précipitation. »

On a compris que tout cela se passait dans la tour d'Asture. Or, Asture était jadis une ville près de laquelle Lucullus et Cicéron avaient des maisons de plaisance. Le moyen âge en fit un château-fort qu'un Frangipani déshonora, on a vu comment. Déchue ainsi de siècle en siècle, elle n'est plus aujourd'hui qu'un anneau de cette longue chaîne de tours de garde élevées de six en six milles pour protéger les marines romaines contre les Barbaresques, la peste et les contrebandiers. Armée d'un canon, elle est peuplée, comme ses sœurs, de quatre artilleurs, d'un sergent et d'un député de la Sanità (Conseil de Santé), dont le rôle se borne à faire faire quarantaine aux bâtimens, en cas de naufrage ou d'abordage volontaire sur ces plages semi-africaines, éternellement menacées de la contagion.

Refoulée, pour ainsi dire, par les siècles, de la terre dans l'Océan, et bâtie sur des substructions antiques, la tour moderne est un donjon carré qui plonge dans les flots, et qu'un pont de pierre amarre au rivage. C'est un écueil fortifié qui pourrait au besoin soutenir un siége. Aussi bien est-il en état de siége permanent, bloqué du côté de la mer par la peste d'Afrique, du côté des terres par la fièvre des Maremmes.

Debout sur la grève la plus solitaire du désert romain, entre la petite ville de Neptune et l'homérique montagne de Circé, où plane encore l'ombre de la magicienne, terreur des pâtres, la tour d'Asture n'est séparée des marais Pontins, de ce vaste royaume de la mal'aria, que par une étroite ceinture de forêts qui se déroulent d'Antium à Terracine, forêts vierges et qu'on dirait primitives, tant elles sont profondes et muettes. Sorti de leur sein ténébreux et descendu des monts Albains, l'antique Lanuvius, aujourd'hui Conca, roule son onde sablonneuse non loin des murs de la citadelle; voyageur inconnu du désert, il vient se reposer là et se perdre en silence dans la mer tyrrhénienne.

La solitude du lieu et le carbonarisme éprouvé du sergent Oddo avaient fait d'Asture un rendez-vous de conspirateurs. Les huit Italiens avec lesquels on vient de faire connaissance, tous exilés et carbonari, s'y étaient rendus secrètement de Corse avec de la poudre et des armes. Ils étaient là depuis deux semaines, attendant pour agir les ordres d'Anselme, lequel tenait les fils d'une vaste conjuration nationale dont Rome était le centre.

Ce soir donc on l'attendait, et l'impatience des bannis était au comble. La nuit venue, ils s'étaient réunis autour d'une grande table brute, le seul meuble qui, avec quelques grossiers bancs de chêne, ornât la salle. Une lampe étrusque à trois becs brûlait au milieu, et répandait plus d'ombre que de lumière sur les murs sombres et nus; les faisceaux d'armes dont ils étaient tapissés jetaient des reflets sinistres. Pressé par le sergent, le vieux Matteo, député de la Sanità, était descendu avec sa fille Isolina de la cellule qu'il habitait au haut de la tour, et tous les deux avaient pris place à la table commune.

Matteo était à son poste depuis trente ans. Il avait vieilli dans sa tour, s'y était marié, y avait eu sa fille unique, et, devenu veuf, il n'avait plus quitté ni l'une ni l'autre. C'était un dévot. Enflammée, assombrie par la solitude et par la double mélancolie du désert et de cet Océan dont il entendait depuis trente années mugir les vagues et contemplait les tempêtes, son imagination avait par degrés et avec l'âge atteint les dernières limites de la mysticité catholique. Cette loi de réprobation et de tourmens éternels convenait merveilleusement à une imagination ainsi préparée. Exalté encore par des lectures monacales, les seules qu'il se permît, il ne rêvait qu'enfer, démons et damnation; il observait les disciplines du culte, le jeûne, le carême, les macérations, avec une rigueur qui décelait son épouvante, et il pratiquait la prière par terreur plus que par gratitude. C'est de ces êtres timorés et malheureux que le Christ avait dit : Je veux l'amour et non le sacrifice.

Tout, en effet, chez le vieux Matteo, était sacrifice : l'amour n'était pas en lui, c'est-à-dire qu'il ne vivifiait pas sa foi et ne s'élevait point à Dieu, car pour la fibre humaine, elle vibrait bien en lui; mais concentré tout entier sur un objet mortel, sur sa fille unique, son amour s'était fait d'elle une espèce de culte sur la terre. Pauvre vieillard, isolé dans sa tour, il n'avait qu'elle au monde; la sainte mère de Dieu n'avait pas d'autre rivale en son cœur.

Aussi était-ce par ce lien puissant que les conjurés tenaient sa langue enchaînée; Isolina était pour eux un gage de son silence et de sa fidélité. Dévot comme il l'était, on sent bien qu'il n'était pas de leur camp. Aveuglément dévoué au représentant visible de son Dieu sombre et vindicatif, il pâlissait au seul nom de carbonaro ; c'était pour lui un mot de malédiction. Toutefois il était libre de ses démarches : il pouvait à son gré sortir de la tour, aller même à la messe à Neptune, où son absence un seul jour de fête eût éveillé plus de soupçons que sa présence n'y offrait de dangers, tant sa régularité y était devenue proverbiale ; mais s'il sortait, sa fille restait à sa place ; surveillée étroitement, la jeune captive répondait de lui.

Or le père l'emportait en lui sur le sujet, sur le chrétien, et avec un tel otage on était bien sûr de sa discrétion. Il s'était même, chose inouïe! abstenu quinze jours de la confession, ne voulant ni exposer sa fille en dévoilant au sacré tribunal les mystères d'Asture, ni offenser Dieu en les taisant à son ministre. Cette privation lui pesait plus que tout le reste.

Et puis, au fond, ce n'était pas un méchant homme. Il regardait les conjurés comme des brebis égarées ; ne rêvant pour eux dans l'éternité que flammes et grincemens de dents, il les eût plus volontiers ramenés au bercail que livrés au couteau. Il faut d'ailleurs dans un délateur politique une sorte d'énergie que l'âge avait éteinte en lui, et une résolution qu'il n'avait jamais eue. Ainsi donc, et indépendamment de son amour et de ses terreurs de père, moitié faiblesse, moitié bonté, il se fût tû dans tous les cas et eût reculé devant le rôle d'accusateur. Mais la faiblesse est périlleuse ; malheur à qui s'y fie ! N'agissant que par accès, comme la fièvre, elle a comme elle ses délires, ses abattemens, et les conjurés avaient bien fait de n'y pas compter et de prendre leurs garanties.

— « Père Matteo, lui dit Côme, vous nous avez tenu rigueur aujourd'hui ; ce n'est pas l'acte d'un bon chrétien. Privés sur cet écueil des nouvelles de la terre, nous n'avons que vous pour nous en donner au moins du ciel. Avez-vous eu quelque vision ce soir?

— » Jeunes gens, répondit le vieillard, vous jouez bien gaiement votre âme, et vous perdez le paradis pour un bon mot. Dieu vous fasse la grâce de vous illuminer ! Allez, ingrats, malgré vos sarcasmes impies, je n'en prie pas moins pour vous la Madone soir et matin. Je ne vous demande en revanche qu'une chose, c'est de ne pas me scandaliser par vos blasphèmes. Malheur à l'homme par qui le scandale arrive !

— » Grand merci, père Matteo, dit le Vénitien ; on vous accorde votre requête en faveur d'une madone dont les yeux noirs valent ma foi bien les yeux bleus de l'autre.

Cette saillie fixa tous les regards sur Isolina, qui lisait ou feignait de lire dans un livre d'Heures qu'elle tenait ce soir en main, par contenance plus que par dévotion. Splendidement relié à l'antique, le volume séculaire portait écrit en lettres d'or sur la couverture : SAINT CHARLES BORROMÉE D'ARONA. Il avait en effet appartenu au bienheureux archevêque de Milan. Passé et resté de père en fils dans la famille de Conradin, il était le seul héritage du jeune proscrit, héritage deux fois sacré : son père l'avait porté avec lui sur l'échafaud, et son sang avait rejailli sur ses saintes pages ; sa mère l'avait reçu encore humide, et quand son dernier-né était parti pour l'exil, elle le lui avait remis tout baigné de ses larmes, comme un gage de douleur et de tendresse. Conradin avait juré dessus de venger son père, et de ce jour il ne l'avait plus quitté.

Ce témoin muet de tant de générations, de tant d'infortunes, avait touché au cœur le vieux Matteo et fait sa conquête. Le nom du saint d'Arona était pour le dévot un talisman infaillible, et les lettres d'or irritaient si fort sa pieuse convoitise, qu'il eût donné pour le posséder vingt-quatre heures de la vie éternelle. Le fait seul de ce précieux dépôt était si puissant à ses yeux, qu'il avait concilié au jeune homme l'amitié du vieillard plus que toute sa grâce et sa beauté. En considération d'une si sainte relique, Matteo pardonnait presque à Conradin son carbonarisme comme une étourderie de jeunesse, ne doutant pas que Dieu ne finît par lui ouvrir les yeux.

Or, si Dieu devait ouvrir les yeux du jeune conspirateur, il n'avait pas ouvert ceux du vieux député, car le brave homme n'apercevait pas ce qui était visible à tous, l'amour de Conradin pour Isolina. Il surveillait si adroitement sa fille, le bon père, qu'il se défiait de tous ceux qui n'étaient pas à craindre, et il avait reçu dans son intérieur le seul qu'il en eût dû prudemment bannir. Il ne voyait en Conradin qu'un enfant, et dans Isolina que l'instrument dont Dieu pourrait bien se servir dans la suite pour ramener ce joli pécheur dans la voie du salut.

Préoccupé de cette charitable idée, l'honnête homme favorisait une intimité qui n'était déjà que trop intime. Il aimait à contempler les beaux adolescens penchés ensemble sur les Heures du bienheureux archevêque ; son âme se délectait à ce doux spectacle, et convaincu que Dieu accomplissait par sa fille une œuvre de miséricorde, il en rendait grâces au ciel. —Oui, père Matteo, disait l'espiègle, c'est une bénédiction sur votre famille ; et certes, si tels étaient toujours les moyens de Dieu, il faudrait bien vite élargir l'étroite entrée du paradis, tant le concours serait grand à la porte. — Quel dommage, murmurait le dévot en secouant tristement la tête, que cela soit carbonaro!

Les jeunes gens n'en étaient pas où croyait le vieillard, et ils lisaient bien plus souvent dans les yeux l'un de l'autre que dans le livre du béat. Tout le jour ensemble, le saint volume faisait entre eux l'office qu'en son temps fit le roman de la Table-Ronde entre Françoise de Rimini et son doux Paolo. Si le vieux Matteo eût lu Dante autant que le père Sanchez ou dom Calmet, il eût vu au chant cinquième de l'épopée infernale le danger des lectures communes ; mais il s'en donnait bien garde, le dévot, et il tenait sérieusement le proscrit Florentin pour hérétique, voire carbonaro. Carbonaro, en effet, car ta grande âme, ô Dante! brûlait pour la liberté de l'Italie.

Grâce donc à sa pieuse ignorance, les amans en étaient à si bons termes que, fou d'amour pour Isolina, Conradin avait, non pas donné, c'eût été un sacrilége, mais prêté, et c'était beaucoup, le livre héréditaire dont le dévot député était si friand. Sensible à un si grand sacrifice, la jeune fille ne quittait plus ce doux otage d'amour, appelé à des destinées si diverses. Le jour elle le tenait dans son sein, la nuit sous son chevet, et, la nuit comme le jour, elle le baisait plus souvent, quand elle était seule, qu'elle ne le lisait.

Ce soir-là, suivant l'usage, elle l'avait en main ; mais son attention n'était pas tellement absorbée par sa lecture que ses grandes prunelles ne lançassent à la dérobée bien des éclairs furtifs du côté de Conradin. Peu à peu rapproché d'elle, il se trouva enfin à ses côtés ; car, il faut le dire, telle était la nature du sentiment presque paternel qu'il inspirait, que parmi tous ces jeunes hommes il n'avait point de rival ; pas un ne songeait à traverser ses amours ; et si Tipaldo, le plus gai des conspirateurs, se permettait parfois un sourire, tous, et lui le premier, se seraient fait scrupule de troubler une si candide union. Disposés au contraire à la servir, ils n'étaient tous occupés qu'à prolonger l'illulusion du père Matteo.

Assis près de la lampe étrusque, les amans en recevaient sur le visage toute la lumière. Jamais le contraste de deux têtes ne fut plus frappant. Autant Conradin, né au pied des Alpes, était blanc et rose, autant la fille du désert romain était brune et pâle, mais de cette pâleur du Midi qui trouble le cœur et qui éveille la volupté. Il y avait entre eux confusion de sexe. Isolina avait les cheveux noirs, et l'ardeur de ses yeux plus noirs encore faisait ressortir la douceur des yeux bleus de Conradin. Il y avait quelque chose d'africain dans cette tête romaine. Des dents très-blanches et deux perles mates en forme de poires suspendues à ses oreilles ajoutaient à l'illusion. Svelte et formée, elle avait quinze ans.

Placé en face du charmant tableau, et frappé, inspiré par un contraste rendu plus saillant encore par toutes ces mâles physionomies que la lampe laissait en partie dans l'ombre, Remo en faisait un dessin gracieux comme ses modèles.

— « Monsieur le Vénitien, dit gravement le député à Tipaldo après un moment de silence, vous avez tranché tout-à-l'heure bien lestement une question profonde.

— » Laquelle?

— » Vous avez dit que la sainte Vierge avait les yeux bleus ; or c'est un point de doctrine fort controversé. Les docteurs et les pères de l'Église ne sont nullement d'accord là-dessus : les uns les lui donnent bleus, les autres noirs. Saint Jean Damascène et saint Éphrem même, dans son Évangile de la Vierge, n'ont pas résolu le problème. Quelles sont, je vous prie, vos autorités?

— » Ma foi, répondit Tipaldo d'un ton cavalier, Raphaël les lui a faits bleus, et son autorité en vaut bien une autre.

— » Jésus-Marie ! s'écria Matteo en se signant, mettre Raphaël au rang des docteurs de l'Église ! Un libertin qui a vécu en concubinage avec une boulangère ! Mon Dieu ! mon Dieu ! en quel siècle vivons-nous, et où va le monde?

— » A la liberté, père Matteo, répondit Septime. Mais vous ne servez pas ce dieu-là, vous autres dévots.

— » Quant à Raphaël, dit le Parmesan sans lever les yeux, je crois, comme Tipaldo, qu'il vaut tous les pères de l'Église et les docteurs. Les artistes de son génie sont les plus grands théologiens, puisqu'ils donnent de la divinité les idées les plus sublimes. Ce sont là nos saints, à nous.

— » Quoi qu'il en soit de la couleur des yeux de Marie, ajouta le Vénitien, ils devaient être bien doux, puisque Dieu le père s'en est épris. » — Le père Matteo se signa.

— » Eh ! de grâce, interrompit Côme, pas de théologie.

— » D'ailleurs, messieurs, ajouta Grimaldi, nous avons promis au père Matteo de ne le point scandaliser ; et, pour couper court à la théologie, notre savant historiographe va nous raconter quelque histoire de nos ancêtres. Cette théologie-là nous va beaucoup mieux. »

L'historiographe de la tour était Cavalcabo. Le Lombard devait ce titre à sa profonde connaissance des fastes italiques : si son temps ne l'eût fait conspirateur, il aurait donné à l'Italie un nouveau Muratori.

— « Que voulez-vous que je vous raconte? demanda-t-il.

— » Ne sais-tu rien sur la bonne vieille tour de notre ami Oddo?

— » Rien que vous ne sachiez. L'aventure de Cicéron est connue, on l'apprend au collége. Quant à Conradin, les amans ne m'ont rien laissé à dire. Resterait à vous raconter comment, un demi-siècle plus tard, le petit-fils de l'empereur Frédéric trouva un vengeur dans un autre Frédéric, un roi de Sicile; mais un roi populaire, un roi valeureux et juste, grand dans la prospérité, plus grand dans les revers; un roi enfin comme on n'en voit plus. Car, voyez-vous, la royauté est un vieux vaisseau démâté et battu par les orages; comme l'esclave de Térence, elle fait eau de partout.

— » Si elle ne sombre pas sous peu, dit Septime, ce ne sera pas au moins notre faute. Mais ce Frédéric de Sicile, qu'a-t-il fait?

— » Il ruina le château des Frangipani, et n'y laissa que cette tour pour nous abriter. Mais tout cela date d'hier; remontons plus haut. Je vais vous raconter l'origine d'Asture; j'ai là-dessus des idées. La science historique, comme toutes les sciences humaines, n'est qu'analogie et inductions; c'est ainsi que je vais procéder. D'abord, croyez-vous en Virgile?

— » Mais oui; en Virgile poète, du moins.

— » Et en Virgile historien?

— » Où en veux-tu venir?

— » A ceci : Virgile nous dit que parmi les Italiens qui vinrent au secours d'Énée, il y avait un Étrusque nommé Astur...

— » Mais c'est là de la mythologie, ce n'est pas de l'histoire.

— » Veuillez, de grâce, m'indiquer le point fixe où finit la mythologie et où commence l'histoire. La mythologie n'est que l'histoire primitive de l'humanité, et avec le temps, mes bons amis, nous ne serons nous-mêmes que de la mythologie.

— » Eh bien! cet Astur?

— » Cet Astur était d'une grande beauté, habile écuyer, couvert d'armes resplendissantes. C'est Virgile qui raconte cela au dixième livre de son histoire... de son poème, si vous le voulez. Astur donc amena trois cents hommes de Céré au siége de Lavinie; or Lavinie n'est qu'à deux pas d'ici, et entre Astur homme et Asture tour... » — Un signal du dehors coupa la parole à Cavalcabo, et la légende virgilienne en resta là.

— » Oh! pour cette fois, s'écrièrent les conjurés en courant vers la fenêtre, c'est Anselme.

— » Anselme! Anselme! » — cria aussi le pauvre député, plus effrayé que si l'on eût annoncé Lucifer; car, à vrai dire, le prince des démons et le chef des carbonari ne faisaient qu'un pour lui. — « Anselme! » — répéta-t-il tout tremblant, et il s'enfuit éperdu, en entraînant Isolina.

Conradin la suivit de l'œil en soupirant. Retranchée toute la soirée dans un silence timide, elle ne lui avait pourtant rien dit; mais leurs cœurs étaient d'intelligence, et les yeux d'une femme aimée sont si éloquens! son sourire a tant d'esprit!

L'arrivée d'Anselme, car cette fois c'était bien lui, changea brusquement le cours de ses pensées. Si pour l'amour il était de son âge et de son pays, il savait s'élever à la hauteur des intérêts puissans qui le liaient, quoique si jeune, aux conjurés d'Asture; et en cela du moins il était merveilleusement servi par la mobilité de son organisation nerveuse et féconde en contrastes.

III

PRÉSENTATION.

— » Je vous présente, dit Anselme en entrant, un Trastévérin; le sang des vieux Romains coule pur dans ses veines; son nom est Marius. Je vous prie de le retenir comme celui de mon meilleur ami et du meilleur républicain de Rome.

— » Qu'il soit le bienvenu! répondirent les conjurés en lui tendant la main; son nom est déjà gravé là.

— » D'ailleurs, dit Cavalcabo, son patron Marius, le fils du publicain d'Arpinum, ne porta-t-il pas sept fois au consulat la démocratie italienne? Un si beau nom ne s'oublie point.

— » Surtout, poursuivit Remo, dont l'œil d'artiste avait saisi d'un regard les lignes sévères de ce profil antique, quand il baptise une si belle tête.

— » Et l'ami d'Anselme, ajouta Oddo.

— » Eh bien! sergent, quoi de nouveau dans votre tour? Le député va-t-il à confesse?

— » Plût à Dieu qu'il y allât! répondit Septime, il ne nous cornerait pas nuit et jour aux oreilles qu'il perd pour nous son âme, et que nous le livrons à Satan.

— » Laissez-le dire; ses plaintes sont sans danger, au lieu que le confessionnal serait capable de faire un délateur d'un carbonaro, à plus forte raison d'un dévot. Vous tenez toujours sa fille en otage?

— » Elle est rigoureusement surveillée, et ne sort jamais de la tour.

— » Et vos hommes, en êtes-vous sûr?

— » Angelo seul est à craindre, et partant, consigné. Il prétend que sa conscience a des velléités de remords. C'est, comme vous savez, un forçat libéré de Cività-Vecchia.

— » Et vivent les armées de notre saint père le pape! s'écria Tipaldo. Il recrute donc dans les bagnes?

— » Dans les bagnes!... Comme Belzébuth, il recruterait dans l'enfer!

— » Dignes héritiers des légions romaines! dit Anselme avec mépris. Et voilà les milices du Vatican!

— » Quant aux trois autres, reprit Oddo, deux sont carbonari et tiendront fidèlement jusqu'au bout. Salvator, le troisième, n'est pas des nôtres; mais il tiendra par peur: c'est le plus poltron des hommes.

— » Faites-le venir, je vous prie, demanda Marius; je m'en vais lui donner une leçon de silence. »

Salvator descendit, sur l'ordre du sergent.

— « Eh bien! mon brave, lui dit le Trastévérin, nous t'apportons une bien triste nouvelle. Tu es de la compagnie Orsini, n'est-ce pas?

— » *Gnor si*.

— » Tu connaissais donc Checo? » — Abréviation populaire de Francesco, comme *gnor si* l'est de *si signor*.

— » Si je le connaissais! N'avons-nous pas été de garde ensemble à Ostie? Nous y avons attrapé tous deux la fièvre. La compagnie n'a pas de meilleur canonnier; c'est un fin pointeur...

— » Dis c'était, car il est mort.

— » Mort!

— » Brûlé!

— » Brûlé, Madone! et par qui? Serait-ce par le Saint-Office? En effet, il jurait toujours et blasphémait souvent. Checo, que je lui disais, tu finiras mal.

— » Eh bien! tu étais prophète; il a mal fini : i a été enlevé et brûlé par ceux de la montagne.

— » Pauvre Checo! que leur avait-il donc fait?

— » Il avait découvert et dénoncé à la police une de leurs cavernes.

— » De quoi aussi se mêlait-il de faire l'espion ? Avant d'être canonnier, j'ai été, moi, quarante jours de garde aux marais Pontins, et j'ai échangé plus de verres de vin que de coups de fusil avec ceux de la montagne. Ils faisaient leur métier, je faisais le mien...

— » Et la route n'en était pas mieux gardée.

— » Ah ! ma foi, tant pis ; un soldat n'est pas un sbire.

— » Voilà justement, reprit Marius, ce que disaient à Checo ses camarades. Ils ne voulaient plus ni boire ni jouer avec lui ; il était tombé dans le mépris de tous. Un beau matin il disparut. On crut qu'il s'était noyé de désespoir dans l'Anio, car il était alors en garnison à Tivoli ; mais en battant un jour la montagne de Capranica, les carabiniers trouvèrent dans un bois, au-dessus de San-Vito, un tas de cendres, et dans les cendres des boutons d'artilleur et des clous de bottes calcinés. On lisait au-dessus ces mots écrits avec du sang sur un tronc d'érable : — « Ici Checo, le canonnier, paya la peine de son crime. Ainsi » périssent tous les délateurs, brûlés dans ce monde et dans » l'autre ! »

— » Madone ! s'écria le soldat terrifié ; quoi ! dans l'autre aussi ! Ainsi donc ils ne l'ont même pas laissé réciter un Ave ? Pauvre Checo !

— » Pas même un Ave ! répéta Marius d'un voix de tonnerre ; et pareille chose est arrivée à Pontini de Rome. Léonidas Montanari, âme héroïque ! lui a fait voir qu'on n'espionne et qu'on ne dénonce pas plus impunément les carbonari que ceux de la montagne : aujourd'hui délateur, demain, mort.

— » Va donc, mon brave, dit Anselme, va prier pour ton pauvre camarade ; il a bon besoin de tes prières dans l'éternité. Avec cela, ajouta-t-il en lui glissant un écu dans la main, tu feras dire une messe pour son âme par l'archiprêtre de Neptune. »

Salvator sortit, moins joyeux du cadeau d'Anselme qu'épouvanté de l'auto-da-fé du canonnier. Les deux histoires firent d'autant plus d'effet sur son esprit timide que l'une et l'autre étaient vraies, et d'ailleurs tout-à-fait dans le caractère de ce Latium *ferox*, aussi rude aujourd'hui qu'aux premiers siècles. Il fut pour long-temps guéri de l'envie, s'il l'avait eue, d'imiter Checo. L'ombre de son camarade brûlé sur la montagne et celle de Pontini poignardé sur la place publique s'attachèrent à lui comme deux fantômes, répétant incessamment à son oreille : — Ainsi périssent les délateurs, brûlés dans ce monde et dans l'autre !

— « Maintenant, reprit Anselme, aux affaires sérieuses. Marius ne vient point ici, comme vous le pensez bien, pour une simple présentation. Quelque bien que fasse à l'âme la vue de tant de nobles cœurs réunis pour une noble cause, au point où nous en sommes, il faut aux démarches d'un homme comme lui de plus puissans motifs, d'autant plus que le voyage de Rome ici n'est pas sans périls, pour la cause s'entend ; pour les siens, il n'en tient compte.

— » Tenez-vous compte des vôtres, vous tous ici présens, pour que je tienne compte des miens, moi ? interrompit Marius avec la rudesse trastévérine. Je suis un carbonaro, et rien de plus.

— » Le moment approche, continua Anselme, de frapper le coup décisif et d'arborer à Rome l'étendard de la grande république ausonienne. Le pape est malade ; sa maladie est mortelle, et son médecin lui donne à peine encore un mois de vie. Ce fait est pour nous d'une importance capitale. Un interrègne est à Rome une occasion unique ; il faut la saisir. Jusque là, repos et silence ; mais le jour où la cloche du Capitole criera à la chrétienté : — Le pape est mort ! — ce jour-là sera le nôtre, et le glas des funérailles du pontife souverain sera le tocsin de la résurrection d'Italie.

— » Encore un mois ! dit tristement Tipaldo, c'est bien long !

— » Toujours impatient, murmura doucement Azzo, toujours fougueux. Eh ! fils de Saint-Marc, la république de Venise se fonda-t-elle donc en un jour, que vous ne puissiez attendre un mois pour fonder la république italienne ?

— » Ces jeunes âmes, dit Anselme, sont pleines de feu et n'ont pas votre expérience, Azzo. Pardonnez-leur.

— » Dieu veuille, répondit tristement le Modenais, qu'elles n'achètent pas l'expérience au même prix que moi ! je l'ai payée trop cher. Il n'est pas du Faro aux Alpes un cachot où mon chiffre ne soit gravé sur la pierre, entrelacé avec celui de l'Italie ; car l'Italie est ma maîtresse, à moi, je n'en eus jamais d'autre.

— » S'il n'est pas un sbire qui ne sache par cœur votre nom, dit Marius en lui serrant la main, il n'est pas un carbonaro qui ne le sache aussi et qui ne le bénisse. Toujours et partout le premier sur la brèche depuis dix ans, vous êtes le vétéran de la liberté italienne, et il y a bien long-temps, vertueux Azzo, que j'aspire à vous connaître. Je vous ai vu, je suis content.

— » En effet, répliqua le martyr avec un sourire amer, face à face avec l'échafaud depuis dix ans, et jouant ma tête avec lui, il y a dix ans que je suis semblable au cercueil de Mahomet, suspendu entre le ciel et la terre.

— » Dites l'enfer! s'écria Grimaldi; la terre est-elle pour nous autre chose? Nous tous, Italiens proscrits et déshérités, ne sommes-nous pas tous, comme Oreste, dévoués aux dieux infernaux?

— » Mais pourquoi, dit Côme, nous condamner à souffrir un mois encore? pourquoi attendre la mort du pape?

— » Parce que l'interrègne, répondit Anselme, entraîne avec lui toutes les oscillations, toutes les incertitudes du provisoire. Les ambitions du conclave et les intrigues de la diplomatie absorbent alors toutes les pensées. Dans l'attente commune du nouveau maître, dans cette instabilité, ce vague mystérieux de toutes les existences, de toutes les carrières, Rome entière flotte entre la crainte et l'espérance. N'ayant ainsi à rompre ni habitudes prises, ni affections anciennes, ni intérêts assis, la révolte trouvera les voies déjà presque aplanies, et marchera à la victoire d'un pas plus sûr.

— » Et puis, ajouta Marius, croyez-en notre vieille pratique du peuple romain; quelque humiliant que soit l'aveu, il faut le faire : à Rome, jamais sédition ne résistera à la présence du pape. La multitude s'émeut, s'emporte, menace; paraît-il? elle tombe à ses pieds, et la vue d'un vieillard débile et désarmé est plus puissante sur ce peuple rude et mobile en ses passions, que les armées de la chrétienté.

— » Allez, mes amis, ajouta Anselme, puisque c'est de Rome que doit jaillir l'étincelle de l'indépendance italienne, comme d'elle est partie jadis l'égalité du monde, bénissons, au lieu de nous en plaindre, un retard qui nous sert. Rien n'est prêt encore pour la lutte que votre courage et votre dévouement; dans un mois, le seront-ils moins?

— » Va pour un mois, dit Côme entraîné; je me résigne.

— » Pourvu cependant, ajouta Anselme, qu'il plaise à notre fidèle sergent de nous continuer son hospitalité.

— » Un mois de moins, un mois de plus, répondit Oddo, qu'importe? je n'en serais fusillé ni plus ni moins.

— » Le sergent a raison, dit Remo; et comme nous-mêmes ne sortirons peut-être de notre prison d'Asture que pour les cachots de Cività-Castellana et de Saint-Léo...

— » Fi de vos lugubres imaginations! interrompit brusquement le Lombard. Pourquoi ne sortirions-nous pas d'ici plutôt en Procidas qu'en Conradins ? Ou la source du bonheur est ici-bas à jamais tarie et la justice remontée là-haut, ou le succès nous attend ; car enfin la justice est pour nous, et quant au bonheur, il y a certes assez long-temps que l'Italie souffre pour y avoir droit ; comme je crois en elle, j'espère en lui. »

— Non pas moi ! — semblait dire l'œil triste d'Azzo. Toutefois il se taisait, ne voulant pas glacer par son scepticisme l'enthousiasme de toute cette héroïque jeunesse. Homme souverainement juste, mais incomplet, plein de contrastes et d'inconséquences, démentant ses pensées par ses actes, il voulait bien, comme Curtius, et son sacrifice n'en était que plus sublime, mourir pour une idée, mais il mourait par devoir, par vertu. S'il doutait du succès, ce n'est pas qu'il doutât de la justice, c'est qu'il n'était pas organisé pour l'espérance ; et loin de la faire éclore en son âme, une persécution si longue, si acharnée, en aurait bien plutôt étouffé le germe, si la nature l'eût mis en lui.

Il la prêchait pourtant cette espérance qu'il n'avait pas ; et il la prêchait d'autant plus qu'il y croyait moins, car il avait à convaincre lui d'abord, puis les autres ; apôtre malgré lui incrédule, il savait trop, hélas ! ce qu'il y a de vide, d'angoisse, dans un cœur inhabile à croire, rebelle à la foi, pour jeter au milieu de ces convictions jeunes et bouillantes des semences de doute et de désespoir.

Il en est encore, j'en ai vu, sur les terres d'Italie, de ces natures fortes dont la douleur est silencieuse ; flammes ardentes qu'a éteintes la tyrannie, champs féconds qu'elle a stérilisés, sources fraîches qu'elle a desséchées. Chassées d'un présent inique, elles se réfugient dans l'avenir ; mais quel avenir ! Condamnées comme Sysiphe à un supplice sans trêve, froissées, brisées, comme lui, sous les mille chutes du rocher fatal, elles aspirent, comme au terme de tant de lassitudes, de tant de persécutions, à la froide insensibilité du sépulcre, et rêvent avec une volupté sinistre une éternité de silence et d'oubli, comme la foi s'en crée une de souvenirs et d'amour.

Tel était Azzo. Anselme était descendu dans cette grande âme douloureuse, et sympathisait sans le lui dire à une souffrance dont la cause était si pure. — « Azzo, lui dit-il, vous êtes pour beaucoup dans la présence de Marius ici. Il part demain pour la haute Italie, et il attend de votre longue expérience des conseils et des directions. Il s'agit de mettre à profit le mois qui nous reste, et son voyage n'a pas d'autre but. Il visitera les Ventes des

Orients sarde et lombard, les associera toutes à l'œuvre qui se prépare à Rome, et reviendra à temps se mettre à la tête des Trastévérins. C'est la partie énergique de la population romaine ; il y a du vieux sang dans ces veines-là, et il nous faut leurs bras pour l'action. Avec eux la victoire est sûre, sans eux douteuse, presque impossible. Or nul n'est plus propre que Marius à nous assurer leur appui, et leur conquête lui sera facile : Trastévérin lui-même, il a vécu toujours au milieu d'eux, et il est aimé de tous ; il est leur conseil, leur arbitre depuis longues années, et il exerce sur leur esprit un empire sans bornes. Pour cela donc il n'a besoin de personne, et nous avons tous besoin de lui ; pour son pèlerinage clandestin, au contraire, il a besoin de vous tous ici rassemblés, nobles et courageux champions de l'Italie, et il attend de vous tous des lumières qu'aucun ne lui déniera. Mais la nuit est déjà fort avancée ; quelque danger qu'il y ait à remettre au lendemain les affaires sérieuses, je crois que nous pouvons sans crainte remettre celle-ci au matin. Sous la garde du sergent Oddo on est bien gardé. »

IV

LA PARANCELLE.

La tour d'Asture était plongée dans l'ombre et le sommeil. A voir cette masse obscure et silencieuse surgir des mers sereines et se dessiner sur l'azur des nuits, le nocher n'eût pas soupçonné quelles passions bouillonnaient là, quel orage terrible s'y amassait. La vague où son pied baigne murmurait à peine, et le ciel étoilé, mais sans lune, y réfléchissait ses myriades étincelantes. L'espace des bois était sans voix, sans échos. A peine quelque lointain mugissement de buffle ou de sanglier troublait-il à longs intervalles le triple repos des cieux, des mers et des bois ; tout rentrait bientôt dans le silence, et l'on n'entendait que le pas monotone de la sentinelle, qui veillait sur la plate-forme et se promenait dans les ténèbres comme un fantôme.

Anselme veillait comme elle, tandis qu'à ses côtés tout dormait. L'œil fixé sur l'étroite fenêtre de la plaine, il pensait à Rome, et distrait par la nuit et sa mollesse des mâles préoccupations du jour, il abandonnait son âme à des rêveries moins austères. Cette âme romaine, qui dans son sein portait l'Italie et la liberté, donnait au souvenir d'une femme aimée quelques instans surpris au grand œuvre qu'elle méditait. Mais, loin de se détremper à ces sources intimes, elle s'y fortifiait, elle en sortait plus dévouée, plus fervente.

Tel est l'amour, l'amour vrai, qu'il met l'homme en rapport avec tout ce qui est noble et beau, l'attache à l'humanité par la tendresse, l'élève à Dieu par la reconnaissance et la passion. Ce lien mystérieux et doux de la terre au ciel, instinct intelligent qui conserve, qui purifie, force créatrice qui meut tout, pénètre tout, qui donne à tout âme et puissance, l'amour est le plus grand maître des affaires humaines ; qui l'ignore ou le blasphème se condamne à ne savoir jamais rien du monde ni de ses lois ; il est la condition première de toute la science des êtres, le fondateur de toute morale, et sans lui l'homme reste éternellement pour l'homme une page close de la création.

Or Anselme en avait de bonne heure senti les saints aiguillons et adoré les autels ; de bonne heure l'amour avait fécondé son esprit, agrandi son âme, et, le plaçant pour ainsi dire au centre des choses, il avait mis pour lui chacune à son point. Ouvrant son cœur à toutes les émotions tendres, à toutes les sympathies nobles, il l'avait préservé de cette sécheresse, de cette aridité que l'intelligence, quand elle s'isole, introduit dans les rapports humains. La science enfle, dit l'apôtre, l'amour édifie. Tempérée par cette rosée céleste, sa raison était facile, liante, persuasive, et c'est par là surtout qu'il dominait ses pairs ; empire doux et volontaire subi par tous sans contrainte et sans murmure.

Il n'avait ni plus de justice qu'Azzo, ni plus de bravoure que Septime. La vaste érudition du Lombard dépassait la sienne, Remo était plus artiste, le Génois non moins fier ; mais ce qui l'élevait au-dessus d'eux tous, c'est qu'ils étaient tous en lui ; il les résumait tous, parce que tous il les comprenait.

Doué de cet équilibre peu commun qui fait les hommes complets, il n'y avait entre ses facultés ni lutte ni anarchie ; chacune agissait dans ses limites, aucune ne tyrannisait sa voisine ; et il devait à ce précieux ensemble la mesure, la justesse, dons rares, sans lesquels il n'est ni vraie force ni vraie grandeur. Plein d'une vénération que la culture avait appliquée aux grandes choses, il croyait au devoir, et rendait un culte à la vertu. Prudent et sagace, il avait le sang-froid du vrai courage ; tête positive, cœur chaud, il n'avait qu'un but, l'unité italienne, et s'il n'était pas artiste à la manière de Raphaël et du Tasse, il l'était comme les Gracques, pour subjuguer, pour entraîner les masses par l'ascendant de la parole et des images.

Ses points vulnérables, ceux par lesquels il payait son tribut d'homme à la misère humaine, c'étaient, comme le Satan de Milton et le Capanée du Dante, l'orgueil, et, par une contradiction assez peu logique, l'irrésolution. Dans cette contradiction même était son supplice : l'orgueil l'élevait, l'irrésolution le rabaissait. De là mille combats, mille angoisses.

Mais cela se passait en lui, nul n'avait son secret ; jamais son orgueil ne dégénérait en superbe ou en vanité, et il connaissait trop bien les hommes pour laisser paraître ses incertitudes. Il en est des chefs de parti ou de conspiration comme des hommes d'état, le doute les perd. Les tergiversations déconsidèrent ; il faut au peuple, être mobile et changeant, l'irrévocable ; il n'a foi en ses chefs qu'à ce prix ; et le pape doit au dogme politique de son infaillibilité sa longue autorité populaire. Anselme, qui ne l'ignorait pas, jouait l'homme résolu, comme la timidité joue souvent l'audace ; mais cette comédie même blessait sa fierté et l'humiliait. Il lui coûtait de ne pas se montrer aux hommes dans l'intégrité, dans l'ingénuité de son être ; c'était une servitude, et il aspirait, comme à l'indépendance, aux voies ouvertes de la sincérité.

Toute sa circonspection lui suffisait à peine pour résister aux inspirations de sa nature droite et sincère, tant lui pesait ce rôle de dissimulation et de contrainte. Et quoique son orgueil fût noble en sa source, puisqu'il était fils d'une pauvreté fière ; quoique son incertitude résultât d'un de ces coups d'œil vastes, perçans, à qui nul rapport n'échappe, et qu'elle portât bien plus sur les moyens secondaires que sur le but, car sur ce point il était inébranlable, l'un et l'autre soulevaient néanmoins dans son âme bien des tempêtes intimes et douloureuses.

De Rome, où reposait en paix à cette heure une femme aimée, et où ses rêves tendres l'avaient emporté, Anselme ramena sa pensée à Asture et ses regards sur ses compagnons. Dispersés dans la salle jonchée d'armes et enveloppés dans leurs manteaux, ils dormaient. Tout près de lui reposait d'un sommeil doux et paisible ce Conradin, dont la jeunesse était si touchante. A peine l'énergique enfant s'était-il assoupi, que le vieux Septime s'était glissé vers lui sans bruit, et avait ajouté son propre manteau à celui qui couvrait déjà l'enfant. Il avait contemplé long-temps sans parler cette jeune tête blonde, plus charmante encore dans le sommeil, et comme si la grâce de ces traits féminins eût éveillé dans son cœur d'anciens souvenirs, une larme avait roulé au bord de sa paupière et mouillé sa moustache blanche. Son visage, qu'éclairait à demi la lampe, avait pris en cet instant une expression triste et presque solennelle.

Anselme, qui avait observé en silence cette tendre scène, ne pouvait s'empêcher d'admirer là le pouvoir d'une affection forte sur les êtres même les moins supérieurs; car c'était le cas de Septime. Il était médiocrement doué du côté de l'intelligence; mais la partie morale était chez lui si belle, qu'elle le haussait au niveau de tout. Justice, bonté, conscience, il possédait à un haut degré tous les élémens de la moralité humaine. Jeté avec son siècle dans les camps, il avait fait la croisade européenne de la révolution, et suivi du Caire à Moscou l'aigle providentielle du grand démolisseur de trônes. Son courage l'avait fait distinguer, dans un temps si fertile en héros, parmi des hommes où la bravoure était un jeu; si son esprit brut ne s'était pas cultivé sous la tente, il avait contracté ce je ne sais quoi de grandiose et d'épique qui élève les hommes à la hauteur des grandes choses, et qui retrempe, qui régénère les nations vieillies aux sources mâles de la guerre, comme Achille aux ondes du fleuve mystérieux.

Non loin de Septime, entre Côme et Tipaldo, dormait Grimaldi. Son sommeil était pénible et saccadé, son front et ses joues tour à tour pâles et enflammés, ses mouvemens souvent convulsifs. Débile et peu fait pour une si rude vie, le Génois portait dans son sein les germes d'une fièvre estivale qu'il avait prise sur cette plage de mal'aria, et qui minait sourdement les ressorts de sa vie.

Fixant un œil triste sur tous ces nobles fronts dévoués à l'échafaud, Anselme se mit à déplorer amèrement les destinées de cette Italie, dont les plus beaux génies s'éteignent dans le silence des cachots ou s'usent en des conspirations sourdes et sanglantes. L'âme ouverte à la pitié par l'amour, il trouva des larmes dignes de si grandes infortunes.

Tous ces bannis étaient rassemblés là sur la foi de sa parole, au sein de tant de périls, c'est sur lui seul que reposait leur espoir; il tenait en ses mains leur vie; une faute de lui pouvait la leur coûter à tous. Mais soutenu par le devoir, enhardi, fortifié par ses dangers mêmes et par les leurs, il était moins effrayé d'une responsabilité si redoutable et des ténèbres de l'avenir qu'honoré d'une confiance si touchante, qu'ému d'un si généreux dévouement.

Vaincu peu à peu lui-même par la fatigue du voyage, il commençait à s'assoupir lorsqu'il crut entendre au milieu du silence de la mer un léger bruit de rames. Le *qui vive?* de la sentinelle le réveilla tout-à-fait. Il prêta l'oreille, et une voix du dehors répondit par un cri mal articulé. De plus en plus intrigué, il commença à craindre; l'idée d'une surprise le saisit, et, s'approchant de la fenêtre, il vit avec inquiétude une barque montée par trois hommes raser mystérieusement la tour et s'arrêter au pied. Il se tut et attendit.

Le sergent avait hélé la barque inconnue du haut de la plateforme, et il menaçait déjà de la canonner si elle ne s'éloignait.

— « Gagnez le large, leur criait-il, ou je vous coule bas. Vous êtes des forbans ou des contrebandiers.

— » Nous ne sommes ni l'un ni l'autre, répondit une voix fortement imprégnée d'accent calabrais. Nous sommes des marchands de légumes de Gaëte; nous allions à Ponza, et le vent contraire nous a fait dériver jusqu'ici. Nous sommes bien las, et nous ne savons où nous sommes.

— » Vous êtes à Asture, répliqua Oddo, et j'en suis le sergent. Si vous étiez, vous, ce que vous dites, vous sauriez qu'on n'approche pas ainsi d'une tour de garde sans s'annoncer. Éloignez-vous, vous dis-je. La nuit est bonne et vous n'avez rien à craindre du vent.

— » Mais nous mourons de faim, reprit la voix calabraise; il y a quarante-huit heures que nous sommes en mer et que nous n'avons mangé ni bu.

— » Je ne crois pas un mot de votre histoire; mais comme il se peut faire que vous n'ayez réellement ni eau ni pain, et que ma tour n'a jamais refusé ni l'un ni l'autre à personne, je vais vous en porter. »

Armé de pied en cap, Oddo descendit sur le pont qui lie la tour à la terre ferme; il tenait les inconnus pour espions et les voulait observer de près. Les deux gardes-côtes carbonari le suivaient, armés aussi et portant l'un une cruche d'eau, l'autre un gros pain bis.

— « Voilà pour vous, dit le sergent aux hommes de la barque. Mais qu'est ceci, mon père? continua-t-il en découvrant que l'un d'eux, celui-là même qui avait pris la parole, portait l'habit de capucin. Depuis quand, je vous prie, saint François s'est-il fait marchand de légumes? Allons, mon révérend, par saint Érasme de Gaëte, vous m'en avez conté là une dure. Voyons vos passeports, s'il vous plaît! »

Au mot de passeport, l'un des rameurs tenta de fuir; mais

Oddo, plus alerte, retint la barque et ordonna aux gardes-côtes de coucher en joue les fuyards.

— « Au premier coup de rame, leur dit-il, vous êtes morts.

— » Papalin de malédiction! s'écria un des trois suspects tirant un sabre de son manteau, je te fends le crâne si tu ne nous lâches. » — En disant cela, l'inconnu, qui était d'une taille gigantesque, brandissait déjà son damas sur la tête du sergent.

— « Je ne vous lâcherai point, et tu ne me fendras pas le crâne, » répondit celui-ci avec un imperturbable sang-froid ; et il repoussa le colosse au fond de la barque.

La lutte allait s'engager; le capucin s'interposa.

— « Allons, mon cher frère, dit-il au sergent d'une voix insinuante, soyez compatissant et secourez trois pauvres chrétiens naufragés que la Providence adresse à votre charité pour les assister. Vous voyez bien que nous n'avons point de papiers, et que nous sommes à la merci de votre humanité. Prenez pitié de nous dans ce monde, Dieu vous le rendra dans l'autre.

— » Cela peut être, mon révérend, mais Dieu m'ordonne de faire mon devoir en celui-ci et de vous arrêter; vous passerez aussi bien la nuit dans ma tour que dans votre parancelle démâtée. »

Le troisième inconnu, qui n'avait encore rien dit, intervint alors; il tira quelques pièces d'or de sa poche, et, les offrant à Oddo : — « Nous sommes, dit-il, vos prisonniers, cela est vrai ; mais voici notre rançon : c'est tout ce que le naufrage nous a laissé pour nous racheter; vous ne voudrez pas être plus cruel que lui.

— » Je demande bien pardon à votre excellence ; votre île, car votre accent me dit assez que vous êtes Sicilien, n'a pas encore assez d'or pour acheter un Romain. Pied à terre, sang de Christ! et vous tout le premier, monsieur le suborneur ! »

Jamais homme ne fit son devoir de plus mauvaise grâce ; l'embarras du sergent était extrême, il maudissait sa capture, et ne savait que faire de ses trois prisonniers. Il leur eût de grand cœur fait un pont d'or; mais, préoccupé toujours de l'idée que ce pourrait bien être des espions, il craignit de se compromettre, lui et ses hôtes, par une imprudente générosité. Du côté des inconnus, toute résistance était inutile ; les deux gardes-côtes restés sur le pont les tenaient en joue, et le canon de la plate-forme était braqué contre eux. Le capucin fut le premier à se résigner; mais, comme il prenait la main du sergent pour sauter sur la grève, celui-ci crut sentir un attouchement carbonique. Il fit la sourde oreille d'abord ; mais le signe mystérieux fut répété d'une manière si claire, qu'il ne put se dispenser d'y répondre.

— « Vous l'êtes donc ? » lui dit alors à l'oreille le capucin.

Le sergent répondit par un signe encore plus expressif, et la reconnaissance fut complète. Elle se fit de part et d'autre avec des embrassemens et des larmes de joie. — « Eh! mes bons cousins, leur disait Oddo avec effusion, que ne parliez-vous plus tôt ?

— » Le pouvions-nous prudemment sans vous connaître ? répondait le capucin.

— » Quant à moi, ajoutait le Sicilien, je l'ai soupçonné à son refus. Il n'est pas un papalin, s'il n'est carbonaro, qui ne vendît son âme pour un ducat.

— » Moi, dit en se relevant l'homme au damas, espèce de géant né dans l'antique Samnium, je l'ai soupçonné à la vigueur de son bras. Par Bacchus ! nos cousins de Rome n'y vont pas de main morte, et ils frapperont fort quand le jour enfin viendra de purger l'Apennin des loups avides qui l'infestent. Quand sera-ce ?

— » Bientôt, bientôt, répondit le sergent. Mais montons ; l'aube commence à poindre, et nous aurons le loisir de causer de tout cela là-haut. La grotte est pleine de travailleurs. »

Ils amarrèrent la parancelle sous le pont de manière à la rendre invisible, et, ayant clos, suivant l'usage, et dûment verrouillé la porte de la tour, le sergent conduisit dans la salle commune les trois débarqués. Réveillés par le bruit, tous les conjurés étaient déjà sur pied, attendant avec anxiété le dénouement de cette scène nocturne.

— « Je vous présente, dit Oddo en introduisant les inconnus, trois bons cousins que le Grand-Maître de l'univers et saint Tipaldo, notre patron, nous envoient pour travailler avec nous à chasser les loups de l'Apennin. »

L'accueil fut cordial. Les bannis se pressèrent à l'envi autour des nouveaux venus, tous fort curieux et fort impatiens de connaître leurs aventures. Mais les malheureux étaient si exténués de fatigue et de faim, si desséchés par la soif, que force fut bien de les laisser reprendre haleine.

Cependant le soleil s'était levé radieux comme la veille sur les vieux rochers herniques, et rougissait déjà les cimes blanchâtres du pays des Volsques. Obliquement frappée par la lumière céleste, l'homérique montagne où repose Elpénor prolongeait son ombre pyramidale sur les flots, et semblait toucher à l'archipel napolitain de Ponza. A peine distinctes, les îles sortaient une à une des vapeurs matinales, et pointaient à l'horizon comme autant de voiles dorées.

De même qu'Asture, ces îles ont un nom funeste. Lieu jadis de pénitence et de proscription, c'est sur ces écueils solitaires, enfans perdus de l'Océan, que périrent de faim le jeune fils et la magnanime épouse de Germanicus. Tibère y relégua sa mère, Caligula sa sœur; Néron y fit ouvrir les veines à sa femme Octavie. Exilée du monde par Auguste, la brillante Julie avait naguère expié dans les longues tortures d'une diète austère sa beauté coupable et l'amour du poète; jetée de là au fond de la Calabre, elle y alla mourir enfin d'inanition dans les bras de sa mère, bien loin des bords où pleurait, où chantait Ovide. Comme l'amour, la foi eut là ses martyrs, et d'illustres. Une Flavie du sang des Domitiens y expira dans les tourmens, en confessant de sa bouche impériale le plébéien de Bethléem. Sous le sceptre des Bourbons de Naples l'archipel maudit n'a point déchu. Son astre est sinistre encore. A l'Ergastulum païen de Pandatarie a succédé l'Ergastulum chrétien de Saint-Étienne, cachot funèbre creusé sous l'Océan par la tyrannie, comme la tour d'Oubli du Bosphore. Aujourd'hui comme alors, les gémissemens des victimes se confondent avec le murmure des vagues et se perdent dans les tempêtes.

Couvert par l'histoire d'un nuage de sang, le lamentable écueil l'était alors par le soleil levant d'une draperie d'or; mais bientôt la mer, la plaine, les montagnes, tout fut inondé, et le donjon d'Asture s'alluma comme un phare entre le désert des bois et le désert des flots.

V

NEPTUNE.

Ce jour-là Neptune était en fête, célébrant la vierge Marie sous je ne sais lequel de ses mille noms terrestres; elle en a tant, que les deux ou trois cents du Jupiter grec, si laborieusement colligés par le savant Lilio Giraldi, n'en peuvent donner l'idée. En détrônant l'idolâtrie païenne, l'idolâtrie catholique l'a dépassée.

Nul point du Latium ne porte, autant que Neptune, dans son

site et dans sa forme, l'empreinte de la terreur des pirates. Une forteresse du moyen âge, bâtie sur une saillie de la côte, domine au loin la mer ; ses créneaux, aujourd'hui démantelés, ses hautes murailles invisibles sous le lierre et les longues herbes, proclament assez dans leur éloquence monumentale les antiques dangers de ces rivages. Éternellement menacés par la double peste d'Afrique et des Maremmes, ces bords sont assiégés par un troisième fléau plus formidable encore, les Barbaresques. Aujourd'hui même leurs flottilles croisent insolemment en vue des châteaux et des tours de garde, enlevant jusque sous la bouche des canons les petits enfans qui jouent au soleil sur le sable des grèves.

Jadis les maisons étaient hors de la citadelle destinée à les protéger. Rapprochées, pressées autour d'elle par l'épouvante, elles ont fini par l'envahir, et s'y sont réfugiées comme en un lieu d'asile ; sautant une à une et sans ordre dans l'étroite enceinte, elles en comblent aujourd'hui tout l'espace. On a percé quelques ruelles tortueuses et humides dans ce dédale infect, sans air et presque sans lumière. Une église, qui n'est plus le temple magnifique du dieu qui a baptisé Neptune, s'élève blanche et nue au centre de ce chaos informe, et, foyer d'un nouveau fléau, elle couve en ses caveaux mortuaires la corruption des cadavres.

Tout cela, peuplé de quelques centaines de vivans entassés pêle-mêle avec les morts, s'appelle une ville ; et là, dans cette ville oubliée, perdue au bout du désert, on naît, on vit, on aime ; on a là des enfans et des amis, des larmes et des joies, des passions, des croyances ; on rêve là de gloire et de fortune ; on meurt là comme à Rome sur la foi du Crucifié, et les fils s'endorment à côté des pères, au pied du même autel où ils reçurent d'eux les eaux du baptême, et les générations s'écoulent silencieuses, et l'Océan les voit passer.

Toutefois un nom brille sur le ténébreux tombeau de tant de générations inconnues, et la vague des siècles l'a porté bien loin. La bourgade obscure des Maremmes a donné le jour à un grand artiste, André Sacchi, génie simple, grandiose, austère, qui fut le dernier champion et comme le Caton de l'École romaine.

Neptune donc était en fête, les cloches sonnaient leurs fanfares. Endimanchée et le bonnet blanc sur l'oreille, sa population de pêcheurs était, comme toutes les populations d'Italie les jours de fête, répandue par groupes oisifs sur la place. On donne ce nom pompeux à quelques centaines de pieds carrés qui servent de parvis à l'église. Les enfans se roulaient tout nus comme à Ardée, dans les jambes des hommes ; les femmes sillonnaient les groupes, qui s'ouvraient avec admiration devant leurs brillans habits grecs.

Neptune est à la Campagne de Rome ce que Procida est au golfe de Naples : ella a conservé dans le costume des femmes un monument sans réplique de son origine hellénique. Jeunes et vieilles, les Neptuniennes étalaient au soleil leurs corsets verts brochés d'or et leurs longues robes écarlate coupées à la grecque. Chaussées de fins souliers de satin cramoisi, elles portent toutes, celles-ci sur leurs cheveux blancs, celles-là sur leurs cheveux noirs, un voile de lin brodé qui est plié en torche carrée sur le haut du front, et qui retombe à angles droits sur les épaules ; cette coiffure est surmontée, comme la *chesa* des Italo-Albanaises, à laquelle d'ailleurs elle ressemble, de grosses épingles d'argent sculptées à jour.

Fraîches et coquettes, les jeunes marchaient d'un pas svelte ; maigres, sèches, ridées, les vieilles, toutes courbées qu'elles étaient par l'âge, ne le cédaient à leurs cadettes ni en atours ni en prétentions ; mais les bijoux massifs des mères brillaient moins au soleil que les grands yeux noirs des filles : et le feu des bijoux, l'éclat des couleurs, faisaient un singulier contraste avec la sombre humidité des bouges d'où sortaient ces madones vivantes.

Elles fredonnaient, tout en cheminant, la ballade populaire du bienheureux Louis de Gonzague, le saint chéri des Romaines :

> Luigi Angelico
> Dal vostro viso
> Di paradiso
> Spira beltà.....

A quoi les hommes répondaient par les louanges tout aussi peu incorporelles de la reine des cieux :

> Oh Maria della bionda testa
> I capelli son fila d'oro,
> Rimirando quel bel tesoro
> Tutti gli angeli fanno festa.....

Soudain une trompette sonna. Tous les yeux se levèrent, et l'on vit arriver du côté de Porto d'Anzo un homme en habit rouge et en panache blanc, monté sur une caritelle de toutes couleurs. Il entra dans la ville au galop, et redoublant ses fanfares, il s'arrêta au milieu de la place.

— « Messieurs, mesdames, s'écria-t-il sans reprendre haleine et en se redressant de toute sa hauteur sur la caritelle, je suis le Catalan. Mon nom est connu de Salamanque à Rome. Je quitte à l'instant Porto d'Anzo, nid de forçats et de charbonniers, pour Neptune, qui est la fleur de la Maremme comme Rome est la fleur du monde ; j'arrive pour la fête et me voici. Que voulez-vous, messieurs, mesdames? mes remèdes ou mes chansons? J'en ai pour tous les maux, j'en ai pour tous les goûts. Voulez-vous l'histoire de la femme d'Alicante, qui tua son fils pour le faire manger à son chien, et qui fut emportée vivante aux enfers ? Mais non, comme vous êtes de bons chrétiens, et qu'il convient ne pas profaner la sainteté d'un jour de fête, je vais vous conter les aventures de saint Jean Chrysotome, et vous verrez, messieurs, mesdames, comment ce grand saint tomba en péché mortel, et comment il obtint le pardon de Dieu par la pénitence.

— » Holà ! seigneur Catalan, lui cria un jeune pêcheur dont la jaquette de velours noir et la culotte courte étincelaient de boutons d'argent, puisque vous êtes d'Espagne, chantez-nous donc un peu la déroute de Roncevaux? » — C'est une des ballades héroïques les plus goûtées du peuple romain.

— « Ah! ah! vous voulez la Déroute de Roncevaux où périrent Roland et tous les Paladins. Autrement, messieurs, mesdames, j'aurais pu vous chanter une chanson des plus belles que j'apporte de France, et qui est de la première nouveauté : ce sont les Lamentations de Napoléon sur sa chute et le Retour du Conscrit....

— » Non, non, interrompit le jeune pêcheur. Roncevaux ! Roncevaux !

— » Napoléon ! Napoléon ! » crièrent d'autres voix.

Le grand nom du moderne Charlemagne est aussi populaire au bout des Maremmes que le nom fabuleux et tout national du neveu de l'ancien.

« Roncevaux ! — Napoléon ! » criait la foule divisée.

Le débat aurait pu se prolonger indéfiniment si une voix de conciliation n'eût crié :

— « Tous les deux ! »

Ce terme moyen fut adopté, et l'on convint de garder pour la bonne bouche les Lamentations de Napoléon et le Retour du Conscrit. Le silence établi, le Catalan entonna d'une voix juste et claire la Déroute de Roncevaux.

Cette épopée populaire, si chère aux Romains, n'est qu'une longue description de la *dolorosa rotta* des Pyrénées. Les faits d'armes de Roland, qui en est le héros, et les bons mots du classique Turpin, en font tous les frais. Elle est écrite en octaves héroïques, et ce rhythme pompeux se prêtait merveilleusement à la mélopée du Catalan, espèce de récitatif fortement accentué, à la manière de ces lecteurs du Môle de Naples, qui racontent aux mariniers les aventures de Rinaldo. Le Catalan avait de plus qu'eux un tambour de basque, et terminait chaque octave par une ritournelle gaie ou triste, grave ou éclatante, suivant l'inspiration du morceau.

Le poème s'ouvre par le dénombrement de l'armée païenne. Elle s'avance au son des timbales et des cors moresques dont la voix retentissait dans les vallées comme si elle fût sortie de dessous terre. Tant de panaches, tant d'étendards étranges effrayaient tout le monde, excepté Roland. Le hennissement des chevaux, le mugissement des Infidèles qui venaient, menaçant les Chrétiens comme s'ils eussent voulu les avaler, dit le poète ; Falsiron bravant Roland, tout cela ressemblait au bruit de la mer, et il s'élevait dans l'air de tels tourbillons de poussière, qu'on les eût dits soulevés des abîmes de l'Océan. Il y avait des Bohémiens, des Arabes, des Syriens ; il y avait des fils de l'Égypte, des fils de l'Inde, des fils d'Éthiopie et des Maures par nuées. Il y avait aussi des Barbaresques et jusqu'à des Gascons. Suit la description de leurs armures, de leurs manteaux bizarres, formés de peaux de serpens et de léopards, de poissons et de crocodiles. La bataille s'engage, et cette grande multitude ébranle l'air à coups de dards, de flèches et d'espontons. Les myriades d'épées luisaient au soleil comme des miroirs.

Ainsi préparée par le grandiose des figures, l'imagination des auditeurs s'enflamma comme celle des combattans, et les paisibles pêcheurs de Neptune ne respiraient que guerre et carnage. Habile à émouvoir, la voix flexible et mimique du chanteur passait par tous les tons, et frappait coup sur coup son mobile auditoire.

La mêlée continue : les soldats tombent, les chefs tombent ; les Sarrasins tombaient comme des poires trop mûres. La vallée est pleine de sang et de morts, et le poète, finissant par une image digne des sorcières de Shakspeare, compare Roncevaux à une chaudière infernale :

> E Roncisvalle pareva un tegame
> Dove fosse di sangue un gran bollito
> Di capi, di pieducci e d'altr' ossame.

Cependant le Paladin donne, mais trop tard, de son cor magique. A cet endroit, qui est un des plus saisissans de la ballade, le Catalan sonna tout-à-coup de la trompette; cette poésie en action fit tant d'effet, que la foule tressaillit et s'émut comme pour voler au secours du Paladin. Vain espoir! Épuisé de fatigue, il conduit son cheval Végliantin à une fontaine pour l'y faire rafraîchir; mais à peine a-t-il mis pied à terre que le fidèle animal expire, et Roland, les larmes aux yeux, lui parle ainsi :

> O Vegliantin, tu m'hai servito tanto,
> O Vegliantin, dov' è la tua prodezza?
> O Vegliantin, nessun si dia più vanto,
> O Vegliantin, venuta è l'ora sezza,
> O Vegliantin, tu m'hai cresciuto il pianto,
> O Vegliantin, tu non vuoi più capezza,
> O Vegliantin, se ti feci mai torto,
> Perdonami, ti prego, così morto.

A cette touchante apostrophe, les larmes vinrent aux yeux de tout le monde, tant le chanteur dans son chant avait mis d'âme, et tant, durant le pathétique tête-à-tête, il avait habilement modulé sa voix et varié ses intonations. Cependant Végliantin ayant rouvert les yeux fit signe de la tête à son maître qu'il lui pardonnait, et les referma pour ne les plus rouvrir. Resté seul à la fontaine, Roland se confesse à un ange descendu des cieux pour lui donner l'absolution, et il expire à côté de son fidèle Végliantin.

— « Pauvre Végliantin! s'écrièrent les pêcheurs attendris.
— » Pauvre chrétien! s'écrièrent les femmes en sanglottant.
— » Un si bon cheval! disaient les hommes.
— » Un si beau cavalier! » disaient les femmes!

Et partageant sa pitié passionnée entre le preux et son destrier, la foule de répéter en chœur : — « Pauvre Végliantin! — Pauvre chrétien! »

Le chapeau sur l'oreille et le poing sur la hanche, le Catalan jouissait de son triomphe. Pour le rendre plus complet, il se mit à jouer un air lent et lugubre, c'était l'oraison funèbre du Paladin; elle eut un plein succès.

— « Bravo le musicien! bravo le Catalan! criait la multitude avec des gestes d'admiration. » — Mais la cloche coupa court à l'enthousiasme universel et sonna la messe.

— « Ah! ah! dit un pêcheur, voilà le père Matteo; le sacristain ne carillonne jamais que lorsqu'il le voit venir; il a plus de foi en lui que dans l'horloge. »

Il n'avait pas fini que le député d'Asture, monté sur un âne, était déjà sur la place.

— « Bonjour, père Matteo, lui crièrent les pêcheurs.

— » Bonjour, mes enfans, bonjour, » répondit le vieux député, qui depuis long-temps ne s'arrêtait plus, tant il avait peur des questions indiscrètes ; et sans ajouter un mot, il poussa droit à l'église. Il mit pied à terre devant la porte, y attacha sa paisible monture, et se disposait à franchir le seuil lorsqu'une voix l'arrêta.

— « Eh ! père Matteo, comme vous voilà pressé ! Il y a du temps, et vous savez bien que l'archiprêtre ne commencera pas sans vous. Quelles nouvelles d'Asture ?

— » Bonnes, très-bonnes, excellentes, répondit Matteo, que le seul nom d'Asture faisait trembler comme celui de l'enfer.

— » Et le sergent Oddo va-t-il bien ?

— » Bien, très-bien, parfaitement bien, dit le pauvre député toujours timoré, toujours dans les alarmes, et qui espérait s'en tirer plus vite en entassant superlatifs par-dessus superlatifs.

— » Père Matteo, dit une vieille femme, pourquoi donc a-t-il fermé hier soir la porte de sa tour aux deux voyageurs qui lui demandaient l'hospitalité ? Les pauvres jeunes gens ne sont arrivés ici qu'à trois heures de nuit. Ce n'est pas bien cela, et vous qui êtes charitable, père Matteo, vous n'auriez pas dû le permettre. Comment saint Pierre nous ouvrira-t-il la porte du paradis si nous fermons ici-bas la nôtre au prochain ?

— » Hélas ! ma bonne mère, répondit le député de plus en plus effrayé, que voulez-vous que je vous dise ? Je n'ai pas le commandement de la tour, moi, et le sergent a établi pour règle que nul étranger n'y serait plus admis après le coucher du soleil.

— » Allons donc, père Matteo, vous nous en contez, interrompit un jeune pêcheur au sourire fin, à l'œil malicieux, le même qui avait fait chanter Roncevaux au Catalan, comme si hier au soir, en allant jeter mes filets près de votre tour, je n'y avais pas vu entrer deux cavaliers. »

A ce mot le Catalan s'approcha du groupe et prêta l'oreille.

— « Et le soleil était couché, j'espère, continua le pêcheur, puisqu'à l'Ave-Maria je n'étais pas encore parti. »

Le pauvre député était plus mort que vif. Il pâlissait, rougissait et se troublait d'autant plus qu'il le sentait et voulait cacher son embarras. — « Pour moi, dit-il enfin en reprenant un peu d'assurance, je proteste par mon saint patron que je ne les ai pas vus, car j'étais couché depuis long-temps ; mais c'était sans doute quelque commissaire de la Sagra Consulta ; il en vient souvent à la tour, et pour eux il n'y a pas de consigne. Mais voilà la cloche qui se tait. A la messe, mes enfans. » — En disant cela, il prit le chemin de l'église.

— « Encore un mot, père Matteo, reprit le jeune pêcheur en se penchant à son oreille; vous ne dites rien de la belle Isolina. Avez-vous peur des Barbaresques, que vous ne l'amenez plus à Neptune ? »

A cette nouvelle botte qu'il n'avait pu parer, le père d'Isolina aurait bien voulu rompre ; mais elle était si brusque, qu'il ne le put pas ; il fallut bien riposter. — « Ce n'est pas cela, dit-il ; quoique la côte ne soit pas au fond trop sûre, et que nous ayons hier même avisé en mer des forbans, je n'aurais pas manqué pour cela d'amener ma fille à la messe, surtout un jour de grande fête comme celui-ci ; mais la pauvre enfant est malade...

— » Malade ! s'écrie le Catalan. Reposez-vous sur sur moi, seigneur député, du soin de la guérir, et bénissez Dieu qui m'envoie. Fût-elle désespérée, fût-elle à l'article de la mort, fût-elle morte... j'en réponds ; car, croyez-moi, j'en ai guéri bien d'autres. J'ai guéri des vieux, j'ai guéri des jeunes, des rois et des cardinaux ; des grands d'Espagne et des princesses, et tout cela, messieurs, mesdames, par la vertu de ma poudre de Badajoz et de saint Jacques de Compostelle, mon bienheureux patron. »

Nulle proposition ne pouvait terrifier davantage le bon député ; aussi se défendit-il de toutes ses forces. — « Merci, merci, dit-il au docteur forain ; nous n'en sommes pas encore là, grâce à Dieu. Quand j'ai dit malade, j'aurais dû dire indisposée, très-légèrement indisposée, presque rien, voyez-vous, absolument rien....

— » C'est égal, interrompit l'impitoyable charlatan. Il faut prendre le mal à sa racine. Les petits maux font les grands maux.

— » Non, réellement, cela ne vaut pas la peine de vous déranger.

— » Me déranger ! seigneur député, c'est presque une injure. Un docteur est-il donc un sybarite ?

— » Mais Asture est à six... à huit milles, des milles qui ne finissent pas ; il faut trois... que dis-je ! il faut six heures pour les faire.

— » En fallût-il douze, qu'importe ? Le docteur qui compte ses pas est indigne de l'être, et je ne compte pas les miens, moi.

— » Mais il n'y a d'autre route que la grève toute hérissée de rochers et pleine de décombres. Votre caritelle n'y passera pas.

— » Quant à cela, rassurez-vous ; mon petit cheval andalou est à deux mains ; il me traîne ou me porte à volonté, et, d'ailleurs, dussé-je aller à pied, j'y irais encore. Je n'écoute plus rien, je pars.

— » Eh! sieur Catalan, lui dit à voix basse un jeune homme, à quand les Lamentations de Napoléon ? — Et le Retour du Conscrit ? ajouta une grande belle fille à l'œil ardent.

— » A ce soir, mes enfans ; le devoir marche avant le plaisir ; l'agréable après l'utile. Quand notre art nous réclame, nous aures docteurs, nous oublions tout, nous lâchons tout, nous quittons tout, pour voler où l'humanité nous appelle. »

Plus Matteo se défendait, plus l'autre insistait, et le pas était d'autant plus difficile, que le père d'Isolina craignait d'éveiller par l'opiniâtreté de sa résistance des soupçons dont l'idée seule le faisait frémir. Il n'osa plus rien dire, et fit ce que font en pareil cas les hommes faibles, il se résigna ; c'est-à-dire qu'au lieu de sortir du défilé, il y resta. La messe d'ailleurs était commencée, et il alla dévotement porter ses angoisses au pied de l'autel. Le Catalan ne l'y suivit pas.

De comble qu'elle était, la place fut vide en un instant. Le charlatan y demeura seul avec quelques enfans ; tout le reste était à l'église ; il détela sa caritelle, la laissa sous la garde de l'hospitalité neptunienne, et armé seulement de sa trompette et d'une boîte de drogues, il enfourcha son Bucéphale à deux mains, et partit intrépidement pour Asture.

VI

LE CILENTO.

A peine les bannis d'Asture avaient-ils laissé aux trois débarqués le temps de reprendre haleine, tant ils avaient hâte de savoir qui ils étaient et à quelles vicissitudes ils devaient leur présence au milieu d'eux. Pressé de questions, le capucin, dont la vue étonnait le plus, se chargea du rôle de narrateur, et parla ainsi :

— « Nous sommes tous les trois des Deux-Siciles : moi, calabrais, Ponzio, poursuivit-il en désignant le gigantesque Samnite, est né à Boïano, au pied du Matèse ; il est digne de son nom, et le sang de son ancêtre Pontius coule pur dans ses veines ; il n'aspire comme lui qu'à faire passer la tyrannie sous les Fourches Caudines. Pour don Camillo, c'est Procida. Ce que nous avons dit au sergent est vrai, sinon pourtant que si depuis deux jours nous n'avions ni mangé ni bu, nous en avons bien passé dix en mer dans cette vieille parancelle baroise sans gouvernail et sans mât. La catastrophe qui nous exile ne vous est que trop connue ; qui de vous ignore la néfaste insurrection du Cilento, qui vient de moissonner pour rien les plus saintes vies ? Mais passons. Permettez que je ne m'arrête point sur cette tragique faute ; ceux qui l'ont faite l'ont payée cher. Les uns sont aux bagnes ; les autres... à cette heure même où nous parlons, aux feux de ce soleil matinal et printanier qui sourit à l'Italie, toutes les villes, tous les villages, jusqu'aux derniers hameaux du Cilento, voient se dresser sur leurs places publiques de longs piliers noirs, sur ces piliers il y a des cages de fer, et dans ces cages des têtes d'hommes toutes sanglantes..... ce sont les leurs. Paix à leurs mânes !

— » Ce que vous dites là est-il vrai ? s'écria Côme avec indignation.

— » Et cela vous étonne ! mon jeune ami, dit Azzo avec un sourire amer. Connaissez mieux nos tyrans ; moi qui les connais, rien ne m'étonne plus de leur part.

— » Plût à Dieu, reprit le capucin, que j'eusse exagéré ; mais, hélas ! accusez ces tristes yeux d'avoir trop bien vu. En ce genre, la cour de Naples est sans émule ; elle mérite, entre toutes les cours d'Italie, une prime sanglante.

— » Eh ! qui le sait mieux que moi ? s'écria Ponzio ; moi, le dernier rejeton d'une famille exterminée par elle ! Écoutez mon histoire, elle est courte et vaut celle des Atrides, sinon par les crimes, du moins par les malheurs. Quand le cardinal d'atroce mémoire, quand Ruffo célébra à Naples les saturnales de la royauté, mon père fut de la fête. Assiégé, mourant de faim dans le dernier fort républicain qui tînt pour la liberté, il se rendit sur la foi d'une capitulation glorieuse. Vous savez l'histoire de ce mémorable parjure. Trafalgar n'a point lavé la tache. Mon père fut avec tous les siens jeté dans les cachots. Ma mère, qui vivait dans sa province, accourut à Naples au bruit de sa captivité. Jeune et belle, tenant au bras son nouveau-né—c'était moi—elle usa le seuil de tous les tribunaux, elle se traîna aux pieds de tous les juges... des assassins, veux-je dire ; les uns la chassèrent, d'autres la raillèrent ; un troisième, et Ruffo lui-même, osa mettre à sa protection des conditions infâmes. Désespérée, et me portant toujours dans ses bras, elle vint tomber au pied de la prison où gémissait mon père, l'époux qu'elle ne pouvait ni sauver ni revoir. Elle baignait de larmes la porte en fer, en criant : Grâce et merci ! lorsqu'une troupe de sicaires royaux passa. — « Voilà une jacobine, s'écrièrent-ils en la montrant au doigt : parions qu'elle porte sur le corps l'arbre de la liberté. » — On avait répandu ce bruit absurde afin d'avoir un prétexte de dépouiller les républicains, et de les donner en spectacle sur les places publiques. Les bandits saisissent ma mère, ils m'arrachent de son sein, me jettent mourant au coin d'une borne ; et déchirant d'une main brutale ses chastes vêtemens, ils la mettent nue au milieu d'eux, ils la promènent en triomphe de rue en rue, en vociférant : Vive le roi ! Le carrosse du cardinal passa ; il la vit et rit !... Enfin le ciel eut pitié d'elle ; elle tomba sous leurs pieds, brisée, et mourut de honte et de désespoir.

— » Horreur ! horreur ! s'écria Remo en cachant son visage dans ses deux mains. Et le Vésuve qui a vu cela n'a pas incendié la Sodome impie !

— » Le Vésuve en a vu bien d'autres sans s'émouvoir. Il a vu monter mon père au gibet avec tout ce que Naples avait de génie, de vertu, de beauté. Le mois d'avant, une sœur de ma mère, jeune vierge de seize ans, avait été violée, puis égorgée par l'armée royaliste à l'épouvantable sac d'Altamura. Mon oncle n'échappa cette fois que pour une mort plus affreuse. Combattant plus tard en Calabre contre les Anglais, il s'enfuit dans les montagnes après la déroute de Sainte-Euphémie. Surpris par les royalistes au village d'Acri, il fut brûlé sur la place publique, et les cannibales se partagèrent ses chairs palpitantes aux cris toujours de Vive le roi ! digne accompagnement d'un tel banquet.

— » Et moi qui ai fait mes premières armes dans leurs rangs ! dit don Camillo d'une voix contristée.

— » Vous !

— » Je le confesse avec douleur, j'en rougis de honte et de repentir.

— » Vous savez bien, dit le capucin, que vous êtes pardonné ; dix ans de bonne guerre vous ont absous, et il y a plus de joie au ciel pour un seul pécheur qui se repent que pour vingt justes qui n'ont pas besoin de repentance.

— » Quand j'ai péché, j'étais bien jeune. Les Anglais, d'ailleurs, nous avaient trompés, nous autres Siciliens. Ils avaient évoqué dans notre île je ne sais quel fantôme de liberté. Nous pensions combattre pour l'indépendance de l'Italie; nous combattions pour ses bourreaux. Quel horrible mécompte! Vaincu, l'Anglais nous flattait; vainqueur, il nous a vendus.

— » Comme il a vendu mon père et la république napolitaine, s'écria Ponzio.

— » Comme il a vendu Gênes, dit Grimaldi.

— » Et la Toscane, dit Côme.

— » Et l'Italie toute entière, s'écrièrent Septime et Cavalcabo.

— » Ce n'est pas la seule Sicile, interrompit Marius avec emportement, ce n'est pas Gênes, ce n'est pas la Toscane, ce n'est pas l'Italie qu'a vendue l'égoïste Angleterre, c'est le monde; et comme la Rome de Jugurtha, elle se vendrait elle-même si elle trouvait un acheteur. Je la hais.

— » Et pourtant, dit Anselme, c'est un grand peuple. Sa tribune est le forum européen. Au pied de cette tribune libre et retentissante, Italien esclave et muet, j'ai pleuré.

— » Et moi, j'aurais crié : Malheur! répliqua Marius, malheur sur Albion! Mon cri de malédiction eût troublé ses communes; mon anathème de Romain les eût fait pâlir. C'est mon *delenda Carthago*.

— » Et si Carthage tombait, répliqua Anselme, où le vaisseau de la liberté trouverait-il un port dans l'orage déchaîné contre elle? Nous ne pouvons oublier sans ingratitude que l'Angleterre est l'asile le plus sûr, le seul inviolable, de nos concitoyens proscrits. Mais laissons achever nos amis.

— » Quant à moi, dit le Samnite, je n'ai rien à ajouter, sinon que, relevé au coin de ma borne par je ne sais qui, nourri d'aumônes dans mes montagnes, car tous mes biens avaient été confisqués, j'ai grandi, pauvre orphelin, dans l'horreur de la royauté. J'ai à venger sur elle ma famille, ma patrie. C'est entre elle et moi un duel à mort, et j'espère bien ne pas rester sur le terrain.

— » Vos fastes domestiques, dit Cavalcabo, sont si tragiques qu'ils surpassent toutes les fureurs guelfes et gibelines du moyen âge. On les dirait ensanglantés à plaisir.

— » Tels sont nos rois, reprit enfin le capucin, qu'ils semblent avoir jeté le gant à la civilisation et tiré de son fourreau le glaive rouillé de la barbarie. Vous n'êtes pas au bout; écoutez. Quelque téméraire que semble dans son isolement l'insurrection du Cilento, un fait la justifie. On avait des promesses positives de la Russie.

— » Le froid colosse étend loin les bras, interrompit Marius; qu'il prenne garde de se les brûler à nos volcans.

— » La lutte engagée, on comptait sur l'assistance du czar. Jaloux de la puissance autrichienne en Italie, il avait promis des troupes pour la délivrance de la péninsule, et reconnu d'avance la république ausonienne. Le président de la Grèce était chargé des négociations, et il avait ouvert à ce sujet avec le comité central de Naples une correspondance clandestine qui m'a passé par les mains; ainsi j'en sais quelque chose. Mais tout s'est borné à un vain échange de paroles, et nous avons été victimes de notre crédulité.

» Quand tout fut perdu, il fallut fuir, et moi tout le premier, car j'étais un des plus compromis. Supérieur du couvent de Cammarota, j'avais prêché la révolte en pleine église, et marché, moi et quelques-uns de mes moines, à la tête des insurgés. Mon monastère fut dès lors regardé comme le foyer de la sédition, et il eut même un siége à soutenir contre la gendarmerie royale. Toutefois je parvins à m'échapper. Le hasard me rapprocha dans les montagnes de ces deux fugitifs proscrits comme moi, et nous ne nous séparâmes plus.

» Tout inaccessibles qu'ils sont, nos monts étaient mal sûrs. Traqués comme des loups, nous manquions de vivres, et si nous approchions des villages, nous les trouvions hérissés de baïonnettes et de têtes humaines. Instruit de notre détresse par un pâtre, un carbonaro de Centola nous envoya du pain; il fut découvert et fusillé. Il était père de quatre enfans. Un autre qui en avait six le fut également à Montano, parce qu'on avait trouvé chez lui un fusil de chasse. Sa tête est plantée devant sa maison. Cachés un soir dans les rochers de la Stella, nous vîmes sous nos pieds dans la vallée un tourbillon de flammes qui nous parut un incendie. Nous devinions juste : c'était le village de Bosco qui brûlait. Les royalistes y avaient mis le feu, parce qu'il était soupçonné de nous avoir donné l'hospitalité pendant une nuit. C'était faux. Il n'en fut pas moins rasé; la charrue y passa; vingt citoyens y furent exécutés, cinquante-deux envoyés aux galères; le reste erre sans asile et sans pain dans nos montagnes.

» Au bruit d'une si épouvantable persécution, nous comprîmes qu'il n'y avait plus d'espoir pour nous que dans un embarquement clandestin. Nous nous rapprochâmes donc des côtes et nous arrivâmes un matin au promontoire de Palinure. Il portait, lui aussi, son trophée; il n'est pas un point de Cilento qui n'ait le sien. Le soleil levant nous montra là une tête blanche au bout d'une pique. Je crus la reconnaître, je m'approchai : c'était celle d'un vénérable chanoine du Vallo, égorgé comme tant d'autres.

Nous tentâmes de nous emparer de cette dépouille douloureuse pour lui rendre au moins les derniers devoirs ; une décharge partie de la tour voisine nous chassa de nouveau dans les bois. La prudence nous y retint trois jours ; le quatrième au soir nous nous hasardâmes sur une plage déserte où le ciel nous fit trouver cette vieille parancelle baroise à laquelle nous devons notre salut. Épave abandonnée de quelque naufrage, elle était sur le flanc et si avariée qu'elle semblait hors de tout usage. Nous ne nous décourageâmes point. Nous nous mîmes à boucher avec notre propre linge les voies d'eau dont elle était criblée, et nous réussîmes assez bien pour lui faire tenir la mer en temps calme ; mais la moindre rafale nout eût submergés. Nous nous fabriquâmes ensuite des rames avec des branches de frêne, et mettant à flot notre parancelle ainsi radoubée, nous gagnâmes le large sans boussole et manquant de tout.

» Je passe sous silence les détails de cette navigation aventureuse. Le jour, nous évitions le voisinage des côtes pour échapper à l'œil perçant des tours de garde ; la nuit, nous débarquions furtivement pour chercher des vivres que nous ne trouvions pas toujours. Un grossier appareil de pêche que nous nous étions procuré y suppléait de temps en temps par du poisson frais ; mais il était rare, et nous étions de maladroits pêcheurs.

» Le troisième jour nous découvrîmes la place d'Agropoli, et nous vîmes au loin se dessiner dans la plaine les temples grecs de Pestum. Le pain nous manquait, nous savions en trouver à l'osterie voisine. Le concours des voyageurs sur cette plage classique nous faisant espérer d'être pris pour des curieux nous-mêmes, nous débarquâmes dans un lieu solitaire et nous approchâmes hardiment des temples. Il était midi. Nous avions à peine atteint ces chefs-d'œuvre de grâce et d'élégance, que nous aperçûmes une grande troupe d'hommes qui descendaient les collines d'Ogliastro, à travers les figuiers et les chênes. Des fusils et des sabres brillaient au soleil. Notre première idée fut de fuir ; la réflexion nous retint. Notre fuite eût éveillé des soupçons ; on nous eût poursuivis et atteints bientôt. Le plus sûr était de rester ; nous restâmes donc, en jouant de notre mieux le rôle d'antiquaires.

» Cependant la troupe s'approchait, et un nouveau spectacle d'horreur nous était réservé. Assis sous les colonnes des temples, et à demi cachés par elles, nous vîmes défiler sur la route, à cinquante pas de nous, une longue chaîne de prisonniers. Nous en comptâmes trois cents. Ils étaient garrottés deux à deux comme des forçats, et marchaient entre une double haie de fantassins et de cavaliers. Arrêtés dans le Cilento, on les menait à Salerme comme des moutons à l'abattoir. On voyait là, confondus, tous les états, tous les âges, et nous reconnûmes, hélas! bien des visages amis dans cette lamentable armée; mais nos yeux durent rester secs, nos sympathies silencieuses.

» Quelques-uns, plus âgés ou plus faibles, étaient plus traînés qu'ils ne marchaient. Écrasés par leurs fers et par un soleil ardent, brisés par la fatigue d'une longue route à travers les montagnes, ils perdaient par degrés leurs forces, et les soldats les soutenaient à coups de crosse. Cinq tombèrent tout-à-fait, et tous les cinq expirèrent! un après l'autre sous nos yeux. L'un d'eux était un capucin de mon couvent. On les détachait à mesure de la chaîne de misère, et on jetait leurs cadavres au bord du chemin comme une dépouille immonde. Le reste poursuivit sa route vers Salerme; nous suivîmes long-temps des yeux le douloureux cortége, et nous le vîmes passer la barque du Sélé comme les ombres passaient le fleuve infernal. Bientôt après nous ne vîmes plus rien. Restés seuls au milieu des temples, nous reprîmes en silence, tant nous étions saisis, la route de la mer, et nous regagnâmes le large.

» Nous ramâmes tout le jour et toute la nuit suivante, secondés par un siroc favorable, et le lendemain au matin le golfe de Salerme était franchi. Le soleil se leva pour nous sur Caprée, île sanglante où plane l'ombre monstrueuse de Tibère; nous nous reposâmes tout le jour dans la mystérieuse grotte d'azur; le Vésuve et Naples nageaient dans l'or du couchant quand nous la quittâmes.

» Notre géographie s'arrêtait à Ischia, et nous n'avions point de carte. Ces parages nous étaient tellement inconnus à tous les trois qu'ayant un matin aperçu une terre lointaine en pleine mer, nous la prîmes pour la Corse, et nous poussâmes des cris de joie, nous croyant déjà sauvés. C'était l'archipel de Ponza.

» Nous vîmes flotter dans cette direction un pavillon napolitain; des pêcheurs de Gaëte que nous rencontrâmes nous apprirent que c'était un brick royal qui allait, convoi funèbre, ensevelir dans l'Ergastulum de Saint-Étienne une nouvelle chaîne de victimes. Nous errâmes tout un jour encore en pleine mer; la faim nous a poussés hier vers ces côtes désertes, et vous savez le reste.

— » Maudits soient les infâmes! s'écria Marius en serrant les poings.

— » Et bénie soit l'étoile qui vous a guidés! ajouta Anselme en tendant la main aux trois naufragés. Les Deux-Siciles manquaient seules encore à notre Grütli italien; maintenant il est complet; soyez les bien venus.... »

Une fanfare de tompette l'interrompit. L'alarme fut au camp.

— « Une surprise! une surprise! s'écrièrent les bannis.

— » Rassurez-vous, reprit Anselme; je connais cette trompette et celui qui la sonne.

— » Moi aussi, ajouta Marius en saisissant un fusil, et je m'en vais leur imposer un long silence.

— » Laissons faire au sergent, dit Anselme en désarmant Maius; sa prudence nous tirera mieux d'affaire que ton fusil. Sergent, cet homme ne doit point entrer ici; il faut à tout prix l'éloigner. C'est lui qui déjà hier au soir nous a tant retardés.

— » Que voulez-vous? et qui êtes-vous? cria Oddo par la fenêtre.

— » Je suis le Catalan. J'arrive de Neptune; je viens guérir la fille du député, par la vertu de ma poudre de Badajoz et de mon bienheureux patron saint Jacques de Compostelle. C'est son père qui m'envoie.

— » Ah! père Matteo! murmura Tipaldo, vous nous le paierez.

— » Ouvrez, ouvrez, continua le charlatan; ouvrez à la médecine, seigneur sergent. Esculape est cousin de Mars.

— » Cela se peut, répondit Oddo; mais pour aujourd'hui Mars n'a, Dieu merci, pas besoin de son cousin. Passez votre chemin, sieur Catalan; la fille du député se porte aussi bien que vous et moi; il n'y a pas un baïoque à gagner ici. »

Un débat assez vif s'engagea. Tous deux persistaient, l'un à solliciter, l'autre à refuser l'entrée du donjon. — « Chasser un docteur, disait le Catalan, un docteur de Salamanque! — Vous n'êtes qu'un forban de la faculté, répondait le sergent, et fussiez-vous ce que vous n'êtes point, sachez qu'on ne vient pas faire impunément la médecine dans nos maremmes sans une patente de la sapience en bonne et due forme. » — Et comme le charlatan s'obstinait, Oddo se fâcha : — « Corps de Dieu! cria-t-il à l'opiniâtre docteur, ceci devient trop long. Détalez, vous dis-je, et regagnez le gîte; les oiseaux de votre plumage ne nichent dans ma tour que les fers aux pieds et aux mains, et nous avons ici du plomb pour toute espèce de gibier. »

Le sergent fortifia sa harangue de l'argument concluant des coups de fusil, une décharge à poudre lui servit de péroraison. L'argument opéra : le Catalan tourna bride et s'enfuit au galop.

— « Je disais donc, reprit Anselme, alors que ce drôle nous a interrompus, que notre Italie était ici au complet. Je voulais ajouter, et ceci sans l'arrière-pensée d'un reproche ou d'une récrimination, que la dernière catastrophe du Cilento est pour nous une leçon terrible. Profitons-en. Russe ou Anglais, ne croyons plus à l'étranger, croyons en nous. Plus d'isolement surtout; l'isolement nous a toujours perdus. Toutes nos conspirations municipales n'ont fait que répandre en vain le plus pur sang de l'Italie. Enrôlez-vous donc, mes bons cousins, continua-t-il en s'adressant aux Siliciens et en déroulant à leurs yeux le pavillon triangulaire de la république ausonienne, enrôlez-vous avec nous sous l'étendard unique de la grande famille. Le voici qui vous couvre de son ombre et nous instruit tous par le sens caché de ses trois couleurs : le vert est cette terre d'Italie à qui nous allons rendre la fraîcheur et la jeunesse; le bleu, c'est le ciel qui nous entend et nous assiste; l'or, le soleil qui nous luit et qui se lèvera glorieux sur nos montagnes au jour prochain de la liberté. Jurez donc par ces saints emblèmes et en présence du Grand-Maître de l'Univers, jurez de dépouiller à l'avenir et à jamais le funeste esprit de localité, et de travailler en commun et au prix de tout votre sang au grand œuvre de la confédération d'Ausonie.

— « Nous le jurons! » s'écrièrent les Siliciens à genoux et la main tendue; après quoi ils prononcèrent contre eux-mêmes la formidable imprécation carbonique qui dévoue aux tourmens les parjures. Les conjurés s'associèrent tous à cette solennité simple, antique; ils resserrèrent plus étroitement entre eux les doux liens de fraternité et de patrie qui les unissaient, et s'embrassèrent au cri de : Vive la république ausonienne !

La cérémonie terminée, il fut question du voyage de Marius. Chacun dans sa sphère, Tipaldo et Grimaldi pour Venise et Gênes, Côme pour la Toscane, Septime et Cavalcabo pour le Piémont et la Lombardie, tous enfin, suivant leur patrie et leurs rôles divers, lui donnèrent des directions et des noms amis. Azzo surtout, ce type du conspirateur italien, lui ouvrit tous les trésors de sa longue expérience; fidèle Ariane du nouveau Thésée, il lui mit en main le fil du ténébreux labyrinthe. L'Italie était alors—elle l'est encore—un pays de mystères et d'initiations ; c'est un volcan sans cratère qui bouillonne dans l'ombre, qui brûle, qui creuse sourdement et mine le sol tremblant et sonore; un élysée en fleurs où le soleil donne rendez-vous au monde et le convie à ses fêtes, où l'on danse, où l'on rit, où l'on aime, où l'on s'endort au chant des guitares pour s'éveiller au bruit des épées, de chaînes, des échafauds.

— « Et toi, mon enfant, dit Septime à Conradin en passant la main dans ses cheveux blonds, n'as-tu rien à faire dire à notre cher Arona?

— » Une prière, dit le jeune homme à Marius en lui remettant son portrait esquissé la veille au soir par Remo, une seule : je vous supplie de porter ceci à ma mère; dites-lui que vous m'avez vu; mais cachez-lui où; laissez-la croire que je suis toujours en Corse; n'alarmez pas sa tendresse par les dangers qu'elle s'exagérerait trop pour son repos. » Quelque peu tendre que fût le Trastévérin, il ne put s'empêcher d'être touché de tant de piété filiale; il accepta la complicité d'un mensonge si peu criminel, et se promit bien de réjouir par des paroles d'espérance et de consolation le cœur de cette mère en deuil.

Sur ces entrefaites, le père Matteo revint de Neptune. Tipaldo, qui lui ménageait un rude accueil, et se préparait à venger sur lui l'alerte du Catalan, fut désarmé, lui et tous les autres, par les angoisses et les terreurs du pauvre homme. Il était tout pâle et hors de lui. Tremblant pour sa fille, il avait, chose inouïe! manqué les vêpres, afin de se justifier plus tôt de la visite obstinée de l'importun docteur. Il raconta si naïvement la scène de Neptune, que le gai Vénitien ne trouva plus qu'à rire là où il voulait tonner; il se borna pour toute vengeance à prolonger l'anxiété du dévot, afin de se donner plus long-temps le plaisir d'une comédie digne en tous points, disait-il, de son compatriote Goldoni. Le père d'Isolina ne fut pas si clément; il ne pardonna point au charlatan de lui avoir gâté sa fête. Cela fut cause qu'il jeûna trois jours.

Ces soins divers avaient amené le soir. Nicolo entra dans le donjon; c'était un garde-forêt carbonaro commis à la surveillance des bois et à l'approvisionnement de la tour. Il revenait de Porto d'Anzo, et dit avoir rencontré en route une caritelle montée par un homme tout chamarré, qu'au signalement on reconnut pour le Catalan. C'était lui en effet. A peine rendu d'Asture à Neptune, il était reparti pour Rome.

Anselme et Marius en firent autant; mais, évitant de suivre deux fois la même route, ils prirent au retour le chemin d'Albane et non celui d'Ardée. Ils quittèrent la tour, qu'elle était replongée dans les ténèbres, recélant dans ses flancs noirs et muets les mystères confiés à sa fidélité.

VII

LOYSA.

Marius n'était rentré dans Rome par la porte de Saint-Jean-de-Latran que pour en ressortir presque aussitôt par la porte du Peuple. Missionnaire politique, il allait porter la parole de liberté en Toscane d'abord et à Bologne, puis en Lombardie et en Piémont ; passant sous tous les échafauds de l'Italie, il était censé faire un voyage de plaisir ; ainsi disait son passeport. Chargé d'une mission semblable pour les ventes de l'Orient napolitain, un autre carbonaro s'était, la veille, acheminé vers les Deux-Siciles ; Rome était le foyer d'où partaient pour y revenir converger tous les rayons carboniques. Archéologue profond, ce second missionnaire voyageait aux frais et sous l'égide du Saint-Siége, avec le titre d'antiquaire de Sa Sainteté. Tel est le carbonarisme italien qu'il est partout et sous tous les masques. Investi de tous les titres, revêtu de tous les costumes, c'est une espèce de génie invisible et partout présent, un insaisissable Protée.

De retour à Rome et Marius parti, Anselme prit le chemin de Sainte-Marie-Majeure. Le jour baissait ; tandis qu'il montait la longue rue déserte des Quatre-Fontaines, un troupeau de chèvres sauvages la descendait au bruit des clochettes. Il n'y avait à cette heure dans ces quartiers solitaires que les chèvres, le pâtre et lui. Il s'arrêta devant une maison modeste attenante à la petite église de Saint-Norbert, presque au sommet du Viminal. La porte s'ouvrit d'elle-même et se referma sur lui.

— « C'est heureux vraiment, monsieur, que l'on vous voie enfin ! lui dit une voix de femme, fraîche, argentine, mais un peu boudeuse. Pourrait-on savoir où vous avez passé ces trois jours ?

— » Avec un ami qui partait, ma chère Loysa ; maintenant je suis tout à vous.

— » Vous aviez donc des choses bien importantes à lui dire, à cet ami qui partait, et en bien grand nombre, que trois longs jours y aient à peine suffi ?

— » Très-importantes, en effet, ma chère, boudeuse, et en fort grand nombre.

— » Et quel est-il, cet ami ?

— » Marius.

— » Le vilain homme, avec ses yeux durs, sa voix dure! c'est un marbre! Que je plains la pauvre femme qui sera la sienne! Tenez, savez-vous de qui il me donne l'idée, votre ami Marius? — de Francesco Cenci. Je gagerais sur sa mine qu'il est carbonaro. Au reste, ils est Trastévérin, c'est tout dire. Quand nous serons mariés, j'espère bien que vous ne l'amènerez pas souvent chez nous.

— » Allons, ma chère, vous êtes une enfant. Grondez-moi si vous voulez, j'y consens de bien grand cœur, vous êtes une charmante grondeuse; mais il n'est pas juste que mon pauvre ami Marius paie pour moi. Quand nous serons mariés, et que vous le connaîtrez, je vous assure que nous le verrons tous les jours, et que vous l'estimerez infiniment. Si ce n'est pas un cœur tendre, c'est un noble cœur; et, ma foi, l'un vaut bien l'autre dans un ami de la maison.

— » Vous serez donc jaloux! Tant mieux, car vous serez tout à moi. J'en suis si aise, que je vous pardonne rien que pour cela. Et puis, j'ai assez grondé, cela m'ennuie, vous le savez bien. Je vous détestais il y a une heure, parce que vous n'y étiez pas; à présent que vous êtes là, je n'ai plus de colère. Vous voyez comme on vous aime; c'est plus que vous ne méritez. On est, en vérité, trop bonne; on vous gâte. »

Les yeux noirs de la jeune Romaine s'étaient peu à peu désarmés; elle sourit au coupable, lui tendit la main; Anselme la baisa, et la paix fut conclue.

— « Maintenant, reprit-elle, parlons de vous, parlons de notre amour.

— » Racontez-moi votre cœur, ma chère enfant; qu'a-t-il fait pendant ces trois jours?

— » Ne m'aimez-vous plus, que vous ne le deviniez pas? Le premier jour j'ai prié; aujourd'hui tout le jour je vous ai haï...

— » Et ce soir?

— » Ce soir..... c'est mon secret, vous ne le saurez point. Le premier jour donc, j'ai voulu lire; mais votre nom était écrit à chaque page, dans chaque vers, je ne voyais que lui. Jetant vers et prose, j'ai voulu chanter, je n'ai su que fondre en larmes. Alors je me suis réfugiée dans ma chère église de Sainte-Marie-Majeure; mais là encore je n'ai trouvé que vous; l'orgue modulait votre nom; les tableaux, les statues m'offraient votre image; marbres, saints, tombeaux, ces colonnes antiques que vous aimez tant, ces fresques du Guide que j'adore, tout est plein de vous, tout me parlait de vous, et je croyais vous voir—le Sauveur me le pardonne! — jusque sur sa croix de rédemption. Allez, vous mériteriez son supplice pour m'avoir tant fait souffrir. »

Un coup de marteau interrompit le tendre dialogue.

— « C'est ma tante, dit Loysa, qui revient de je ne sais quelle fonction de Saint-Louis des Français. Je me suis faite malade pour ne l'y pas accompagner, car je vous attendais. Un pressentiment me disait : Il viendra.

— » Ah! ah! dit dame Véronique en entrant, le médecin est venu à point. Cela n'est pas bien, seigneur Anselme, d'entrer au bercail en l'absence du berger. Vous avez anticipé d'une heure, ajouta-t-elle en regardant sa vieille pendule de bois peint, relique séculaire, couronnée de chérubins bouffis à tête ailée, et flanquée des deux bienheureux saint Louis de Gonzague et saint Philippe de Néri, tous deux étincelans d'une auréole de papier doré.

— » C'est vous, ma chère tante, dit Loysa, qui êtes en retard; il est presque une heure de nuit, et, trop fidèle aux traités, Anselme n'est arrivé qu'à l'Ave-Maria. D'ailleurs, fût-il venu à midi, ce n'eût été qu'un à-compte sur l'arriéré.

— » Allons, dit la bonne tante en l'embrassant, tu es une petite sophiste. Il est vrai que j'ai été un peu en retard; l'exposition du Saint-Sacrement était si belle, que je ne pouvais m'arracher de l'église; et puis le père..... le père..... — ces maudits noms étrangers, je ne peux jamais les retenir — un jésuite français enfin, un fameux prédicateur, nous a fait un sermon, mais un sermon comme on n'en entend point, pas même à la Minerve. J'en ai bien malheureusement perdu quelque chose, car il prêche en français; mais c'est fort édifiant, et je t'assure, ma nièce, que tu as perdu beaucoup. C'était, du reste, contre les carbonari, sur ce texte de saint Matthieu : *Race de vipères*..... et cœtera, vous savez. »

Or, notez que la bonne dame ne savait pas un mot de français, et qu'elle n'avait rien compris du tout, moins, mille fois moins que les bons Allemands au prêche miraculeux de saint Bernard. Comme eux, elle croyait d'instinct; et parce que l'ultramontain avait gémi, tonné, mugi, elle s'était mise à l'unisson, avait pleuré sur parole et frémi par habitude.

Dame Véronique était d'un certain âge, impertinence courtoise que les Italiens n'ont point et qui veut dire ici que dame Véronique avait ses quarante ans sonnés. Elle était vierge encore, soit qu'elle n'eût point trouvé de mari, soit qu'elle n'en eût point cherché. Cet état, faux partout, n'est pas tenable au-delà des

4

Alpes. La vieille fille est tenue là pour une création avortée, un monstre haïssable, espèce d'arbre ingrat sans fleurs et sans fruits qui n'est plus bon, comme dit la Bible, qu'à être coupé et jeté au feu. Là-dessus l'Italie est impitoyable. Au lieu de plaindre ces tristes victimes d'une civilisation vénale et corrompue, elle punit leur abandon par le sarcasme et par l'exil. A l'âge donc — s'il en est un — où les femmes n'espèrent plus, une seule porte de consolation s'ouvre à l'Italienne délaissée, le cloître.

Dame Véronique avait transigé. Sans rompre en visière au monde, elle avait dit adieu au mariage, au théâtre, au siècle, comme disaient nos mères, et prononcé les vœux domestiques. C'est ce qu'on appelle à Rome *monaca di casa*. Soumise à de certaines pratiques monacales et à un costume éternellement noir, la professe de maison, sorte de religieuse séculière, n'est point cloîtrée ; elle ne quitte pas la famille et usurpe même d'ordinaire le gouvernement du ménage. Investie de cette suprême autorité, elle règne en souveraine jalouse et despotique sur les pénates. Computiste minutieuse et parfois tracassière, c'est elle qui engage et chasse les valets, règle et paie la dépense, marie les filles, régente les garçons, et le plus souvent aigre et revêche, elle se venge ordinairement du monde sur les siens.

Telle n'était point Véronique. Dévote et faible à l'excès, elle n'en était pas moins bonne et charitable femme ; tel était son amour du bien qu'elle était supérieure d'une confrérie de matrones romaines qui allaient d'hospice en hospice, de prison en prison, visitant les captifs et soignant les malades.

Aussi bien le père de Loysa, le capitaine Orlandini, n'était pas homme à subir la tyrannie de sa sœur. Veuf et appelé par état à de fréquens déplacemens, il laissait bien à Rome sa fille et sa maison sous sa garde, mais il s'en réservait la pleine et absolue dictature, et il l'exerçait de loin avec un despotisme tout militaire. Il se trouvait alors en garnison à Ravenne.

— « A propos, ma nièce, dit la tante en fouillant dans sa poche, j'oubliais que j'ai là une lettre de ton père.

— » Que dit-elle ?

— » Le facteur me l'a remise comme j'allais aux vêpres ; je n'ai pas encore eu le temps de la lire ; elle n'est pas même décachetée. »

Ouvrant à ces mots l'épître d'une main troublée, tant le nom seul de son frère la faisait trembler, Véronique la lut haut, d'une voix fidèlement calquée sur les voix de moines et de chanoines dont son oreille était nourrie :

— « Ma chère sœur, » lui écrivait son frère (l'affectueuse épithète n'était sous sa plume qu'une formule vaine), « je vous
» écris pour vous dire que Loysa a dix-huit ans, et que le moment
» est venu de la marier. Je vous enjoins donc de redoubler de
» surveillance. Je ne veux pas qu'elle sorte sans vous, et je vous
» défends d'introduire chez moi qui que ce soit sous aucun pré-
» texte. Je connais les jeunes filles, un rien leur monte la tête ;
» et je ne veux pas cela, parce que cela me déplaît. Je vous
» interdis la promenade du Pincio et l'amphithéâtre d'Auguste.
» Quant aux théâtres, je n'en parle pas ; vous êtes une personne
» trop pieuse pour ne les avoir pas comme moi dans une horreur
» profonde. Ce n'est pas dans ces lieux impurs que doit se mon-
» trer une jeune fille bien élevée ; sa place est à l'église et au
» logis. Veillez, ma sœur, à ce qu'elle fasse ses dévotions régu-
» lièrement soir et matin, mais jamais seule à l'église. Éloignez
» surtout cette nuée de zerbins étrangers qui pullulent dans
» notre sainte ville, et qui rôdent autour de nos jeunes filles pour
» leur tendre des pièges. J'aimerais mieux donner la mienne à
» un scélérat de carbonaro qu'à l'un de ces hérétiques. Adieu,
» ma sœur; dites un *Ave* à la Sainte-Vierge pour votre frère.

» *P. S.* — Je vous préviens au surplus, afin de faire prendre
» patience à la petite, que j'ai en vue pour elle un fort bon parti.
» C'est un inspecteur des ponts et chaussées, jeune encore et
» bien conservé. Il a des protections et fera son chemin. L'affaire
» est bien emmanchée, et sera, j'espère, bientôt conclue. J'at-
» tends sous peu de jours le dernier mot. Nous ne nous tenons
» plus qu'à quelques milliers d'écus. »

— « Jésus-Marie ! s'écria la pauvre tante toute éplorée, qu'ai-je
fait? qu'ai-je fait? Seigneur Anselme, je n'aurais jamais dû vous
laisser entrer ici. Je suis une femme perdue. Doux Jésus, ayez pitié
de moi. Mon frère est un homme terrible. Il faisait déjà trembler
feu notre mère ; il me tuera comme... »—Comme sa femme, allait-
elle dire ; mais elle s'arrêta tout court : la présence de Loysa et
la terreur de son frère absent lui fermèrent la bouche.

La lettre du capitaine le peignait bien. Bête, impérieux, bigot,
il était de plus brutal, et la brutalité dans ces âmes vulgaires
n'a de frein que le code. Victime frêle et charmante, indissolu-
blement liée à cet homme de bronze, la mère de Loysa, jeune
Anconitaine dont la beauté revivait dans sa fille, avait succombé
après quelques années de mariage ; elle était morte de douleur
et de mauvais traitemens. Mais le code n'atteint pas ces crimes-
là ; et aussi fanatiquement dévoué au pouvoir temporel qu'à la

Madone, le meurtrier n'en avait pas moins été nommé capitaine des carabiniers du pape. Noble armée de galériens et d'assassins domestiques, les plus infâmes de tous !

— « Qu'ai-je fait ? qu'ai-je fait ? ne cessait de crier la pauvre Véronique dans un tremblement d'épouvante tel qu'on eût cru son frère à la porte. Je vous disais bien que tôt ou tard il arriverait malheur. Fuyez, seigneur Anselme, fuyez ; il est homme à nous tuer tous les trois sur la place.

— » Eh ! ma tante, dit Loysa avec fermeté, pourquoi vous effrayer ainsi ? Ceci me regarde, et je n'ai pas peur du tout, je vous assure. Je ne veux et n'aurai d'autre époux qu'Anselme, et je ferai voir à mon père si je suis une lettre de change... qu'on se passe de main en main. » — En prononçant ces paroles résolues, la noble fille relevait fièrement la tête ; le pourpre de l'indignation animait son teint ; son cœur était gros de colère ; la brutale épître l'avait bien plus blessée par sa grossièreté qu'alarmée par ses menaces. — « S'il croit me vendre comme on vend nos princesses romaines, continua-t-elle d'une voix décidée, il s'abuse. Je ne veux pas l'être, et je le lui ferai bien voir. S'il se fâche, je lui rappellerai le parloir de Sainte-Catherine.

— » Jésus ! interrompit la bonne tante, ne rappelle pas, au nom du ciel, cette horrible histoire ; cela me donne le frisson rien que d'y penser.

— » Quelle est donc cette histoire ? demanda Aselme ; vous ne m'en avez jamais parlé. Auriez-vous des secrets pour moi, Loysa ?

— » Vous savez bien que non ; mais il est des choses qu'on n'aime pas à dire et qu'il vaut mieux taire.

— » J'espère bien que vous ne me tairez pas celle-là. Il serait cruel de m'avoir amené jusqu'à la porte pour me la fermer sur le nez.

— » Je me dévoue, dit dame Véronique, qui, malgré son frisson, mourait d'envie de parler. Si on se taisait, votre imagination prendrait le galop et irait Dieu sait où. Écoutez-moi donc, je vais vous conter cela. Après la mort de sa femme, continua-t-elle avec une certaine solennité et après le temps de repos sacramentel, halte préparatoire, indispensable à toute narration, mon frère se mit dans l'esprit qu'un militaire veuf ne pouvait élever une fille ; oubliant que j'étais là pour servir de mère à l'orpheline, il résolut de se décharger d'un si doux fardeau, et il fit vœu de mettre au couvent ma petite Loysa pour en faire une religieuse. Elle eut beau pleurer, j'eus beau supplier, il fut inflexible.

Comme la résistance le raidissait au lieu de le fléchir : — «Loysa,
» ma fille, dis-je à ma nièce, il vaut mieux, vois-tu, ne pas s'ob-
» stiner, puisque cela ne fait qu'irriter ton père. Cède, ou du
» moins feins de céder ; entre au noviciat, et pendant l'année
» d'épreuve on verra. Le temps porte conseil. » Ainsi fit-elle...

— » Mais je tiens à ce que l'on sache bien, interrompit vivement Loysa, que j'entrai au noviciat par complaisance et non par
faiblesse ; j'étais dès lors aussi inébranlablement résolue à repousser le voile que mon père l'était à me le faire prendre. J'a-
vais mis là que je ne serais jamais religieuse. On eût dit, continua-t-elle bas et pour son amant tout seul, que déjà alors j'avais
le pressentiment d'être aimée de vous et d'être votre femme ; car
je le serai, Anselme ; je le jure, ajouta-t-elle en pressant du doigt
un petit crucifix d'ambre qu'elle portait au cou. Nous sommes
prédestinés l'un à l'autre.

— » Je disais donc, reprit Véronique, que mon frère était inflexible. L'année toute entière se passa en larmes stériles et en
vaines supplications. C'est moi qui fus chargée d'annoncer à
notre chère enfant qu'il n'y avait plus d'espoir et qu'il fallait
courber la tête et se résigner.

— » On ne se résigne jamais à l'injustice, ma tante ; et c'était
une indigne tyrannie que de vouloir m'exiler du monde quand
j'y voulais rester, moi.

— » Le terrible jour des vœux arriva. L'église de Sainte-Catherine de Sienne — vous savez, seigneur Anselme, là-bas au
Quirinal, au pied de la tour d'où Néron regardait brûler Rome
— l'église était comble pour la cérémonie ; car Rome ne vit jamais tomber sous les ciseaux sacrés d'aussi beaux cheveux noirs
que ceux qui leur allaient être livrés. Tout était prêt, on n'attendait plus que la reine de la fête.

— » Dites la victime du sacrifice ; c'en était un digne de ce
Néron dont vous venez de parler. S'il brûlait Rome, il ne forçait
pas du moins ses filles à se faire Vestales.

— » Déjà parée et plus belle qu'un ange, quoiqu'un peu pâle,
— elle avait alors seize ans — Loysa demanda pour dernière
grâce à entretenir son père au parloir. Il vint. Mais que lui dis-tu
donc en tête à tête ?

— » Qu'il était un impie ; qu'il commettait un sacrilége, une
profanation ; qu'il n'avait pas le droit de convertir une loi d'a-
mour en un sacrifice humain. — « Ne vous attendez pas, conti-
» nuai-je, à me voir prendre une attitude humble ; je n'ai que trop
» supplié ; je ne veux plus descendre aux prières. Les liens de

4.

» fille à père sont rompus ; vous les avez vous-même brisés. Vous
» n'êtes plus que mon bourreau, je suis une victime livrée sans
» défense au caprice et à la violence. » — Il voulut me fermer la
bouche, et me serrant le bras avec une colère concentrée, il menaça de me le briser si je n'obéissais en silence ; mais je me dégageai de ses mains de fer, et exaltée jusqu'au délire par le
désespoir, je l'accablai d'anathèmes et de malédictions : — « Plu-
» tôt la mort que le voile ! m'écriai-je. Que mon sang retombe
» sur votre tête ! » — A ces mots, j'arrachai ma jarretière avec
fureur, et je la passai dans les barreaux de la grille pour m'étrangler. C'est alors que je perdis connaissance...

— » Et que j'entrai, poussée au par oir par la main de la Providence. Je trouvai ton père dans un accès de rage, ne voyant rien,
n'écoutant rien, hors de lui. Mais quand je te vis, que devins-je ?
Doux Jésus ! j'en frémis encore. Figurez-vous, seigneur Anselme,
que ce joli cou de cygne était déjà tout bleu ; bleu comme je vous
le dis, répéta-t-elle en le baisant. Je la crus morte ; grâce à Dieu,
elle n'était qu'évanouie. J'appelai à grands cris ; les sœurs accoururent ; on l'entoura, on la porta dans la cellule, où elle revint par
degrés à la vie ; je n'y revins, moi, que lorsque je lui vis rouvrir
ses beaux yeux noirs. Madame l'abbesse prévint le public désappointé qu'un accident imprévu forçait d'ajourner la cérémonie. Mais la vérité transpira. Monseigneur le cardinal-vicaire
intervint. Son éminence fit entendre à mon frère que, puisque la
vocation de sa fille ne l'appelait pas au cloître, ce serait un crime
que de la contraindre. Il fallut bien fléchir devant cette autorité
suprême.

— » Et c'est ainsi, dit Loysa en fixant un œil passionné sur le
fiancé de son choix, que j'ai été miraculeusement conservée à
l'amour et à vous. Jugez par là si vous devez m'être tous les deux
chers, si je puis consentir à vous perdre.

— » Et moi, répondit Anselme avec tendresse, m'y croyez-vous donc disposé ? Je ne connais point votre père, Loysa ; mais
comme je suis à vous, vous êtes à moi ; rien ne peut changer
cela. Ce que Dieu a joint, les hommes ne le diviseront pas.

— » Qu'ai-je fait ? qu'ai-je fait ? recommença de crier la pauvre Véronique, retombée dans ses alarmes. Mon doux Jésus ! si
je dois revoir les horribles scènes de Sainte-Catherine, j'aime
mieux mourir. Non, je n'aurais jamais dû vous laisser entrer
ici, seigneur Anselme ; Dieu m'a aveuglée ; c'est moi qui ai fait
tout le mal.

— » Dites tout le bien, ma chère tante ; et nous vous en remercions. Du reste, il adviendra ce que voudra le ciel; quant à moi, je vous le déclare, je suis résolue à tout souffrir plutôt qu'à céder, et j'ai le droit, je pense, d'être crue sur parole. J'en jure par ma jarretière, » ajouta-t-elle avec un sourire qui flottait entre la tristesse et la gaieté.

C'était trop d'émotions pour cette âme décidée, mais mobile et délicate; elle y succomba. Ébranlée par de si violens souvenirs, révoltée contre une tyrannie si brutale, sentant au cœur son droit, elle était prête à fondre en larmes, et se tut pour ne pas laisser éclater les sanglots comprimés qui vibraient déjà dans sa voix. Il se fit un silence, pendant lequel l'œil scrutateur d'Anselme descendit au fond de ce cœur agité. Il se reprochait des orages qui pourtant n'étaient pas sans douceur; il s'efforçait à les calmer du regard; mais une explosion de larmes les pouvait seule apaiser.

— » Pleure, mon enfant, lui dit-il en prenant ses mains dans les siennes; pleure dans le sein de l'ami que Dieu t'envoie pour recueillir tes larmes. Répands-les sur mon cœur, ces douces larmes que fait couler l'amour, l'amour les essuiera. » — Un sourire de joie brilla à travers les pleurs de la jeune Romaine. Son œil rit à la fois et pleura; son cœur s'ouvrit à l'espérance, elle ne douta plus du bonheur.

Une heure de nuit sonna, et fit passer un nuage sur le front d'Anselme. — « Il faut que je vous quitte, dit-il d'un ton contrarié.

— » Déjà! dit Loysa.

— » Déjà! répéta la tante, à qui cette dernière scène avait arraché des larmes, et fait oublier ses terreurs et jusqu'à la foudroyante colère du capitaine.

— » Cette heure, répondit Anselme, m'appelle chez un cardinal de mes amis. Je ne puis manquer au rendez-vous.

— » Chez un cardinal! répéta la bonne dame avec un épanouissement de joie; et elle se crut dès lors sauvée, ne doutant pas que son frère ne se tînt pour fort honoré de l'alliance d'un homme qui comptait entre ses amis un prince de l'Église. Chez quelle éminence allez-vous donc, seigneur Anselme?

— » Chez le cardinal de Pétralie.

— » Le saint homme! La chrétienté n'a pas un cœur plus charitable, une main plus libérale, et le sacré Collége un front plus digne de la tiare. Mais nous ne méritons pas, malheureux pécheurs que nous sommes, des papes comme lui; c'est pourquoi le Saint-Esprit nous les dénie. Et puis ces êtres angéliques sont trop humbles : ils n'ont point d'ambition ; ils ignorent jusqu'au nom des passions ; ils croiraient offenser Dieu s'ils élevaient les yeux jusqu'à la chaire du Vatican. C'est une idée qui ne leur vient pas même en songe, et si elle leur venait, ils la repousseraient comme une mauvaise pensée, comme une tentation du prince des ténèbres. Recommandez-moi à ses prières, car elles doivent être bien puissantes au royaume des cieux.

— » Vous, du moins, ma bonne tante, dit Anselme en riant, vous avez meilleure opinion de mes amis que Loysa ; avant que vous ne vinssiez elle a horriblement médit de Marius.

— » Oh ! pour celui-là, répliqua Véronique en secouant la tête, c'est autre chose. Il est Trastévérin, et qui pis est, ajouta-t-elle avec mystère, je le soupçonne fort, à son air dur et sombre, d'être carbonaro. Si vous m'en croyiez, vous rompriez avec cet être-là ; il ne peut que vous compromettre. Ah ! mon Dieu ! si mon frère savait que vous connaissez, seulement de nom, un homme si suspect, il aimerait mieux tuer sa fille que de vous la donner.

— » En revanche, dit Anselme, je connais des cardinaux, et la vue d'une seule éminence purifierait de la souillure de cent carbonari.

— » Mais allez donc ; monseigneur s'impatientera.

— » Est-ce que vous me chassez aussi, Loysa ?

— » Non, mais je ne vous retiens pas. J'ai résolu d'écrire ce soir même à Ravenne, et dans trois jours mon père saura tout. Quand on veut fermement une chose, on n'a pas peur, et je veux être votre femme parce que je vous aime ; il ne sera pas dit qu'une Romaine aimée de vous aura été vendue comme une brebis. »

La fermeté de la nièce en donnait à la tante. La bonne dame en avait besoin ; moins tutrice que pupille, moins duègne que suivante, elle était subjuguée par l'allure franche et décidée de Loysa, et obéissait en tout à l'ascendant de son caractère résolu. C'est le destin de la faiblesse d'être toujours dominée. Véronique le subissait d'instinct et sans même s'en douter. Ce que voulait Loysa, elle le voulait aussi ; et la résolution de sa nièce présente l'emportait toujours sur la terreur de son frère absent. Imprévoyante parce qu'elle était faible et n'osait rien envisager de front, elle sacrifiait tout à la peur, vivait au jour le jour, et, par effroi de l'avenir, se renfermait dans l'instant présent ; mais à la moindre alerte elle perdait la boussole, comme on dit de l'autre côté des Alpes, et c'était alors à la jeune fille à diriger la vieille.

Les adieux furent tendres; on promit de se revoir le lendemain, le surlendemain, tous les jours, pour alléger au moins par un équitable partage le fardeau des inquiétudes communes. Anselme parti, Loysa le suivit de l'oreille et de l'œil jusqu'à ce que, le bruit de ses pas s'affaiblissant par degrés dans l'éloignement, il eût disparu lui-même dans les périlleuses ténèbres de la longue rue solitaire des Quatre-Fontaines.

Elle revint écrire à son père sous la dictée des impressions vives et fortes de la soirée. Elle fut mesurée, mais ferme et décisive. Elle prenait d'ailleurs tout sur elle, et mettait sa tante à l'abri de tout reproche en la déchargeant de toute responsabilité. La bonne femme en pleura de gratitude; mais l'audacieuse témérité de sa nièce la faisait trembler. Loysa n'en fit pas moins partir sa lettre à l'instant même, voulant s'endormir non sur une résolution prise, mais sur une résolution accomplie. Il y a plus de repos dans ce qui est fait que dans ce qui est à faire; une action consommée engendre le calme, appelle le sommeil, et l'irrévocable est pour le cœur agité des faibles mortels une suprême bénédiction, elle le fortifie et l'apaise. Loysa l'éprouva. Tandis que la pauvre Véronique veillait dans les angoisses, elle s'endormit, elle, d'un sommeil paisible et doux.

VIII

LA PLACE DE SAINT-FRANÇOIS.

Pendant ce temps, Anselme avait franchi seul et dans l'obscurité ce terrible quartier des Monts, solitudes formidables où l'habitant de Rome ne rêve que guet-apens et coups de couteau. La rue champêtre de Saint-Vital l'avait conduit sans rencontre au Quirinal et de là à ce Forum de Trajan pour lequel le bienheureux pontife Grégoire le Grand se prit d'une admiration telle qu'il fit réciter des prières pour l'âme de l'empereur païen qui l'a baptisé. La colonne séculaire surgissait dans les ténèbres, sa masse raide et noire interceptait les étoiles.

Jusqu'ici le bruit des pas d'Anselme avait seul fait retentir l'écho silencieux des palais et troublé le sombre désert des rues. Là son oreille et ses yeux saisirent quelques bruits et quelques clartés, il retrouvait la ville. Mais il n'était pas au but. Acheminé vers le Trastévéré, faubourg non moins formidable, entre le Tibre et le Janicule, il marchait ce soir de péril en péril, et, comme le nocher de Sicile, il n'échappait à Charybde que pour tomber en Scylla.

Côtoyant les bases du Capitole, il atteignit la place Montanara; bruyant rendez-vous pendant le jour des poétiques montagnards du Latium, elle était solitaire et muette. La nuit même déroba à ses yeux l'antique monument qui la décore, ce théâtre de Marcellus, lieu jadis de fête et de réjouissance pour le peuple romain, crénelé au moyen âge pour l'opprimer, et converti aujourd'hui en tavernes et en charbonniers. Passé le pont Fabricius, le plus ancien de Rome, et l'île tibérine d'Esculape, vaisseau de pierre amarré aux rivages par ses deux ponts consulaires, il mit enfin le pied sur le redoutable pavé du Trastévéré. C'est là que demeurait le cardinel de Pétralie, dans le couvent lointain de Saint-François d'Assises, habité par saint François lui-même, et adossé presque aux murs de Rome.

Anselme s'enfonça dans un sinistre labyrinthe de petites rues étroites, fétides, tortueuses, plus éclairées par les lampes tremblottantes des madones que par quelques réverbères expirans et mornes, clairsemés dans l'ombre comme des feux follets dans les cimetières. Il passa devant Saint-Jean-des-Génois; laissant à gauche l'église et le tombeau de Sainte-Cécile, il admira plus loin, moins il est vrai du regard, car la nuit était noire, que de mémoire et par instinct, le joli temple raphaélesque de Sainte-Marie dell' Orto, dont l'architecte fut Jules Romain.

Ces derniers confins de Rome, si recueillis d'ordinaire à cette heure et si paisibles, étaient ce soir-là pleins de mouvement, de bruit, et Anselme crut distinguer en approchant de la place de Saint-François des clartés inaccoutumées, un tumulte étrange de rires et de voix confuses. Il y trouva en effet un groupe de Trastévérins. Une trompette, qu'il reconnut à la première note et qui le fit rougir et trembler de colère, lui dévoila le mystère de cet attroupement inusité. — Cet homme est mon mauvais génie, pensa-t-il; il est attaché à mes pas comme une ombre; à Rome comme au désert, je ne vois que lui, lui partout. — Et pour échapper aux regards qui l'importunaient, l'ami de Marius se plongea dans la foule et s'en fit un rempart.

— « Achetez, criait le Catalan (car c'était bien lui), achetez ma poudre de Badajoz; elle a fait des miracles, de Salamanque à Rome : elle guérit les yeux, elle guérit les dents, les boiteux et les manchots. Qui en veut? Voici le marchand. Approchez, messieurs, mesdames, on ne la vend pas, on la donne. » — Armé du tambour de basque, l'ubiquiste docteur se mit à chanter, pour mieux séduire la multitude, l'histoire des Horaces et des Curiaces, l'une des ballades héroïques du peuple romain.

Tenant du même tournoi, Horace, la fleur des champions, dit la ballade, est banni pour avoir tué sa sœur ; il va en Grèce et en Asie, délivre les jeunes filles opprimées et châtie les chevaliers félons. Rappelé par Tullus, roi de Rome, il s'embarque à Corinthe et débarque à Ostie. Le monarque est si charmé de le revoir, que dans sa joie il envoie pour annoncer son heureux retour des messagers en France, à Naples, à Venise, au Congo, en Alsace et en Assyrie, en Pologne, en Gallicie, jusqu'en Chine, et

> Da fuochi, ed archi e di cucagna un monte,
> Con suoni, e canti, e di buon vino un fonte.

Mais, peu satisfait de Rome malgré un tel accueil, le vainqueur des Curiaces repart ; il va conquérir le royaume de Macédoine, dont la belle Clarisse, son épouse, avait été dépouillée par les Sarrasins. Tels sont les faits et gestes de la romance populaire, et le classique Horace eut autant de succès au Trastévéré qu'en avait eu à Neptune le romantique Roland.

Le Catalan, dans son costume bizarre, était debout sur sa caritelle barriolée ; le dos tourné à la rue des Morticelli, il avait en face ce couvent de Saint-François habité par le cardinal de Pétralie, de manière que son œil en gardait la porte, et qu'entrant ni sortant ne pouvait lui échapper. Deux torches de résine dont la caritelle était flanquée illuminaient assez la place pour en mettre à nu les détails. Fumeuses et vacillantes, elles tachaient plus qu'elles n'éclairaient le cloître et l'église de longs reflets vagues, ondoyans, et teignaient d'un rouge sombre les profils sévères des auditeurs, hommes et femmes, qui entouraient l'Orphée. On eût dit, à voir toutes ces figures cuivrées, les faces mornes de l'Enfer du Dante.

— « Allons, allons, continua le charlatan, approchez-vous, dépêchez-vous, messieurs, mesdames ; venez acheter ma poudre de Badajoz ; venez écouter la charmante histoire de Liombruno. C'est un père barbare qui conduit son fils dans une île déserte pour le vendre au diable. C'est un peuple anthropophage qui se marie avec les ours et les aigles ; sauvé par le seigneur Siroc, le beau chevalier jouit d'un parfait bonheur dans la caverne enchantée de la bonne fée Aquilina.

— » La fée Aquilina habite donc sous terre comme la belle Tarpéia ? dit une jeune Trastévérine, dont le corset de velours galonné dessinait la longue taille un peu raide, et dont l'aiguille à cheveux, en forme de flèche, brillait sur sa tête comme le croissant de Diane. Mon frère l'a rencontrée un jour au fond de sa grotte, bien avant sous la montagne du Capitole; elle était rayonnante d'or et de pierreries, et semblait retenue là par un charme.

— » C'est un beau conte, répondit son voisin, un jeune jardinier de la villa Spada, ceint d'une ceinture rouge et coiffé d'un filet de soie à l'espagnole, un beau conte en vérité. Que si votre frère, ma mie, eût vraiment vu la belle Tarpéia dans sa grotte, il ne vous le serait certainement pas venu dire.

— » Pourquoi pas, s'il vous plaît?

— » Vous ne savez donc pas, répliqua le jeune homme en rejetant sur l'épaule sa veste de velours noir, que ceux qui veulent pénétrer jusqu'à elle ne retrouvent plus leur chemin? C'est connu cela de tout Rome. Votre frère vous en a conté, ma chère.

— » Je vous dis, moi, qu'il l'a vue.

— » Comme moi j'ai vu les noces de ma grand'mère.

— » Mais voyez donc ce bavard! Comme si on lui demandait son avis! Défilons chacun notre rosaire, mon beau galant, et n'imitons pas, s'il vous plaît, le barbet du sieur Bergolo. » — Or il faut savoir que le sieur Bergolo était un maître d'école dont le barbet tournait la broche, réveillait les écoliers, allait au marché, rapportait, dansait même, mais était si hargneux que son nom en est devenu proverbial.

Au lieu de s'offenser de l'allusion, le jardinier trastévérin se prit à rire.

— « Au reste, ma belle enfant, puisque vous le voulez, je le veux bien; vous avez de trop beaux yeux pour que je me fâche, et je ne veux pas d'autre vengeance que celle-ci, » ajouta-t-il en lui baisant la main avec une bonne grâce qui désarma l'Agrippine du Trastévéré. Elle sourit, et les hostilités cessèrent.

— « Or çà, maître chanteur, dit au Catalan, en fixant sur lui un œil perçant et fin, un vieillard sec et vert, surmonté d'un chapeau conique et drapé d'un manteau de poil de chèvre brun; pour être de Catalogne vous parlez bien couramment le romain, ce me semble. »

La botte était pressante, la parade fut prompte.

— « Que cela ne vous étonne point, mon galant homme, répondit le charlatan au malin vieillard. Si mon père était Catalan, ma mère n'était pas Catalane. Elle était, elle, et je m'en glorifie, des montagnes de la Sabine; et voilà comment, messieurs, mesdames, j'ai sucé avec le lait maternel la langue romaine, qui est la plus belle de toutes les langues de la terre et du ciel, puisque Ève et les anges la parlaient au paradis terrestre. Toutefois, si vous voulez des chansons espagnoles, on sait par cœur, et l'on s'en vante, son Romancero, comme cela convient à un aussi bon Espagnol que l'humble serviteur de vos seigneuries illustrissimes. » — Disant cela, il souleva son gigantesque claque, et inclina son plumet blanc, comme Publicola les faisceaux du licteur devant la majesté du peuple romain. — « Puisque vous voulez du Castillan, continua-t-il en se recouvrant, je vais avoir l'honneur de vous chanter la fameuse romance de la Juive, poignardée sur le lit du roi de Castille, son amant : *Fermosa la Judea y el rey don Alfonso el bueno...*

— » Eh ! non, interrompit brusquement le vieux Trastévérin ; laissez l'espagnol aux Espagnes, et servez aux Romains du romain. »

Certes, il ne fallait rien moins que le respect antique et tout patriarcal dont la jeunesse trastévérine honore les cheveux blancs pour plier tout ce fougueux auditoire au véto du vieillard. Rien n'égale la haine du peuple de Rome pour le peuple d'Israel, que le mépris dont il l'abreuve, et la maîtresse juive d'un roi chrétien égorgée dans son lit était un mets selon son goût. Pourtant il s'en abstint ; une bouche sexagénaire avait parlé, devant un si saint oracle tout se taisait ; si chacun fit à part soi ses réserves, pas un murmure ne s'éleva, et la résignation fut silencieuse. Il est vrai de dire que, véritable dictateur populaire, Taddée — tel était le nom du vieillard — était le Delphes vivant du Janicule, homme d'ailleurs de tête et de cœur, et maître maçon de son métier.

— » Si vous ne savez pas le Meo Patacca, la gloire du nom romain, dit-il au Catalan, chantez-nous un peu l'histoire de ce ministre d'État qui menait une si méchante vie...

— » Et qui fut sauvé en fondant un hôpital, dit le Catalan en achevant la phrase.

— » C'est vrai, repartit Taddée, celui-là échappa au gibet, je l'avais oublié ; puisqu'il ne fut pas pendu, ce n'est pas notre affaire, j'y renonce. De mon temps, mes enfans, cela ne se passait pas ainsi, nous serrions un nœud coulant au cou d'un secrétaire d'état tout comme je vous le dis. Le grand-inquisiteur Tortona en peut donner des nouvelles ; et si le cardinal Acquaviva, qui nous mitrailla sur la place d'Espagne, n'y passa pas, c'est que nous le manquâmes. Quant à Tortona, son affaire, Dieu merci,

fut faite en un tour de main; on le pendit en plein midi et en plein
Cours, ni plus ni moins qu'un bandit de la montagne, nonobstant
la révérence due à la pourpre, car il était, ma foi, bien cardinal.
Tout ce que je puis vous dire, c'est que je fus de la fête, et que
ce soir-là le faubourg fut illuminé comme une chapelle du Saint-
Sacrement. Il y a bien de cela, mes fils, quelque quarante ans;
c'est égal, voyez-vous, un grand-inquisiteur pendu est un spectacle qui ne se voit pas tous les jours, et l'on aime à s'en rafraîchir de temps en temps la mémoire. Cela ne laisse pas que de
faire du bien à l'âme. Je reviens à vous, mon beau chanteur,
continua-t-il d'un air bonhomme en se retournant vers le Catalan. Sauriez-vous point par hasard le Testament de l'abbé
Veccei ? »

Ceci était un piége tendu au saltimbanque. Le Testament de
l'abbé Veccei est un poème burlesque tout-à-fait dans le génie
de ce peuple romain dont la passion fut en tout temps la satire;
non cette satire au petit pied qui équarrit ses angles au frotte-
ment des salons, et ploie humblement la nuque pour passer aux
portes. Cette petite maîtresse de boudoir aux colères mignardes,
aux ongles rognés et musqués, est la satire apprivoisée, la satire parlementaire, ce n'est pas la satire du peuple romain.

La sienne va nu-pieds et l'œil fier; elle hante les tavernes et
les places publiques, heurtant sans sourciller le fronton des palais et des temples. Accoudée d'un bras sur Marforio, de l'autre
sur Pasquin, ses pieds baignent dans le Tibre, son front touche
au Capitole et au Vatican. Elle ne se pique ni du purisme florentin, ni de la bonhomie napolitaine, ni de la grâce vénitienne; elle
est romaine; sévère et grave comme la ville éternelle, grandiose
comme son histoire, triste comme ses ruines, impitoyable comme
ses prêtres. Armée tour à tour du fouet de Lucile et du glaive
ardent de Juvénal, elle fustige jusqu'au sang, elle lacère, elle déchire; et que le coupable porte le casque ou la tiare, qu'il soit
césar ou pape, elle lui imprime au front ses stigmates brûlans.
Telle est cette satire sans modèle, sans émule, dont l'âcre et mor-
dante invective ronge comme un feu corrosif, et use depuis des
siècles le colosse des sept collines. Indigène, née du sol comme
les fabuleux Autochthones du Latium, elle n'appartient qu'à
Rome, et Rome peut dire encore, comme le poète ancien : *Tota
nostra est.*

Sans atteindre à la véhémence ni à la hauteur des monumens
classiques du marbre éloquent du palais Braschi, le Testament de
l'abbé Veccei avait, par des allusions mal gazées et des bons mots

trop crus, irrité les susceptibilités du Saint-Office et mérité les honneurs de l'index. La police lui donnait partout la chasse; maître Taddée, qui savait l'argus partout présent et ses mille yeux toujours ouverts, n'eût pas été fâché de faire tomber dans quelque embûche le Catalan de l'Apennin, et de le mettre aux prises avec les sbires. Mais il avait affaire à trop fin gibier; le renard sentit le piége et le tourna.

— « Si quelqu'un des honorables assistans, dit le charlatan en jouant l'ignorance avec une humilité feinte, daignait m'enseigner ce chef-d'œuvre de la poésie romaine, je le paierais au poids de l'or, et ma reconnaissance serait éternelle.

— » Faussaire au front d'airain, murmura le vieux chasseur désappointé, tu ne sais que cela. Mais il ne sera pas dit qu'un héritier des maîtres du monde s'aille commettre en place publique avec un vil bateleur tel que toi. » — Cet élan d'orgueil antique lui ferma la bouche et le consola de sa défaite.

Un fracas de chevaux détourna en ce moment l'attention de la foule; un carrosse déboucha de la large rue de Saint-François sur la place, et s'arrêta devant le couvent. Le laquais mit pied à terre; le frère tourier tourna la clef; la porte et la portière s'ouvrirent ensemble, et un personnage en habit brodé et l'épée au côté ne fit qu'un saut du carrosse dans le cloître.

— « Qui est, demanda quelqu'un, cet oiseau au plumage doré qui vient d'entrer dans la cage? »

Le Catalan fit silence.

— « Eh! pardieu! répondit Taddée, c'est l'excellence du palais Farnèse, l'ambassadeur des Deux-Siciles. Il engloutit plus de macaroni à lui tout seul que dix lazzaroni. »

Un coup de sonnette timide, étouffé, ramena tous les yeux sur le couvent; la porte s'ouvrit encore et se referma sur un piéton en simple habit noir.

— « Pour celui-là, ma foi, continua Taddée, je ne le connais pas. Qui le connaît? »

Le Catalan prêta l'oreille.

— « On a vu cela au Cours, répondit une voix. C'est un Piémontais, un certain marquis d'Ivrée, à ce que j'ai ouï dire, qui demeure au quartier des Anglais.

— » Il paraît, reprit Taddée, que le cardinal de Pétralie tient ce soir cour plénière. J'ai déjà vu entrer au couvent, à l'Ave-Maria, le vieux prince d'Iési avec l'abbé Savério, vous savez bien, ce jésuite de Modène, qui nous a dit l'autre jour la messe à Saint-Chrysogone.

— » Et moi, dit une troisième voix, j'y ai vu entrer avant les vêpres un étranger que je ne connais pas; mais pour celui-là, c'était, bien sûr, un ultramontain, il avait les cheveux blonds et les yeux bleus. »

Le Catalan redoubla d'attention.

— « Je le connais, moi, répondit en se rengorgeant une vieille Trastévérine au poinçon d'argent et au tablier écarlate; c'est le comte de Kaleff, un gentilhomme russe, m'a dit son laquais, qui habite comme l'autre le quartier des Anglais, là-bas, vers la place d'Espagne.

— » La place d'Espagne s'est donc donné rendez-vous ce soir chez notre cardinal?

— » C'est bien naturel, reprit la vieille; tout le monde veut voir un si grand saint. Allez, mes enfans, c'est une grande bénédiction pour notre faubourg que de le posséder durant sa vie. Certes, si celui-là n'était pas canonisé après sa mort, il ne faudrait plus croire à l'infaillibilité de l'Église. A propos, avez-vous assisté à la canonisation de la nouvelle sainte?

— » Pour le cardinal, répondit le jardinier Spada, passe encore, c'est un homme pieux et charitable; mais pour la nonne, ma foi, je n'y crois pas.

— » Comment! répliqua la vieille toute en colère, vous n'y croyez pas! Mais vous ne devez pas non plus croire à la lumière du soleil, car les miracles de la sœur Vincenza sont aussi évidens que le soleil à midi. Tout Rome a pu les voir. Elle était supérieure des Passionistes de Corneto, vrai jardin de sainteté. Saignée vingt-quatre heures après sa mort, son sang a coulé; exposée pendant huit jours à l'adoration des fidèles, elle est restée aussi fraîche qu'une jeune fille endormie; bien plus, elle a sué!... Si ce n'est pas de la sainteté, cela, qu'est-ce donc qui en sera? Mais vous êtes tous des incrédules; la jeunesse du siècle n'est qu'orgueil et impiété. Que celle de mon temps valait bien mieux!

— » Beaucoup mieux en effet, ma bonne mère; elle pendait les robes rouges le long du Cours.

— » Blasphémateurs impies, ne craignez-vous pas que la géhenne ardente ne brûle vos langues de vipères? Madone! quel siècle! quel siècle! Mais je l'ai toujours dit, c'est ce Marius qui les a tous perdus. C'est le fléau du quartier; un jacobin, un athée.....

— » Halte-là! la vieille, interrompit rudement Taddée; Marius n'est point ce que vous dites : c'est un homme de bon conseil et de grand savoir. Si le cardinal de Pétralie — ce que je ne nie point, car je le tiens aussi pour un bon chrétien digne de la tiare — sanctifie le Trastévéré par sa dévotion, Marius l'éclaire par ses lumières, et l'un, ma foi, vaut bien l'autre. Et puis il est des nôtres, lui, il est notre ami à tous.

— » Bravo! père Taddée, s'écrièrent en chœur les assistans. Il est notre ami à tous. Faut-il plaider pour nous au Capitole où à la Rota, sa plume ni sa langue ne nous font jamais défaut. Rome n'a pas un curial de sa force. Mais est-il vrai qu'il soit parti?

— » Pas pour long-temps, répliqua le vieux maçon. Le travail le tue; il avait besoin de repos, et nous l'avons forcé à un petit voyage de plaisir. Il est parti au coucher du soleil, et je l'ai accompagné jusqu'à la porte du Peuple avec un de ses amis, digne jeune homme, ma foi, et qui nous connaît autant, je vous assure, que s'il fût né dans le quartier. Quoique de l'autre rive, il ne nous méprise pas, celui-là, et je vous réponds qu'après Marius nous n'avons pas un ami plus chaud. Mais les Trastévérins ne sont pas des ingrats; s'il a jamais besoin de nous, nous le lui ferons bien voir. N'est-ce pas, mes enfans?

— » Oui, père Taddée; les Trastévérins ne sont pas ingrats; s'ils haïssent bien leurs ennemis, ils aiment encore mieux leurs amis, et le leur prouvent. Mais comment donc s'appelle-t-il? qu'on sache son nom au besoin!

— » Son nom est Anselme; retenez-le.

— » Soyez tranquille, père Taddée, nous nous en souviendrons.

— » Jésus-Marie! s'écria tout-à-coup le vieux Trastévérin, dont l'œil d'aigle venait de découvrir Anselme perdu dans la foule, le voilà, mes enfans, le voilà; c'est lui-même. La Madone nous l'envoie à point nommé. »

L'intempestive découverte de Taddée fut suivie d'une ovation populaire dont l'ami de Marius se fût bien passé. Porté en triomphe par l'énergique tribu de la cité sainte, il fut livré sans défense et à nu pour ainsi dire au regard inquisiteur qui l'avait forcé à tant de circonvolutions. Debout toujours sur sa caritelle et l'oreille aux écoutes, le Catalan n'avait pas perdu une parole de tout ce qui s'était dit, et, sentinelle attentive, son œil invariablement fixé sur la porte du cloître n'avait pas lâché prise un instant.

IX

LES SANFÉDISTES.

— « Oserais-je me permettre, monsieur le duc, une légère observation?

— » Parlez, mon cher abbé.

— » Votre excellence ne s'offensera pas?

— » Moi? Je suis docile comme un enfant.

— » Eh bien! donc, reprit l'abbé Saverio, je trouve, monsieur le duc, que vous venez ici avec trop d'éclat. Votre carrosse, vos laquais, votre grand costume, tout cela fait sensation dans ces quartiers paisibles et retirés; tout cela fait causer, et l'on pourrait bien concevoir des soupçons qui finiraient par nous compromettre. Monsieur le marquis d'Ivrée est plus circonspect; il vient à pied, et pourtant il demeure à la place d'Espagne.

— » Mais comment voulez-vous donc, mon cher abbé, qu'un homme comme moi, un ambassadeur, vienne à pied, la nuit, dans ces affreuses rues de la populace où l'on tue les hommes comme des mouches?

— » J'y viens bien, moi, murmura le prince d'Iési, patricien romain de la vieille roche.

— » Ce n'est point ici, mon prince, reprit le jésuite modenais, une question d'étiquette, mais de prudence. Le mystère est l'âme de notre entreprise, et nous sommes environnés d'espions.

— » Mais enfin, dit étourdiment le duc de Télèse — c'était le nom de l'ambassadeur des Deux-Siciles — qu'avons-nous donc à redouter ici? Ce n'est pas la police, j'imagine, puisque le pape est notre grand-maître.

— » Je demande pardon à votre excellence, répliqua l'abbé; la machine temporelle du Vatican est si compliquée, elle a tant de rouages et si peu d'harmonie, si peu d'unité, que la police peut fort bien nous être hostile, quoique Sa Sainteté soit avec nous. De plus, il y a à Rome autant de polices que d'ambassades, et fussions-nous les enfans gâtés du Saint-Office et du palais Madame, nous avons tout à craindre du palais de Venise.

— » J'en sors à l'instant même, dit le duc, et c'est pour cela que vous me voyez en habit de cérémonie. Il y avait un grand dîner diplomatique, et tout autrichien qu'il est, il faut concevoir qu'il nous a traités royalement. Tous les étrangers de

Rome y étaient. Pourquoi donc, marquis, n'y êtes-vous pas venu ?

— » J'aimerais mieux avaler des couleuvres qu'un verre de vin à sa table autrichienne, répondit le marquis d'Ivrée d'une voix colérique.

— » Ma foi, marquis, si vous aviez bu de son tokai, vous ne diriez pas cela. Il sort de la cave impériale.

— » Impériale! s'écria le prince d'Iési d'un ton sévère, et vous l'avez bu, monsieur le duc!

— » Mais oui, et je vous assure qu'il est excellent. Convenez, prince, qu'il est piquant de conspirer contre son amphitryon en quittant sa table.

— » Pour moi, dit le marquis, je hais l'ambassadeur de toute la haine que je porte à sa cour, et j'évite le palais de Venise comme l'enfer. Croiriez-vous que le cabinet autrichien s'avise de nous chicaner sur nos états de Novare, et qu'il se permet de les mettre, comme les Pays-Bas et les Cantons suisses, au nombre des *avulsa imperii?* De concession en concession, Turin finirait par n'être plus qu'un satellite de Vienne et une succursale de Milan. C'est ce que nous ne voulons pas, et c'est pourquoi je suis ici.

— » Soyez tranquille, s'écria le prince d'Iesi, nous mettrons un frein au cheval de César. » — Et je ne sais quelle vieille fureur guelfe brillait dans ses yeux.

— « Dieu me garde, reprit le jésuite, de m'ériger en champion de l'Autriche; je la hais autant que vous. Avouez pourtant, monsieur le marquis, que vous lui devez votre existence, et que sans elle il y a long-temps que vous seriez débordés par les carbonari? Et ce serait bien pis, ma foi.

— » Mais que nous payons cher l'assistance de cette auxiliaire intéressée! Elle nous joue et nous perd avec son infernale modération. Quand nous tenions les carbonari, c'est elle, la perfide, qui nous a empêchés de nous en défaire une fois pour toutes. Voilà pourquoi je la hais tant.

— » Votre haine, dit le duc, est bien légitime; et je sens, pour ma part, que je la haïrais encore plus que je ne la hais si elle nous eût, comme à vous, lié les bras après la victoire. Grâce à Dieu, elle nous les a laissés libres, et nos carbonari s'en souviendront. Allez en demander des nouvelles au Cilento. Mais, pour en revenir à l'ambassadeur d'Autriche, vous ne me ferez jamais croire, mon cher abbé, qu'il y entende malice. Je le tiens pour bon homme. »

Le prince d'Iesi fronça le sourcil, le marquis d'Ivrée se pinça les lèvres.

— « C'est la bonhomie du chat accroupi qui guette sa proie, répliqua sans rire l'impassible enfant de Loyola. Tenez, monsieur le duc, peut-être qu'à cette heure même votre bon homme nous épie et a des argus jusqu'à la porte du cloître.

— » Croyez-vous? dit le marquis tout effrayé.

— » Je ne dis pas que cela soit, mais cela peut être..... »

Une fanfare de trompette couvrit tout-à-coup la voix de l'abbé Saverio ; le duc de Télèse tressaillit, et s'élança vers la fenêtre en portant la main à son innocente épée de courtisan, comme Arlequin à sa batte. C'était le Catalan qui levait le siége.

— « Quels conspirateurs! dit bas au jésuite le prince d'Iesi en jetant sur le trembleur un regard de mépris. Et il faut faire la guerre avec de tels hommes! Beaux jours de mes ancêtres, où êtes-vous? Soleil guelfe, es-tu donc éteint?

— » Prince, répondit le Modenais, avec de la patience nous le rallumerons.

— » La patience est la vertu des faibles.

— »' Et des prêtres.

— » Ma foi, messieurs, s'écria l'excellence napolitaine revenue de son alerte, c'est qu'il y aurait de quoi faire perdre la tiare à notre cardinal, et ce serait vraiment dommage, il fera un excellent pape. A propos, dit-il au prince pour détourner la conversation, son protégé, votre compatriote — n'est-ce pas Anselme que vous l'appelez? — tarde beaucoup ce soir. Je crois, continua-t-il d'un ton de supériorité, que son éminence nous a fait faire là une assez bonne acquisition. Ce jeune homme, quoique roturier, a l'air de n'être pas sans quelque mérite. J'en ai ouï dire du bien quelque part. Avec le temps on en pourra faire quelque chose.

— » C'est dommage, interrompit le jésuite, qu'il soit si raide.

— » Et qu'il ne soit pas gentilhomme, ajouta le marquis.

— » Il est Romain, répondit fièrement le vieux prince d'Iési, qui tenait un citoyen de la ville éternelle, fût-il des derniers rangs, pour un aussi bon gentilhomme que tous les marquis et les ducs de l'univers.

Anselme entra. Il avait profité de la retraite du Catalan pour se glisser dans le couvent sans être aperçu. Les deux gentilshommes le saluèrent avec une civilité quelque peu féodale ; le prince lui serra la main, et son œil semblait lui dire qu'il était bien aise de presser enfin une main romaine.

— « Son éminence, demanda Anselme, n'a pas encore paru. Je craignais d'être en retard. Il est presque deux heures de nuit.

— » Le cardinal, répondit Saverio, est en affaire dans sa cellule avec un diplomate étranger. Il paraît s'agir d'une négociation capitale.

— » Sait-on ce que c'est?

— » Pas encore. Mais on nous annonce pour ce soir des communications importantes. »

On a compris que tout cela se disait au couvent de Saint-François-d'Assises, dans le parloir du cardinal de Pétralie. Mais cette haine de l'Autriche et des carbonari confondus dans une commune horreur; ce vieux guelfe romain et ce jésuite souple et rusé; ces deux caricatures féodales blasonnées d'armoiries et de ridicules, et l'ami du Trastévérin Marius, le chef des conjurés d'Asture, le grand-maître du carbonarisme romain, Anselme le plébéien, au milieu de tout cela, chez un prince de l'Église, que de contradictions! que d'obscurités! quel problème!

Le mot de l'énigme, le voici.

L'Italie, nous l'avons dit, est, comme l'antique Égypte, un pays de mystères et d'initiations. C'est un sol volcanique en tout; les trônes y tremblent comme la terre; quand sa surface est calme et jonchée de fleurs, c'est alors peut-être que la mine brûle et qu'elle va sauter. Dans ce vaste réseau souterrain de mines et de contre-mines qui s'entrecroisent dans l'ombre et qui sapent dans leurs bases les dynasties italiennes, il arrive maintes fois que l'ouvrage de l'un sert à l'autre, et maintes fois aussi que les mineurs, se rencontrant sous terre comme au siége de Tortone, ensanglantent les ténèbres.

En attendant que l'histoire jette ses flambeaux dans ces catacombes politiques, c'est à l'art à y descendre et à lui frayer la route; les ardens mystères contemporains sont aussi bien de son domaine que les froides chroniques des siècles passés. Quelque prosaïque que l'on dise votre âge, je prétends, moi, qu'il ne l'est pas. Partout où il y a lutte, il y a poésie; or je ne sache pas que jamais lutte plus terrible, plus décisive ait agité la terre. D'un côté, le passé relevant partout ses autels décrépits, déployant ses étendards poudreux, sonnant toutes ses trompettes, évoquant du sépulcre dix-huit siècles de croyances mortes, de traditions mortes, galvanisant tous ces mânes et les ressuscitant pour les lancer encore dans la mêlée; de l'autre, l'avenir, jeune, fort, résolu, plein de foi, plein d'audace, et pour champ de bataille les deux mondes; à quel âge du globe et de l'homme faut-il remonter pour assister à de telles joutes?

Et puis si le passé séduit par ses prestiges, le présent touche par ses malheurs. Poètes inspirés, romanciers sublimes, vous tous artistes puissans qui dédaignez vos siècles, et dont le génie aventureux s'est fait l'hôte des ruines, votre voix m'étonne, m'entraîne, votre imagination me subjugue; j'admire vos poèmes comme des cathédrales, vos héros comme des statues; mais je suis de mon temps, et mes sympathies ne sont pas pour eux.

Ma pitié n'est pas pour ceux qui ont souffert, qui ont pleuré, elle est pour ceux qui souffrent, pour ceux qui pleurent. Pourquoi mes larmes iraient-elles baigner la cendre des morts, quand sous mes yeux les vivans gémissent? Heureux ceux qui ne sont plus! ils se reposent du voyage, et dorment au port! C'est pour ceux qui sont en mer qu'il faut des vœux, pour ceux qui naufragent qu'il faut des pleurs. La mer est grosse, voyez; et là-bas dans la tourmente un vaisseau ballotté par les vagues se débat sous l'orage comme un coursier sous l'éperon. Une femme est à genoux sur le tillac; elle est belle, elle est vêtue de noir; elle porte le voile et la ceinture de deuil; sa robe déchirée flotte aux vents; son sein nu est meurtri, ses cheveux épars; ses mains jointes demandent grâce et merci. De ceux qui la voient du rivage, les uns la montrent au doigt et rient, les autres se détournent pour ne la point voir; beaucoup l'insultent, peu la plaignent, le plus grand nombre passe indifférent.

Or, cette femme en détresse, c'est l'Italie.

Sans parler ici des grandes tragédies sociales qui depuis quarante ans se disputent le cirque européen, est-elle donc sans poésie, cette destinée de gloire et de misère de la Jérusalem captive, dont le prophète pourrait dire comme de l'autre : — Comment es-tu tombée des cieux, étoile du matin, fille de l'aurore?
— Poésie triste et sanglante! poésie de mystère et de lutte! Les mêmes drames qui se jouent ailleurs au soleil, se jouent là dans l'ombre. Même cause, mêmes combats, mêmes martyres, même espérance et même foi.

Deux élémens rivaux ont constitué pendant tout le moyen âge le corps italien : l'élément guelfe et l'élément gibelin; le pape et Rome d'une part, de l'autre César et l'empire. Né de la lutte même, et peu à peu détaché des deux autres, un troisième élément a fini par se dégager tout-à-fait : c'est l'élément populaire, l'élément du progrès. Personnifié dans l'origine et représenté par le pape, ce grand-vicaire élu du Fils de l'homme, ce grand tribun du peuple sur le premier de tous les trônes, il fut trahi par lui, abandonné, persécuté. C'est alors qu'il commença à se faire jour en son propre nom, et il prit en Allemagne la robe de Luther. Après trois siècles d'une persécution européenne qui n'a d'égale dans l'histoire que celle des premiers chrétiens, il triompha en quatre-vingt-neuf; plus tard il s'incarna dans la personne de Napoléon; nouveau pape militaire et plébéien, le grand Corse — je ne parle ici que de l'Italie — le ceignit de la couronne de fer. Une grande défaite suivit cette grande victoire. L'élément populaire fut chassé du trône, et comme les géans vaincus de l'antique Sicile, il se réfugia dans les entrailles de la terre. Le carbonarisme fut dès lors appelé à le représenter en Italie.

Institution religieuse et politique importée d'Égypte en Europe, le carbonarisme a traversé les siècles sous mille noms. Propagateur du christianisme tant que le christianisme fut civilisateur, il s'appliqua, quand il se corrompit et dévia, à le réformer, à le ramener à sa pureté primitive. Réunis en des cryptes inconnus, les adeptes se regardaient comme frères et se juraient entre eux aide et fidélité.

Les carbonari d'Italie rêvèrent dans tous les temps l'indépendance et l'unité de la Péninsule. François Ier les protégea; à ce titre, il est resté en vénération dans l'ordre. Plus tard, au commencement du dix-huitième siècle, le carbonarisme napolitain paraît avoir amené la ruine de la dynastie espagnole. Il tomba dès lors dans l'oubli.

Ressuscité au commencement du siècle dans tout le midi de l'Italie, et détourné de ses vrais principes, il servit les passions contre-révolutionnaires de la reine Caroline et des Anglais, et organisa du fond des cavernes de l'Apennin la Vendée calabraise.

Ainsi deux institutions sœurs, presque identiques, le Tugend-Bund allemand et le carbonarisme italien, l'une au midi sous le patronage de l'Angleterre, l'autre au nord sous le manteau royal de Prusse, sapaient à l'envi et au nom de la liberté des peuples le trône populaire de Napoléon. Il est tombé ce trône, et les cachots, l'exil, l'échafaud les ont toutes les deux punies de leur victoire.

Éclairés par une si sanglante expérience, par une perfidie si éclatante, les carbonari italiens ne se laisseront plus prendre au piége. Sortis des ténèbres pour vaincre, ils sont rentrés pour s'en repentir et préparer le châtiment des parjures. Seuls représentans désormais au-delà des Alpes du principe libre et populaire, et fidèles cette fois aux traditions antiques, ce qu'ils veulent avant tout, c'est l'indépendance, c'est l'unité de l'Italie. Leur cause est sainte, mais leur bras faible encore, et quoique l'avenir soit à eux, le présent les écrase.

Je passe à leurs ennemis.

Ces ennemis, quels sont-ils? L'autel qui les excommunie, le trône qui les décime, Rome et César ont fait alliance contre eux. Pour mieux trancher les mille têtes de l'hydre populaire qui les enlace dans l'ombre de ses immenses replis, ils ont pactisé, ils ont sacrifié sur l'autel de la peur, Rome ses prétentions guelfes, César ses inimitiés gibelines. Ce sacrifice forcé n'est qu'apparent; les vieux levains couvent, fermentent au fond des âmes. On veut bien des deux côtés la destruction de l'ennemi commun, mais c'est à condition d'avoir pour soi, et pour soi tout seul, sa dépouille et les fruits de sa victoire. L'orgueil d'aucun des deux ne veut plier; leur ambition s'irrite à l'idée seule d'un partage. Mais une guerre d'existence les rallie; on dissimule, on combat ensemble, ensemble on les tue..... après la victoire, on verra. De là de nouvelles complications, de nouveaux mystères; car si l'on s'embrasse au grand jour, on se déchire dans les ténèbres.

Vienne, qui a l'épée à la main, joue le jeu le plus clair. Elle prépare l'unité italienne à son profit, et avec cette suite, cette constance infatigable qui la caractérise, elle travaille à se rendre nécessaire. De Palerme à Turin, elle fomente partout des troubles, suscite mille entraves, tend mille pièges aux princes qu'elle veut perdre pour en hériter; elle leur inspire des fautes pour les compromettre, les pousse aux rigueurs pour les rendre odieux, et, usurière habile, elle leur ouvre largement ses coffres afin d'hypothéquer leurs couronnes.

Quelque révolte, le plus souvent excitée par elle, vient-elle à éclater chez eux, elle accourt, la combat, l'étouffe; puis, patron perfide, n'aspirant qu'à rendre ses cliens plus odieux encore par le contraste de leurs fureurs et de sa feinte modération, elle arme d'une main leur bras pour la vengeance, de l'autre elle les retient; elle prêche en secret la violence, elle joue en public la douceur; triomphe de l'artifice! elle se fait bénir des vaincus eux-mêmes en plaidant pour eux. Ne dirait-on pas le Neptune de Virgile? L'orage apaisé, il brandit bien son trident vainqueur sur les coupables : *Quos ego!...* mais s'il menace, il épargne et ne veut point frapper.

Cette politique profonde et toute gibeline, Vienne l'applique surtout aux domaines temporels de son antique rivale, et tandis que dans ses propres états elle mate le prêtre et l'enchaîne à l'autel, elle s'arme et combat pour lui au-delà du Pô. Elle tient déjà garnison dans ses citadelles; ses armées se promènent dans ses provinces, elles pacifient ses villes, jusqu'au jour où ses villes, ses province, ses citadelles, où le Vatican lui-même, où cette Italie enfin, si ardemment convoitée, palpitera tout entière sous la serre de l'aigle impériale.

Tandis que sa rivale avance à pas lents, mais irrésistible, s'aplanissant les voies par la ruse et par la force, [marchant à la conquête par la clémence et par la rigueur, que fait le prêtre dans son Vatican? Le guelfe superbe dévore en silence tant d'affronts. Rongé toujours de ses passions du moyen âge, rêvant, lui aussi, l'unité de l'Italie, il aspire à la dominer encore comme les Innocent et les Grégoire. Mais les beaux jours sont passés. Ces plans altiers, il faut les taire, et il les tait; il faut presser cette main vassale qui tint jadis son étrier, et il la presse; il faut sourire à César, et il sourit à César, et il l'accueille comme un libérateur, et il épuise son trésor pour lui donner des fêtes, et ces armées gibelines que jadis il anathématisait, il les bénit, il leur confie la garde de ses frontières, de ses cités; il chante le *Te Deum* à Saint-Pierre pour leurs victoires.

Toutefois les vieilles rancunes percent encore. Le poids de tant d'outrages est trop lourd pour tant d'orgueil, et le souverain pontife, s'il ne fait plus la guerre à l'Empire à ciel découvert, il la lui fait non moins acharnée dans l'ombre des sacristies. Épouvantés comme lui par cette aigle d'Autriche qui plane menaçante sur leurs domaines, et dont l'œil ardent dévore leurs trônes, les princes italiens se sont réfugiés dans leur effroi sous la houlette du pasteur de Rome, et leur alliance est plus étroite qu'elle ne le fut jamais. Ils se prêtent l'un à l'autre main forte contre les deux ennemis communs, et en même temps qu'ils exterminent à l'envi les carbonari, ils conspirent de concert la ruine de la puissance impériale en Italie.

Une ligue souterraine s'était même formée entre eux dans ce but, sous le nom clérical de consistoire des sanfédistes. Naples, que l'on en dit l'auteur; Turin, qui est guelfe d'intérêt et de conviction; l'autrichienne Modène, chez qui l'ambition l'emporte sur les liens du sang, étaient, avec quelques princes allemands, les trois adeptes couronnés de cette confrérie ténébreuse. Elle ne se recrutait guère que dans les cours et dans le haut clergé. Le pape en était le grand-maître, les jésuites les plus ardens apôtres; c'est dire que le passé catholique et féodal était l'idole de l'ordre, et que la haine du carbonarisme y contrebalançait la haine de l'Autriche.

Comme le carbonarisme, le consistoire avait ses statuts, ses grades, ses emblèmes. Chaque initié recevait en pénétrant dans le sanctuaire une médaille d'airain, dont le symbole mystique était destiné à lui rappeler sans cesse le but de l'association : une madone, soutenue par un groupe d'anges, tend d'une main un faisceau de palmes et brandit de l'autre le glaive dont elle vient de frapper un esprit de ténèbres, mort à ses pieds. L'allégorie est diaphane : la madone est l'Italie ; les anges, les sanfédistes ; l'esprit des ténèbres, l'Autriche.

Telle est la secte mystico-politique qui ce soir-là tenait une séance solennelle dans le parloir du cardinal de Pétralie. L'avenir dira ce qu'y faisait Anselme. Voici maintenant le caractère officiel et la mission de chacun des membres présens du synode clandestin.

Alter ego du souverain pontife, qui décemment ne pouvait paraître, le cardinal de Pétralie l'y représentait, et partant y occupait le premier rang.

Le prince d'Iesi, lui, était censé y représenter les intérêts temporels de Rome, mais il n'y représentait en réalité que les passions de ses ancêtres. Issu d'une famille qui maintes fois jadis avait commandé les armées papales, et qui, avec les saint Boniface de Vérone et les Gabrielli d'Agubbio, fut la plus guelfe peut-être du moyen âge, il était le vrai fils de ses ancêtres, et son dévouement au saint-siége était aveugle.

Rude et déplacé dans l'intrigue, il déplorait l'humiliation du mystère ; n'aspirant qu'au jour heureux de trancher par l'épée le nœud gordien de la diplomatie, il ne se résignait qu'en frémissant de rage au rôle obscur de sanfédiste. Inculte et borné, il n'avait rien étudié et ne savait qu'une chose, l'histoire de sa famille. Il se croyait encore au douzième siècle ; le monde à ses yeux en était resté là. La réformation n'était pour lui, comme pour ce cardinal-ministre Torrigiani, d'âpre et dévote mémoire, qu'un schisme sans conséquence, un nuage passager ; la révolution française, une émeute ; Napoléon, un heureux condottiere. Il avait sur tout des idées aussi lumineuses. S'il eût porté le morion de fer et la masse d'armes, on l'eût pris pour un ligueur lombard. Par malheur, l'esprit humain était plus âgé que lui de six cents ans, et le vieux guelfe ne s'en doutait pas.

Le duc de Télèse était un tout autre homme. Héritier d'un des plus grands noms des Deux-Siciles, il comptait par siècles comme d'autres comptent par quartiers; mais pas une étincelle d'honneur chevaleresque n'animait ce mannequin féodal. Il n'avait aucune de ces brillantes vertus héréditaires qui font pardonner la noblesse; il n'en avait que la morgue, et rien n'égalait sa sottise, que son ignorance. Jaloux de soutenir son rang, il tranchait du magnifique; or, comme rien au monde n'est plus ridicule que les grandes prétentions sans bases, il faisait *fiasco*, comme on dit au-delà des Alpes, et n'était qu'un rodomont; homme du reste à bonnes fortunes et s'en vantant; plus mangeur qu'épicurien, criard, fainéant, poltron, type idéal de ces lazzaroni-dandys de plus ou moins mauvaise compagnie dont la fortune napolitaine fait des excellences en ses jours de bonne humeur.

Soyons justes pourtant : sous cette épaisse croûte de préjugés et d'impertinences, il y avait je ne sais quel fond de bonhomie nationale qui perçait malgré tout, et il échappait à son excellence des ingénuités toutes campaniennes, des saillies, des lazzi dont la naïve bouffonnerie était tout-à-fait digne des modernes atellanes de San-Carlino. S'il ne fût né duc, il eût certainement fait un polichinelle distingué. Mais sa naissance l'avait fait ambassadeur, et, planches pour planches, il jouait à Rome, dans le royal palais des Farnèse, un rôle qu'il eût mieux joué à Naples sur les tréteaux populaires du Largo di Castello.

Aussi bien portait-il les vertus des tréteaux dans la diplomatie. Souple et couchant avec ses supérieurs, susceptible et pointilleux avec ses pairs, il était avec ses inférieurs tout ce que de tels antécédens supposent et promettent. Avec cela on est bien en cour. C'eût été d'ailleurs de trop mauvais ton pour un homme comme lui de ne pas plier l'échine au pied du trône, et son dévouement à ses rois — c'est la formule — était sans limites. Il ne leur reprochait qu'une chose, mais le reproche était grave, c'était de s'encanailler; à chaque homme nouveau à qui des services infâmes ou sanglans ouvraient les portes du paradis de la Place-Royale, il soupirait, non du crime, mais de la roture.

Né fort mal à propos en un temps de crise sociale, il maudissait ces révolutions téméraires qui se permettent — voyez un peu quelle insolence ! — de venir troubler le doux rien-faire des gens brodés pour fonder les droits de la pensée et du peuple. Toutefois la mondaine quiétude du dandy napolitain n'avait été que déplacée, et s'il avait suivi ses rois en exil, à Palerme comme à Naples, il avait fait la vie de ce Socrate Astomachus, dont l'épitaphe est son histoire tout entière, exhumée naguère entre

Ostie et Rome : — « Moi, dit-elle, qui vis sans voix dans ce
» marbre, j'étais né à Tralles. J'ai souvent visité les bains de
» Baïa et ses rivages pleins de délices. Afin d'éterniser une si
» honorable vie, j'ai assigné cinquante mille sesterces pour
» élever un temple aux mânes. Passant, qui lis ceci, demande aux
» dieux que la terre soit légère à Socrate Astomachus. »

Quel nom pour un tel homme!

Comme le Socrate de Tralles, le Socrate de Naples aurait pu dire : Buvant, mangeant, dormant, j'ai traversé trente ans de guerres civiles et de révolutions. Sa majesté sicilienne avait récompensé une si honorable vie par une double ambassade : diplomate et sanfédiste, le duc de Télèse cumulait le double rôle d'agent occulte auprès du consistoire et d'agent public auprès du Vatican; Janus au demeurant plein d'innocence, et dont la commode nullité était largement exploitée par les ennemis de son maître et surtout par ses amis.

Son rival en blason et en sottise, le marquis d'Ivrée, avait pour caractère de n'en point avoir; la volonté du souverain était sa règle unique; sa vertu, l'obéissance passive. Voisine immédiate de l'Autriche, la cour de Turin est forcée à une prudence de tous les instans : comme les mulets de ses Alpes, qui s'assurent de chaque pierre du sentier avant d'y hasarder le pied, elle avance d'un pas, recule de deux, et louvoyant toujours, toujours hésitant, elle couvre sa marche par de fréquentes haltes. En de telles conjonctures, le marquis d'Ivrée était son homme. Elle était sûre de sa circonspection, de son immobilité, et n'avait pas à craindre qu'il se jetât aventureusement et se compromît en des défilés difficiles; il ne passerait ni d'un pas ni d'un mot ses instructions.

On a vu qu'il abhorrait l'Autriche; mais ce qu'il n'a pas dit, c'est qu'une circonstance domestique était pour beaucoup dans sa haine. Époux trompé d'une beauté célèbre et facile de Turin, un soir — c'était au temps de l'occupation autrichienne — qu'il rentrait chez lui sans y être attendu, il passa sans se faire annoncer dans l'appartement de sa femme; une glace perfide et trop fidèle lui montra dans la chambre voisine madame la marquise en tête-à-tête avec un jeune colonel autrichien. Le mari commode toussa, cracha, rajusta sa cravate, attendant patiemment l'évasion de l'heureux coupable. — « Quelle imprudence! madame, dit-il en entrant dans le boudoir; laisser la porte ouverte! Si un laquais eût passé par là ! » — Sa colère n'alla pas plus loin.

Ce qui dans un autre eût pu sembler l'héroïsme du mépris et de l'indignation, n'était chez lui qu'un lâche calcul. Des deux complices, l'un était un militaire réputé brave, l'autre appartenait à une famille puissante, et le lâche époux redoutait l'épée de l'un en champ clos autant que le crédit de l'autre à la cour. Il méritait bien son outrage. Toutefois, s'il s'était tû, il n'en avait pas moins voué une implacable haine à une puissance dont les visites étaient si importunes et les colonels si impertinens. L'histoire dit qu'un baron français avait déshonoré de même Jean Procida. Procida fit les vêpres siciliennes, le marquis d'Ivrée se fit sanfédiste.

Quant aux idées, il n'en avait pas, et son horreur de l'intelligence égalait son horreur de l'Autriche. Un mot de lui le témoigne assez. Inspecteur de l'une des universités sardes, il en conspirait ouvertement la ruine, et comme on lui faisait remarquer que, déjà presque vide, elle allait être bientôt tout-à-fait déserte : — « Bientôt ! s'écria-t-il dans un ravissement de joie ; » mais c'est ce que nous voulons. Ce sont vos tristes lumières, » ce sont vos universités qui font les révolutions. Le roi n'a pas » besoin de savans. Il n'en veut pas ! » — Ce mot fit du bruit. Il vint aux oreilles du maître, et un si fidèle serviteur fut sur-le-champ investi de la mission de confiance qui l'amenait au parloir du cardinal de Pétralie.

Il n'était pas, comme le duc de Télèse, accrédité publiquement auprès du saint-siége ; son rôle était tout clandestin. Il voyageait et vivait en simple curieux ; le ministre de Sardaigne à Rome, bien que son parent, n'était pas même dans le secret. On l'avait laissé, par excès de prudence, en dehors de toutes ces intrigues ; le marquis d'Ivrée correspondait directement avec Turin. Ajoutons que, sans être ambassadeur, il avait un certain aplomb tout-à-fait conforme à la tenue diplomatique ; et si nul, si effacé qu'il fût, son silence, car il parlait peu, lui donnait une valeur négative que son confrère de Naples, quoique excellence en titre, abdiquait d'emblée par son inconsidéré babil.

Tels étaient les dignes représentans des deux rois de l'Italie au conventicule de Saint-François. Mais leur maître à tous était l'abbé Saverio, missionnaire du duc de Modène et Modenais lui-même, ambitieux comme son souverain, décidé comme lui, jésuite par état et plus encore par vocation, bon à tout, prêt à tout, et qui avait fait choix pour son vade-mecum du prince de Machiavel, sans comprendre le grand homme.

Antique esprit du Vatican ! se disait Anselme en contemplant tous ces vains masques, en es-tu donc à ce point de misère et d'humiliation que ce soient là les auxiliaires de ta vieillesse? Et si ce Grégoire qui essuya sa sandale au front d'un empereur, cet Innocent qui en cita un autre à sa barre; si Jules II, qui ceignit le casque contre l'étranger, Sixte-Quint, qui l'excommuniait encore, si tous ces papes dont la voix puissante a remué tant de passions, secoué tant de peuples, soulevé tant d'orages, s'ils quittaient leurs caveaux funèbres, et qu'ils vinssent, mânes altiers, errer autour de ce Vatican qu'ils ont fait si grand, que diraient-ils? Toi qui fis lever l'Europe comme un seul homme et la jetas sur l'Asie pour un tombeau, ta voix n'a plus désormais d'échos même à tes portes, même en tes murs; c'est que l'heure a sonné où tu dois mourir, parce que tu prétends faire faire volte-face au monde, et qu'au lieu de lui crier : Avenir! tu lui dis : Passé! A ce cri tu vois qui répond : d'imbéciles vieillards, des cœurs ignobles, des prêtres menteurs, des ombres, et pas un homme!

— « Voici son éminence, » dit l'abbé Saverio. — Tout le monde se leva.

X

LE CONCILIABULE.

Le cardinal de Pétralie, Sicilien de naissance et franciscain, habitait depuis longues années le couvent de Saint-François-d'Assises. Quoique prince de l'église et grand-pénitencier — grand casuiste, grand confesseur de la chrétienté :—il faisait la vie de moine. Une cellule meublée avec toute la rigueur de l'ordre et un parloir non moins modeste composaient tous ses appartemens. Il était comme l'ange du Trastévéré, tant sa main y versait d'aumônes, et la sainteté de sa vie y était devenue proverbiale.

Sa renommée n'était point enfermée en de si étroites limites ; Rome ne la pouvait contenir. Le bruit de ses vastes lumières et de sa piété avait volé si loin, que les plus hauts personnages, des rois mêmes, le consultaient chaque jour sur les questions les plus ardues de la morale et de la discipline chrétienne. Juge suprême et sans appel de tous les cas de conscience de la catholicité, ses arrêts avaient force de loi, et ils étaient accueillis partout comme des oracles inspirés de Dieu.

Jaloux d'avoir un si grand saint pour confesseur, plusieurs souverains l'avaient appelé à leur cour, mais toujours en vain. Il avait sans cesse décliné la direction de ces âmes royales, disant, comme Jésus, qu'il se devait aux petits. Tant d'humilité n'avait fait que le grandir. Sa gloire rayonnait du fond de l'obscur couvent trastévérin comme le soleil du haut des cieux, et se répandait sur les deux mondes.

Lorsqu'il passa de sa cellule dans le parloir où l'attendait Anselme et les sanfédistes, il n'était pas seul, un étranger l'accompagnait. Jamais le rapprochement de deux têtes n'en rendit le contraste plus saillant. Type, l'une et l'autre, de deux races bien tranchées, elles en offraient presque sans altération les caractères primitifs. Le cardinal avait ce front haut et carré, ces yeux noirs et bien fendus, ce nez droit, cet ovale parfait du visage, cette noblesse de l'ensemble, qui révèlent la race grecque ou la race sicilienne, car la Sicile est fille de la Grèce, et malgré tant d'envahissemens, tant de conquêtes, tant d'inondations étrangères, elle s'est conservée plus grecque peut-être, après tant de siècles, que la mère-patrie elle-même. Sa barbe et ses cheveux étaient blancs, ses sourcils étaient restés noirs, et ce phénomène, assez rare, imprimait à sa physionomie un singulier caractère d'énergie et de force.

Telle n'était point cependant son expression habituelle; au repos, elle était d'un calme, d'une quiétude séraphique; ses traits avaient une puissance d'immobilité toute orientale, et qui rappelait par sa constance les contemplations extatiques du bonze chinois et du fakir indien. Peut-être un œil versé dans l'analyse humaine aurait-il lu bien des choses intimes sur ce visage inerte et patient; creusées par la vieillesse moins que par la pensée, ses rides semblaient dire qu'en cette âme profonde, inconnue, il y avait des troubles et des combats; mais le vulgaire n'en voit pas tant. Grand du reste et bien fait, sa longue robe monacale l'exhaussait encore, et cette figure paisible et sexagénaire imposait par sa dignité.

Plus jeune de vingt ans et laïc, l'étranger, quoique aussi grand de taille et aussi bien pris de formes, le cédait au vieillard en maintien. Son attitude était froide, réservée, mais sans noblesse. On y sentait l'action banale du monde, l'action intime de la pensée n'y était point : or, si le monde peut donner une tenue civile, la pensée seule la rend imposante. Ce qui distinguait fortement l'inconnu du Sicilien, ce qui l'isolait de tous les autres, c'était sa tête septentrionale. Ses cheveux rares et plats, d'un blond mat et blafard, retombaient sans grâce sur un front étroit et pyramidal ; le nez était large, les narines ouvertes, l'ovale du visage était tronqué par le bas, et rien ne saillait sur cette face triangulaire que la richesse et l'éclat du coloris ; les dents étaient blanches, mais les lèvres trop grosses ne s'écartaient guère pour les laisser voir et paraissaient inaccessibles au sourire ; deux pommettes anguleuses, et des sourcils à peine marqués, encadraient deux yeux d'un bleu pâle, changeant et tirant au vert. Toute vie y paraissait éteinte, et si parfois elle s'y révélait, ce n'était que par un regard aigu, rapide, mais jamais fixe. L'enfoncement des tempes détruisait l'harmonie des lignes latérales et avait même rompu l'équilibre des yeux ; il régnait de l'un à l'autre une obliquité physique de mauvais augure, qui semblait dénoncer dans l'âme je ne sais quoi d'oblique aussi ; sans être louche, le rayon visuel était faussé.

— « Messieurs, dit le cardinal avec une gravité naturelle et après s'être excusé de son retard inusité, je vous ai annoncé pour ce soir des communications importantes, et d'abord j'ai l'honneur de vous présenter M. le comte de Kaleff, envoyé secret de sa majesté l'empereur de Russie auprès du consistoire. Lui-même vous exposera sa mission. »

Après les civilités d'usage et les révérences mutuelles, on se rassit et la parole resta au comte. Il s'exprima en italien avec cette pureté d'accent que les Russes portent dans les langues étrangères. Il dit que son souverain ne voyait pas sans indignation le servage où le cabinet de Vienne tenait les cours d'Italie, que l'aigle d'Autriche avait des prétentions par trop inquiétantes pour ses voisins ; que, dans l'intérêt de l'équilibre européen qu'elle menaçait sans cesse de rompre, il était bien temps de lui rogner les serres. En cet état de choses, le czar, plein de sollicitude pour les princes italiens, leur offrait, contre l'ennemi commun, sa coopération diplomatique d'abord et armée au besoin.

— Comme aux carbonari napolitains, — pensa le chef des conjurés d'Asture, qui avait encore présent le récit du Calabrais, et à qui ce Russe était répulsif.

— « Mon auguste maître, poursuivit le diplomate clandestin, demande en conséquence une place dans le consistoire. Profondément désintéressé dans la question, il n'aspire qu'au rôle de libérateur de l'Italie, le seul qui convienne à sa grande âme ; il n'a dans tout ceci, comme vous voyez, qu'un but d'humanité et de civilisation. »

Ce mot de civilisation dans la bouche du Tartare fit monter un sourire aux lèvres d'Anselme. Le cardinal fut impassible.

La communication faite, le comte se tut pour en attendre le résultat. Un silence assez long régna. Le duc de Télèse ni le marquis d'Ivrée n'étaient hommes à mesurer la portée d'une telle démarche; s'ils se taisaient, c'est qu'ils ne trouvaient rien à dire; ils avaient beau se donner un air de recueillement diplomatique et de méditation profonde, leur esprit flottait sans but, et leur œil vague et distrait le disait assez. Ils attendaient que quelqu'un ouvrît un avis pour s'y ranger, quel qu'il fût.

Quant au prince d'Iesi, il ne se rappelait pas d'avoir jamais vu la Russie intervenir au moyen âge dans les débats du saint-siége, et il était tout dépaysé. Il ne comprenait rien à ce nouvel auxiliaire tombé là des nues au milieu de l'Italie, et, tout occupé à recueillir ses souvenirs, il n'en venait pas à bout.

L'abbé Saverio y voyait plus clair. Ces ouvertures de la Russie n'étaient pas nouvelles pour lui, car le comte de Kaleff n'était pas le premier émissaire russe en Italie, et il y avait longtemps que le jésuite trempait dans toutes ces intrigues. Mais comme en ceci son souverain jouait le plus beau jeu, sa position lui interdisait l'initiative, et il attendait aussi.

Anselme se tut comme eux, mais par de tout autres motifs. De fait comme de droit, la parole restait au cardinal; il la prit sans rien conclure. L'offre lui paraissait digne de considération, mais elle avait besoin d'être mûrie, et il désirait que la discussion y répandît ses lumières; soumise du reste préliminairement à Sa Sainteté, elle en avait, ajouta-t-il, reçu une approbation éventuelle.

Si vagues que fussent ces paroles, le jésuite en saisit le sens vrai; il vit que le vent soufflait au nord, c'est là tout ce qu'il voulait savoir. Il n'ignorait pas que la Russie était aussi avant que lui dans les secrets du consistoire; il fit comme s'il n'en eût rien su; jaloux de mettre de son côté le plénipotentiaire occulte, en affectant, le premier, une confiance illimitée, il eut l'air de lui faire une confidence, quand au fond il ne lui apprenait que ce qu'il savait déjà.

— « Pour répondre, lui dit-il, par la confiance à celle de votre auguste souverain, il convient, monsieur le comte, de soumettre à votre excellence la nouvelle division de la Péninsule, alors que, Dieu et le czar aidant, l'Autriche en sera dehors. »

A ces mots, le Modenais déroula sous les yeux du Moscovite une carte manuscrite de la Péninsule, où le lot de chacun était tracé d'avance. C'étaient quatre Italies en une. La pointe septentrionale que le royaume de Naples pousse dans les États de l'Église, entre l'Adriatique et l'Apennin, se prolongeait jusqu'au Metauro, embrassant ainsi toutes les Marches. L'île d'Elbe lui revenait aussi. Le pape était dédommagé temporellement par la Toscane, dont on expulsait, à son profit, l'autrichienne maison de Lorraine, qui avait refusé d'entrer dans la ligue; il faisait aussi une percée au-delà du Pô, et ajoutait aux quatre Légations la fertile Polésine de Rovigo. Quant à la cour de Turin, elle descendait au midi jusqu'au Serchio, et s'agrandissait à l'est et au nord du Tyrol italien et de toute la Lombardie jusqu'à l'Oglio.

Dans l'exposition que fit l'abbé Saverio de ce panorama politique, il eut soin de peser avec affectation sur la part des autres, mais il glissa légèrement sur celle de Modène; et certes, à ce coup de dé, le petit duc n'était pas maltraité. Parme, Plaisance, toute l'Italie autrichienne enfin, de l'Apennin aux Alpes, de Trieste à l'Oglio, lui échéait avec le titre de roi.

— « Ces trois royaumes, continua sans pause le fin jésuite, formeront à l'avenir une ligue étroite et forte sous le protectorat du souverain pontife. Afin de reconnaître dignement l'assistance désintéressée que veut bien nous prêter le czar, et comme d'autre part il convient à notre sûreté qu'il intervienne désormais dans l'Europe occidentale comme puissance maritime, nous nous réunirons pour le prier de vouloir bien accepter en cadeau Ancône ou Gênes.

— » Et pourquoi pas Venise? » murmura entre ses dents le marquis d'Ivrée, choqué que l'on disposât si cavalièrement des états de son prince. Toutefois, comme il n'avait à ce sujet aucune instruction, la circonspection du diplomate l'emporta chez lui sur le zèle du courtisan, et il garda le silence. Ainsi fit le duc de Télèse, et cependant le jésuite rognait d'un mot la meilleure partie du lot de la cour de Naples, le plus pauvre déjà de tous, grâce à la gauche incurie de son représentant. Là, comme partout, on le jouait, et sa vanité ne s'en doutait pas. Une idée politique était aussi peu accessible à sa mince compréhension qu'un sentiment chevaleresque à son âme vulgaire; il ne trouva donc rien à objecter.

— « Je crois, répondit le diplomate tartare avec un aplomb que la circonstance rendait grotesque, ne point outrepasser mes pouvoirs en acceptant dès ce moment, au nom de mon auguste maître, les deux villes que vous venez de lui offrir avec une si flatteuse unanimité. Il restera à fixer plus tard les moyens d'occupation. Mais j'ai l'honneur de vous répéter que les motifs de l'empereur sont tout-à-fait purs, et qu'en toute cette affaire il n'a en vue que votre intérêt. Quels sont, je vous prie, vos ressources personnelles contre l'Autriche?

— » Deux cent mille hommes de troupes italiennes, répondit fièrement le prince d'Iesi, qui n'avait pas ouvert encore la bouche, et de plus la force morale de l'Église.

— » Mais de l'argent?

— » Nous sommes en négociation, dit l'abbé, avec un Juif qui nous en avancera.

— » Le consistoire, reprit le comte, s'est-il assuré déjà quelque alliance?

— » Plusieurs princes d'Allemagne, répliqua le jésuite, sont avec nous. J'ai leur parole. La France ne sera pas contre nous. Quelque timide que soit aujourd'hui son allure, elle est sanfédiste au fond, et la force des choses la replacera malgré elle au centre de sa politique naturelle, qui fut et sera toujours de refouler l'Autriche au-delà des Alpes. Cette politique est aussi celle de l'Espagne; comme la France, elle est sanfédiste de cœur, et nous assistera malgré son éloignement. J'ai là-dessus pressenti ses ambassadeurs en Italie; si elle n'est pas entrée dans la ligue, c'est qu'elle n'y peut jouer le premier rôle : or l'orgueil castillan ne se résigne pas au second; n'étant pas tout, il préfère n'être rien. Mais l'étendard une fois déployé, nous l'entraînerons.

— » Une question me reste à vous poser, poursuivit M. de Kaleff : tant qu'il ne s'agira que de la nationalité italienne et de l'expulsion des Autrichiens, le consistoire ne pourrait-il pas compter sur les carbonari et pactiser avec eux?

— » Pactiser avec les carbonari! s'écrièrent à la fois le marquis et le duc avec une fureur d'indignation mal déguisée.

— » Et pourquoi pas? dit le jésuite. Serait-ce donc la première fois? Entre ennemis tout est bon, sauf après à briser l'instrument. Votre roi, monsieur le duc, nous peut en cela servir de modèle.

— » Revenez-y, répondit tacitement Anselme, et nous verrons cette fois à qui restera le champ de bataille.

— » Au reste, reprit froidement le Russe, ce n'est là qu'une idée en l'air. Je vous l'ai soumise, c'est à vous à la juger. Voici maintenant les propositions de ma cour. Une fois la lutte engagée, et il est d'une indispensable nécessité qu'elle le soit par vous, elle vous en garantit le succès, d'abord par une prompte reconnaissance, et, s'il le faut, par une armée de débarquement sur vos côtes et une diversion sur nos frontières de Gallicie. — Le Cilento revint encore ici à la mémoire d'Anselme. — De plus, poursuivit le comte, le pape régnant est malade, une vacance se prépare, et sa majesté impériale s'engage à user de tout son crédit au prochain conclave pour faire asseoir sur la chaire de saint Pierre un cardinal sanfédiste. Or, ajouta-t-il en se tournant vers le cardinal de Pétralie, je n'en connais pas de plus digne que votre éminence.

— » Il en sera ce que Dieu voudra, répondit le Sicilien après une légère inclination de tête; mon amour de la retraite est connu, mais je suis prêt à toute espèce de sacrifices; s'il plait jamais au ciel d'appeler son serviteur indigne à gouverner en ces temps difficiles la barque de saint Pierre, je saurai me résigner et immoler mes répugnances à mes devoirs. Je prie Dieu chaque jour d'éloigner de moi ce calice d'amertume et de grandeur, et de me laisser dans mon obscurité. Je ne suis que trop déjà mêlé aux choses du monde, et ma présence au milieu de vous, la part que prend ma faiblesse aux débats qui vous rassemblent, sont des fardeaux qui m'écrasent. Je suis un homme de prière, non d'action. Mais le Saint-Père a parlé; il m'a montré l'Église en péril, son clergé humilié, persécuté par les nations; l'incrédulité débordant sur le monde; l'orgueil gibelin sans bornes; la tiare prête à ceindre peut-être le front superbe d'un archiduc, j'ai dû céder, et je l'ai fait avec larmes et contrition. Hélas! en ces jours de calamités, chacun doit à Dieu sa part d'abnégation, et quitter son poste, jeter ses armes dans la mêlée, ce serait un sacrilége, une lâcheté dont vous ni moi ne nous rendrons coupables. Si les chefs fuyaient, que deviendrait l'armée? »

Ces paroles pieuses et tristes furent prononcées avec mesure et sans vaine forfanterie d'humilité. Le ton du cardinal était grave, ses traits parfaitement calmes; et cette voix du ciel, tombée au milieu de tous ces intérêts mondains, était d'un effet solennel, grandiose; mais aucun peut-être, tous par des motifs différens, ne crurent à la sincérité de sa tristesse, de son renoncement.

Je me trompe, il en est un sur qui ce langage des vieux jours agit puissamment, le prince d'Iesi; c'est la seule chose dont il eût eu jusqu'ici une compréhension bien nette : tout le reste avait passé devant lui comme autant d'ombres vaporeuses sans formes distinctes. Il en était toujours à la ligue lombarde : il voyait dans le monastère trastévérin de Saint-François-d'Assises le monastère milanais de Saint-Jacques de Pontide, dans l'empereur d'Autriche un autre Barberousse, dans le pape un Alexandre III, et, calquant ainsi l'avenir sur le passé, il rêvait une nouvelle victoire du Lignano. C'était là sa chimère, et son vieux sang guelfe bouillonnait à l'idée seule de tirer l'épée et d'arracher des clochers lombards le gonfalon de l'empire. La présence du Moscovite l'avait dérouté; la voix du Sicilien lui rendit le fil. Illuminé soudain par ces paroles sacrées, ses yeux s'étaient ouverts, ses poumons dilatés comme ceux du mineur brusquement sorti des entrailles de la terre.

De ce chaos pourtant deux choses lui étaient restées gravées dans l'esprit, tant elles l'avaient heurté violemment au passage: c'est que le banquier de la ligue était un Juif, et son protecteur impérial un hérétique. Cette dernière idée surtout le troublait. Il eut peine à se contenir en présence du comte; et quand, ses communications faites, le Russe enfin se retira, le vieux ligueur romain éclata comme la foudre.

— « Que nous veut cet hérétique, s'écria-t-il d'une voix tonnante, avec son impériale majesté? Aigle pour aigle, c'est tout un, et nous ne voulons pas d'autres auxiliaires que ceux de nos ancêtres. Que le barbare reste dans ses neiges, il y est à sa place, et le soleil italien est trop chaud pour lui. S'il veut prouver son dévouement au saint-siége, qu'il commence par se convertir, qu'il se croise, qu'il marche à la délivrance du Saint-Sépulcre, au lieu de nous venir voler nos villes, et Gênes encore, la république la plus guelfe du moyen âge! Ah! cela crie vengeance! »

Ce que le prince d'Iesi venait de formuler si clairement, le marquis d'Ivrée en avait le sentiment vague, et il avait de plus, comme Sarde, une vieille rancune contre la Russie; il n'était pas là sans savoir qu'en des troubles récens elle avait assisté, excité peut-être les carbonari piémontais, et qu'après leur défaite elle s'était constituée leur avocat auprès du vainqueur. Quel grief! Toutefois, circonspect jusque dans la colère, il n'outrepassa point ses pouvoirs, et s'abstint de rien préjuger sur la question principale; mais il se récria avec aigreur contre toute alliance avec les carbonari; il déclara, car là-dessus il avait des ordres précis, que sa cour n'en voulait point, et qu'un tel projet serait suivi d'une rupture immédiate.

Cette menace effraya Saverio; il savait bien que Turin était l'âme de l'entreprise, et que sa défection amènerait infailliblement la dissolution du consistoire. Or ce n'était point du tout son compte, et il se mit à manœuvrer si adroitement, qu'il éconduisit sans cérémonie le projet d'alliance présenté par le Moscovite, et que lui-même avait d'abord soutenu. Il ne l'avait fait, dit-il, que par ménagement, par politique, pour ne point heurter un si puissant auxiliaire; mais il n'en voulait pas; mais il la repoussait à tout prix; mais sa haine, son horreur des carbonari, et on devait bien le savoir, était ardente, irréconciliable. Ce cœur froid, sans haine comme sans amour, joua si bien le fanatisme, qu'il dépassa tous les autres, et le marquis lui-même, en invective et en violence.

Honteux d'être dépassé, le Sarde, qui sur ce terrain avait ses coudées franches, et avec lui son confrère de Naples, se piquèrent d'émulation. Le prince d'Iesi, qui tenait les carbonari pour des Pauliciens ou des Albigeois, et qui invoquait contre eux les bûchers de saint Dominique et l'épée de Simon de Montfort, se joignit d'abondance à eux, et ce fut alors entre les quatre sanfédistes un si effroyable concert d'outrages et de malédictions, qu'indigné d'abord, Anselme finit par en rire de pitié. Il se tut; le cardinal se tut de même, et le rusé fils d'Ignace profita d'une si touchante union pour opérer sa retraite. Fidèle à ses instructions et plus encore à la perfidie de son caractère, il quitta ses collègues, bien résolu à les jouer tous et à s'allier pour son compte particulier avec les carbonari. Il se serait allié avec l'enfer.

Le grand-pénitencier ferma la séance par quelques considérations plus divines qu'humaines; il ne fit, suivant son usage, que replacer la question au point de vue religieux, et conforter les consciences timorées. — « Les voies de Dieu, dit-il, ne sont pas nos voies. Que savons-nous, prince, si cette assistance de l'hérétique du Nord qui vous scandalise n'est pas une vue providentielle, si elle n'a pas un but caché de conversion chrétienne? Jésus a dit que son Église ne périrait pas; acceptons donc sans crainte et avec reconnaissance les secours qu'il nous envoie, puisqu'ils doivent infailliblement tourner à la confusion de l'erreur et au triomphe de la vérité. »

Les trois dévots applaudirent aux pieuses paroles du cardinal; ils lui baisèrent humblement la main et prirent congé de lui, plus sanfédistes encore qu'ils n'étaient venus. Le silencieux Anselme resta le dernier.

— « Eh bien! monseigneur, dit-il lorsque le bruit du carrosse de l'ambassadeur de Naples se fut perdu dans le lointain, et que le silence de la nuit fut rétabli, c'est avec de pareils soldats que vous rêvez la conquête du monde?

— » C'est malgré eux, répondit le cardinal avec une gravité

qui ne se démentait jamais, même dans le tête-à-tête le plus intime. Vous voyez bien que la Russie est avec nous.

— » Et vous y comptez ? Guelfe aujourd'hui, elle sera gibeline demain si le vent tourne.

— » Sa démarche n'en est pas moins positive...

— » Mais perfide. Je n'y vois, moi, qu'une chose, et cette chose m'épouvante. L'ombre d'Attila grandit, monseigneur ; ce géant qui s'allonge si démesurément au Nord qu'il dépasse déjà de la tête tous ses rivaux, avez-vous vu quel œil de convoitise il fixe sur notre Italie ? Prenez garde ! deux fois et sous vos yeux il y a mis le pied ; à une troisième il fera comme ses ancêtres, il y restera. Ne l'y appelez pas, croyez-moi. Songez à la fable grecque : le cheval voulut se venger du cerf ; il le fut, vous savez à quel prix. Craignez d'être bridé, sellé comme lui. Je dis ici comme le prince d'Iesi : Aigle pour aigle, c'est tout un. Laquelle aura la serre la moins acérée ? Toute la question est là. Avouez, monseigneur, qu'elle est bien pauvre.

— » Vous vous trompez, toute la question n'est pas là. Elle est toute ici, ajouta le Sicilien en mettant le doigt sur la mystique médaille sanfédiste. Voilà l'esprit de ténèbres qu'il faut immoler avant tout et à tout prix.

— » Votre éminence me connaît trop pour ignorer que je n'ai pas de vœu plus ardent, et qu'en cela je suis le meilleur sanfédiste de l'Italie ; mais avouez, monseigneur, que, pour un prince de l'Église, vous n'êtes pas conséquent. Pour combattre un gibelin, qui appelez-vous ? Un hérétique. Rome réchauffe en son sein des vipères.

— » Mais ne venez-vous pas de dire vous-même qu'avec des soldats comme ceux de ce soir il fallait renoncer à tout espoir de salut ?

— » Je l'ai dit ; mais il en est de meilleurs en Italie. Que Rome les appelle aux armes pour l'indépendance italienne, et vous verrez si ce sont des hommes, ceux-là !

— » Vous êtes un carbonaro, repartit en souriant le grand-pénitencier ; et certes il ne croyait pas dire si vrai. Au moins, continua-t-il, convenez, mon jeune ami, que le Vatican n'est pas mort, puisque le Nord et le Midi se donnent encore rendez-vous dans ma cellule ?

— » Plût à Dieu qu'il n'y eût que le Midi ! le Nord nous a toujours porté malheur.

— » Je le voudrais comme vous ; mais où prendre des hommes ?

— » Je vous l'ai dit, monseigneur.

— » Au surplus, nous reviendrons sur tout ceci. Savez-vous, Anselme, que j'ai des confidences à vous faire?

— » Des confidences?... A moi?...

— » Dès demain, si vous voulez vous trouver à vingt-deux heures sous les cyprès du Mont-Mario.

— » J'y serai.

— » N'y manquez pas. »

Cela dit, le cardinal tendit la main à Anselme, qui, au lieu de la baiser, la serra familièrement, et il prit à son tour congé. Lorsqu'il traversa la place de Saint-François, il y avait longtemps qu'abandonnée par le Catalan, elle était obscure et déserte.

XI

LE PALAIS DE VENISE.

Anselme était sorti du conventicule des sanfédistes plus préoccupé de ce qui s'y était passé que ne l'aurait pu faire soupçonner son obstiné silence. N'y représentant aucune cour, il n'y jouait qu'un rôle passif, et bien loin de se mettre en scène, il n'aspirait qu'à s'y effacer pour rester libre. Ses sympathies ne pouvaient être là; et hâtons-nous d'ajouter que s'il n'en avait point pour les adeptes, les adeptes en avaient peu pour lui. Pauvre et plébéien, il est douteux même que le sanctuaire féodal du consistoire se fût ouvert pour lui, si le cardinal de Pétralie, son ami, ne lui en eût ouvert les portes.

Divergeant sur tous les points, les sanfédistes et les carbonari se touchaient par un pourtant, l'indépendance de l'Italie, et c'est par ce point unique qu'Anselme tenait à la secte guelfe; mais toute communauté s'arrêtait là; tout le reste le séparait d'elle. Moins citoyen romain que citoyen italien, il ne voulait pas, lui, comme le consistoire, quatre Italies; il n'en voulait qu'une, parce qu'il la voulait forte; et c'est pour en rassembler, sous une loi de concorde et de liberté, les peuplades souffrantes et dispersées qu'il rêvait pour toutes, avec l'ancien Gracchus, la magnifique bourgeoisie romaine.

S'il songeait, s'il travaillait à une alliance avec le sanfédisme, c'était contre cette aigle gibeline qui les réunissait les uns et les autres dans une commune haine, c'était pour la lutte avec l'étranger. Après la victoire, il craignait peu la défection du trône et du prêtre; car il savait bien qu'éclairés par leur propre expérience, les carbonari ne retomberaient pas dans une faute si durement expiée, et qu'une fois les armes à la main ils ne les poseraient pas avant d'avoir fondé sur des bases inébranlables la république ausonienne. Telle était sa pensée. Anneau mystérieux des deux sectes rivales, personne au monde, ni le carbonaro Marius, ni le cardinal sanfédiste, n'avait le secret de son double rôle.

Si donc il ne représentait ni roi ni prince au synode des courtisans, il y représentait une force dont ni roi ni prince dans toute leur puissance n'approchèrent jamais, le peuple. Homme d'avenir et de moralité parmi toutes ces caducités opiniâtres, tous ces égoïsmes étroits et soudoyés, il était là comme l'image de ce qui ne meurt point dans l'homme, la justice; image silencieuse encore, image voilée et méconnue, mais qui pouvait se révéler, s'animer tout d'un coup, et foudroyer comme la statue du Commandeur tous ces Don Juans de l'Italie.

Mais ce jour n'était pas venu. Il fallait s'effacer pour vaincre; car s'il est des temps où, comme Spartacus, il faut tirer l'épée, il en est d'autres où, comme le premier Brutus, il faut enfouir dans le grossier bâton de l'insensé la verge d'or symbolique.

Dernier venu du consistoire, Anselme n'en était encore qu'à cette ère de dissimulation. Ce rôle pesait à son âme loyale; mais la sainteté du but légitimait à ses yeux les moyens; et plus la route était tortueuse, plus elle outrageait la rectitude de ses penchans, plus le sacrifice lui paraissait méritoire.

Toute la force ici était dans le silence; et, l'œil calme, le front impassible, Anselme s'était tû. Il avait vu le Tartare disposer insolemment sous ses yeux de ces nobles cités d'Italie, dont la moindre vaut son froid empire, tant l'art et la liberté y ont jadis entassé de trésors; il avait vu les pygmées marchander entre eux la dépouille sanglante du géant martyr, comme les publicains de Jérusalem se disputaient la robe du Crucifié; il avait vu tout cela, et il s'était tû.

Il avait entendu des bouches serviles, des cœurs infimes, se répandre en bas outrages contre ses frères; insulter, calomnier ces nobles compagnons d'exil, d'échafaud peut-être, ces nouveaux Decius dont une seule goutte de sang n'aurait pu être rachetée par toutes ces ignobles vies; il avait entendu tout cela, et il s'était tû.

Et pourtant son âme était indignée. Oh! qu'il eût avec joie

dispersé d'un cri de colère et chassé du temple ces vendeurs cupides ! Qu'il leur eût avec joie répondu qu'ils étaient des calomniateurs et qu'ils en avaient menti ! — Eh quoi ! se disait-il en songeant aux siens, eux des impies ! eux en qui la foi dans la justice est si profonde, que pour elle ils sacrifient tout, plaisirs, études, joies du monde, douceurs de la famille, repos du foyer, tout ce qui sourit à l'homme, tout ce qui charme l'existence, ils immolent tout sur ses autels ; pour elle ils peuplent les donjons de la tyrannie, ils errent en exil parmi les nations, ils expirent sur les gibets.

Reporté par la pensée à la tour d'Asture où à cette heure dormaient les bannis, il comparait leur vie de périls et de misère aux voluptés commodes, aux prospérités sans alarmes de ces puissans du monde qui les insultaient : — Ils dorment, se disait-il avec amertume, ceux-ci dans leurs palais de marbre, sur leurs lits de plume, aux bras de leurs maîtresses ; ceux-là sur un écueil solitaire, assailli par les vagues de l'Océan, par les vents empoisonnés des Maremmes. Où est l'équité ? — Et il appelait alors de ses vœux ardens un réveil de réparation où il y eût pour tous du bonheur. Rêve enivrant ! Sainte ambition des grandes âmes qui fait les martyrs ! Magique espérance des cœurs jeunes qui souvent, hélas ! ne fait briller à leurs yeux la plus pure des gloires que pour mieux leur cacher derrière les gémonies !

Agité de ces pensées, Anselme avait repassé le Tibre et regagné par une nuit obscure la rive opposée. Il erra quelque temps dans Rome ; après tant de luttes sourdes, tant d'orages étouffés, il avait besoin d'air, de mouvement, de liberté, et il marchait à grands pas dans ces rues d'artisans, où le peuple, oublieux de ses durs labeurs, dort entassé par la misère. Comme il traversait ce gracieux portique d'Octavie, qui a donné au monde la Vénus de Médicis, le clocher moderne enté sur le fronton de marbre antique sonnait minuit.

De ces quartiers pauvres et de l'église populaire de la miraculeuse Madone à Campitelli, il passa au splendide quartier des palais et à ce temple superbe de Jésus, si mélancolique et si sombre dans sa magnificence. Un Farnèse l'érigea, l'architecte en fut Vignole ; et c'est là que repose, dans une chapelle somptueuse, au sein d'une urne de bronze et d'or, sous un linceul de marbres à jour et de pierreries, Ignace de Loyola.

Son mausolée est aussi riche que sa vie fut pauvre. La nature et l'art ont fait défi pour l'orner. Les marbres rares s'y dressent en colonnes, les métaux précieux s'y épanouissent en chapiteaux.

Des statues la peuplent, des tableaux l'animent, et la pensée du saint règne sur l'œuvre entière. Son histoire s'y lit en pierre et en bronze; son image d'argent massif est sur l'autel. A ses côtés s'élèvent la Religion foudroyant l'hérésie, la Foi civilisant les nations barbares; c'est en effet là toute sa vie. Tête ardente, bras militant, le moine espagnol fut le dernier levier peut-être et le plus ferme rempart de l'Église assiégée. Sapé d'un côté par Luther, le Vatican fut soutenu de l'autre par Ignace.

C'est là aussi, sur le tombeau même de son fondateur, que l'ordre a établi son Delphes, et le général de la milice noire, oracle suranné, son trépied. A la vue de ce foyer pâle et presque éteint, d'où ne rayonne plus la lumière, mais d'où s'échappe comme un serpent l'intrigue qui enlace le monde et souffle au loin les zizanies, Anselme eut un frisson de haine et de mépris.

Toute la pensée de Loyola se résumait pour lui dans l'abbé Saverio, génie souple et pervers qu'il abhorrait; et il voyait juste, car le jésuite de Modène était comme la dernière formule et l'image vivante de cette société morte dont le fantôme inquiet s'agite encore dans sa tombe pour intriguer. Mais ce qu'il ne voyait pas et ce qu'il ne pouvait pas voir, c'est que, juge passionné du présent, il méconnaissait le passé et le calomniait. Dès long-temps la pensée du fondateur est perdue; les adeptes ont hérité du nom et pas de l'esprit. Si loin de sa source, le fleuve a dévié; il inonde, il ne féconde pas, et l'abbé Saverio n'était pas plus Ignace que le pape n'est aujourd'hui le fils du charpentier. Telle est la destinée de l'homme, telle est sa misère, que les institutions qui dans un temps firent sa grandeur et sa force, sont condamnées à dégénérer, à se dépraver, à se traîner long-temps dans le mépris du monde pour s'éteindre enfin quand vient leur jour dans l'opprobre ou dans le sang.

Mais ce regard calme, impassible, qu'on jette sur un ennemi vaincu, Anselme ne l'avait pas et ne devait pas l'avoir. Le sang-froid et l'impartialité ne naissent qu'après la victoire; ils énervaient durant la lutte, le combattant les repousse. Or l'Italie est dans la mêlée. Garrottée par le Vatican, elle est aux prises avec lui, et le combat par toutes les armes, invoquant à son aide, comme Voltaire en son temps et comme Jean-Jacques, le ridicule aigu qui transperce, la passion brûlante qui foudroie. Son dix-huitième siècle s'accomplit; son dix-neuvième est encore à naître.

Anselme, dans toute l'ardeur d'une guerre acharnée, maudissait Ignace et sa milice, lorsqu'il vit se dessiner sur les étoiles les noirs créneaux du palais de Venise, le seul de Rome qui en ait encore, et le plus féodal de la ville sainte. Bâti comme le palais Farnèse, comme tant d'autres, des pierres sanglantes du Colossée, et séjour de plus d'un pape, il fut habité dans sa jeunesse par Charles VIII, conquérant de théâtrale mémoire, et tomba naguère, avec la république qui le baptisa, de la griffe du Lion de saint Marc sous la serre autrichienne.

Cube imposant et massif, c'est une forteresse plus qu'un palais ; nulle part, en la cité papale, le moyen âge n'a laissé plus profondément son empreinte ; il est plus digne ainsi de son nouveau maître. C'est de là que Vienne surveille Rome. Résidence de son ambassadeur, il est le centre de ses intrigues, il tient le fil de ses complots, et son attitude sombre et guerrière est menaçante comme la pensée gibeline qu'il recèle.

Le palais guelfe de Loyola et le palais gibelin de César, la théocratie et la féodalité, sont face à face et semblent se mesurer de l'œil comme deux géans dans la lice. Un troisième s'élève à côté, mais s'en détache, c'est le palais de Létitia Bonaparte. Quel voisinage et quel nom !

Ce rapprochement saisit Anselme ; il contempla d'un long regard ces trois rivaux de pierre, qui tous les trois sont un principe, et il admira là un jeu profond du destin qui se plut à formuler en eux la trinité rivale qui depuis trois siècles divise l'humanité, la tient suspendue, et la précipite à travers les révolutions et les champs de bataille vers un avenir inconnu. Telle est Rome qu'elle renferme en son sein fécond tous les contrastes ! Chaque homme y trouve son Dieu, chaque idée son emblème.

Frappant d'un anathème égal et le cloître guelfe et la forteresse gibeline, Anselme vint déposer sa haine au pied de votre palais modeste et vénéré, ô mère de gloire et de douleur, mère du Charlemagne plébéien ! Votre demeure silencieuse plongeait dans l'ombre ; pas une voix, pas une lampe n'y révélait la vie, et les échos de la vie éternelle respectaient votre repos. Et vous, Niobé muette, vous songiez comme l'autre sans doute à vos enfans tombés un à un sous vos yeux ; vous songiez à celui qui fut l'empereur, et qui dort, au bruit des vagues, sous le saule pleureur africain ; à son fils, salué roi de cette Rome dont il ne verra pas même les coupoles luire au soleil ; car avant que le soleil soit levé, le lointain palais des Césars sera tendu de noir, et vous porterez un nouveau deuil. Ce palais inflexible, phare où l'Europe entière avait les yeux, il en devait sortir un nouveau César, un César jeune et inconnu ; il n'en sortira qu'un cercueil.

Et pourtant jamais front mortel ne brilla de tant de prestiges.

Peuple et César par sa naissance, roi de Rome par son baptême, sa tête adolescente portait trois couronnes ; il était la trinité vivante ; son nom seul enflammait les peuples, et ils soupiraient après lui, et ils l'attendaient comme le Messie, disant : — Voici, il viendra, il nous tirera de servitude, il sera grand comme son père, et il vaincra comme lui. Et puis il était si jeune, il était si beau ! Sa grâce était si touchante, sa destinée si mystérieuse ! Amour stérile ! Vaine espérance ! Il faut des jeux au trépas, c'est l'enfant qui expire avant l'âge, et c'est l'aïeule qui pleure à son tombeau. Elle en pleure, hélas ! beaucoup d'autres, car la mort vise à ses enfans dispersés ; il en meurt dans tous les mondes ; leur cendre vole au souffle de tous les vents, et l'aïeule est là toujours pour pleurer les morts et pour consoler ceux qui survivent, tous rois naguères, aujourd'hui proscrits, et tous déjà comme s'ils n'étaient plus.

Et cependant jamais on n'entendit sortir de ce palais austère ni sanglots, ni plainte, ni murmure. Son silence étonne et fait rêver ; son calme attriste, et le pâtre sabin lui-même, descendu de ses montagnes, passe recueilli devant ce seuil muet comme devant un sanctuaire, car le pâtre même sait bien qui pleure en ce palais. Cette austérité, ce mystère, tous ces prestiges douloureux, conviennent à l'infortune d'une telle mère. Ses épreuves sont trop grandes pour être plaintes, et la pitié l'humilierait ; elle la fuit, elle la repusse comme un outrage, cette pitié vulgaire qui n'atteindrait pas jusqu'à elle ; elle se tait, elle s'isole, et si elle répand des larmes, c'est aux pieds du Dieu qui les inflige ! Résignation d'une âme forte ! Douleur romaine et vraiment auguste, digne, par son calme et par son silence, de catastrophes si grandioses et d'une destinée si magnifique !

Une apparition soudaine tira Anselme de sa rêverie. Un homme en manteau déboucha brusquement de la petite rue Saint-Romuald, et tourna avec précaution le palais Torlonia, bourse anoblie et blasonnée, où un banquier-duc faisait l'agio, et qui semble élevé là par un nouveau jeu du hasard pour ajouter un contraste, un symbole à tous les autres. L'inconnu traversa la place de Venise, et s'achemina vers le palais de l'ambassadeur d'Autriche. Anselme le suivit de l'œil à la clarté d'une torche expirante, et crut le reconnaître au moment où il se perdait sous les voûtes obscures de la citadelle. — Catalan de malheur ! murmura-t-il entre ses dents, ne serais-tu qu'un espion de l'Autrichien ? — Rendu par cette vision rapide à la violence de ses passions politiques, il franchit la place déserte à grands pas.

Il ne s'était point trompé. Le même coup de dés qui avait fait du duc de Télèse une excellence avait fait de son rusé compatriote un espion. Je dis son compatriote, car le Catalan n'était Catalan que de nom; son premier tour avait été d'escamoter sa véritable origine. Né dans la partie du royaume de Naples qui donne aujourd'hui à l'Italie ses jongleurs et ses charlatans, après avoir donné à la république romaine ses meilleures légions, il était Marse.

Les Marses habitaient et habitent encore les rives montagneuses du lac Fucino, dans l'Abruzze; leurs ancêtres se vantaient d'expliquer le vol des oiseaux et de conjurer comme les Psylles, par des secrets magiques et par des enchantemens, la morsure des serpens les plus venimeux. Or, telle est la persistance des mœurs, la ténacité des coutumes, que c'est encore, après tant de siècles et aux mêmes lieux, la superstition populaire.

Le christianisme, qui n'a fait presque en toute l'Italie que s'enter, quant aux formes et aux pratiques, sur les pratiques et les formes païennes, s'est emparé de cette croyance antique, et l'a consacrée par un culte; comme Colchos eut sa Médée, la Campanie sa Circé, ce peuple montagnard a l'une et l'autre dans saint Dominique. Semblable aux filles d'Hécate, le saint chrétien conjure les serpens et neutralise les poisons; son sanctuaire, dont il a pris le nom, est à Cucullo, hameau perdu dans les rochers, où de toutes parts affluent les dévots mordus des reptiles. Quand sa fête arrive, sa miraculeuse statue, ornée de vipères en guise de bandelettes, est promenée en pompe sur sa sauvage montagne, et la foule des croyans suit en procession, tenant chacun un cierge d'une main, de l'autre un serpent.

Telle était la vraie patrie du Catalan. Descendu, comme la plupart de ses compatriotes, du haut de ses rochers dans les villes, il avait commencé par exercer, sur les places publiques, son industrie nationale, apprivoisant les vipères, portant des colliers de couleuvres, et guérissant leurs morsures. Si, abjurant à Rome sa patrie marse, il avait déserté le patronage de saint Dominique à Cucullo pour celui de saint Jacques de Compostelle, c'est qu'en mordant à la diplomatie, il avait monté en dignité dans la hiérarchie des Esculapes de carrefour. Repoussant du pied, en sautant du pavé dans la caritelle, son humble tréteau d'enchanteur de reptiles, et substituant aux charmes classiques de ses ancêtres la merveilleuse poudre de Badajoz, il avait hardiment exploité quelques mots d'espagnol qu'il jargonnait, et en vertu du vieil adage latin : *e longinquo reverentia*, il s'était du premier bond érigé en Catalan.

Or la partie de l'Abruzze habitée par les Marses est plus romaine que napolitaine. Aquila même, leur capitale, est surnommée la petite Rome, tant pour sa langue, qui est la plus pure du royaume, que pour ses fabriques, ses arts, ses mœurs, qui ont un cachet tout romain. Race nomade, les bergers marses tiennent Rome et non pas Naples pour leur métropole ; c'est Rome qu'ils voient briller au soleil levant du haut de leur mont Velino, Rome dont ils s'entretiennent, l'été, dans l'oisiveté du pâturage ; Rome dont ils viennent, l'hiver, peupler les solitudes. Les chansons, les légendes romaines, sont les leurs ; ils les apprennent dans les Maremmes, ils les répètent dans leurs montagnes.

Cette facilité à parler la langue de Rome et à en chanter les ballades était un périlleux écueil pour un Catalan de si fraîche date ; mais le fils audacieux des anciens Marses l'avait affronté. Quelque oreille trop clairvoyante se cabrait-elle, quelque trastévérin Taddée lui décochait-il une javeline au côté faible de la cuirasse, l'agile Orphée parait le coup, et notre Espagnol de Cucullo en était quitte pour faire naître madame sa mère dans les montagnes de la Sabine.

Mais il sentait bien lui-même, car, diplomate de bas étage, il ne le cédait à ses collègues en grand ni en finesse ni en perspicacité, il sentait que son vieux manteau de Catalan commençait à s'user, et qu'il était temps d'en prendre un neuf. Fécond en ressources, et rusé comme un montagnard, il n'était pas en peine de prendre un autre rôle ; son rapport fait et ses instructions reçues, il sortit du palais de Venise avec un nouveau plan de campagne arrêté dans sa tête.

XII

LA PRISON MAMERTINE.

Anselme se leva morne et abattu. A l'ardeur, à la plénitude des jours précédens avaient succédé le vide, la langueur ; aux convictions, le doute ; à l'espérance, le découragement. Ce n'est pas que la nuit eût créé de nouveaux sujets d'alarmes ; au contraire, sûr de ce que, la veille, il ne faisait que soupçonner, il savait maintenant, et c'était beaucoup pour le surveiller à son tour et s'en préserver, à quelle police appartenait le Catalan.

Mais, comme on naît laid ou beau suivant des lois occultes de la nature, ainsi l'on se réveille triste ou gai selon le vent qui souffle au ciel ; or ce matin-là le siroc soufflait, énervant les corps et les âmes ; Anselme en subissait malgré lui l'empire, il doutait.

Il habitait sur les pentes méridionales du Quirinal un ancien couvent d'Hibernais qui, depuis long-temps détourné de la sainteté de sa destination primitive, sert maintenant d'habitations privées ; le cloître sécularisé occupe le point culminant de la rue en équerre qu'il baptise, et domine encore de toute la tête les chétives masures qui rampent à ses pieds. C'est là qu'étaient jadis les Carines, le quartier de l'aristocratie romaine ; c'est aujourd'hui celui du peuple, et Anselme l'avait choisi afin de fortifier ses résolutions par le spectacle continu des misères publiques.

Le chant matinal d'un manœuvre l'avait réveillé. Accoudé sur la fenêtre, il s'était livré long-temps en silence à la rude harmonie de l'artisan romain. De plus en plus triste, sa rêverie l'avait emporté bien loin dans l'avenir, et cet avenir, hier encore doré de si belles teintes, avait perdu sa magie ; il lui apparaissait sombre et funeste. Il ne voyait de son entreprise que les obstacles ; toutes les chances lui semblaient contraires ; l'Italie était désespérée, la tyrannie inébranlable, la liberté à jamais perdue, tous ses amis et lui-même dévoués aux supplices ; ses projets les plus chers, ses plus saintes espérances n'étaient que chimère et délire ; il n'y avait de sacré que la force, d'éternel que la douleur et l'oppression.

Tandis qu'égaré dans les ténébreux dédales de l'avenir, son esprit se créait de si formidables fantômes, son œil distrait se reposait sur les crêtes brillantes du Palatin. Le soleil levant en illuminait le faîte ; les ruines colossales du palais des Césars, et par-dessus toutes la maison d'or de Néron, surgissaient imposantes du milieu des lauriers et des cyprès ; parées autrefois de frontons, de statues de marbre, et maintenant de lierre et d'acanthe, elles rayonnaient aux feux du matin. Environné d'une auréole ardente, leur front déchu, mais superbe encore, se dressait plus fier de sa couronne de siècles que de tous les diadèmes de bronze et d'or qu'il a perdus.

Il ne penche point en deuil comme un gladiateur vaincu sur l'arène ; il n'éclate point en fête comme un triomphateur sur son quadrige : il est là comme il convient à un tel abandon, à une telle défaite, debout et silencieux. Plus bas se déroule le Forum, vallée de misère et de gloire, que d'un côté clot l'antique Colossée, de l'autre la tour moderne du Capitole. Derrière le Palatin, mont impérial et patricien, s'élève l'Aventin, le mont plébéien de l'ancienne Rome. Ceint d'un bandeau d'églises, il n'a point de ruines ; la destruction a tout balayé.

Une échappée sur le désert et le Tibre, l'un tortueux comme un serpent, l'autre nu et gazé seulement par quelques oasis de pins et de myrtes, rappela vivement Anselme au voyage de la veille et aux souvenirs d'Asture. Faisant un retour alors de lui-même sur les conjurés, puis des conjurés sur lui-même, il s'accusa de faiblesse ; il déplora avec amertume ces irrésolutions fatales dont il était travaillé et dont il avait tant à souffrir. Atlas de ce monde encore invisible prêt à éclore au soleil italien, fléchirait-il sous le faix ? briserait-il son œuvre ébauchée ? Il se reprocha sa tristesse comme une lâcheté ; il rougit d'amollir son âme en des scepticismes féminins, maladifs, et se levant brusquement, il sortit pour s'aller retremper aux lieux des grandes scènes.

Il descendit sur le Forum.

A peine avait-il atteint l'Arc de Sévère, monument médiocre de détails, mais grand d'ensemble, qu'il rencontra un des sanfédistes de la veille, le comte de Kaleff. Tourmenté comme il l'était de doutes secrets et d'incertitudes, il aspirait au tête-à-tête du passé ; la rencontre le contraria ; son premier mouvement fut même de l'éviter ; mais abordé par le Russe, il fut condamné à le subir.

— « Je fais ici un cours d'histoire expérimentale, lui dit le Moscovite de sa voix froide et polie. Une promenade au Forum vaut toutes les leçons de toutes les écoles du monde ; elle instruit l'esprit par les yeux. » — Le Tartare ajouta beaucoup de choses dans ce goût-là, usant et abusant de tous les lieux communs qui sont à Rome le pain quotidien des gens du monde. M. le comte de Kaleff avait dans la tête ou dans la poche les lettres de M. le président Dupaty ; il en récita par cœur de fort belles tirades qui firent beaucoup d'honneur à sa mémoire. — « Ce cicerone, continua-t-il en indiquant de l'œil un grand drôle en lunettes qui le suivait, m'a relancé dès le grand matin, et je consacre aux antiquités le temps que je ne puis donner aux affaires. »

Jusque là silencieux, le cicerone intervint.

— « Voici à deux pas, dit-il du ton d'un homme interrompu qui reprend son discours au point où il l'a laissé, voici cette prison Mamertine de tragique mémoire, où les complices de Catilina furent étranglés par le consul Cicéron.

— » Ou plutôt par sa femme, interrompit le comte de Kaleff en s'adressant à Anselme. Jamais ce bourgeois parvenu n'eût trouvé dans sa petite âme une résolution si hardie. Il fallut pour l'y forcer une Térentia. Quelle réputation usurpée, et combien la postérité est routinière ! Panégyriste de Marius, puis de Sylla, sans génie politique et sans audace, vaniteux, insolent, bavard, Cicéron n'est qu'un avocat.

— » Vous n'aimez pas Cicéron, monsieur le comte ; et moi, à dire vrai, je ne l'aime guère ; nous arrivons ainsi au même point, quoique sans doute par des routes différentes. »

En effet, le gentilhomme moscovite haïssait dans le bourgeois d'Arpinum le roturier parvenu ; le plébéien romain haïssait au contraire en lui le roturier infidèle à son ordre et champion de la noblesse. C'est le sort des renégats politiques d'être méprisés par tous les partis, par celui qu'ils épousent plus encore que par celui qu'ils répudient. Toutefois Anselme n'expliqua point sa pensée. Roturier lui-même et pourtant membre du féodal Consistoire, les apparences étaient ici contre lui, et il évita de se rendre l'objet d'applications fausses, mais spécieuses.

— « Telle est notre illustre ville, reprit le cicerone, qu'à toute pierre est lié un grand nom. Ici, Lentulus et Cethegus furent étranglés, comme j'ai eu l'honneur de le dire à votre excellence, poursuivit-il en montrant du doigt l'escalier du Capitole ; Tiberius Gracchus expira sous la massue des sénateurs ; plus bas périt un autre tribun, Nicolas Rienzi ; plus haut est la roche Tarpéienne, d'où Manlius fut précipité ; toutes ces exécutions ne peuvent manquer de donner aux étrangers la plus haute idée de la fidélité du peuple romain. Au reste, ajouta l'antiquaire d'un air satisfait, vos excellences remarqueront que la prison Mamertine, où nous allons, avait pour voisins trois temples fameux, dont on voit d'ici les ruines, et dont les divinités tutélaires protégent encore aujourd'hui la sainte ville de Rome : la Concorde, qui réprouve les révolutionnaires ; la Fortune, qui déjoue leurs trames ; et Jupiter Tonnant, qui les foudroie. »

Il y avait dans cette insolente érudition quelque chose de saisissant. Anselme en fut étourdi. La fatalité de toutes ces destinées tragiques n'était que trop conforme aux pensées qui l'avaient accueilli au réveil, et qui l'agitaient encore : il se vainquit pourtant, et, jouant le calme, il suivit machinalement le comte et son guide dans la prison Mamertine.

L'horreur du lieu était peu faite pour le calmer. Ce monument de la rigueur romaine est terrible encore. Creusé sous le mont Capitolin et bâti d'énormes blocs volcaniques joints sans ciment, comme les murs cyclopéens des montagnes latines, il porte un caractère de barbarie, éloquent témoignage de la férocité des mœurs antiques. On y montait du Forum par ces fameuses Gémonies, escalier douloureux ainsi nommé des gémissemens de ceux qui le gravissaient. Baigné de leurs larmes, il se rougissait de leur sang, et leur cadavre, exposé sur les marches infâmes, était livré en spectacle au peuple. Un pont de pierre conduisait de l'escalier dans la prison, comme on entrait aux Plombs de Venise par le pont des Soupirs. O républiques patriciennes! vous avez bien toutes sucé la mamelle des louves!

La prison avait deux étages, et le cachot souterrain ne communiquait avec celui d'en haut qu'au moyen d'un trou percé dans la voûte, et par lequel on plongeait les captifs dans ces vivans sépulcres. C'est par là que fut précipité Jugurtha ; fils brillant du désert, c'est là qu'il mourut de faim.

Un escalier moderne mène aujourd'hui d'un cachot dans l'autre, et les pèlerins le descendent à genoux pour baiser la colonne où fut garrotté saint Pierre, et pour s'abreuver à la miraculeuse fontaine que sa parole fit jaillir de l'abîme pour baptiser ses gardes convertis. Telle est la tradition chrétienne; monté des entrailles de la terre au faîte du Capitole, le christianisme a réhabilité tous ces lieux funestes : le souterrain teint du sang des conspirateurs et des rois barbares est consacré à l'apôtre du Vatican ; une église, celle de Saint-Joseph-des-Charpentiers, est bâtie par-dessus.

Anselme et le Russe étaient descendus dans l'abîme; une faible lampe en rendait les ténèbres visibles plus qu'elle ne les dissipait; le cicerone jouait son rôle, initiant gravement l'étranger aux cruels mystères de la prison sacrée ; le carbonaro, lui, ne songeait qu'à Cethegus et à Catilina. Les noires murailles se peuplaient pour lui d'ombres sanglantes, qui toutes répétaient ces mots terribles de l'antiquaire : — « La fortune a déjoué nos trames, Jupiter Tonnant nous a foudroyés. » — Ce n'était à son oreille que bruits de chaînes, cris de rage, râles de mort; puis toutes ces voix funèbres allaient s'éteindre une à une dans un morne silence, et drapées dans leur toge antique, de longues figures blêmes passaient et repassaient devant lui. — « Tu es des nôtres ! » — lui disaient-elles en découvrant à ses yeux leur cou violet, leur poitrine transpercée; et elles le conviaient du regard à la fête des morts, et, se le montrant du doigt, elles riaient.

Tu es des nôtres! — Ce mot glaçant lui pénétrait la moelle des os comme le petit souffle de la vision d'Éliphaz. Il sentait ses cheveux se dresser sur sa tête, et une sueur froide tomber goutte à goutte de son front brûlant. — « Ironiques fantômes, que me voulez-vous? » — murmura-t-il d'une voix sourde, inarticulée. Un accord doux et plaintif lui répondit d'en haut, et, rappelant son âme égarée, apaisa le tumulte de ses sens; l'affreux mirage s'évanouit. La mélodie calmante était l'orgue de l'église des Charpentiers qui chantait la messe sur sa tête. A côté de lui un pèlerin à genoux priait paisiblement au pied de la colonne de saint Pierre.

Au sortir de l'église, Anselme prit congé du comte. Quoique poursuivi de tant de spectres, il ne le quitta pourtant pas sans avoir découvert que son cicerone n'était autre que le Catalan. Commis la nuit même par le palais de Venise à la garde du diplomate occulte, l'espion marse s'était taillé la moustache, barricadé les yeux derrière une large paire de bésicles, et, travesti de charlatan en antiquaire — à Rome c'est tout un, — il s'était fait agréer du Moscovite, et ne le quittait plus. Quelques pages de Vasi avaient suffi à la métamorphose; son impudence faisait le reste.

Le palais de Venise était donc sur la trace du Consistoire; il avait l'œil sur l'émissaire ultramontain.

Les deux diplomates gravirent l'escalier du Capitole; l'ami de Marius prit la route de l'Aventin.

Rendu à la solitude, à la tristesse, Anselme côtoyait à pas lents et la tête basse le pied du mont Palatin. Il foula le sol de la tribune aux harangues; il passa devant la Curia Hostilia, cour superbe du sénat de Rome, changée en forges et en boutiques; il vit le temple christianisé des poétiques vestales, tous ces lieux primitifs que le figuier ruminal ombrageait de ses feuilles sacrées, que les mystères du Lupercal, la louve et ses louveteaux humains, ont rendus fameux. Il atteignit l'antique vallée Murcia, qui séparait la ville du patriciat de la cité plébéienne, toutes les deux rangées en bataille sur leur montagne comme deux armées prêtes toujours à en venir aux mains. Il souleva du pied la poussière de ce Grand-Cirque où furent enlevées les Sabines, et où plus tard, théâtre prodigieux, quatre cent mille spectateurs venaient applaudir à la vélocité des chars, à l'adresse des lutteurs, aux jeux barbares du pugilat et des bêtes féroces, à la reconnaissance d'Androclès et du lion. Ces déserts dévastés, Anselme les traversa tous; il remua tous ces décombres, et rien ne put le distraire de l'orageuse vision mamertine.

Il parcourait, sceptique et troublé, les solitudes de l'Aventin, et les vieux souvenirs plébéiens eux-mêmes semblaient avoir perdu sur lui tout empire. Un pourtant l'attendrit. Il était sur le lieu de l'ancien bois sacré des Furies, où le dernier des Gracques se retira pour mourir; fixé là comme par un charme, il s'arrêta tout-à-coup; il s'inclina avec un respect plein d'émotion devant l'ombre du grand citoyen; il baigna de larmes cette poussière sanglante d'où naquit Marius; il gémit, ô Cornélie! sur la destinée de vos fils, nobles frères, Dioscures politiques, si justes, si brillans tous deux, tous deux victimes de l'aristocratie au cœur de fer. Le même sort l'attendait peut-être; apôtre du même principe, tribun du même peuple, il allait, lui aussi, allumer dans Rome bien des passions, soulever bien des orages, et les mêmes fureurs patriciennes, qui dirigeaient jadis la flèche mercenaire des archers crétois au cœur des multitudes affamées, couvaient encore sous d'autres noms au fond des âmes, prêtes à éclater comme alors en proscriptions, en massacres.

Ainsi flottant et agité, le conspirateur était descendu de l'Aventin au Colossée. Il passa sans le voir au pied du géant; il gravit la fameuse colline des Esquilies sans se ressouvenir que Virgile, Horace, Properce, tous les cygnes de la poésie latine, eurent là jadis leur séjour; il côtoya sans y entrer Saint-Pierre-aux-Liens, église imposante que Jules II au cercueil et le Moïse vivant de Michel-Ange remplissent de leur gloire et de leur majesté. La rue maudite, où Tullie poussa son char sur le corps sanglant de son père, le Vicus Scelleratus le conduisit par la Suburre au Vicus Patricius, quartier primitif de ce patriciat romain qu'il poursuivait, jusque dans le passé, d'une si implacable haine.

Mais ses yeux s'étaient tout d'un coup fixés sur une plus douce étoile; remontant d'un pas rapide les pentes du Viminal, il s'achemina, en attendant le rendez-vous du cardinal de Pétralie, vers l'asile d'amour et de paix où s'éteignaient toutes ses haines, où s'apaisaient toutes les tempêtes de son âme.

XIII

LA RUE DES QUATRE-FONTAINES.

Il était midi. Seule et pensive, Loysa écoutait le silence de cette heure ardente; elle en contemplait la solitude, et, comme le silence, la solitude était alors si profonde en la cité papale qu'elle n'eût pu l'être plus au désert. La villa Strozzi, la plus gaie de Rome, quoique elle ait servi de retraite au génie sombre d'Alfiéri, étalait devant elle ses marbres splendides, ses fraîches pelouses, ses forêts de myrtes et de chênes verts. Les vastes Thermes de Dioclétien couronnaient la verdure d'un diadème de ruines, et les monts lointains de la Sabine encadraient l'horizon d'une ceinture bleue. Çà et là criaient quelques cigales.

Négligemment appuyée à sa fenêtre et sa belle tête dans sa main blanche, la jeune Romaine regardait le ciel. Son bras pendait nonchalamment sur sa guitare oubliée et glissée silencieusement de ses genoux à ses pieds. Les jalousies étaient closes, et les demi-ténèbres, la fraîcheur de la chambre ornée de fleurs, la volupté des parfums, du mystère, rendaient sa rêverie plus tendre et plus intime.

Encore toute ébranlée des émotions et des résolutions de la veille, elle avait le cœur gros de larmes; des soupirs convulsifs, des sanglots entrecoupés, soulevaient son sein virginal. Elle aimait à se créer des fantômes afin d'en triompher par l'amour, et si elle aussi noircissait l'avenir, si elle aussi se plaisait à en charger le fond de couleurs lugubres, elle savait bien quel pinceau magique en éclaircirait les teintes; ses cieux n'étaient pas si sombres qu'une lueur dorée n'y pointât.

Son père l'effrayait moins que son amant ne la rassurait. Ce n'est pas qu'elle ne songeât parfois avec angoisse à la lutte engagée par elle entre ces deux puissances rivales si jalouses l'une et l'autre de leurs droits et toutes les deux sacrées pour elle; mais cette lutte, dont elle était la cause et le prix, elle croyait facile d'en adoucir les coups en les acceptant tous pour elle. Douce ignorance du monde, inexpérience heureuse, qui a foi dans tout ce qui est pur, dans tout ce qui est beau.

Sous ces climats brûlans la rêverie n'est pas long-temps silencieuse; il faut une voix à la passion, et Loysa reprit sa guitare. Elle chanta bas d'abord, puis avec une inspiration toujours croissante, une cavatine qu'elle ne chantait que seule, tant elle y mettait d'ivresse :

> Ah ! non sa che cosa è amore
> Chi non ama al par di me,
> Io ti vidi, t'adorai
> Ed il cuor più mio non è
> Io mi struggo a' tuoi bei rai,
> Io respiro sol per te.

Arrivée aux derniers vers, sa voix avait atteint toute sa puissance. Souple et docile, comme un cheval arabe sous son cavalier, elle bondissait de note en note ; impétueuse comme un torrent suisse, elle se brisait en éclats sonores. Molle tour à tour et ravie, tantôt elle s'échappait en fougueux transports, tantôt elle s'éteignait dans une tendre plainte, et ne renaissait, plus emportée, plus retentissante, que pour s'éteindre encore et mourir longuement dans un soupir de langueur.

Tous les combats de la jeune fille, espoir timide, muets désirs, terreurs occultes, son être tout entier s'épanchait en flots d'harmonie. Complice de ces ardens mystères, la froide guitare s'animait sous sa main convulsive, tressaillait sur son sein brûlant, et, semblable au marbre de Pygmalion, la matière inerte s'éveillait à la vie par enchantement. Les deux voix unies et confondues semblaient partir de la même âme, sous l'empire du même amour.

On eût en vain cherché dans la sibylle inspirée la jeune rêveuse dont tout-à-l'heure encore l'œil vague et distrait contemplait le ciel en silence. Entraînée, enivrée par sa propre voix, consumée des mêmes feux qui brûlaient Sapho la délaissée, au seuil du bien-aimé, elle avait mis comme elle dans son chant toute son âme. La double émotion du cœur et des sens la subjuguait ; ses yeux étincelaient d'une flamme inconnue ; le frisson courait ses membres ; son chaste corps tremblait sous les aiguillons de la fièvre divine ; et, ceint d'un large bandeau de cheveux noirs et lisses, son front pudique passait tour à tour du pourpre à la pâleur. Telle sainte Thérèse en extase palpite sous la flèche du chérubin dans le marbre vivant de Bernini. Mais ces ardeurs secrètes, ce délire clandestin d'un cœur qui s'ouvre à l'amour, qui naît à la vie, elle ne les confiait qu'à la solitude ; nulle oreille, nul regard, n'en étaient confidens.

Tout-à-coup, comme elle reprenait la finale de sa romance, et que sa voix humide et languissante se balançait avec la voluptueuse mélancolie du Midi sur le doux vers qui termine l'ode amoureuse, une autre voix, aussi tendre, mais plus mâle, s'unit à la sienne, et la fit tressaillir :

> Io respiro sol per te,

répondit l'écho mystérieux ; et, avant que Loysa, comblée, eût tourné la tête, Anselme était à ses pieds.

Entré d'un pas furtif, il l'avait surprise au fond de son sanctuaire ; debout sur le seuil, témoin invisible et ravi du plus doux des mystères, il avait contemplé long-temps en silence le spectacle de son bonheur. Ce que tait une vierge, il l'avait entendu ; il avait vu ce qu'elle cache au plus profond de son âme, et comme le dieu subjugué lui-même par sa Pythie, il était venu tomber à ses genoux, aussi agité, aussi tremblant qu'elle.

— « Non, non, lui disait-il, je ne crains plus rien. Que ton père essaie de te venir disputer à moi ; qu'il vienne, s'il l'ose, et nous verrons si Dieu est pour la violence ou pour l'amour. » — Et il baisait les mains de Loysa, il la serrait dans ses bras ; muette et confuse, la jeune fille n'osait lever les yeux sur lui, ses yeux baissés par la honte ineffable et sainte que l'on nomme aux cieux pudeur.

— « Eh ! pourquoi en rougirais-je ? s'écria-t-elle tout d'un coup avec la brusquerie d'une résolution accomplie aussitôt que prise. Non, je n'en rougis point, » — et sa rougeur redoublait. — « J'ose encore vous regarder en face, » et ses longues paupières ne se levaient point. — « Aussi bien, qu'avez-vous appris que vous ne sussiez déjà, que je ne vous eusse moi-même mille fois répété ? Ai-je fait un secret de mon amour ? Il me rend trop heureuse, Anselme ; il y aurait de l'ingratitude à le taire. Aimez-moi seulement comme je vous aime, et le paradis sera pour nous sur terre.

— » Le paradis est à tes pieds ; tu sais bien que je ne crois qu'à celui-là. Pour l'autre, ajouta-t-il avec un sourire...

— » Ne blasphémez pas, interrompit Loysa d'un ton sérieux et en lui appuyant la main sur la bouche ; ce serait mal reconnaître la félicité dont Dieu nous comble ; il nous punirait. » — Seulement alors relevant les yeux, la gracieuse dévote lut dans ceux de son amant l'espérance, la foi qui les animaient ; car sa Madone à lui, c'était elle, et il priait à ses genoux comme au pied d'un autel.

A la contrainte d'une surprise succéda l'intimité des aveux. Assis près de sa fiancée et un bras passé autour de son siége,

Anselme tenait d'une main ses deux mains captives, l'autre jouait avec les longs cheveux noirs dont son épaule blanche était inondée. On ne consentait pas, mais on laissait faire, et la résistance doublait le prix de la victoire, comme la défense ajoute à la saveur du fruit défendu. On menace pour être bravée, on ordonne pour être désobéie, et les prières ne veulent pas qu'on les exauce. C'est l'éternelle fable de Galathée fuyant sous les saules pour être vue, vieille histoire toujours nouvelle.

Anselme égarait sa main audacieuse et charmée dans les doux cheveux de Loysa. On devisait d'amour; on parlait bas, quoiqu'on fût seuls; l'amour aime tous les mystères; on faisait des projets; on recréait le monde au gré de la fantaisie; on le peuplait de bienveillans fantômes, de délicieuses chimères; père et patrie, on oubliait tout, l'avenir était en fête, l'illusion mamertine au néant. A travers le prisme fascinateur, tout dans l'univers se revêtait des formes les plus riantes, tout se colorait des plus riches teintes, et l'espérance au vol d'or planait sur leur vie comme le soleil levant dore au loin les mers et les montagnes. O magie des sens! ô féerie du cœur! ô baguette enchantée et féconde en métamorphoses! Anselme, le conspirateur, n'était plus dans la rue des Quatre-Fontaines qu'un enfant!

La douce chaleur d'une main aimée monte vite au cœur; Anselme n'avait point quitté celles de Loysa; de plus en plus tendre, il les pressait avec enchantement, tantôt sur sa poitrine, tantôt sur ses lèvres. Le discours déjà languissait; on se taisait pour rêver; il y avait des pauses, des silences, des sourires embarrassés, des regards inquiets, supplians, des soupirs furtifs ou étouffés. C'était trop de piéges pour tant de jeunesse, pour tant d'amour.

Quelque chose d'étrange se passait au cœur de la jeune Romaine; les tressaillemens de son sein révélaient quelque sourde tempête, une lutte interne; on l'aurait dite aux prises avec quelque vision redoutable. Elle se réveilla tout-à-coup comme en sursaut, elle se leva brusquement, et, s'arrachant des deux bras puissans qui l'étreignaient, elle alla tomber aux pieds de la Madone qui protégeait de son ombre sa couche immaculée.

Resté seul et debout, Anselme contemplait d'un œil ému la suppliante à genoux; les yeux et les bras tendus vers la sainte image, elle priait à voix basse, et, tombée à ses pieds, la guitare remplissait la chambre silencieuse d'une harmonie vague, plaintive, semblable au soupir du flot qui meurt sur la grève, du vent qui gémit dans les cyprès.

7.

Vingt-une heures sonnèrent et rappelèrent Anselme à son rendez-vous du mont Mario.

Acheminé vers la porte du Peuple par la Trinité-des-Monts et les jardins de l'Académie, l'amant de Loysa descendit sans rencontre la longue rue des Quatre-Fontaines, et passa devant un nouvel enfant du Colossée, le palais superbe des Barberini, modernes Vandales, qui firent tant de mal à Rome antique que Pasquin disait de leur temps :

QUOD NON FECERE BARBARI,
FECERE BARBERINI.

Leur jardin est planté sur le vieux Capitole de Numa.

XIV

LE MONT MARIO.

Création marine sur ces terres volcaniques, le mont Mario s'élève à un mille de Rome et commande la ville sainte à l'occident. Son pied plonge dans le Tibre, sa tête est couronnée de cyprès.

A peine sorti de la porte du Peuple, Anselme avait tourné à gauche, et côtoyant quelque temps les murs de la cité, il avait atteint la rive du fleuve. L'étroit sentier qui le remonte jusqu'au pont Milvius est célèbre dans l'histoire de l'art : c'était la promenade ordinaire du Poussin ; le grand artiste venait chercher là des fonds et des ciels pour des paysages. Préoccupé de bien autres pensées et conduit par un intérêt si différent, Anselme ne songeait, en foulant ces lieux consacrés par l'illustre maître, qu'au rendez-vous mystérieux du cardinal de Pétralie. Qu'avait-il donc à lui révéler ? de quels secrets un prince de l'Église pouvait-il le rendre dépositaire ? dans quel but une confiance si singulière ? que voulait-il de lui ?

Tout en se faisant ces questions, il était arrivé en face du mont Mario, et n'en était plus séparé que par le Tibre. Un bateau de pêcheur le dispensa d'aller passer le fleuve au pont Milvius, et le débarqua au pied de la montagne. Elle est de ce côté réputée inaccessible ; il la gravit à pic par un sentier parfumé de fleurs agrestes, à peine frayé au milieu des broussailles et des épines.

La solitude était complète. Une chèvre abandonnée broutait seule en liberté sur les marbres moussus d'une villa abandonnée comme elle et tombant en ruines. Enfin il atteignit le faîte.

De ce point la vue est magique. C'est là vraiment le belvédère de la ville éternelle, qui, vue de ce haut lieu, paraît en plaine ; toutes les hauteurs s'annulent, et la majesté des sept collines s'humilie au pied de la rivale qui les domine, comme Calypso dépassait ses nymphes de toute la tête. Enlacée et comme assiégée par le désert, Rome, avec ses coupoles, ses tours, ses ruines, semble une oasis merveilleuse, une île monumentale, née par enchantement au milieu de cet océan d'herbe et de blé. La masse énorme du Vatican et de la cité Léonine est jetée là, comme un promontoire anguleux et défensif, où viennent expirer et la solitude silencieuse et la fièvre qui l'éternise. Saint-Pierre, géant debout, est immense dans son isolement ; le Colossée, géant couché sur l'arène, est superbe encore dans sa chute.

Si de Rome l'œil se porte sur la campagne, il ne découvre partout qu'une plaine nue, sèche, solitaire, mariée d'un côté et confondue avec la mer Tyrrhénienne, fermée de tous les autres par les montagnes ; le Tibre la coupe en deux ; des aqueducs rompus, des temples ruinés, des tours féodales, en brisent de loin en loin la mélancolique uniformité ; quelques pins aériens s'y épanouissent en parasol. Les montagnes sont plus variées. C'est le mont volcanique d'Albane, tendu de forêts ethnéennes et tout blanchissant de villes et de villas ; c'est la longue chaîne des monts Sabins parés aussi d'une ceinture de villes, et dont les têtes calcaires décrivent, sur l'azur foncé du ciel, ici des angles hardis, là des courbes pleines de grâce et d'harmonie ; c'est le Soracte enfin, terme gigantesque, qui marque de sa pyramide bleue la frontière du désert. Plus loin encore, dans un insaisissable lointain, les croupes arrondies du Cimino ondoient vaporeusement à l'horizon.

La solennité de la Campagne romaine jette dans la tristesse ; l'âme se recueille profondément devant ces grandes et douloureuses images de gloire et de misère, de puissance et de désolation. Arrivé le premier au rendez-vous, Anselme s'assit sous les cyprès et se mit à contempler cette Rome, qui fut deux fois la reine du monde, et qui ne l'est plus que du désert ; elle gisait là, étendue à ses pieds comme un cadavre. Il en dominait les rues et les places publiques, les palais et les églises ; la multitude roulait et bourdonnait dans son lit de pierre, comme un torrent invisible au fond des vallées ; confondues avec le murmure des fontaines qui jaillissent en cascades sur les pavés de la cité papale, les sourdes rumeurs du peuple montaient au ciel comme une lamentation, comme une plainte, semblable à ce pleur mystérieux et prophétique qu'on ouït à Rhama quand Rachel en larmes redemandait ses fils au tombeau. Telle est partout, hélas ! la voix des cités humaines, lugubre concert, harmonie funèbre, chœur éternel de deuil et de désespoir ; car partout où il y a beaucoup d'hommes, là aussi il y a beaucoup de sanglots et de malédictions. Anselme prêtait l'oreille en silence aux mille voix de la cité déchue, et le Tibre coulait sans bruit au pied des collines, des tombeaux, et la Maremme était muette comme le fleuve, le ciel en fête, l'air calme, le soleil ardent.

Le cardinal enfin arriva. Il y avait dans son regard et dans son maintien un embarras qui n'échappa point à l'œil pénétrant du Romain, quelque soin que prit le Sicilien pour le déguiser. Sa gravité monacale était plus soutenue, mais ce n'était là qu'un masque ; Anselme n'en lut pas moins au travers le trouble qui se cachait derrière. Toutefois, comme son rôle ici était passif, ainsi qu'au parloir de Saint-François, il s'abstint de toute remarque, et laissa la parole au cardinal. Le cardinal la prit.

— « Vous êtes, lui dit-il, l'homme que j'estime le plus au monde ; la confidence que je vais vous faire vous le prouvera mieux que toutes les protestations. C'est ma vie que je viens vous raconter ; je viens mettre mon cœur à nu devant vous, et vous révéler des choses que nul œil n'a pénétrées, nulle oreille entendues, et que ma bouche prononce aujourd'hui pour la première, pour la dernière fois ; mystères profonds, secrets intimes qui dorment au fond de mon âme depuis quarante ans. Je ne croyais pas qu'ils en dussent jamais sortir. Écoutez-moi donc, ajouta-t-il d'une voix moins solennelle ; je ne vous demande qu'une grâce, c'est de ne me pas interrompre. Ce n'est point ici une discussion, c'est un récit, et j'ai besoin pour le faire de votre silence, de tout mon sang-froid. »

Assis au bord de la montagne, Anselme était muet de surprise et d'attente. Le cardinal se recueillit un moment comme pour puiser en lui-même la force d'accomplir une énergique résolution ; il se leva, marcha sous les cyprès d'un pas inégal, et vint se rasseoir plus calme à côté d'Anselme, au-dessus de la grotte où fut, à ce qu'on a dit, tramée la Saint-Barthélemy. Un instant nébuleux, son front se rasséréna, et il reprit la parole en ces termes d'une voix ferme et distincte :

— « Vous savez que je suis Sicilien ; mais ce que vous ne savez pas, c'est que je suis bâtard d'un laquais. Né dans l'ombre et l'opprobre, jeté en naissant dans la rue, recueilli par la pitié publique, je fus élevé dans un hospice d'enfans trouvés. Je ne me rappelle pas ces premiers jours. Je me souviens seulement que l'on m'accusait seulement d'opiniâtreté, d'emportement, et que l'on me battait. Ainsi je fus élevé, comme tous mes compagnons d'infortune, avec mépris et brutalité. A seize ans on fit de moi un valet.

» Moi vingtième, je servis deux ans chez un grand seigneur de Palerme, où mon rôle était de me tenir à table derrière sa chaise, et en ville derrière son carrosse. Joueur, querelleur, insubordonné, je fis deux ans cette vie d'antichambre et d'infamie. Le majordome avait une maîtresse dans la maison, une jeune fille de mon âge, belle comme un ange, et déjà dépravée comme un esprit de ténèbres. Je lui plus. Nous fûmes surpris, battus, et moi chassé.

» Me voilà donc à dix-huit ans seul au monde, dans la rue avec dix ducats. J'avais l'esprit romanesque, la parole facile : je me fis comédien. Jeune premier d'une misérable troupe ambulante, je courus deux ans la Sicile, jouant la comédie dans les granges et dans les tavernes. Lassé de cette vie, j'entrai au service dans un régiment en garnison à Syracuse. La caserne est un enfer ; je n'y pus tenir plus de trois mois, et je désertai pour échapper à l'humiliation d'une correction corporelle.

» Je m'enfuis bien loin, et me tins six mois caché dans les âpres montagnes de la Madonie, couchant sur les arbres et dans les cavernes, vivant de fruits sauvages et de lait dérobé la nuit aux troupeaux ou dans les bergeries.

» L'isolement amena chez moi la réflexion. Ma vie errante me devint d'autant plus insupportable que l'hiver approchait, et avec lui les neiges, les pluies, la famine. Las de vagabonder dans les montagnes, je me mis à songer sérieusement au moyen de redescendre dans les cités et de prendre mon rang parmi les hommes.

» Que de fois, voyant briller à mes pieds du haut de la Madonie quelque clocher lointain, je me demandai avec amertume s'il n'y avait donc pas de place pour moi dans ces villes étincelantes, et si j'étais à jamais banni de la famille humaine ! Je sentais fermenter en moi des germes inconnus qui avaient besoin pour éclore du soleil, moins pur peut-être, mais plus fécond pour mon âme, de la société.

» La solitude m'était odieuse. Je marchais des journées entières à travers les rocs et les forêts ; je bravais mille périls, mille surprises, pour voir, ne fût-ce même que de loin, un visage d'homme. Des voix irrésistibles m'entraînaient dans le monde, et quand l'effroi du châtiment qui m'y attendait, quand l'horreur des galères me refoulait au désert, mes retours sur moi-même étaient affreux ; j'avais des mélancolies à maudire le ciel et la terre, des désespoirs à me jeter au fond des précipices.

» Si je résistais à ce cauchemar du suicide qui me souriait du fond des abîmes, ce n'était ni par religion ni par philosophie, car je n'avais ni principes ni Dieu. Je ne sais quelle ambition sourde, quel pressentiment vague, obscur, et cependant tout-puissant, de gloire, de fortune, m'enchaînait à cette terre où j'étais si malheureux, si seul. Je rêvais un avenir de réparation, de justice. J'avais des instincts grandioses, des prévisions téméraires. Mon imagination peuplait les solitudes ; les fantômes qu'elle créait dans le vide me composaient une cour idéale dont j'étais roi, et cette royauté des esprits douait mon âme d'une énergie sombre et superbe qui m'a sauvé.

» Souverain du monde invisible, je n'en faisais pas moins pitié à voir. Maigre, pâle, la barbe longue, en haillons, demi-nu, on m'eût bien plutôt pris pour une bête sauvage que pour un être humain. Le miracle est que je ne me sois pas fait brigand. Si le tentateur m'eût jeté au milieu d'une comitive, je serais peut-être à cette heure chef de bandits ; Dieu jeta sur ma route un moine, et je suis cardinal.

» Un jour que je mourais de faim, un franciscain passa près de moi chassant devant lui un âne chargé de vivres. Je me précipitai dessus et les dévorai. Effrayé de mon aspect farouche et de ma voracité, le franciscain me laissa faire. Quand je fus rassasié, je lui racontai ma fuite du régiment. Il eut pitié de moi, et m'offrit de le suivre au monastère. J'acceptai, et cette circonstance décida de ma vie.

» L'état militaire n'éveille en Sicile aucune sympathie, et au couvent moins qu'ailleurs. Les frères me firent bon accueil et me regardèrent comme une âme échappée des griffes de Belzébuth. Leur cloître était à Pétralie, petite ville perdue au sein des rochers, et dont j'ai pris le nom, car je n'en avais point.

» Je fus plusieurs mois, au cloître ; l'objet de l'hospitalité la plus touchante ; la plus active, et pendant ce temps une révolution s'opéra en moi. Mon incurable paresse s'accommodait merveilleusement de la vie monacale. Nul lien d'affection ni d'intérêt ne m'attachait à la terre. J'avais vingt-un ans, point de carrière, point de famille, pas un ducat; bref je me fis franciscain.

» Jusque alors ma vie avait été humble, inquiète, précaire; je crus lui donner ainsi de la dignité, du repos, de la fixité. Je voyais les pères honorés dans le pays, sûrs de l'avenir, vivant sans fatigue, sans rien faire surtout : pouvais-je hésiter? Telle était alors mon horreur du travail, que l'oisiveté monastique me détermina plus que tout le reste. Mon ignorance était trop profonde pour que je pusse seulement songer à en sortir.

» Chasteté, pauvreté, obéissance, sont les trois vœux fondamentaux de l'ordre. Je les prononçai de bonne foi, avec l'étourderie et la témérité de la jeunesse. L'obéissance, j'y croyais être façonné, et d'ailleurs elle ne me semblait au couvent ni lourde ni servile. La pauvreté, je m'y soumettais avec d'autant moins de répugnance que je ne connaissais qu'elle ; et d'ailleurs la pauvreté du cloître était pour moi l'opulence. Quant à la chasteté, je faisais sincèrement le sacrifice de mes habitudes désordonnées, et nulle arrière-pensée n'affaiblit alors le mérite de mon abnégation. Pour le reste, je croyais être bien détaché du monde, parce que je haïssais l'antichambre, les tréteaux et la caserne.

» C'est ainsi qu'à l'âge où les passions grondent et commencent à régner, je m'engageai avec l'avenir. Je fus soutenu dans ce grand acte par l'exaltation fiévreuse que produit toute résolution forte, tout changement d'état, par l'emportement même, par l'ardeur qui pousse la jeunesse à toute idée généreuse : car, il faut le dire, je rougissais de ma vie passée, je voulais une réforme, et les discours du père-gardien m'avaient touché. J'étais enflammé d'une piété profonde et sincère.

» N'étant point prêtre, je n'occupais au couvent que le bas de l'échelle; mon rôle de convers était presque une domesticité; mon orgueil en souffrit, je résolus d'en changer. Je le dis au supérieur; il m'aimait, mon ignorance ne le rebuta point. Il crut découvrir en moi quelques germes d'esprit; il les cultiva, et entreprit la tâche difficile et méritoire de mon éducation. Je savais lire, écrire, et rien de plus. Il est vrai que la moitié des moines n'en savaient pas beaucoup plus eux-mêmes.

» J'avais un but, et mon aversion du travail se plia sans trop de peine au joug d'une occupation journalière. Le sacrifice était volontaire, il me pesa moins. Enfin, après deux ans d'étude et d'assiduité, on me conféra les ordres. J'étais dès lors l'égal de tous les frères-prêtres et le supérieur des frères-convers; cette idée de supériorité me flattait déjà. Bientôt on me donna la messe.

» Mes études s'étaient bornées à bien peu de chose; un peu de latin, le bréviaire, les pratiques et les disciplines ecclésiastiques, en formaient la base. Le casuiste du couvent y joignit un cours de théologie morale, c'est-à-dire qu'il me fit passer en revue tous les cas de conscience qui peuvent être soumis au tribunal de la confession. Mes progrès répondirent si bien à ses soins, ils dépassèrent même tellement les espérances, qu'on obtint pour moi une dispense épiscopale, et je fus investi de la confession avant l'âge prescrit par les canons.

» De laquais, de comédien, de déserteur, me voilà donc métamorphosé en confesseur. Moi, qui avais tant péché, scandalisé par tant de désordres, me voilà recevant la confession des pécheurs, punissant les scandales. Je me chargeai sans effroi de cette haute responsabilité des âmes; je dominai les consciences sans retour sur la mienne, et j'acquis en peu de temps, par mon austérité personnelle et ma tolérance pour autrui, une considération marquée.

» Cette existence était pour moi si nouvelle, que je jouis longtemps de ma métamorphose. Enfin je m'y accoutumai et je me familiarisai jusqu'à la routine avec mes nouveaux devoirs. La vie ne s'était pas encore révélée; je m'avançais dans l'avenir tête levée; je ne doutais ni de lui ni de moi, et j'inspirais à tout le monde ma confiance et ma sécurité.

» Pétralie était pour moi l'univers. Quand je traversais la ville, je composais mon visage, je mesurais mon pas; je donnais ma main à baiser avec une humilité superbe; mes prétentions étaient gigantesques. Les meilleures maisons m'étaient ouvertes; comme mon crédit donnait du relief au couvent, les religieux me traitaient avec distinction, et s'ils étaient jaloux, ils ne le laissaient pas paraître.

» J'avais à peine vingt-cinq ans, et je parlais avec autorité; j'imposais à tous les âges. Une taille élevée, une figure noble forçaient le respect, et mon métier de comédien m'avait rendu maître dans l'art de la parole. Je parlais avec facilité, quelquefois avec éloquence. Mes prédications étaient courues; la foule se pressait sur mes pas; mon orgueil ne connaissait plus de bornes.

» Une circonstance qui chez un autre l'eût accru produisit sur moi un effet contraire. Je fus appelé à Palerme pour y précher le carême. Cette capitale somptueuse, asiatique par le luxe, espagnole par les mœurs, m'apparaissait sous un aspect nouveau. Mon rôle était changé ; de laquais j'étais devenu prêtre ; monté de l'antichambre dans la chaire de vérité, je prêchai à ceux que j'avais servis naguère la pénitence et l'humilité, et je tonnai contre les grandeurs, plus par vengeance que par pitié. Jamais langage si sévère n'avait retenti aux oreilles des puissans de la terre. Cependant ma prédication eut un accès tel qu'on n'en vit jamais de pareil. Le carême fini, je dis adieu à toutes ces pompes, et je revins à Pétralie.

» J'y revins sombre et mécontent. Ma vie intérieure était bouleversée. Jusque alors je m'étais cru de l'importance ; le séjour de Palerme m'apprit que je n'étais rien, rien qu'un obscur franciscain. Depuis que j'avais fait retentir de ma voix cette cathédrale superbe où dorment des rois et des empereurs, l'église de mon couvent me faisait pitié ; mon humble auditoire glaçait ma langue. J'avais respiré les parfums du monde, j'en avais revu les splendeurs, et je regrettai ce monde que je m'étais fermé moi-même pour jamais.

» L'archevêque surtout me poursuivait du souvenir de son faste et de sa magnificence. C'est à genoux devant lui, c'est en baisant sa robe épiscopale, que j'avais eu le premier sentiment de mon néant. Cette idée m'avait froissé le cœur ; et lorsqu'il m'avait dit : — Mon père, relevez-vous, — j'avais répondu par un profond soupir : *Monseigneur* (titre superbe !) avait brûlé mes lèvres en passant.

» J'étais en cet état de sourd mécontentement et d'ambition vague, lorsque la vie du pape Sixte-Quint me tomba dans les mains. Mon ignorance en tout, et surtout en histoire, était telle que jusque alors, et j'en rougis, j'avais ignoré son nom. C'était une révélation, elle fut complète. Je dévorai le volume avec acharnement ; chaque page me jetait dans un nouveau monde ; j'étais enivré comme on l'est d'une conquête ; ce fut pour moi la lumière dans la nuit, la vie dans le néant, l'ordre dans le chaos. Cette lecture impétueuse que je fis de nuit dans ma cellule produisit en moi des émotions si fortes, si imprévues, elle souleva dans mon sein une si violente tempête, que la nature succomba, je m'évanouis. Quand je rouvris les yeux, le soleil se levait, emblème de la lumière qui venait de se lever aussi dans mon âme.

» Je portais l'habit de prêtre ; de ce jours j'en revêtis l'esprit. Je venais de voir un pâtre obscur ceindre la tiare parce qu'il avait voulu : — « Et moi aussi, m'écriai-je, je saurai vouloir ! »

» Dans quelle langue, en quels termes raconter ce qui se passait en moi ? Quelle forme donner à ces émotions intimes qui vivent de silence et de mystère ? Suprême ascendant de l'intelligence, empire sacré de la pensée, je vous subissais pour la première fois ! La semence était tombée dans une terre bien préparée, elle devait porter ses fruits.

» Il faut avoir connu l'ivresse orageuse, palpitante, d'un grand dessein, pour comprendre l'état de mon âme. Je venais de trouver l'intérêt de ma vie : j'étais ambitieux ; je me livrais à mes rêves de domination avec l'emportement d'un caractère africain. Extrême et violent, j'étouffais toutes les passions dans une seule passion, passion forte et sacrée qui ne s'était révélée la dernière que parce qu'elle devait dévorer toutes les autres. Je rougissais de ma vie, de mes petitesses, de ma misère ; je méprisais les assauts du siècle, bien sûr de moi désormais et de mon bouclier. Placé si haut, mon esprit me semblait inaccessible aux atteintes ; je me comparais à ce roi de Jérusalem que la voix du prophète avait rappelé des voluptés terrestres aux saintes pensées du ciel.

» Je n'ose dire si du fond du cloître de Pétralie j'osai tout d'un coup élever les yeux jusqu'à la couronne de saint Pierre ; mais je rêvais le pouvoir, j'étais prêtre, une seule carrière m'était ouverte, et l'exemple de Sixte-Quint me tyrannisait. De plus en plus audacieuse, la témérité de mes rêves ne connut bientôt plus de bornes. Le voile de Saïs était déchiré, je contemplai l'idole face à face sans trembler.

» Je devais mon audace à mon ignorance ; car en me dissimulant les obstacles, elle m'empêchait d'en tenir compte et de les craindre. Je me croyais capable de ce que j'avais conçu par cela seul que je l'avais conçu. Cependant je voyais dans mon ignorance même un obstacle, et je m'imposai d'en triompher.

» Ici commence pour moi une vie de recueillement et de concentration. Je résolus d'oublier le monde, afin d'y rentrer non plus en esclave, mais en maître. Je m'emprisonnai dans ma cellule ; je m'appliquai sans relâche à l'étude de l'humanité. Une terre en friches est rebelle à la charrue : long-temps en friches, et partant rebelle, mon esprit intuitif et méridional, accoutumé à voir les effets sans remonter aux causes, à contempler la nature sans la comprendre et sans l'interroger, se perdit d'abord dans les dédales de la science. Sans direction, sans guide, le fil me manquait pour m'orienter. Le livre était ouvert devant moi ; mais mes yeux trop faibles lisaient mal dans ses pages sublimes, et je me serais découragé peut-être si une grande idée ne m'eût soutenu. Toutefois, les premières difficultés une fois vaincues, je prévis une victoire complète.

» Prenant l'homme au berceau de l'histoire, nu, faible, entouré d'ennemis, je le vis grandir, conquérir, régner; je vis l'humanité marquer son passage par des ruines sublimes; je la vis lutter corps à corps avec la nature, surprendre ses secrets, lui arracher ses trésors, et cependant subir toujours ses lois. Ce spectacle me ravissait par sa grandeur et par sa nouveauté, alors même que j'en ignorais encore les ressorts cachés, et que, moins penseur qu'artiste, j'étais subjugué par lui bien plus que je ne le dominais.

» Mais je rêvais toujours un lien commun qui rattachât l'une à l'autre toutes les parties dispersées du vaste ensemble; je poursuivais d'un pas infatigable la grande unité qui lie tous les principes, tous les faits, tous les siècles, tous les peuples. Dieu, qui ne veut pas que l'humanité s'égare, a jalonné sa route de lois immuables, de vérités éternelles, ponts jetés sur les abîmes, flambeaux toujours allumés dans nos ténèbres.

» Enfin, éclairé par les doubles lumières de l'étude et de la méditation, je vis clair dans l'histoire et dans les choses. Je compris la vraie grandeur, notre vraie force. Depuis la tente du patriarche, depuis le chasseur Nemrod qui commença d'être puissant sur terre, jusqu'au Vatican, jusqu'à ce Sixte-Quint qui m'avait donné l'éveil, je vis l'homme roi par la pensée, concevant, fondant, conservant, détruisant par elle. La Nature, sphynx invisible, propose à la terre ses énigmes profondes; l'intelligence est l'OEdipe ingénieux qui les pénètre et les explique; à elle donc le trône, à elle l'empire. En vain la violence, instrument aveugle et brutal, usurpe-t-elle un jour sa place; elle tombe, elle périt, et avec elle son fragile ouvrage : tel le fils d'Isaar révolté s'abîma sous terre devant Moïse triomphant.

» Convaincu, pénétré de la suprême loi de l'intelligence, je m'humiliai devant le Dieu qui en est la source et le terme. Je m'élevai par-dessus toutes les formes terrestres et grossières dont j'avais été l'esclave : je conçus l'esprit par l'esprit. En agrandissant Dieu, l'homme s'agrandit lui-même. Tous deux en communication par la pensée, le créateur n'est plus un tyran qui règne par la terreur, la créature n'est plus une esclave qui tremble sous la loi du maître; elle obéit à la raison par la raison; libre et morale, elle consent; son adhésion est intelligente, volontaire.

» Après avoir parcouru les diverses phases de l'histoire, je m'abattis sur le moyen âge comme l'aigle sur une proie. Le monde à genoux devant un faible prêtre, les rois subissant ses lois, s'humiliant devant ses censures, ce triomphe imposant de l'esprit sur la matière, de la raison sur la violence, me sembla et me semble encore le dernier degré, le point définitif du progrès humain.

» Fort de cette conviction, je me nourris de ce christianisme qui est le port éternel de l'humanité. » — Et comme Anselme secouait la tête en signe de doute : — « Je vous répète, ajouta le cardinal, ce que je vous ai dit en commençant : ce n'est point ici une discussion, c'est une narration. J'ai droit à votre silence ; veuillez ne pas m'interrompre. Oui, reprit-il d'une voix forte, la papauté est le dernier terme de l'esprit humain, la forme sociale la plus pure et la plus parfaite. Elle renferme en elle toutes les autres ; il ne faut que féconder les germes contenus dans son sein puissant, et l'avenir, création merveilleuse du passé, éclôra jeune, beau, vigoureux comme une fleur au soleil. Mais je reprends mon récit.

» Familiarisé avec l'histoire de la papauté, je m'appliquai à celle des papes, et je les passai en revue l'un après l'autre. Mais tous ne m'étaient pas également chers ; les pontifes qui, dans cette galerie séculaire de gloire et de sainteté, éveillaient le plus mes sympathies, étaient ceux qui étaient, ainsi que moi, sortis des derniers rangs du monde. C'était Hildebrand, fils d'un charpentier comme le maître ; l'anglais Adrien IV, fils aussi d'un laquais, et mendiant avant d'être pape ; c'était Benoît XI le Lombard, dont le père n'était qu'un berger ; Benoît XII le Français, dont le père fut meunier ; c'étaient Jean XXII, Urbain IV, Adrien VI, tous trois enfans d'artisans vulgaires ; Sixte IV, fils du pêcheur de Savone ; Nicolas IV, gardeur de troupeaux lui-même dans un obscur hameau des montagnes ; c'était Sixte-Quint. Captivé, ébloui par l'éclat de tant de destinées illustres, je leur demandai à tous leur secret ; je me jurai à moi-même de marcher sur leurs traces.

» L'ambition a des joies immenses, supérieures à toutes les joies. Face à face avec ma pensée, je passais des jours de ravissement dans ma cellule. Jadis si triste à mes yeux, si abhorrée, elle était maintenant un lieu d'asile, un sanctuaire de recueillement et d'espérance. Ma robe monacale m'était chère. En me fermant le monde des vanités, elle m'ouvrait la carrière des grandeurs et des dominations. Si je cherchais encore l'ombre des forêts, la solitude des montagnes, ce n'était plus pour y détremper mon âme dans les regrets, mais pour la fortifier par la contemplation des grands caractères, pour l'élever au-dessus des voluptés, pour la dresser au combat.

» Plusieurs années se consumèrent à ces apprêts intimes et silencieux, tandis qu'ailleurs sans doute d'autres s'abreuvaient aux mêmes sources et se préparaient aux mêmes luttes. Je remplissais les devoirs de mon ministère avec la ponctualité d'une longue habitude. Les soins de l'autel et du confessionnal étaient devenus pour moi une routine monotone; le cloître, la ville, mes pénitens, la Sicile, étaient confondus pour moi dans une commune indifférence. Ma réputation de savoir et de sainteté n'en avait pas moins grandi; et quoique mes ambitions eussent grandi plus qu'elle, je l'acceptai comme le prélude d'une renommée plus éclatante. J'étais prêt pour la joûte, je descendis dans la lice.

» J'avais depuis long-temps annoncé un pèlerinage à Rome pour l'accomplissement d'un vœu; et quel vœu plus terrible lia jamais l'homme à l'avenir? c'est à Rome même que je voulais livrer bataille. Je sollicitai donc, et j'obtins la permission d'y faire un voyage. On loua mon courage, ma piété, et, trompant tout le monde, je quittai le couvent de Pétralie pour n'y plus rentrer. J'avais trente ans. J'en ai soixante-cinq; comptez.

» Par une dernière inspiration de jeunesse, par une de ces chimères d'imagination dont j'allais prendre à jamais congé, je voulus dire adieu à la Sicile du haut de l'Etna. J'y montai seul; le soleil était déjà couché pour la plaine, mais sur l'île encore régnait l'atmosphère chaude et brillante d'une soirée de juin; un or fluide environnait la montagne comme d'un réseau magique. Catane au sein de ses voluptueuses campagnes; les écueils des Cyclopes au milieu des mers paisibles; la Sicile entière se déroulait peu à peu sous mes pieds. Tout se décolora par degré; les teintes bleuâtres du crépuscule envahirent la plaine, la montagne, et j'achevai ma course aérienne à la clarté des étoiles.

» Le soleil levant me surprit au sommet du cône. J'étais le premier homme qu'il éclairât en Sicile et le plus près de lui qui fût peut-être en cet instant sur la terre. Cette lutte avec l'aigle m'enorgueillissait, et je tirai de là des augures.

» Je m'assis au bord du cratère entre deux abîmes, l'un de feu, l'autre de glace, car la neige blanchissait encore la vieille tête du géant. Il vomissait de la fumée et de la flamme; une odeur de soufre corrompait l'air matinal, et le volcan révélait sa puissance par des détonations sourdes et terribles. Ce soleil levant, dont les premiers rayons parent la nature de tant de charmes, teignait d'un rouge sombre et infernal les laves noires et les neiges éclatantes. Projetée au loin, la grande ombre de la montagne couvrait toute l'île et se prolongeait sur les mers comme une autre montagne bleuâtre et livide.

» J'aimais à me sentir seul sur ces déserts aériens voués à la mort, à la destruction; j'aimais à respirer cet air d'un autre monde que nul être humain ne respire, à contempler ces ravages que nul œil ne contemple. Cependant la plaine, et de là tout est plaine, sortit des vapeurs nocturnes, et le soleil triomphant des dernières ombres inonda les collines et les vallées.

» Étendue sous moi comme une carte, la Sicile m'étonna par sa petitesse. Jadis elle m'avait paru si grande! Je suivais de l'œil toutes les sinuosités de ses côtes; je dominais ses villes, ses golfes, ses promontoires, retrouvant toujours et partout devant moi la mer et son infini.

» Je restai long-temps abîmé dans la contemplation de ces merveilles. Fixés sur cette Sicile que j'aimais sans le savoir et que j'allais quitter pour jamais, mes yeux se mouillèrent de pleurs. Quelle est donc cette puissance mystérieuse du sol natal, qu'on l'aime pour lui-même et qu'on le regrette sans cause? quel lien occulte nous y enchaîne? quelle magie nous y charme?

» Mais assiégé de souvenirs ignobles et douloureux : — Qu'ai-je à regretter du passé? — m'écriai-je avec amertume; et je me comparais à l'Etna : comme lui solitaire en Sicile, je ne perdais ni mère ni famille, je ne laissais après moi ni regrets ni amour. Et c'est du sein de cet abandon, du sein de cet opprobre, que le bâtard du laquais osait élever sur le rang suprême un œil de convoitise; c'est encore tout meurtri des servitudes les plus honteuses que j'aspirais à l'empire. Mais l'empire n'est-il pas une compensation du bonheur? N'appartient-il pas de droit à l'homme isolé sur terre, détaché de tout, sans liens, sans joies; et l'âme ainsi fermée à toutes les voix de la nature ne puise-t-elle pas sa force dans son isolement? Ma solitude était donc providentielle, et de là encore je tirai des présages.

» Imposant silence aux derniers murmures d'un cœur détaché, je le cuirassai, je le bardai de fer, je rompis sans retour et sans regret avec un monde qui m'avait été si dur; tête-à-tête avec Dieu sur la montagne, prosterné comme Moïse au bord du gouffre embrasé, je me liai à l'avenir par un dernier vœu plus terrible encore, par un vœu indissoluble. L'abîme me répondit par un grondement sourd, et la montagne entière trembla.

» Le vent s'était levé. Éparpillant dans l'air des tourbillons de cendres, comme le simoun africain dresse aux cieux des colonnes de sable, il s'engouffrait dans ma robe de moine; il me fouettait au visage des bouffées de soufre et de fumée qui me suffoquaient; et comme si l'heure de me jeter enfin dans la mêlée eût sonné à la cloche des cieux, le désert semblait me repousser loin de lui dans ces cités populeuses où l'humanité souffre et marche et où mon étoile m'entraînait.

» Je saluai d'un dernier regard mon triste berceau, je redescendis à travers les laves et les forêts; trois jours plus tard je m'embarquai à Messine.

» Assis sur le tillac durant la traversée, je vis le faîte de l'Etna s'abaisser lentement sous les flots; je vis passer devant moi comme un panorama gigantesque les côtes montagneuses de Calabre, les golfes divins de Policastro, de Salerne, de Naples, de Gaëte; rien ne put me distraire de mon idée fixe. C'était comme un bandeau de fer autour de mes tempes; chaque ondulation du navire qui m'emportait au but resserrait le cercle inflexible.

» On annonça Ostie. Je me fis débarquer à l'embouchure du Tibre. Le vaisseau continua sa marche vers Cività-Vecchia, et moi, seul, à pied, je m'acheminai vers Rome à travers la campagne.

» Tout était nouveau pour moi sur cette terre lasse de gloire, lasse d'hommes. Des buffles noirs et stupides s'enfonçaient dans les marécages; des taureaux indomptés rugissaient dans les prairies; frappés d'épouvante, les troupeaux fuyaient en désordre devant la lance du pâtre au galop, cavalcadour du désert. On eût dit le roulement de la foudre. Puis le silence renaissait plus profond, et pas un bruit humain n'en troublait au loin la tristesse et la majesté. Le retentissement de ma soque de moine sur les dalles usées de la voie antique était le seul bruit des solitudes saturniennes.

» Je marchais seul, tantôt sur les prés nus, tantôt à l'ombre des myrtes, des chênes verts, et j'apercevais par échappées le Tibre jaune et muet. Tout d'un coup l'horizon s'ouvrit. Encadrée par la courbe gracieuse des monts sabins, la plaine ondoyante se déroula devant moi comme une mer houleuse; mais si de là on pressent Rome, on ne la voit pas encore, et c'est Rome que j'épiais au loin.

» Enfin, je découvris la coupole du Vatican. L'haleine me manqua, mes genoux fléchirent, et je m'assis au bord du chemin sur un piédestal de marbre blanc laissé là par l'antiquité.

» Le Vatican! voilà l'étincelle électrique qui avait donné la secousse à mon être, et je l'avais là devant les yeux! Cette Rome, reine du moyen âge comme du monde antique, cette Rome qui disposa de tous les sceptres, qui ceignit toutes les couronnes, elle était là devant moi! Un rayon du soleil couchant illuminait la croix de Saint-Pierre, cette croix qui est le phare du monde, et elle brillait encore d'un éclat magique que le désert tout entier était déjà plongé dans les ombres du soir. Je me remis en route, et j'arrivai à la porte de Saint-Paul qu'il était nuit close.

» Qu'ils auraient souri de pitié, les cardinaux dans leur pourpre, le souverain pontife sous sa tiare, s'ils avaient pu lire au cœur du moine obscur qui franchissait à cette heure les portes de la cité sainte! Mais les pensées du pâtre de Montalto les eussent fait sourire aussi, et le pâtre de Montalto devint Sixte-Quint.

» J'entrai dans Rome comme dans une future conquête: la fièvre d'ambition exaltait mon âme, embrasait ma tête.

» Le couvent où je devais loger occupait la partie la plus déserte du Janicule. Vous le voyez d'ici derrière Saint-Onuphre, où mourut le Tasse. J'avais des lettres pour le supérieur; lui et ses moines me reçurent comme un des leurs. — Ce n'est qu'un franciscain de plus à Rome, — pensaient-ils; et moi je disais: — C'est un pape! »

Vaincu par l'émotion de tant de souvenirs si brusquement réveillés, le cardinal se tut. Il fit une longue pause durant laquelle le silence ne fut point troublé; Anselme était trop frappé de tout ce qu'il venait d'entendre pour songer à le rompre. Il fixait sur le cardinal un long regard d'étonnement; quelque doute qu'il eût élevé dans son for intime sur la sincérité de son abnégation, il n'aurait jamais pu croire à une pareille ambition. Son analyse était en défaut; et quoique humilié de n'avoir pas su plonger au fond de cette âme impénétrable pour lui arracher son secret, il ne pouvait refuser son admiration à une telle puissance de mystère et de volonté.

Quant au cardinal, entraîné, dominé par un récit dont il avait mieux calculé l'effet sur Anselme que sur lui-même, il luttait contre la violence de ses impressions; tyrannisé par elles, il se débattait sous l'éperon des souvenirs. Son œil jetait des flammes étranges; miroir de son âme, son front se couvrait tour à tour de pourpre et de pâleur. Enfin il reprit la parole d'une voix vibrante et mal sûre, et continua ainsi:

— « La première chose dont je m'aperçus à Rome, c'est que mon ordre y est le plus méprisé de tous, grâce à sa pauvreté et à l'obscurité de ses membres, la plupart sortis comme moi des derniers étages de la société. Il s'agissait donc avant tout de regagner en considération personnelle ce que je perdais par position. Mes études sévères et mes travaux de Sicile servirent merveilleusement mes vues. Je fus tenu pour un miracle de science, et proclamé tel par l'ordre le plus ignorant de tous les ordres. Ma gloire rejaillissait sur lui; il la propagea; il la défendit comme sienne. Tel est l'esprit monastique, toujours habile à saisir ses avantages, plus habile à en tirer parti. C'est ainsi que je tirais parti moi-même d'une position fausse. Un bénédictin savant n'eût étonné personne, il se fût perdu dans la foule; un franciscain savant, au contraire, fait saillie; l'ignorance des siens est pour lui un piédestal qui le grandit et le met en lumière. Ma réputation de savoir s'établit donc rapidement et finit par m'être aussi peu contestée à Rome qu'à Pétralie. J'y joignis bientôt celle d'éloquence; c'est même par là que je me fis retenir à Rome, où, pèlerin subalterne, je n'étais qu'en congé.

» Je vois d'ici l'église où je fis mes premières armes, et qui de ce jour me fut chère et sacré, Saint-Charles-Borromée. J'y prêchai le carême comme je l'avais prêché à Palerme cinq ans auparavant. Palerme m'avait révélé mon néant; Saint-Charles m'en fit sortir. Ce fut la première pierre de ma fortune. Ma prédiction fit du bruit; je devins l'homme à la mode. Plus intrigant encore qu'il n'est ignare, mon ordre remua pour moi terre et ciel, jusque là que je fus présenté au pape comme un des plus fermes champions de l'Église.

Je fus accueilli par Sa Sainteté avec une distinction singulière, car alors l'Église affaiblie et menacée avait besoin d'appui et de défenseurs. Aux pieds de l'archevêque de Palerme, j'avais dévoré ma colère, mon humiliation; aux pieds du grand prêtre de la chrétienté, mon cœur battit d'une joie indéfinissable; je songeai que dans l'avenir plus d'un genou fléchirait ainsi devant moi. Ceux qui s'abaissent seront élevés! me répétais-je à moi-même, sur la foi du Crucifié; et mon front s'inclinait plus bas, et je baisais avec une ferveur d'humilité plus profonde le pied du pontife souverain. Et quand il me dit : — « Relevez-vous, mon père, » — je demandai comme une grâce à rester prosterné dans la poussière devant son éternelle majesté.

» Tant d'humilité où l'on attendait l'orgueil de l'éloquence et du savoir fit sensation. Le pape m'en témoignait sa surprise et prolongea l'audience plus qu'il ne l'eût fait pour un prince. Je m'étais agenouillé simple franciscain ; je me relevai évêque ; l'oracle du maître fut accompli.

» A ce coup de dé, je pensai défaillir. Je rendis grâce à Dieu par un torrent de larmes ; on prit encore cela pour de l'humilité ; c'était la fièvre d'ambition qui me suffoquait ; j'avais fait un pas vers la tiare.

» Il entrait dans mes plans de rester à Rome ; le saint-père alla au-devant de mes vœux en me donnant un diocèse *in partibus,* et en m'attachant à sa personne en qualité de prédicateur de sa chapelle. Mon titre épiscopal et ma charge m'assignèrent dès lors, quoique nouveau venu, un rôle important dans la famille pontificale. Ainsi tout succédait à mes secrètes vues ; ainsi, dès les premiers pas, le sentier s'aplanissait devant moi. M'eût-il été permis sans impiété de douter de mon étoile? Les desseins de Dieu sur moi n'étaient-ils pas manifestes ?

» Ce n'est pas que ne fusse travaillé parfois de doutes et d'angoisses. Je vous ai dit que mon couvent était au sommet du Janicule ; il est détruit : mais ce pin solitaire que vous voyez entre Saint-Pierre-à-Montorio et la fontaine Pauline en marque la place exacte. Que de fois, assis, sombre et pensif, à l'ombre de ce parasol aérien, j'ai rêvé d'avenir au bruit de la cataracte ! A mes pieds coulait le Tibre, et Rome déployait sa majesté sainte ; les villas la ceignaient de verdure, les montagnes enlaçaient la plaine. Que de fois, promenant sans rien voir mes yeux sur ces merveilles, je me suis demandé si mon entreprise n'était pas chimérique, si je n'étais pas en démence ! Les mêmes instincts, les mêmes pressentimens qui m'avaient sauvé naguère des abîmes de la Madonie me servaient là d'égide, et me sauvèrent comme alors du désespoir.

» Et si, plus faible, plus lâche, je sentais mollir mon âme et crouler mes résolutions, je me réfugiais, comme en une forteresse, dans cette église de Sainte-Marie-Majeure, où reposent dans leur royal mausolée les deux bergers des Marches, Nicolas IV et Sixte-Quint. Je m'agenouillais devant leur tombeau, j'y retrempais mon courage, je recommandais aux mânes des deux pâtres de l'Apennin le bâtard de Sicile et sa fortune.

» Mais je ne vous fatiguerai pas du long récit de ces quarante années de combats, de doute, d'espérance. La révolution de France, puis celle d'Italie, vinrent rompre la monotonie d'une si longue attente. Ébranlée au seizième siècle par la réforme, battue en brèche au dix-huitième par la philosophie, cette Église, à laquelle j'avais lié ma destinée, parut menacée d'une ruine totale, et avec elle tout mon avenir. Qu'y pouvais-je? Que peut le passager quand le navire sombre sous ses pieds? Moi qui savais qu'il ne sombrerait pas, je ne crus point au naufrage; combattant de l'Église, je ne crus point à sa défaite, car l'Église est invincible, et les portes de l'enfer ne prévaudront pas contre elle.

» Je suivis le pape dans son exil. Je vécus dix ans en servitude, et comme Israël sous les saules de Babylone, je ne désespérai point de Jérusalem, je ne cessai jamais d'élever au ciel, du sein de l'adversité, un hymne de confiance et de résignation. J'appris, comme le poëte, ce qu'a d'amer le sel étranger et combien est rude l'escalier d'autrui. Dix ans couvert du cilice, je vis fumer le toit superbe du vainqueur, mais je ne m'assis jamais à ses fêtes, et je gardai intact au fond de mon âme mon trésor de tristesse et d'espérance. Agenouillé chaque jour au pied des autels délaissés, je ne demandais rien à Dieu que l'accomplissement de sa parole, le triomphe de la vérité sur l'erreur, de l'Église sur l'incrédulité. Quand les *Te Deum* mondains du conquérant ébranlaient les temples, quand les peuples se précipitaient de capitale en capitale devant son char de triomphe, quand l'art multipliait ses statues et ses victoires, alors, comme Pompée pour mourir, je me couvrais la tête du pan de ma robe de moine, je me courbais en silence sous le bras du Dieu qui dispense les afflictions et les joies, du Dieu qui frappe pour sauver. Si mon âme était en deuil, la foi la soutenait, et j'attendais.

» Je n'attendis pas en vain. Vous savez l'histoire de ce mémorable triomphe; vous y avez assisté vous-même, car il est de votre âge. Heureux les yeux qui l'auront vu!

» Avec quel battement de cœur je revis, ô Saint-Pierre! ta coupole éternelle! Avec quel saint ravissement je baisai tes parvis profanés! que tes pompes me parurent augustes, tes solennités imposantes! Les cérémonies du culte revêtaient à mes yeux je ne sais quel air de jeunesse et de nouveauté qui m'enivrait; les marbres, les tableaux, les statues des saints et des martyrs parlaient à mon cœur un langage qu'ils ne m'avaient jamais parlé; la vie semblait partout renaître et l'humanité s'éveiller d'un songe retentissant.

C'est ainsi que, long-temps fermée, la carrière se rouvrit devant moi. Ma marche y fut lente, car le but était loin. Les plus hâtés passèrent. Je vis, sans doubler le pas, le vulgaire se ruer aux honneurs. Regardez ces deux oiseaux, continua le cardinal en indiquant du doigt un aigle et un passereau qui tous deux

volaient aux flancs de la montagne; que leur vol est différent!
Quelle vélocité dans celui-ci! quelle lenteur dans celui-là! Le
passereau même, voyez, dépasse l'aigle; il atteint avant lui la
cime des cyprès; mais il s'y pose épuisé, il ne montera pas plus
haut. Cherchez l'aigle maintenant... Il est perdu dans la nue.

» J'atteignis une à une toutes les dignités spirituelles de l'Église; pour les temporelles, je n'en voulais pas. La magistrature des consciences concilie les hommes et leur impose; la magistrature des intérêts mondains les aliène et les indigne : c'est pourquoi, renfermé dans le cercle étroit des fonctions ecclésiastiques, je me suis tenu constamment à l'écart, refusant les nonciatures, les délégations, toutes les charges politiques qui me furent souvent offertes, et qui d'ailleurs m'auraient éloigné de cette Rome qu'il m'importait de ne plus quitter. Le chapeau vint enfin couronner tant de soins, tant de patience. Le dernier pape me nomma cardinal. Je suis le quarante-sixième de mon ordre; mon ordre a donné à l'Église cinq papes; je serai le sixième.

» Une fois membre du Sacré-Collége, j'aspirai au dernier rang afin d'atteindre plus sûrement au premier; chaque jour je m'effaçais davantage, bien sûr de n'être plus oublié et d'être d'autant plus en lumière que je recherchais plus les ténèbres. Je ne quittai point, quoique prince de l'Église, l'obscur monastère trastévérin où j'avais fixé ma demeure à mon retour d'exil; j'y vis, vous le savez, comme un simple moine; je monte en chaire comme un missionnaire, et si ma bouche s'ouvre pour prêcher la charité, ma main ne se ferme pas pour la pratiquer. Il n'est pas à Rome un hospice, il n'est pas un cachot dont je ne connaisse par leur nom tous les infirmes, tous les captifs; pas un pauvre dont je n'aie multiplié le pain par mes aumônes; et si le monde politique ignore profondément mon nom, il n'en est pas de plus populaire à Rome, pas de plus vénéré. C'est là ce que je veux; un nom politique alarme aujourd'hui les susceptibilités européennes : la tiare ne ceint plus que les fronts neutres.

» Certes, et vous n'en doutez pas, il me serait doux de me présenter au monde la tête levée, le visage découvert, et mon orgueil a plus d'une fois gémi du rôle imposteur où je suis condamné. Cette comédie m'humilie; mais je suis de mon siècle, de mon pays surtout; et sur ce théâtre d'hypocrisie et de servitude, il m'a fallu, comme ils font tous, mettre un masque et m'annuler, pour exister un jour. Mais je me console, je me repose des dissimulations de ma vie extérieure en me réfugiant dans ma vie intime ; celle-là, du moins, est à moi ; nul profane n'y pénètre. Le sanctuaire de ma pensée est inviolable.

» Les honneurs et les dignités m'ont impitoyablement poursuivi jusqu'au fond de ma retraite trastévérine ; je les ai tous repoussés, je viens de vous dire pourquoi. Je n'ai voulu accepter que la charge de grand-pénitencier, parce qu'elle est toute spirituelle et ne s'exerce que sur les consciences. Il n'a tenu qu'à moi, vous le savez encore, d'être confesseur des rois ; mais l'ambition, passion forte et sacrée, a tué dès long-temps en moi la gloriole ; je veux régner sur les rois du haut du premier des trônes, non du fond du confessionnal.

» Je n'ai plus à faire qu'un pas, mais ce pas est difficile, et il est décisif ; l'heure de la grande épreuve a sonné. Le pape se meurt ; le conclave va s'ouvrir, et le pape qui en sortira, ce sera moi si vous m'aidez.

— » Moi ! s'écria Anselme avec un cri de surprise.

— » Vous ; mais silence ! Il me reste à m'expliquer sur mon rôle de sanfédiste. Quoique politique et en contradiction apparente avec mes principes, je l'ai pris volontairement, parce qu'il est clandestin et qu'il sert mes vues. Mais pour ce soir je n'en puis dire davantage, je suis brisé. Je vous attends demain dans ma cellule après l'Ave-Maria. Venez-y ; vous y lirez le reste de mon âme.

» Je vous aime, Anselme, et vous estime plus que personne au monde. Je viens de vous en donner, j'imagine, une preuve assez éclatante. Je vous ai lié à ma fortune ; que dis-je ? je l'ai mise à votre merci. Un mot de vous peut me perdre ; mais ce mot, vous ne le direz pas, et vous aimerez mieux m'aider à monter au trône que me faire descendre au tombeau, parce que vous êtes loyal et généreux.

» Jeune homme ! jeune homme ! poursuivit le cardinal en se dressant sur ses pieds et fixant sur Anselme un œil flamboyant, cette arme terrible que je viens de vous mettre entre les mains, en connaissez-vous toute la puissance ? Mesurez-vous bien toute l'étendue du pouvoir que je vous confie, et ne vous effraie-t-il pas ? Ce mystérieux édifice, si péniblement élevé pierre à pierre par quarante années de patience et de dissimulation, il est fragile ; d'un souffle vous pouvez l'anéantir ; vous pouvez briser ma vie comme un roseau, et en fouler aux pieds les ruines ; d'un prince de l'Église vous pouvez faire la fable de Rome ; vous pouvez, vous dis-je, précipiter au tombeau, à travers les risées

8.

du monde, un vieillard sexagénaire qui vous livre sa pensée et son honneur.

» Voilà ce que vous pouvez, Anselme, et voilà ce que vous ne ferez pas ; et dans un mois, cette Rome qui dresse à nos pieds ses palais et ses coupoles, cette reine miraculeuse dont le désert entoure la majesté d'une ceinture inviolable que nulle main d'homme ne déliera jusqu'à la fin des siècles, Rome aura un nouveau maître, l'Église un nouvel époux, la barque de saint Pierre un nouveau pilote, le Fils de l'homme un nouveau vicaire : or ce vicaire, ce pilote, cet époux, ce maître, il est devant vous : c'est le bâtard du laquais sicilien. »

En prononçant ces paroles, le cardinal étendait ses deux mains sur Rome comme pour s'en emparer !

— « O Rome ! ajouta-t-il d'une voix solennelle, Rome, port des nations ! ô Vatican ! étoile du monde, religion du Crucifié, mes seules amours et ma seule pensée ! ô loi d'intelligence et de progrès, loi de charité ! instrumens magnifiques dans la main de Dieu, vous qui avez civilisé, régénéré la terre et fondé l'égalité sainte ! Église éternelle et vraiment divine, je te serai fidèle jusqu'à la mort ! Un jour égarés, les peuples oublient tes bienfaits ; ils les méconnaissent, et leur ingratitude insulte à ton malheur ; mais tu es plus belle encore, ô Rome ! des coups qu'ils te portent, des outrages dont ils t'abreuvent, semblable à ce Jésus, ton chef et ton maître, qui, lui aussi, but jusqu'à la lie le calice amer, fut déchiré de verges et cloué sanglant sur la croix. Va, le monde est en délire, et les siècles sont à toi ; je te serai fidèle jusqu'à la mort. Et si ma misère aspire au rang suprême, si Dieu m'a choisi pour ton chef, c'est pour te rendre ta splendeur première et ton antique empire. A ma voix, les rois et les peuples rougiront de leurs égaremens ; ils baigneront les autels de larmes de repentir et de contrition ; ils inonderont comme jadis les chemins de la cité sacrée, et les parvis de Saint-Pierre s'useront sous les flots des pèlerins. Le glaive et le sceptre s'humilieront de nouveau devant la houlette du pasteur, tous les diadèmes mondains devant la tiare, et Rome reprendra son rang sur terre, et vous aurez travaillé vous-même, Anselme, à ce grand œuvre, et l'humanité, retrempée par nous et rajeunie, confondra nos deux noms dans un hymne éternel de gloire et de reconnaissance. »

Un long silence succéda à ce cri d'enthousiasme ; l'angelus seul le troubla. Les cloches de Rome carillonnaient en fête, comme si Rome eût tressailli de joie à l'avénement futur du bâtard de Sicile.

Cependant le crépuscule, toujours si court dans ces contrées, répandait ses dernières ombres sur la cité papale et la Campagne. La pourpre des monts allait s'éteignant, et la ville, la plaine, les hauteurs, tout bientôt fut enveloppé et confondu dans le linceul étoilé des nuits.

— « A demain ! » — reprit le cardinal, et il redescendit seul la montagne. Son carrosse l'attendait au pied de la raphaélesque villa Madame. Il traversa rapidement le Val d'Enfer, et rentra à Rome, sans avoir été aperçu, par la porte Angélique et la place du Vatican.

Resté seul où il l'avait laissé, Anselme y demeura immobile, frappé d'une longue surprise. Il était subjugué, fasciné, tant l'enthousiasme, même en tête-à-tête, est contagieux, tant l'ascendant d'une conviction forte est irrésistible. Entraîné par l'éloquence du Sicilien, il ne trouva que bien tard, et quand le fleuve éloquent eut tari, des objections et des réponses à tout ce qu'il venait d'entendre ; encore ne dut-il d'être rendu sitôt à lui-même qu'au triple recueillement du silence, de la solitude et de la nuit.

— « Je viens d'écouter un beau poème, se dit-il en rentrant dans sa liberté, et de faire un magnifique voyage dans le passé. Cet homme est un puissant magicien ; sa baguette a le don de rendre la vie aux morts ; il n'en vient pas moins trop tard, il lie sa fortune à un cadavre. » — Se levant à son tour, il reprit le chemin de Rome du côté par lequel il était venu.

Que voulait de lui le cardinal ? Quel pouvait être le but d'une confiance si absolue ? Ce problème qu'Anselme se posait en passant la porte du Peuple, il se le posait encore en la repassant.

XV

LA CELLULE.

Préoccupé de l'étonnant récit du cardinal, Anselme s'enferma chez lui pour y rêver. Un préambule si solennel, une confiance si illimitée, le jetaient dans une étrange perplexité. Vaguant dans le domaine infini des conjectures, il passait de l'une à l'autre sans pouvoir se fixer à aucune.

Le cardinal aurait-il pénétré le secret de son double rôle ?

Songeait-il à se faire des carbonari un instrument, un marchepied ? Rêvait-il, lui aussi, une alliance entre eux et le Consistoire ? car enfin que voulait-il de lui ? — Ramené toujours et par tous les chemins à cette insoluble question, il s'y brisait.

La grande figure du Sicilien ne lui en apparaissait pas moins dans les proportions gigantesques. Saisi d'admiration pour des facultés si puissantes, il était subjugué par tant d'énergie. Il songea lui-même toute la nuit aux moyens d'enrôler sous sa bannière un si rude jouteur, et d'armer son parti d'une si forte épée. Cette idée lui souriait ; elle entrait dans ses plans, et il en avait maintes fois caressé la chimère dans ses rêves politiques. Ce qui n'avait été jusque là qu'un rêve, qu'un désir, devenait désormais une espérance, un projet. Toutefois le mot de l'énigme ne lui était pas encore révélé, et il attendait avec la fièvre de l'impatience l'heure qui allait enfin déchirer le voile à ses yeux. Le temps eut ce jour-là pour lui des ailes de plomb.

Il alla tard chez Loysa. Moins à l'amour qu'à la politique, il fut chez elle distrait, agité.

— « Qu'avez-vous donc ? lui dit la jeune boudeuse ; quelque chose vous trouble ; votre esprit est ailleurs, et ce n'est pas la première fois. Il est des jours où vous n'êtes plus vous-même. Vous avez des secrets pour moi, Anselme ; je ne vous les demande pas ; mais au moins devriez-vous les cacher si bien que je n'en pusse même soupçonner l'existence. Ce serait plus généreux pour moi et plus sûr pour nous. Quand on veut être dissimulé, il faut l'être tout-à-fait.

— » La leçon est bonne, ma chère Loysa, dit Anselme en souriant ; j'en profiterai. » — Quelque effort qu'il fît pour s'enchaîner aux pieds de sa fiancée, il s'échappait toujours à lui-même, et, le cœur plein de ses grands desseins, il s'envolait au cloître de Saint-François dans la cellule du cardinal. Prenant sa revanche sur la veille, le conspirateur l'emportait cette fois sur l'amant.

Au coucher du soleil, il prit le chemin du Trastévéré.

Il rencontra l'abbé Saverio à la descente du Quirinal. — « J'allais chez vous, lui dit le jésuite. Je pars cette nuit même pour Modène, et je venais prendre vos ordres. Mais à propos, le pape est aux abois, et le conclave ne peut tarder à s'ouvrir. Poussez donc un peu notre cardinal en mon absence, car il ne va que comme on le pousse. Il n'a point de caractère, et ne sait rien de rien. L'avez-vous entendu l'autre soir nous parler de la barque de saint Pierre et du calice d'amertume ? C'est à mourir de rire, et l'on n'a pas l'idée d'une pareille incapacité politique. Bon Dieu! quel homme inerte et borné! C'est un saint, mon cher, et si le royaume des cieux appartient aux pauvres d'esprit et à ceux qui n'ont jamais convoité les royaumes de la terre, cet homme-là sera pape au Paradis. Qu'on lui donnât la tiare dès ici-bas, je crois bien qu'il se ferait violence pour l'accepter; mais hasarder un pas pour la prendre, mais forcer la main du Saint-Esprit, c'est ce qu'il ne fera jamais. L'idée seule de tendre le bras le ferait mourir de peur. Pourtant c'est un pape qui nous convient. Une fois qu'il sera là, nous en ferons tout ce que nous voudrons; pourquoi cet homme n'a-t-il point d'ambition? A sa place, moi, il y a dix ans que je serais pape; oui, mon cher, pape, comme je vous le dis. Plût à Dieu que je fusse déjà cardinal! Mais laissez seulement triompher le consistoire, et vous verrez. Il y a deux ans que je n'étais qu'un misérable vicaire de campagne; convenez que ce n'est pas mal marcher, et qu'en deux ans j'ai fait du chemin.

— » Cela doit en effet vous donner beaucoup d'espoir, dit le sardonique Romain, cachant sous un sérieux comique un sourire de pitié. Vous êtes jeune, monsieur l'abbé, et vous portez l'habit dont on fait les papes.

— » Vous sentez bien, mon cher, que tout ce que j'en dis est dans l'intérêt du consistoire, de l'Italie, et que je donnerais toutes mes espérances pour que notre cardinal eût la moitié de mon activité et surtout une étincelle d'ambition. Oh! l'ambition! l'ambition! c'est le feu sacré; sans elle, voyez-vous, on ne fait rien. Chut! nous voici en face de notre ennemi, ajouta l'abbé en indiquant du regard le palais de Venise. Je vous quitte ici. Il faut que j'entre chez l'ambassadeur pour retirer mon passeport. Il a dû le signer ce matin, ignorant, le bonhomme, qu'il a signé sa propre condamnation. Au revoir. » — A ces mots, les deux sanfédistes se séparèrent; l'un entra dans la caverne gibeline, l'autre continua sa route vers la cellule guelfe.

Le voyage de l'abbé Saverio était vrai; mais ce qu'il n'avait pas dit, c'est qu'impatient d'arriver et désespérant de remuer de long-temps la masse inerte du consistoire, il n'allait à Modène que pour se mettre en communication avec les carbonari, et tenter par eux un coup de main, ignorant, le bonhomme, que le premier carbonaro qui allait être informé de sa démarche était celui-là même auquel il la taisait et en faisait un si risible mystère.

Anselme ne put s'empêcher de prendre en pitié les prétentions colossales de ce mirmidon. Après la révélation du mont Mario, le jugement de l'abbé sur le cardinal était au moins plaisant. Mais la manière dont le pygmée parlait du géant avait cela de sérieux qu'elle justifiait toutes les prévisions du Sicilien, et prouvait sans réplique sa profonde connaissance des hommes et la justesse de son coup d'œil. Il avait joué son rôle en maître.

Si le cardinal de Pétralie était, dans son ardent repos, le type de l'ambitieux, l'abbé Savério était, dans son mouvement perpétuel, le type de l'intrigant. L'un était calme et patient, parce qu'il se sentait fort ; il marchait d'un pas lent, mais égal, mais sûr, et, comme un gros navire en pleine mer, il semblait immobile quand sa carène coupait les vagues et laissait loin derrière lui tous les rivages. Agile et frétillant, toujours en projets, toujours agité, l'autre sautillait comme un canot. A forces de voiles, de rames, d'écume, le canot peut bien devancer un instant le navire ; il sortira même avant lui du port ; mais, en pleine mer, il n'en peut plus, il sombre, et le navire passe, il file, file ; quand il s'arrête, il est aux Indes.

L'angelus sonnait encore lorsque Anselme passa le seuil du cloître trastévérin ; le cardinal était seul dans sa cellule.

— « Je vous remercie d'être venu, dit-il ; je vous attendais.
— Et entrant en matière sans préambule : — Vous savez le proverbe, continua-t-il : qui veut le but veut les moyens, et c'est parce que je veux le but que je suis sanfédiste. Sans appui à l'étranger, il me fallait pourtant un parti ; je m'en suis fait un dans les cours d'Italie. Vous trouvez sans doute cet appui bien pauvre ; détrompez-vous, sa nullité même fait sa force. La protection d'une grande puissance alarme toutes les autres et nuit plus qu'elle ne sert. Les princes italiens, au contraire, comptent pour si peu de chose en Europe, que leur voix s'y perd et n'y est pas même entendue. On les méprise trop pour les craindre. Ce mépris même est une égide pour eux et pour moi ; pour moi, en voilant mes desseins, eux, leurs intrigues. Le voisinage, les rapports de commerce, de langue, de climat, mille liens d'intimité, presque de famille, leur assurent au conclave, sans qu'on s'en doute, une autorité dont nul n'est jaloux, que personne ne leur dispute, et qui, s'ils s'entendent, en peut contrebalancer de bien plus puissantes. Or je suis sûr que pour moi ils s'entendront ; non certes que je compte sur leur parole et que je me berce de folles chimères, mais parce qu'en ceci une même politique les dirige, et qu'ils ont tous à gagner à mon élection. Je ne crois ni à leurs principes ni à leurs promesses : je crois à leur intérêt. Le

ver gibelin ronge leur trône à tous, tous le sentent, et un pape ouvertement guelfe est en ce moment leur seul espoir. Or, pour guelfe, vous savez si je le suis ; ils le savent aussi. Champion occulte, mais éprouvé, de leur indépendance, je suis à la fois leur patron et leur client, et ils ne peuvent donner au patron de la force et de l'autorité qu'en portant le client à la chaire de Saint-Pierre.

— » Et quand vous y serez enfin, que ferez-vous, monseigneur ?

— » Ce que je ferai ?... Mais attendez, nous n'en sommes pas encore là ; nous ne sommes encore qu'à la veille, pas au lendemain. Veuillez brider votre impatience et m'écouter jusqu'au bout. Sûr des cours italiennes, j'ai de plus la parole du czar. Prince schismatique, il n'a au conclave qu'une influence indirecte. Or celle-là est pour moi la plus sûre, c'est la seule qui me convienne, la seule dont je veuille.

— » Eh quoi ! interrompit Anselme avec vivacité, vous en voulez et vous en espérez quelque chose, et vous ne voyez pas que le czar aspire à la tyrannie dont César nous écrase ? Je vous le répète, monseigneur, aigle pour aigle, joug pour joug, je n'en veux point. Laissez, laissez les deux barbares aux prises se combattre dans l'ombre. Hors d'Italie les barbares ! Tandis qu'ils se disputent son cadavre sanglant, ressuscitez-la, cette Italie au cercueil ; arrachez-là des langes de la mort ; armez ses mains meurtries de chaînes ; démentez le poète : qu'elle combatte une fois enfin avec une épée qui soit sienne ; qu'elle combatte pour elle ; qu'ombre vengeresse elle se lève, qu'elle renaisse pour régner. Ce rôle est beau, monseigneur, il est digne de vous. Écoutez, poursuivit-il avec impétuosité en saisissant *le Prince* de Machiavel ouvert sur la table du cardinal, écoutez ce que le grand Florentin écrivait à un Médicis il y a déjà trois siècles : — « Il ne faut pas laisser
» échapper cette occasion, afin que l'Italie voie apparaître enfin
» son rédempteur. Je ne puis dire avec quel amour, avec quelle
» soif de vengeance, avec quelle foi obstinée, quelle pitié, quelles
» larmes, il serait accueilli dans toutes ces provinces qui ont
» tant souffert des inondations étrangères. Quelles portes se fer-
» meraient pour lui ? quels peuples lui dénieraient l'obéissance
» quels rivaux lui seraient contraires ? quel Italien lui refuserait
» hommage ? Ce barbare empire est à tous odieux. Que votre
» illustre maison prenne donc cette résolution avec le courage,
» avec les espérances qu'inspire toute entreprise juste, afin que
» la patrie soit ennoblie sous vos enseignes... » — Ce que le Mé-

dicis n'a pas fait, continua Anselme en jetant le livre, faites-le, monseigneur. Il serait beau que le fils du peuple accomplît ce que le prince n'osa pas tenter. Ce qui était vrai il y a trois siècles, l'est plus encore aujourd'hui, et l'occasion n'est pas moins favorable. Vous touchez à la tiare, et la voix d'un pape qui dirait à l'Italie : Sois libre ! cette voix, monseigneur, retentirait comme la foudre et ferait de chaque homme un soldat.

— » Qui vous a dit que cette voix ne partirait pas du Vatican comme le cri d'égalité partit du Calvaire ? Qui vous a dit que le paisible airain des clochers d'Italie ne sonnerait pas, comme au moyen âge, le tocsin de l'indépendance et les Vêpres italiennes ? Qui vous a dit que les églises ne se convertiraient pas en forum, les chaires en tribunes ? que le cri de Jules II ne retentirait pas de l'Etna aux Alpes, et que son casque siérait mal à la tête blanche d'un autre pontife ? Allez, jeune homme, les pensées de Dieu ne sont pas vos pensées ; ses voies ne sont pas vos voies. Jean Procida était Sicilien ; qu'aujourd'hui la tiare ceigne le front du bâtard de Sicile, et demain l'Italie aura son rédempteur. Machiavel sera content. Mais je ne vous apprends rien là que vous ne sachiez déjà. N'êtes-vous pas sanfédiste et dans les secrets du consistoire ?

— » Quelle chute ! le consistoire après les Vêpres Siciliennes ! après Procida, après Machiavel, le marquis d'Ivrée, le duc de Télèse ! Et vous, fils du peuple, vous comptez sur ces mannequins féodaux ! Quant à moi, monseigneur, je ne crains pas de l'avouer ; votre éminence sait si ma haine de l'Autriche est ardente ; eh bien ! j'aimerais mieux voir l'Italie tout entière aux serres de la puissante aigle impériale que déchirée par la griffe avide de trois misérables vautours.

— » Mais ne voyez-vous donc pas que les vautours se déchireront eux-mêmes, qu'ils se dévoreront, et qu'échappée aux serres de cette aigle gibeline que nous abhorrons tous, notre Italie ne trouvera de paix et de salut que sous l'aile de la colombe romaine ?

— » Vous n'êtes donc pas sanfédiste, et vous voulez l'Italie une.

— » Je veux l'Italie forte, et toute force est dans l'unité. Je ne crois pas plus que vous au consistoire, mais je l'accepte comme un moyen. C'est à lui de porter les premiers coups, puisqu'il a des armées ; Rome, qui n'en a point, fera le reste par ma parole.

— » Monseigneur, dit Anselme avec calme et dignité, s'il est vrai que vous rêviez, vous aussi, l'unité italienne, et que vous aspiriez à réunir en un seul corps les membres dispersés de la péninsule de douleur, jurez sur le crucifix qu'une fois pape vous n'aurez pas d'autre pensée.

— » Je le jure ! dit le cardinal en étendant la main sur le corps du Crucifié ; je n'aurai jamais d'autre pensée.

— » Puisqu'il en est ainsi, reprit Anselme en mettant un genou en terre, je jure, moi, de me dévouer à votre fortune, et de vous faire, s'il le faut, de mon corps un marche-pied vers la tiare.

— » Votre fougue de jeune homme m'a devancé où je voulais vous conduire par un chemin plus lent et plus tranquille. J'accepte votre offre ; mais pas de serment avant de m'avoir entendu. Vous jurerez après si vous voulez. Je n'entends pas vous prendre par surprise ; ce ne serait digne ni de moi ni de vous. Écoutez-moi donc. Je vous ai dit hier au mont Mario, et je vous répète ici, que vous pouvez servir le grand dessein de ma vie et par moi sauver l'Italie. Mais il y va de votre tête, songez-y. Je suis sanfédiste, Anselme, mais je ne m'abuse pas plus que vous sur le consistoire ; je sais ce qu'il peut, et je ne lui demande rien de plus. Ce que je sais aussi, c'est que l'Italie ne manque pas de cœurs ardens, d'âmes fières et généreuses, qui abhorrent l'Autrichien, et qui sont prêts à mourir pour l'indépendance italique. Voilà les hommes dont je veux faire ma phalange macédonienne. Voulez-vous m'aider à les chercher ?

— » Descendez dans les cachots, monseigneur, c'est là que vous les trouverez.

— » Il en est ailleurs, et quoique les cachots n'en soient que trop peuplés, ils ne pourraient les contenir tous.

— » Ceux qui ne sont pas aux fers sont en exil, et ils sont en si grand nombre, que l'Europe n'en vit jamais tant. Mais enfin que voulez-vous d'eux ?

— » Je vous dis que j'en veux faire mon bataillon sacré. Mais ici les métaphores sont déplacées ; je vais m'expliquer clairement. » — Prenant sur la table un décret pontifical récemment forgé dans les antres sanguinaires du Vatican, il y lut ces mots : — « Sera puni de mort comme coupable de haute trahison qui- » conque sera surpris dans une vente de carbonari. » — M'entendez-vous maintenant ?

— » Je commence à vous comprendre. Après ?

— » Je n'ai plus qu'un mot à vous dire : Voulez-vous après cela être carbonaro ? Voilà ce que je demande de vous.

— » Mais que demandez-vous d'eux ?
— » Assistance et dévouement.
— » En revanche, que leur promettez-vous ?
— » La croisade italienne contre l'Autriche.
— » Et vous m'avez choisi pour être votre ambassadeur clandestin, votre interprète auprès d'eux ?
— » Oui ; mais songez-y bien, il y a derrière l'échafaud.
— » Parlons de vous et d'eux, non pas de moi.
— » Je connais leur nombre et leur puissance. Il faut qu'ils m'acceptent pour leur candidat à la tiare, et qu'ils me soutiennent de tous leurs moyens. Jadis le peuple de Viterbe força par son énergie l'élection de Grégoire X. Une démonstration des carbonari peut, en désespoir de cause, forcer la mienne, en intimidant le conclave et en lui dictant la loi.
— » Alphonse Petrucci fit élire Léon X au cri de : Vivent les jeunes gens ! Une fois pape, Léon X fit étrangler Alphonse Petrucci dans le château Saint-Ange. Voilà, monseigneur, ce que me répondraient les carbonari.
— » Mais vous, Anselme, ne croyez-vous donc pas à ma parole ?
— » J'y crois, moi ; mais eux, vous connaissent-ils, pour y croire ? Vous ont-ils entendu ce soir jurer sur le crucifix ? Étaient-ils hier au mont Mario ?
— » C'est à vous, Anselme, à porter la conviction dans leur âme. Si elle est dans la vôtre, elle passera dans la leur. Croyez-moi, la foi est électrique ; elle est contagieuse ; elle se gagne par la parole.
— » Dieu donc me donne une bouche d'or pour les convaincre ! De ce moment je suis carbonaro, et je vous jure fidélité.
— » Je prends le ciel à témoin qu'il n'y a de ma part ni dol ni surprise, et je vous répète, Anselme, pour la troisième fois, que vous jouez là votre tête.
— » Eh ! que m'importe de perdre la tête à ce jeu sanglant, si l'Italie y gagne l'indépendance ?
— » Mais, reprit le cardinal, aurez-vous les moyens de pénétrer dans les ventes des carbonari ?
— » Je les trouverai, monseigneur ; c'est mon affaire.
— » Allez donc, allez, âme généreuse : vous trouverez vos pareils dans ces camps souterrains où je vous envoie en otage. Tout ce qu'il y a de courage, tout ce qu'il y a d'avenir sous le ciel italien s'est réfugié là, je le sais, et c'est là, dans ces sources profondes et mystérieuses, qu'il faut retremper la vieille Italie.

Cette pensée, Anselme, elle germe là depuis longues années, et je bénis le ciel qui m'envoie au jour marqué un homme comme vous pour m'assister dans mon œuvre et pour l'accomplir. Si l'attente fut longue, si la roue de la fortune tourna pour moi lentement, mon jour est à la fin venu. Sixte-Quint va jeter sa béquille. »

Tout-à-coup on sonna violemment à la porte du cloître; et un moine se précipita dans la cellule. — « Monseigneur le camerlingue, dit-il tout essoufflé, fait prévenir votre éminence que le pape est mort. » — Cela dit, il sortit.

— « Le pape est mort ! s'écrièrent à la fois Anselme et le cardinal.

— » Mort ! » répéta le cardinal, et il s'évanouit.

La cloche du Capitole sonna la grande nouvelle, et le rappela à la vie.

— « Monseigneur, lui dit Anselme avec émotion, entendez-vous cette cloche? C'est le tocsin de la croisade italienne.

— » Déjà! répondit le cardinal en rouvrant les yeux; et si près du but, il oubliait ses quarante années d'attente. — Enfin! reprit-il après un silence; et il parut respirer plus à l'aise. Revenu tout-à-fait à lui-même, il tendit la main à Anselme avec tendresse, et il ajouta avec solennité : — Cette cloche est la cloche du ciel; c'est le signal du triomphe ou de la mort; la main de Dieu dresse en ce moment dans l'ombre un trône ou un échafaud.

— » Il dresse peut-être tous les deux, interrompit Anselme; mais que sa volonté se fasse! Pensons au trône d'abord, et vienne après l'échafaud !

— » Et vous plongez sans effroi la main dans l'urne fatale! Et si vous tirez noir, Anselme?

— » Eh bien! monseigneur, j'irais rejoindre les Gracques, Crescence le consul, Arnaud de Brescia, le tribun Rienzi, Porcari, tous les martyrs, en un mot, de la liberté romaine.

— » Heureuse jeunesse! s'écria le vieillard; âge de bénédiction, qui sait à tant d'insouciance unir tant d'intrépidité, tant d'audace! »

La cloche du Capitole sonnait toujours à grande volée, emplissant les ténèbres de sa voix de fer. Bientôt elle ne fut plus seule; réveillées en sursaut par elle, les cloches de Rome lui répondirent, et les cent cinquante églises de la cité sainte confondirent toutes leurs voix dans un vaste concert nocturne sans égal au monde.

Convié par tant de bouches à la fête mortuaire, le peuple roulait par torrens dans les rues; il débordait sur les places publiques, et sa grande voix se mêlait à toutes les autres. — Le pape est mort! le pape est mort! — Ce cri funèbre surnageait dans la tourmente et battait comme un flot terrible les murs de la cellule et le cœur du Sicilien; l'ouragan populaire était fécond, il allumait en passant l'ambition des vivans sur la poussière des morts, il érigeait un trône sur un cercueil.

Un long silence régna dans la cellule; Anselme le rompit. — « Monseigneur, dit-il, notre navire est à flots, lancé un mois avant l'heure. C'est à nous maintenant à le conduire dans cet orage.

— » Vous êtes mon pilote, » répondit le Sicilien. Et, après s'être renouvelé leurs sermens, ils se séparèrent.

XVI

PASQUIN.

La grande cloche du Capitole qui annonce au peuple romain et à la chrétienté la mort du pontife-roi sonne neuf jours et neuf nuits; la funèbre neuvaine se passe en prières, en psalmodies, en complots; théâtres, tribunaux, université, tout à Rome est suspendu; car avec le pape expire toute charge, toute affaire, tout plaisir. La souveraineté théocratique rentre au sein du Sacré-Collége; mais jusqu'à sa complète réunion, le chef de l'État est le cardinal camerlingue. Pape par intérim, il prend possession du palais pontifical; il bat monnaie à son nom et à ses armes; plus d'une éminence mit, dit-on, largement à profit sa souveraineté d'un jour.

L'interrègne crée aussi au peuple romain un des droits de la souveraineté, celui de prendre les armes; ce droit séculaire, on ne le lui conteste point, on le lui escamote. Voici comment. A chaque vacance, les conservateurs du peuple romain assemblent au Capitole le conseil des Cent, et là président à l'armement du peuple, c'est-à-dire qu'ils enrôlent, sous le nom de milice urbaine, une compagnie de deux cents hommes dévoués au Vatican et commandés par un capitaine pris dans la noblesse. L'enseigne est nommé par le camerlingue. Cette pacifique milice a son quartier général sous le portique même du Capitole; elle monte la garde aux quatorze quartiers de Rome, fait les rondes de nuit, et veille sur le Ghetto des Juifs et sur les ponts ; le pont Saint-Ange seul est en dehors de sa surveillance ; un antique privilége en confie la garde à l'illustre maison Mattei, qui met alors sur pied un corps de troupes à sa livrée. Voilà en quoi consiste l'armement du peuple romain.

Faite ou censée faite par lui, la police de la ville sainte appartient ou est censée appartenir au sénateur de Rome et aux caporioni qui, durant tout le conclave, arborent à leur porte le gonfalon de leur nullité, car ceci encore n'est qu'une fiction ; les caporioni, ou chefs de quartiers n'ont pas même l'autorité de simples commissaires de police, et le sénateur de Rome n'est qu'une ombre.

L'héritier des pères-conscrits jouait encore au moyen âge un noble rôle. Dictateur populaire, il était plutôt tribun que sénateur, et Brancaleone d'Andalo, qui abattit dans Rome tant de forteresses et tant de têtes féodales, laissa une longue renommée d'amour et de reconnaissance chez le peuple, de haine et de terreur chez les nobles. Déchue de siècle en siècle, l'autorité sénatoriale est tombée au dernier rang ; malgré son habit d'or, son collier d'or et son sceptre d'ivoire, le magistrat suprême de la ville éternelle n'est plus qu'une misérable édile dont la plus belle prérogative est d'ouvrir les courses de chevaux du carnaval. Cette toge écourtée n'en ceint pas moins les flancs altiers d'un prince ; il siége encore au Capitole, et ses trois adjoints, ses trois commis, tous les trois grands seigneurs comme lui et non moins superbes, prennent le titre pompeux de conservateurs du peuple romain.

Ainsi, dans la ville immobile tout est forme, tout est cérémonie ; l'esprit meurt, la lettre reste, et la lettre est éternelle.

Le pape était donc mort, trompant d'un mois toutes les prévisions de la médecine et de la politique. Ce coup de faux retentissant, qui jette l'un au sépulcre, l'autre à l'empire, avait tiré la vieille Rome de son sommeil de tous les jours, et donné une secousse à cette machine léthargique. Sortie brusquement de son inertie, toute la ville était sur pied ; mais ce mouvement routinier était stérile ; toute cette agitation frivole n'était pas de l'action. On allait, on venait ; mille groupes noircissaient les places ; peuple, princes, moines, marchands, Anglais, Russes, Français, toutes les nations, tous les états bourdonnaient là pêle-mêle. Les tricornes du clergé et les boutiquiers de Londres étaient en majorité. Plus vite oublié que refroidi, le pontife mort n'était rappelé que par quelque pasquinade sanglante ; enflammées par l'espérance, l'ambition, l'inconnu, les imaginations se tournaient toutes vers le pontife futur comme le fer à l'aimant.

C'étaient autant de conclaves en plein air. On y faisait et défaisait vingt papes; on pariait, malgré la bulle de Pie IV, qui interdit ces gageures sacriléges, on pariait pour tel ou tel cardinal comme pour une carte ou pour un cheval anglais, et mille inquisitions rivales exploraient à pleines voiles ces mers indiscrètes. Carbonari, sanfédistes, France, Autriche, tous les hôtels étrangers, toutes les sectes, tous les partis avaient leurs éclaireurs qui se croisaient dans l'ombre, se coudoyaient, se dressaient des piéges, et, déguisant leurs embuscades sous toutes sortes de masques, enlaçaient la foule d'un invisible réseau.

Telle est la place publique de Rome en ces jours d'interrègne et d'élection. La Rome des palais n'est ni moins vivante ni moins agitée. Les mêmes embûches que la basse diplomatie se tend dans les rues, la haute se les tend dans les salons. Toutes les excellences, toutes les éminences sont en campagne ; leurs carrosses, comme leurs espions, se croisent dans tous les sens, et sillonnent la foule qui s'ouvre devant eux et se referme comme la mer Rouge devant et après Moïse. Les ambassadeurs, en effet, sont les Moïses de la papauté; la colonne lumineuse qui guide aujourd'hui la barque de saint Pierre est l'étoile lointaine de ces cours d'outre-monts, qui jadis suivaient celle de Bethléem.

Debout comme un spectre au milieu des vieilles monarchies européennes, et vermoulue comme elles, la république élective du Vatican, sorte de Pologne sacerdotale, se distingue de toutes les cours par sa majestueuse inanité. Elle est esclave et porte au front les insignes de la royauté; elle est à la lisière des rois d'Europe; elle prend le mot d'ordre à Vienne, à Paris, à Pétersbourg, et elle joue la toute-puissance, et cette auréole fallacieuse trouve encore des yeux faibles à éblouir ; cette larve, des cœurs crédules qui croient en elle. Mais tout cela sent le cadavre; Rome n'est qu'un sépulcre blanchi.

La ville sainte et la chrétienté étaient depuis vingt-quatre heures sans chef; les intrigues et les complots se tramaient dans l'ombre ; le peuple de toutes les classes inondait les rues. Un groupe nombreux de Trastévérins était encore campé, aux derniers coups de l'angelus, sur le carrefour du palais Braschi, au pied de la statue classique de Pasquin, tapissée, suivant l'usage, d'ardentes épigrammes contre le pape mort et le pape à naître.

Ces satires sacramentelles sont un droit imprescriptible du peuple romain ; pour celui-là, il en use largement et avec impunité ; car ceux qu'elles déchirent n'ont plus de flatteurs, ou n'en ont pas encore. C'est d'ailleurs comme un soupirail naturel par où s'exhalent en paroles, s'évaporent en fumée, la colère et les rancunes de la multitude; toute secousse est si fatale au vieil édifice lézardé de la papauté, que, bien loin de fermer au volcan ce cratère inoffensif, la politique sacerdotale s'empresserait au besoin de l'ouvrir elle-même, tant l'idée seule d'une explosion l'épouvante. La maladresse d'un sbire trop zélé ou mal catéchisé menaça ce soir-là d'une tempête cette mer immobile et profonde.

Une heure de nuit venait de sonner à Saint-André-de-la-Vallée sans dissiper le groupe du palais Braschi. Les épigrammes de Pasquin volaient encore de bouche en bouche ; la foule riait des bonnes, et sifflait les mauvaises. Les plus sanglantes étaient les plus goûtées. Détaché du groupe à la faveur des ténèbres, un jeune peintre s'approcha de la statue véridique et y afficha furtivement une pasquinade en action qui dépassait toutes les autres en audace, en vérité. C'était un Christ sur la croix ; le cardinal camerlingue lui perçait le flanc d'un coup de lance, et de la blessure sortaient à gros bouillons, non du sang, mais des ducats, des écus, des sequins, un déluge d'or. Échelonnés à genoux au pied de la croix, le pape tendait la tiare, les cardinaux la barrette, les évêques la mitre, les abbés le chapeau carré ; il n'était pas mince tonsuré qui ne tendît sa calotte, et tous de chanter en chœur : CRUCIFIXUS ETIAM PRO NOBIS !

Lue à la clarté des torches, l'épigramme fit sensation ; déjà échauffée par les saturnales du jour, la multitude se livra bruyamment aux transports de sa verve satirique. Le sbire troubla la fête ; il arracha la peinture du marbre insolent, et saisit le peintre au collet. Mais le peuple prit parti pour le coupable, et la main vigoureuse du vieux Taddée enleva de terre le sbire, et l'assit, comme au pilori, sur la statue même de Pasquin.

— « Au Tibre ! au Tibre ! » — cria la foule irritée ; plus d'un bras était déjà levé pour s'emparer de la victime cramponnée au marbre mutilé, lorsqu'un escadron de carabiniers à cheval, débouchant brusquement de la place Navone, se rangea en bataille devant le palais Braschi, et éleva un mur de casques et d'épées entre le sbire et le peuple.

— « Au Tibre ! au Tibre ! criait toujours la foule. Au Tibre le sbire ! » — Et mille voix répétaient en chœur le cri de mort. C'était une rumeur sourde d'abord, puis éclatante comme la voix grossissante du tonnerre avant l'orage.

Descendus de leurs faubourgs, les enfans du Trastévéré étaient en force ; irritée par la résistance, la haine des sbires flamboyait dans leurs yeux, tonnait dans leur voix. Leur oracle, leur dictateur, maître Taddée, était leur centre de ralliement, et la plume de coq hissée à son chapeau pointu, l'aigrette qu'ils étaient tous prêts à suivre au combat.

Les armées n'étaient encore qu'en présence, et tout se serait peut-être passé en cris et en menaces, si un spectacle tragique, imprévu, n'eût donné le signal de la mêlée.

Attirés de Saint-André-de-la-Vallée au carrefour Braschi par les clameurs de leurs frères, quelques Trastévérins avaient, en passant, relevé un vieillard évanoui, mort de faim sous le portique du palais Massimi ; lui faisant une litière de leurs bras, ils le portaient en procession à l'église voisine des Agonisans. — « Place au mort ! » — criaient-ils d'une voix sombre ; le peuple s'ouvrait en silence devant le convoi du pauvre, et, baissant les torches sur ces traits pâles, décharnés, torturés par les convulsions de la faim, il reculait d'horreur et de pitié.

— Mort de faim ! mort de faim ! — Ce cri lugubre roula bientôt de bouche en bouche, frappa de cœur en cœur, et, donnant la secousse électrique aux masses attendries, indignées, il alla gronder de rue en rue, de place en place, et les échos des églises, des palais, des masures, répétèrent au loin dans la nuit : — Mort de faim ! mort de faim !

Cette diversion funèbre ne fit qu'attiser la colère au cœur de la multitude ; en lui rendant plus sensible encore, plus palpable, le Calvaire allégorique du peintre, elle la ramena plus terrible au sbire et aux carabiniers qui le protégeaient de leurs sabres.

Le corps du vieillard fut déposé sous le porche des Agonisans, comme le corps de César sur la tribune aux harangues, et, nouvel Antoine, le vieux Taddée, orateur populaire et chef né de toute sédition, monta sur une borne pour haranguer le peuple romain.

— « Frères, dit-il en montrant du doigt le cadavre gisant à ses pieds entre deux torches, c'est un des nôtres. Aujourd'hui lui, demain nous. Le peintre a raison, il est mort de faim parce que les robes rouges et les bas violets dévorent la substance du peuple. Trastévérins, nous sommes, nous, les vrais descendans des vieux Romains; rappelons-nous nos ancêtres, les maîtres du monde, et vengeons notre frère. » — Jetant à ces mots sur le cadavre son manteau de poil de chèvre : — « A l'eau le sbire! cria-t-il d'une voix foudroyante; ensuite on verra. A moi, enfans ! »

Un déluge de pierres obscurcit à ces mots les torches, les réverbères, et tomba avec un fracas épouvantable sur les casques des carabiniers; une charge de cavalerie répondit à cette brusque sommation, et un déluge de coups de sabre plut à son tour sur le feutre pointu des Trastévérins.

Mais cette énergique réplique ne décontenança point les fils intrépides du Janicule. Loin de rompre, ils se jetaient au milieu des escadrons, éventrant à coups de couteau les chevaux et les cavaliers. Quant au sbire, il avait profité du premier choc et gagné le large à la faveur du désordre et de la nuit; mais, l'objet et le prix du combat disparu, on ne s'en battait pas avec moins d'acharnement; les pierres et les coups de sabre ne cessaient de pleuvoir; la nocturne mêlée était sanglante, l'avantage égal des deux côtés.

Tout-à-coup le son lugubre et voilé de deux trompettes de deuil retentit dans la rue de Saint-Pantaleo et une clarté subite en perça les ténèbres. — « Le convoi du pape! s'écria Taddée d'une voix qui domina la mêlée. A genoux, enfans, à genoux ! » — Le combat cessa à l'instant, les carabiniers se replacèrent en ordre de bataille, les Trastévérins s'agenouillèrent, chapeau bas, et, tombé comme les Sabines aux milieu des combattans, le convoi pacifique du souverain pontife arriva sur le carrefour Braschi par le même chemin que le convoi belliqueux du mendiant.

Mort la veille au Quirinal, on transportait le pape au Vatican pour l'exposer à l'adoration des fidèles dans la chapelle Sixtine. Deux trompettes sourdes, escortées de deux gardes-nobles en habit rouge et en manteau noir, ouvraient le cortège funéraire. Quarante écuyers à cheval venaient ensuite, portant, les premiers des torches, les autres des cierges, et après eux le capitaine des Suisses marchait au milieu de sa garde. Précédée d'un maître des cérémonies à cheval et en soutane violette, la dépouille mortelle du vicaire de Jésus-Christ était portée dans une litière de velours cramoisi, bordée de franges d'or, ouverte de tous les côtés, et flanquée des pénitenciers de Saint-Pierre, qui, la torche à la main, murmuraient les prières des trépassés. Revêtu de la longue soutane, de l'aumusse d'hermine et du simple camauro

9.

de laine, le corps embaumé du pontife reposait sur des coussins de velours, et, symbole mort d'une idée morte aussi, cette figure blanche et silencieuse respirait dans le trépas une majesté presque divine. Telle est la puissance d'une idée, même dégénérée, même éteinte, que tout ce peuple à genoux contemplait le cadavre d'un œil ému, et la vue du vieillard expiré dans sa toute-puissance apaisa les orageuses passions que le vieillard expiré dans sa misère avait déchaînées.

Autour de la litière marchaient pesamment les Suisses, bardés de fer et la hallebarde au poing, image matérielle de ce moyen âge dont le pontife élu est la pensée. Janissaires pacifiques du prince temporel, comme les Suisses le sont du prince spirituel, la compagnie des gardes-nobles, en habit rouge et en manteau noir comme les premiers, défilaient deux à deux dans un profond silence, les banderoles et l'étendard renversés. Enfin sept lourds canons, escortés de bombardiers vêtus en peau de daim, fermaient le cortége.

Il traversa lentement le champ de bataille à la clarté des torches qui rougissaient le palais Braschi, Pasquin et l'église des Agonisans qui est en face ; au roulement sourd et monotone des tambours détendus, à la clameur étouffée des trompettes de deuil, aux oraisons des pénitenciers, s'unissait dans l'air le glas des cloches funèbres, qui sonnaient toutes sur le passage du convoi mortuaire, et se mariaient dans la nuit à la grande voix du Capitole.

Agenouillés sur le lieu même où ils venaient de combattre, les Trastévérins apaisés, et le vieux Taddée à leur tête, se relevèrent pour se mettre à la suite du cortége, et ils l'accompagnèrent jusqu'au Vatican en chantant en chœur un *De profundis* bas et lugubre. Loin d'inquiéter leur retraite, les carabiniers les imitèrent, et les deux armées ennemies arrivèrent ensemble sur la place de Saint-Pierre ; le convoi se déploya là dans toute sa pompe, et la dépouille mortelle du pontife entra dans le Vatican. Les carabiniers et les Trastévérins se quittèrent bons amis.

— Qu'eût-ce été d'un pape vivant, pensait Anselme, attiré par l'émeute au carrefour Braschi, si telle est sur eux la puissance d'un cadavre !

Cette expérience, qui justifiait si bien ce que lui et son ami Marius avaient dit peu de jours auparavant aux conjurés d'Asture, était pour lui superflue. Romain, il savait Rome ; et la dévotion du peuple à son pape, idolâtrie fétichique, ne lui était que trop connue. Il ne suivit pas le convoi ; il laissa les morts enterrer leurs morts : le sort des vivans le réclamait ailleurs. Le pape expiré, le rôle du conspirateur commençait ; l'heure de l'action avait sonné pour lui. Plein des projets de la veille, et missionnaire de la cellule de Saint-François, il s'achemina au Vélabre, où il avait convoqué pour cette nuit les principaux carbonari de Rome.

Arrivé devant ce magnifique palais de la Chancellerie que Bramante a bâti avec les travertins du Colossée, il crut s'apercevoir qu'il était suivi par une espèce de chiffonnier juif. Il pensa au Catalan : c'était lui. A la garde du sanfédiste moscovite le palais de Venise avait joint celle du carbonaro romain, et certes l'espion marse ne volait pas l'argent de l'Autriche. Il faisait son métier en conscience.

Anselme feignit de ne s'apercevoir de rien ; il avait son plan. Il descendit sur le Champ-de-Fleurs ; laissant à gauche, derrière le palais Pio, le quartier classique où jadis étaient le théâtre de Pompée, son portique à cent colonnes, et, près du temple de Vénus Victorieuse, cette cour du sénat où César tomba, un jour de fête, sous le poignard patricien de Brutus et de Cassius, il prit la route du Ghetto par la Madone-du-Pleur et la place Cenci.

Le Ghetto est le quartier maudit, le quartier du peuple d'Israël, cloaque infect, où croupissent six à sept cents familles entassées au milieu de chiffons fétides, le seul commerce que leur permette dans sa capitale le vengeur de Jésus-Christ. Les Juifs ont là leur synagogue et ne peuvent habiter en terre sainte. Gardée par des sentinelles, la caverne se ferme chaque soir à l'Ave-Maria, et tout Hébreu trouvé dehors après cette heure expie son crime par l'amende et par la prison. Or il était deux heures de nuit, et le Ghetto était clos depuis long-temps. Anselme s'approcha de la sentinelle, lui dit quelques mots à l'oreille et passa outre. Le Catalan, qui le suivait de loin pas à pas, déboucha à son tour de la place Cenci ; mais quand il voulut poursuivre son chemin, le factionnaire l'arrêta.

— « Chien de mécréant, lui dit-il brutalement, qui t'a permis de souiller à cette heure notre ville sainte ? Ne te souvient-il donc plus des deux Livournais qui viennent de payer de quarante écus d'amende et de quinze jours de prison une nuit passée dehors ? Au chenil ! et si je ne te fais pas payer l'amende, c'est que toi et toute ta boutique vous ne la valez pas. » — Sans écouter les protestations du faux enfant d'Israël, il le poussa dans la geôle à coups de crosse, et referma sur lui la lourde porte.

Ainsi débarrassé pour cette nuit de son Argus, Anselme continua sa route vers le Vélabre par des rues sombres, étroites, mais pleines de monumens de tous les âges. Vient d'abord la chapelle de Saint-Nicolas-en-Prison, élevée au neuvième siècle, non loin de l'antique porte Carmentale, sur les ruines de trois temples, dont l'un était dédié à l'Espérance ; vient ensuite l'église arménienne de Sainte-Marie-Égyptiaque, l'ancien temple de la Fortune Virile, élevé par l'esclave Tullius devenu roi. Des colonnes de tuf qui décoraient le péristyle, six sont encore sur pied. Vis-à-vis est la maison du tribun Rienzi, bâtie par le fils du consul Crescence. Trois pas plus loin s'élève le délicieux sanctuaire corinthien de Vesta, aujourd'hui Madone-du-Soleil. Rome n'a rien de plus pur, rien de plus gracieux que les vingt colonnes de marbre de Paros, toutes debout, qui le ceignent. Le Tibre coule au pied du ravissant portique, et en face est ce temple insolent de la Pudicité Patricienne, converti au christianisme par une confrérie grecque, sous le nom de Sainte-Marie-à-Cosmedin, *Cosmos*. L'antre de Cacus était plus bas, sous l'Aventin.

La place publique enfermée entre les deux sanctuaires est l'ancien Forum Boarium, où fut transportée d'Égine la fameuse génisse d'airain, et exhumé bien des siècles plus tard l'Hercule doré du Capitole. C'est là aussi qu'était dès les premiers temps l'Ara Maxima, le premier autel d'Hercule en Italie, autel mystérieux, autel redouté, où les Romains venaient jurer et prendre à témoin le fils de Jupiter : *Meherculè!* La place moderne s'appelle encore aujourd'hui Bouche-de-la-Vérité.

Toutes ces traditions primitives sont pleines de ténèbres ; mais un fait clair en ressort, l'antagonisme immémorial des deux montagnes patricienne et plébéienne. Évandre habite le Palatin ; il est fils d'une nymphe d'Arcadie : il est roi, il a un palais, des sujets, une forteresse : voilà le patriciat. Cacus habite l'Aventin ; il est industrieux, il est fils de Vulcain : il a de l'esprit, de l'invention ; il traîne les génisses par la queue afin de dépister les bergers : voilà le peuple. Évandre et Cacus sont en guerre. Celui-ci est formidable, l'autre tremble dans son palais. Arrive un étranger ; c'est Hercule, espèce de condottier d'aventure, qui se met aux gages d'Évandre et tue Cacus, c'est-à-dire qu'il sert les usurpations du patriciat et l'aide à écraser le peuple. De là ces honneurs extraordinaires, de là ce Grand-Autel élevé entre les deux montagnes rivales ; de là ces superstitions formidables dirigées toutes contre l'Aventin en faveur du Palatin ; car déjà alors le prêtre avait fait alliance avec le noble contre le peuple.

Et si Évandre est représenté par les historiens comme un homme religieux et Cacus comme un voleur, c'est que le peuple n'avait pas d'avocat; c'est qu'on le calomniait alors comme aujourd'hui; c'est que l'histoire était écrite, exploitée par les patriciens, et qu'en tout ceci ils ont altéré la vérité au profit de leur ordre, comme ils l'ont fait plus tard en parlant du Mont-Sacré, des Gracques, de Spartacus, de Catilina; comme ils le font encore pour les carbonari.

Cependant Anselme avait atteint le Vélabre. Délivré du Catalan pour la nuit, il songeait à s'en délivrer pour toujours; mais la réflexion lui démontra qu'il est bien plus sûr de connaître son ennemi, puisqu'on peut tourner ses piéges, et qu'il ne gagnerait rien à faire disparaître l'espion marse, puisqu'à défaut de celui-là le palais de Venise en trouverait mille autres pour le remplacer; il en est de cette race comme du rameau d'or de la forêt infernale : *Primo avulso, non deficit alter.*

XVII

LE PALAIS MADAME.

Veuf et relégué par haine des étrangers dans son vaste palais héréditaire, le prince d'Iesi n'y occupait, suivant l'usage des seigneurs romains, qu'un coin obscur et retiré, abandonnant à la solitude et à un éternel silence ces salles magnifiques, ces appartemens somptueux où ses ancêtres avaient convié l'antique noblesse à tant de festins, à tant de fêtes. Rien n'égale la tristesse de ces demeures féodales, déserts de marbre au sein des rues populeuses de la cité des ruines. Le vieux guelfe vivait là seul. Spectre du passé, enseveli dans son cercueil de pierre, il n'en sortait presque que pour s'aller ensevelir chez le cardinal de Pétralie dans une autre solitude non moins profonde; il ne faisait que changer de tombeau.

Ce soir-là pourtant il n'était pas seul. Assis avec lui autour d'une table de jeu mal éclairée, le marquis d'Ivrée et le duc de Telèse lui faisaient compagnie. Une lourde atmosphère d'ennui planait sur la trinité sanfédiste. — Atout. — Pique. — Jouez, monsieur le duc. — Carreau. — A vous, marquis. — Ces phrases brèves, jetées par longs intervalles au milieu du vaste silence, faisaient seules, avec les bons mots sacramentels de tout tapis vert, les frais de la conversation ; puis le silence, un silence de plomb, renaissait plus profond, plus morne.

On paraissait s'ennuyer fort ; mais l'ennui de personne n'égalait celui d'une jeune femme vêtue de noir, assise auprès des joueurs sur une large ottomane de cuir doré. C'était la fille du prince, la comtesse Antonia. Mariée à Rome, elle visitait son père chaque soir, et chaque soir s'y ennuyait immensément. Belle et moqueuse, elle était au supplice avec ces mannequins ridicules ; et n'ayant personne avec qui en rire, les fades complimens, les galanteries surannées du duc de Télèse n'étaient pas son moindre supplice. Le diplomate faisait l'aimable ; il lui racontait longuement et lourdement ses bonnes fortunes, à commencer par la reine Caroline d'Autriche, ne doutant pas qu'au nom seul de sa royale conquête une petite comtesse romaine ne fût éblouie, et, comme Sémélé en présence de Jupiter-Tonnant, ne se prosternât dans la poussière. Mais Jupiter tonnait, et Sémélé ne se prosternait pas, elle bâillait.

Son cœur était ailleurs. Passant depuis plus d'une heure de la pendule à la porte et de la porte à la pendule, son œil témoignait assez de sa distraction et d'une pénible attente. Un dépit visible se peignait sur ses traits et dans ses gestes brusques et impatiens.

Un jeune homme entra, et l'orage intérieur s'apaisa tout d'un coup. Brancador—c'était le nom du nouveau venu—était garde-noble du pape ; il revenait d'accompagner le convoi funèbre à Saint-Pierre, et il jeta en entrant sur une chaise son manteau noir. Il avait à peine vingt ans. Pupille et parent éloigné du prince d'Iesi, il n'en était pas moins carbonaro, plus, il est vrai, par entraînement, par oisiveté, que par principe et par conviction. Ce n'était au fond qu'un joli garçon fort étourdi, fort répandu, et qui n'ourdissait de conjurations que contre les femmes. Les salons de Rome n'avaient pas de plus hardi, et, partant, de plus heureux conspirateur.

— « Mon cher tuteur, dit-il au prince après avoir raconté l'émeute de Pasquin, un gentilhomme russe de mes amis, qui vous a vu je ne sais où, désire vous être présenté.

— » Et moi je désire qu'il ne me le soit pas, répondit le vieux guelfe avec son âpreté romaine. J'ai de vos ultramontains par-dessus la tête : je n'en veux plus voir ; et toi, si tu étais sage, et que tu suivisses mes conseils, il y a long-temps que tu n'en verrais plus. Ils perdent notre jeunesse, avec leurs maximes nouvelles, et si j'étais pape, il y a beau temps que notre sainte ville serait purgée de ce fléau.

— » C'est fort heureux, en vérité, que vous ne le soyez pas. Si jamais je suis cardinal, je ne vous donnerai pas ma voix. Que les étrangers cessent d'apporter à Rome de la vie et de l'argent, on y mourra de faim et d'ennui.

— » Et comment s'appelle votre Russe?

— » Le comte de Kaleff.

— » Quoi! cet intrigant qui vient nous voler..., » — Il allait dire Ancône ; la présence de sa fille et de son pupille l'arrêta tout court.

— » Nous voler quoi? demanda Brancador. Du moins, ce ne sont pas nos femmes, car il n'est pas beau, et la galanterie n'est pas son fort. C'est un vrai Tartare. Il ne chasse pas sur ces terres-là, lui ; et c'est bien pour cela, ajouta-t-il bas en allant s'asseoir à côté d'Antonia, que nous sommes si bons amis, et que je me fais son introducteur auprès de vous. »

Un instant troublé, le jeu du prince reprit son cours monotone et silencieux.

— « Que vous venez tard! dit la comtesse au jeune homme d'un ton de reproche. Vous savez combien je m'ennuie ici sans vous, et vous y arrivez le dernier ; vous m'y laissez seule des soirées entières ; vous n'avez point de pitié.

— » N'aviez-vous pas le duc de Télèse? répondit à voix basse le malicieux Romain. Vous êtes difficile, ma foi! Un duc, une excellence, l'amant d'une reine!... Mon Dieu! que les femmes sont singulières!

— » Vous mériteriez qu'elles le fussent moins, et qu'on se vengeât de vos impertinences. Mais qu'avez-vous donc à regarder déjà la pendule? Méditeriez-vous une fuite, par hasard?

— » Une fuite, non, mais une retraite. Une affaire importante...

— » Quel homme affairé! Et vous ne me reconduirez pas chez moi ce soir? Mon mari est à la campagne.

— » Un rendez-vous impérieux.....

— » Que m'importe votre rendez-vous? manquez-le. Si je m'en vais seule, je ne vous revois de ma vie. »

A ces mots, Antonia se leva brusquement, et cinq minutes après, sa voiture roulait dans le Cours. Elle n'y était pas seule.

Arrivée chez elle, la jalouse Romaine donna un libre essor à sa colère, et accabla Brancador de reproches.

— « Vous ne me parlez plus, lui dit-elle avec emportement,

que d'affaires et de rendez-vous ! Quelles sont ces affaires ? Avec qui ces rendez-vous ? Je veux le savoir. Votre conduite est indigne ; vous me trompez, et vous me payez de protestations auxquelles je ne crois plus ; je suis lasse d'être jouée et bien résolue à ne plus l'être. Où allez-vous tous les soirs ? Je veux le savoir, vous dis-je. Si c'est une femme, Brancador, prenez garde ; ma vengeance sera terrible ; vous me connaissez. Je suis trop bonne, en vérité, de sacrifier à un jeune étourdi mes vingt ans, lorsque tant d'autres, qui tous valent mieux que vous, baiseraient, si je le voulais, la poussière de mes pas. Ne dirait-on pas qu'il me fait beaucoup d'honneur en m'aimant ? Mais tout cela va finir. Je suis lasse de vous. Vous m'ennuyez à la mort. Je ne veux plus vous voir ; allez, monsieur, à vos affaires importantes, à vos rendez-vous impérieux. » — Et, l'œil animé, le teint brûlant, la comtesse se jeta sur un sofa, bien résolue à bouder.

Brancador se plaça debout devant elle, les bras croisés, le sourire sur les lèvres, et après l'avoir contemplée quelque temps en silence : — « Ah çà ! ma chère Antonia, êtes-vous tombée en démence, pour me traiter ainsi sans raison ? Où donc une femme si gracieuse peut-elle trouver des paroles si dures ?

— » La flatterie est impertinente quand le cœur dément les lèvres, » répondit la fière comtesse avec une nonchalance et un sourire de dédain. Elle continua à bouder et à tenir les yeux fixés au parquet, quoiqu'elle fût au fond désarmée.

— « Allons, reprit le jeune homme avec une bonhomie pleine de grâce, ne sois plus folle, ma petite Tonia, et ne boude plus. Tu sais bien que je n'aime que toi, et que tu n'as point de rivale parce que tu n'en peux pas avoir. Faisons la paix. » — Il s'approcha les bras ouverts pour l'embrasser ; mais elle le repoussa.

— « Non ! non ! s'écria-t-elle vivement, mais toujours sans le regarder ; ce que j'ai dit est dit, je ne veux pas m'en dédire. Vous êtes un indigne.

— » Je te rends grâce d'être plus que moi-même soigneuse de mon honneur. Tu ne veux pas que je triomphe sans combat, et je t'en remercie ; tu m'épargnes l'humiliation d'une trop facile victoire. Je saurai la mériter, et si tu me refuses le baiser de paix, tu ne m'empêcheras pas du moins de venir le conquérir à tes pieds.

A vaincre sans combat on triomphe sans gloire. »

Moitié tendre, moitié railleur, l'aimable conquérant vint tomber aux genoux de sa maîtresse apaisée.

— « Tu restes, n'est-ce pas ? dit-elle en lui tendant sa belle main.

— » Je t'aime, reprit Brancador en couvrant de baisers la main qu'on lui livrait ; je t'aime plus ce soir que je t'aie jamais aimée.

— » Tu restes donc?

— » Jamais tes yeux n'ont brillé d'un éclat si vif. Ta beauté est irrésistible.

— » Or çà, monsieur le flatteur, vous plaira-t-il enfin de me répondre oui ou non? Restez-vous?

— » Je reviendrai, ma chère ; mais laissons cela, de grâce. Parlons de notre amour. Quand on est belle comme toi, on n'a personne à craindre, et l'on n'a pas le droit d'être jalouse. Quelle rivale oserait se mesurer avec toi? Quelle étoile ne pâlirait devant la tienne? Connais mieux ton empire et repose-toi dans ta force et dans ta beauté. Tiens, ajouta-t-il en riant, sais-tu de qui tu es jalouse? Du comte de Kaleff. C'est avec lui que j'ai affaire ; je ne serai pas absent une heure, pas un quart d'heure. » — Le fait est qu'il avait rendez-vous avec le sanfédiste moscovite pour le conduire à l'assemblée des carbonari du Vélabre.

— « Brancador, dit la comtesse tout d'un coup sérieuse, vous êtes un serpent. Écoutez-moi, continua-t-elle en retirant sa main : un soupçon m'est venu depuis que vous parlez tant d'affaires et de rendez-vous ; tout cela m'est suspect. Je suis sûre que vous n'aimez que moi et que je n'ai pas de femme pour rivale : vous me l'avez dit, je le crois ; mais j'ai des rivaux, et je suis jalouse de tous ceux, hommes et femmes, qui me disputent votre temps, sinon votre amour. Ces rivaux, je les connais, ce sont des jeunes gens compromis. Vos rendez-vous sont avec eux, et je devine les affaires que vous avez ensemble ; si elles étaient honorables, vous me les diriez. Votre silence vous accuse et m'en dit plus que vous n'en cachez. Parlez-moi franchement : vous êtes carbonaro, n'est-ce pas?

— » Carbonaro! moi? s'écria Brancador en éclatant de rire. Parfait! parfait! Le pupille du prince d'Iesi un carbonaro! L'invention est divine. C'est à mourir de rire.

— » Riez, riez ; votre rire n'est pas sincère. Vous vous défendez mal ; vous ne savez pas mentir, et je vous en félicite. Du reste, je ne vous demande pas votre secret ; je l'ai.

— » Serait-ce après tout un si grand crime que d'être carbonaro, et m'en aimeriez-vous moins? Eh quoi! on sera Romain, on sera esclave, on consumera aux genoux des femmes plus d'énergie qu'il n'en faudrait pour commander des armées, et il ne sera pas permis de donner une pensée à la patrie! Et cette Italie, que l'on foule aux pieds, il ne sera pas permis de pleurer sur elle, de songer à sa gloire, à sa délivrance ! Et c'est vous qui m'en feriez un crime ! Allez, vous n'êtes pas Romaine, et il vous faut des adorateurs comme le duc de Télèse. Oui, madame, je suis carbonaro, et je m'en glorifie.

— » Vous êtes un imprudent ; vous vous jetez à l'aveugle dans des projets irréalisables et dans des dangers certains. Vous me disiez que j'étais en démence, c'est vous qui l'êtes ; vous vous bercez de folles chimères, vous tachez votre grand nom d'une souillure dont vous devriez rougir, vous liez votre fortune à un tas d'hommes sans aveu : c'est du dernier mauvais ton ; vos carbonari sont des gens de rien, ils sont tous de la lie du peuple. Ce n'est pas là votre place. Je ne parle pas de moi ; mais il est clair maintenant que vous ne m'aimez pas, puisque vous vous souciez si peu de mes alarmes et que vous en faites si bon marché. Vous n'êtes qu'un égoïste, vous vous plaisez à mes terreurs. L'amour n'est pour vous autres hommes qu'un jeu, et les femmes un hochet dont vous vous amusez et que vous brisez ensuite. Mais je serai plus sage que vous ; j'ai sur vous des droits, j'en userai. Vous ne vous appartenez pas, vous êtes à moi, et je saurai bien vous empêcher de livrer aux échafauds une tête sur laquelle repose un si bel avenir, dont Dieu m'a donné la garde, et que vous jouez comme un enfant. Vous êtes un impie ; mais le sacrilége ne se consommera pas. Si votre raison dort, mon amour veille. »

Brancador sentit l'énorme faute qu'il venait de commettre ; tout honteux de son parjure — car c'en était un — il chercha à réparer le mal ; mais il était trop tard, le trait était lâché, le coup avait porté.

— » Eh quoi ! dit-il, ma petite Tonia, tu as donc pris au sérieux toutes les fariboles que je viens de te débiter ? Et tu crois bonnement que si j'étais carbonaro je te le dirais ! Mais quel philtre as-tu donc bu ce soir, pour avoir l'esprit si troublé et l'imagination si inflammable ? Moi ! faire de la politique ! quelle injure ! C'est une horreur de calomnier un homme ainsi. Un tel outrage crie vengeance. A genoux, madame ; vous avez forfait à l'amour ; mais on vous pardonne en considération de votre beauté, et, moins implacable que vous, on veut bien vous accorder le baiser de paix. Allez, ne péchez plus. »

En prononçant ces derniers mots, l'étourdi embrassa la comtesse, et, se drapant à l'antique dans son manteau noir, il sortit d'un pas théâtral. Cette fois Antonia ne le retint pas ; l'artificieuse Romaine avait ses vues.

Du Cours où elle habitait, Brancador descendit au Forum par la place de Venise, la rue de Marforio, et du Forum au Vélabre par la rue solitaire des Grâces. Ce quartier est le plus désert de Rome ; à peine s'y élève-t-il quelques maisons. Resserré entre le Tibre et le mont Palatin, c'était jadis un marais, et il est plein de souvenirs, plein de ruines. C'est là que furent exposés les deux jumeaux de Numitor, et c'est de ce marécage que l'aigle romaine prit son gigantesque vol.

Le plus bel ornement du Vélabre est l'arc ou portique de Janus Quatre-Fronts, monument tout à la fois de paix et de guerre. Fortifié au moyen âge par les Frangipani, et couronné aujourd'hui de longues herbes et de créneaux en ruine, il est encore debout. L'ignoble adulation des banquiers, toujours et partout les mêmes, en avait érigé tout auprès un autre de marbre blanc, en l'honneur de Septime-Sévère et de Caracalla, et ce second est en pied comme son voisin. Plus bas est le Grand-Égout monumental attribué à Tarquin, mais qui a bien plutôt l'air d'une création cyclopéenne, tant il ressemble, par sa structure et par sa solidité, aux murs pélasgiques des montagnes latines. Il débouche au Tibre sous le charmant temple de Vesta.

Arrivé devant la vieille église de Saint-Georges, Brancador s'arrêta. Une ombre parut se mouvoir près de lui dans les ténèbres. C'était le comte de Kaleff qui l'attendait. — « Ce lieu-ci, lui dit le Romain quand la reconnaissance fut faite, est célèbre dans nos annales. C'est à la porte même de cette église que le tribun Rienzi afficha, il y a cinq siècles, le programme de la république romaine, ou, comme il disait, du Bon-État. Il tint sa première assemblée nocturne là-haut sur l'Aventin. Mais, nous, allons à la nôtre ; il est déjà bien tard. »

Préoccupés l'un et l'autre de guerre et de révolution, les deux conspirateurs traversèrent en silence l'arc du pacifique Janus. Comme ils entraient, non loin, dans une petite maison obscure et délabrée, le comte de Kaleff saisit Brancador par le bras : — « On nous épie, lui dit-il à voix basse. J'ai vu quelqu'un fuir du côté de l'arc de Sévère. Je crois que c'est une femme. »

Ils revinrent sur leurs pas et parcoururent les ruines sombres et silencieuses ; mais ne découvrant rien, ils crurent s'être trompés et entrèrent dans la maison.

Ils ne s'étaient pas trompés. Une femme les avait épiés ; cette femme était la comtesse Antonia. Convaincue que Brancador, malgré ses dénégations, était carbonaro, et qu'il la sacrifiait à quelque conciliabule politique, elle avait surmonté les terreurs de la nuit et de ces quartiers perdus, elle l'avait suivi de loin pour découvrir le lieu du complot, et tirer une éclatante vengeance de ces odieux conspirateurs, qu'elle haïssait doublement et comme carbonari et comme rivaux. Sa jalousie passionnée ne connaissait pas de sexe, et jurait indistinctement la ruine de tout ce qui se trouvait entre elle et son amant.

Arrivée au Vélabre, ses soupçons, déjà si forts, s'étaient changés en certitude. La solitude, l'obscurité du lieu, la reconnaissance mystérieuse de Brancador et du comte, l'apologie de Rienzi, chacune de leurs paroles avaient été pour elle autant d'éclairs dans cette nuit sinistre. Elle avait reconnu la maison, et, pleine d'une joie infernale, elle avait pris des ailes pour la vengeance. C'est en ce moment qu'elle avait été entrevue par M. de Kaleff; mais les deux conjurés n'avaient pas atteint l'arc de Janus, qu'elle avait regagné le Forum.

Enveloppée dans sa mante, elle volait plus qu'elle ne marchait sous les hauteurs du Capitole et de la roche Tarpéienne. A voir cette jeune femme essoufflée courir ainsi seule et dans l'ombre à travers les colonnes des temples et les arcs de triomphe, la superstition du peuple romain l'aurait prise, sans aucun doute, pour la belle Tarpéia échappée de son palais souterrain. La jeune païenne livra le Capitole à ses ennemis; la chrétienne allait livrer les siens au Vatican.

Aiguillonnée par la fièvre de son projet funeste, elle ne fit qu'un vol du Forum au palais Madame, édifice somptueux bâti par Catherine de Médicis sur les Thermes de Néron, et affecté par le pape Lambertini au ministre de la police romaine et à ses argus.

— « Il faut, dit Antonia aux gardes, que je voie sur-le-champ monseigneur le gouverneur. »

Introduite aussitôt, elle se précipita plus qu'elle n'entra dans son cabinet.

— « Vous ici, à cette heure, madame la comtesse! lui dit le prélat en faisant un pas vers elle et lui baisant la main avec une galanterie toute mondaine. A quoi dois-je l'honneur d'une telle visite? »

Hors d'haleine, Antonia ne put répondre; la voix lui manqua, elle tomba sans voix sur un siége.

— « Votre agitation m'effraie, madame; permettez-moi d'appeler mon médecin.

— « Je vous prie, monseigneur, de n'en rien faire. Je suis tout-à-fait remise, et j'ai plus besoin de vous que de lui.

— » Je suis à vos ordres ; parlez, madame la comtesse.

— » Monseigneur, reprit Antonia d'un ton résolu, une bande de carbonari conspire en ce moment la ruine de Rome ; je sais où ils sont rassemblés ; pour un seul que je veux sauver et dont je vous demande la grâce, je vous livre tous les autres. Le marché vous convient-il?

— » Il est conclu. Quelle garantie exigez-vous ?

— » Votre parole me suffit. Partons. Pour prévenir toute méprise, je veux servir moi-même de guide à vos gens.

— » En ce cas, madame la comtesse ne me refusera pas l'honneur de lui servir d'escorte. »

A ces mots, le gouverneur de Rome donna ordre que l'on mît à l'instant sur pied une escouade de sbires et une compagnie de carabiniers. La résolution passionnée de la vindicative Romaine résista à l'horreur de ces apprêts sanguinaires. Trop lents même au gré de sa vengeance, elle n'y intervint que pour en hâter encore la rapidité meurtrière. Son sein battait avec une violence convulsive ; son œil jetait des flammes sinistres ; ses joues étaient pâles, ses lèvres tremblantes et livides. Ce n'était plus la bacchante amoureuse, c'était la bacchante outragée, furieuse, acharnée aux pas d'Orphée.

Enfin on partit.

XVIII

LE VÉLABRE.

Cependant les carbonari de Rome étaient réunis au Vélabre en vente solennelle, sous la présidence d'Anselme, vénérable grand-maître grand-élu de l'ordre. La grotte triangulaire, mais tronquée aux trois pointes, était illuminée par les trois flambeaux mystiques suspendus à chacun des angles en forme de soleil, de lune et d'étoile. L'angle supérieur figure l'orient ; c'est là qu'est placé le trône du vénérable. En face, au milieu de la ligne d'occident, est l'entrée de la grotte, défendue par deux gardiens armés d'un sabre d'or en forme de feu, comme le glaive de l'ange d'Éden. La ligne qui de la droite du vénérable descend à la base se nomme Midi, celle de gauche Septentrion. Au sommet de la première et à côté du trône s'élève la tribune de l'orateur, et toutes deux sont terminées par un surveillant chargé de maintenir l'ordre sur sa file. Celui du midi s'appelle premier éclaireur, celui du septentrion second éclaireur. Les siéges sont disposés sur les deux lignes, et tendus tous de drap rouge semé de flammes d'or. Tapissées de tentures bleues, les parois de la grotte sont couvertes de peintures carboniques.

Revêtus du costume sacramentel de l'ordre, les adeptes étaient rangés en silence sur les deux lignes. Leur turban rouge comme celui des patriarches, leurs sandales et leur tunique bleues, leur longue robe noire et leur large ceinture armée de la hache et du poignard, donnaient à l'occulte assemblée une physionomie guerrière à la fois et sacerdotale.

Assis à l'orient sur son trône, Anselme ne se distinguait des autres grands-maîtres grands-élus que par un large ruban moiré passé en sautoir autour de son cou. Insigne mystérieux de sa dignité, ce ruban était aux trois couleurs de la république ausonienne, et trois joyaux symboliques y brillaient suspendus : un soleil d'or, un globe vert et un triangle azur, image de Dieu. Les manches de sa robe étaient serrées au poignet par des bracelets bleu céleste.

Quand les adeptes furent tous debout à leur place, Anselme donna le signal par un coup de hachette que répétèrent les deux éclaireurs, et il prononça à haute voix la prière suivante : — « A » la gloire de notre bon cousin maître de l'univers ! Nous vous » prions de nous protéger dans nos augustes travaux ; et faites, » grand Dieu ! que la paix et l'union règnent au milieu de nous. »
— Après les applaudissemens d'usage, il ajouta :

— « Bon cousin premier éclaireur, quelle heure est-il ? »

Le premier éclaireur répondit : — « Vénérable grand-élu, le tocsin sonne de toutes parts et retentit jusque dans la profondeur de notre grotte : je pense que c'est le signal du grand réveil des hommes libres, et qu'il est minuit. »

Anselme reprit : — « Bon cousin, second éclaireur, à quelle heure doivent s'ouvrir nos travaux mystérieux ? »

Le second éclaireur répondit : — « A minuit, vénérable grand-élu, lorsque les masses populaires, réveillées par les bons cousins-directeurs, se lèvent contre la tyrannie.

— » Bons cousins, gardiens de notre asile, continua Anselme, êtes-vous sûrs qu'il ne s'est glissé parmi nous aucun profane, et que les carbonari réunis dans cette vente sont bien tous grands-maîtres grands-élus ?

— » Oui, vénérable grand-maître, répondirent les gardiens.

Les introducteurs ont fait leur devoir ; il n'existe ici ni profane ni carbonaro subalterne.

— » Puisque tout est si bien disposé, je vous invite, mes bons cousins, à m'assister dans l'ouverture de nos travaux nocturnes en célébrant avec moi le sextuple avantage. A moi, mes bons cousins ! — Au Créateur de l'univers ! — Au Christ, son envoyé sur la terre pour y fonder la philosophie, la liberté, l'égalité ! — A ses apôtres et prédicateurs ! — A saint Tibaldo, notre patron ! — A François Ier, protecteur de l'ordre ! — A la chute éternelle de toutes les tyrannies ! — A l'avènement des peuples et d'une liberté sans fin ! » — Les sept avantages célébrés par les acclamations consacrées, le vénérable déclara la vente ouverte ; les membres s'assirent, et les travaux commencèrent.

Après la lecture du procès-verbal : — « Étoile de nos assemblées nocturnes, dit Anselme, bon cousin notre orateur, vous avez la parole. »

L'orateur se leva et prononça un discours où, après avoir fait un tableau riant du printemps de la terre et de la simplicité des âges saturniens, il en fit un lugubre des premières usurpations et des premières tyrannies. Passant aux époques historiques, il parcourut rapidement toutes les phases des républiques anciennes et modernes, et, s'arrêtant à l'Italie, il célébra ses grandeurs passées, il gémit sur ses adversités, il chargea d'anathèmes ses oppresseurs. — « C'est pour en purger le sol italien, poursuivit-il, que nos aïeux, les premiers bons cousins, ont fondé le respectable carbonarisme. Exilées du monde, n'osant paraître à la lumière du soleil, la liberté, l'égalité se réfugièrent dans les forêts ; elles se cachèrent dans les grottes ; elles ceignirent cette robe virile dont nous sommes revêtus ; elles aiguisèrent dans l'ombres des ventes la hache et le poignard, et jurèrent la délivrance de la belle Ausonie. Ce serment sacré, nous l'avons tous répété. Le moment approche ; le tocsin va sonner, les peuples sont en marche, et l'Ausonie régénérée ne va bientôt former qu'une seule famille unie et florissante.

— » Maintenant, reprit Anselme, que notre bon cousin l'orateur nous a rappelé le saint but qui nous rassemble, il nous reste à discuter les moyens de fonder la grande république ausonienne sur une liberté forte, incorruptible. Le pape est mort, le conclave s'ouvre dans huit jours, et avec lui la nouvelle ère de l'Italie. Une dernière vente assignera à chacun son rôle dans ce grand œuvre. Quant à nos plans, vous les connaissez, c'est chose convenue depuis long-temps. C'est de Rome, centre naturel de la république italique, que jaillira l'étincelle, et l'incendie, étendu de proche en proche, envahira jusqu'aux dernières limites de la Péninsule, comme du soleil, centre et foyer commun, la chaleur et la lumière rayonnent jusqu'aux lointaines planètes. Le soulèvement opéré, le gouvernement provisoire convoquera à Rome un congrès ou concile italien dont le noyau est en ce moment dans la tour d'Asture. Vous voyez, grands-maîtres grands-élus, continua-t-il, que les plus sages précautions ont été prises pour l'accomplissement de nos grands desseins. Ils sont infaillibles, et beaucoup d'entre nous, mes bons cousins, vont être bientôt appelés à gouverner le peuple d'Ausonie. N'oubliez pas, lorsque vous aurez échangé contre la toge et la pourpre romaine cette robe de grand-maître dont la couleur noire indique le deuil des hommes libres, n'oubliez pas qu'élevés pour un temps au-dessus du niveau de l'égalité, vous devez, après sept ans, redescendre et vous confondre pour le reste de vos jours dans la foule des citoyens. Songez aux sermens terribles prononcés par nous tous dans cette enceinte. Malheur aux traîtres et aux parjures !

— » Vénérable grand-élu, interrompit le premier éclaireur, je propose, au nom de tous les bons cousins de ma ligne, de renouveler solennellement le serment secret. »

Le second éclaireur fit la même demande pour la ligne du Septentrion, et, appuyé par l'orateur au nom de tous les dignitaires de la vente, la proposition fut mise aux voix et adoptée.

Tous les assistans descendirent au milieu de la grotte, et s'y alignèrent en triangle tronqué. Entouré des dignitaires, le vénérable se plaça à l'angle oriental : — « La forme mystérieuse et sacrée, dit-il, est parfaite, mes bons cousins. Implorez intérieurement de la toute-puissance de Dieu la force de tenir le serment terrible que vous allez prononcer devant lui, et tombez au pied du signe de régénération et d'égalité, emblème sanglant des lumières philosophiques. A genoux, mes bons cousins. »

Les adeptes mirent un genou en terre ; ils élevèrent la main droite au-dessus de la tête en l'étendant vers le crucifix, et appuyèrent la gauche sur le cœur, le poing fermé, comme s'ils eussent tenu un poignard, prêts à s'en frapper.

Seul debout, Anselme lut au milieu d'un profond silence la formule suivante : — « Moi, citoyen libre de l'Ausonie, je jure,
» en présence du grand-maître de l'univers et du grand-élu bon
» cousin, de consacrer ma vie au triomphe des principes sacrés
» qui sont l'âme de toutes les actions secrètes et publiques du

» respectable carbonarisme; je jure de propager l'égalité dans
» toutes les âmes sur qui je peux avoir de l'ascendant; et si l'on
» ne peut sans combattre rétablir la liberté italienne, je jure de
» verser mon sang pour elle et de lui être fidèle jusqu'à la mort.
» Je me dévoue, si j'ai le malheur d'être parjure à mes sermens,
» à être immolé par mes bons cousins les grands-élus de la ma-
» nière la plus souffrante, à être mis en croix au sein d'une
» vente, nu, couronné d'épines comme Jésus, notre bon cousin
» et notre modèle; je consens que mon ventre soit ouvert avant
» ma mort, mon cœur et mes entrailles arrachés et brûlés, mes
» membres coupés, dispersés, et mon corps privé de sépulture. »
Telles sont, ajouta Anselme, nos obligations à tous, mes bons
cousins; jurez-vous de vous y conformer?

— » Nous le jurons!

— » Dieu vous entend, s'écria le vénérable; son tonnerre
gronde, vos sermens sont acceptés. Le peuple est prêt à combattre, il triomphera. Malheur à vous si vous lui deveniez infidèles! Reprenez vos places, mes bons cousins. »

Quand l'ordre fut rétabli il ajouta : — « Il va maintenant
vous être fait, par notre bon cousin l'orateur, une septième et
dernière lecture du pacte social tel qu'il sera soumis à la sanction de la nation ausonienne. Vous voterez après cela sur l'ensemble, et ce vote sera définitif. »

La lecture terminée, un membre demanda la parole : — « Je
propose, dit-il, un article additionnel ainsi conçu : « Les tom-
» beaux des grands hommes et des bienfaiteurs de la république
» seront élevés le long des grandes routes aux frais de l'État.
» Les monumens seront simples, mais de nature pourtant à at-
» tirer les regards des citoyens. La statue des morts ne pourra
» être placée sur leur mausolée que par un décret spécial de l'as-
» semblée souveraine. Une inscription courte et en langue vul-
» gaire indiquera le nom et la patrie du mort, ses principales
» actions, le jour de sa naissance, celui de son décès, l'ordre et
» le nom de l'autorité qui lui aura décerné le monument. »

L'article fut mis aux voix et adopté. On passa ensuite au vote
général; tous les assistans se levèrent en masse, et le pacte social de la république ausonienne fut accepté à l'unanimité. Anselme reprit la parole et entama en ces termes la négociation délicate du cloître de Saint-François :

— « Nos plus grands ennemis, dit-il, ne sont pas dans nos
murs, ils sont à nos portes. Eussions-nous détrôné, anéanti tous
les tyrans nains de l'Italie, nous n'aurions fait encore que bâtir

sur le sable; notre édifice croulerait bientôt. Les désastres du passé nous l'ont assez prouvé. Ce dont il s'agit d'abord et avant tout, et à tout prix, c'est d'une croisade contre l'étranger. Accroupi sur les Alpes et les pieds dans le Pô, le monstre autrichien est comme le Cerbère de l'enfer italique. Voilà notre ennemi; c'est contre lui qu'il faut passionner toutes les âmes, armer tous les bras; c'est sur lui qu'il faut frapper tous les coups; car lui seul est à craindre, et sa chute entraînera celle de toute la cour infernale. Amis, ne nous faisons pas d'illusions, ne nous berçons pas de chimères; façonné à la servitude depuis des siècles, notre peuple est inerte; il faut pour le mouvoir des motifs, un intérêt. Or il a un reste de croyances héréditaires, il a des superstitions non moins puissantes dont le prêtre dispose encore et qu'il peut armer à son gré pour ou contre la liberté. Que la voix séculaire du Vatican s'unisse à nous pour prêcher la croisade italienne, et le peuple des villes, le peuple des campagnes surtout se lèvera contre l'Autrichien, comme l'Europe se leva jadis contre l'infidèle. Il ne faut pour cela qu'un pape à nous. Je vois votre étonnement; mais écoutez-moi jusqu'au bout. Avec un pape à nous, nous avons d'abord le peuple de Rome : vous savez tous son idolâtrie, et l'émeute du carrefour Braschi gronde encore pour nous instruire; nous avons le peuple italien tout entier. Un pape républicain ne fera pas la révolution, il la consolidera. Ce pape, il existe, j'ai sa parole. Candidat mystérieux, inconnu, il va entrer au conclave cardinal : c'est à nous à faire sortir son nom de l'urne, et la bulle révolutionnaire retentira comme la foudre des Alpes à l'Etna. »

On frappa en ce moment à la porte de la grotte. Les gardiens en donnèrent avis au second éclaireur, qui en fit part au premier, et celui-ci au vénérable. Le maître des cérémonies fut envoyé aux informations. Il sortit et rentra l'instant d'après avec Brancador.

— « Vénérable grand-élu, dit l'amant d'Antonia, j'amène le comte de Kaleff, l'émissaire russe annoncé. Il a des communications importantes à faire à l'ordre, de la part de son souverain. Je demande qu'il soit introduit dans la grotte et entendu après les épreuves d'usage. Je suis son parrain et je réponds de lui. » Cela dit, Brancador prit place sur sa ligne, et s'assit.

— « Je connais ce Russe, répondi Anselme; j'ai pris sur lui des informations, et sans suspecter en rien l'honneur de notre bon cousin Brancador, sans craindre de la part de son client une trahison, je propose pourtant de ne l'initier qu'avec circonspection à nos mystères, et de ne lui faire qu'une demi-révélation. Je sais d'ailleurs ce qu'il nous veut. Nos frères de Naples ont eu foi dans la Russie, et le Cilento expie leur crédulité. Écoutons-les, ses promesses fallacieuses ; n'y croyons pas ; mais servons-nous-en pour entraîner les timides. Quant à nous, mes bons cousins ici présens, nous ne voulons pas plus du Tartare que du Germain, parce que nous voulons être libres, et non pas changer de maîtres. Nous n'avons foi, nous, qu'en la justice ; et s'il y a un Dieu, nous triompherons avec elle et par elle. »

L'avis d'Anselme parut bon ; la vente s'y rangea. Mise ensuite aux voix, l'introduction de M. de Kaleff fut votée. Agitée quelques minutes par le scrutin, l'assemblée s'apaisa et reprit son attitude imposante et silencieuse.

Pendant ce temps le Janus ultramontain attendait patiemment son sort dans la cellule solitaire et ténébreuse, vestibule obligé par où doit passer tout récipiendaire avant de pénétrer dans le temple. Abandonné là à ses méditations, il supportait cette première épreuve avec un flegme diplomatique. Enfin, sur l'ordre du vénérable, les frères servans le délivrèrent de sa prison, et conduit à des épreuves nouvelles, inconnues, il fut introduit. Coiffé du turban rouge, chaussé du cothurne, et vêtu d'une simple tunique bleue, il franchit le seuil redoutable, la poitrine et les bras nus, les yeux bandés, chargé de liens, et portant sa croix comme Jésus. Guidé par trois servans prêts à exécuter les ordres du vénérable, il entra au milieu d'un profond silence dans la mystérieuse enceinte. Arrivé au centre de la grotte il s'arrêta.

— « Jurez au pied du trône, lui dit Anselme en ayant soin de déguiser sa voix sous une pompe appropriée à la circonstance, jurez de ne jamais révéler ce que vous aurez vu ou entendu dans cette enceinte. »

Le comte s'agenouilla et prononça le serment d'une voix qui n'était pas sans émotion.

— « C'est bien, reprit Anselme, soigneux toujours de ne pas se laisser reconnaître. Relevez-vous. Quel que soit son rang social ou sa dignité, nul profane ne peut porter la parole dans nos saintes ventes avant d'avoir été préliminairement soumis aux épreuves carboniques : or ces épreuves sont terribles ; consultez votre courage, consultez vos forces.—Persistez-vous ?

— » Je persiste.

— » Puisqu'il en est ainsi, frères servans, apportez la croix où le profane doit être crucifié, à l'exemple de notre bon cousin le Christ nazaréen, roi de Judée, grand-architecte de l'univers,

Et vous, continua-t-il en s'adressant au comte, préparez-vous à tout. On va vous mettre en croix ; et quand vous aurez, du haut du Calvaire, prononcé contre vous-même les imprécations des parjures, vous recevrez les stigmates mystérieux. Après quoi, vous serez entendu. Bons cousins servans, faites votre devoir. »

A ces mots, les trois servans s'emparent du Russe ; ils l'étendent et le lient sur la croix avec de fortes bandelettes ; la croix s'élève, et, les yeux toujours bandés, le diplomate reste suspendu.

Tout-à-coup on frappe à la porte un grand coup, et une voix du dehors crie ces formidables paroles : — « Les loups sont dans la grotte ; l'entrée est forcée ; fuyez ! »

— « Trahison ! trahison ! » — s'écrièrent les carbonari ; et ils se précipitèrent tumultueusement autour du trône. Un ressort partit ; le plancher s'enfonça sous eux, ils disparurent tous par enchantement. Le plancher se releva ensuite de lui-même comme il s'était abaissé.

Ce coup de théâtre fut suivi d'un autre. Assaillie à coups de crosse, la porte s'ouvrit avec fracas, et une nuée de sbires tomba dans la grotte. Ils la trouvèrent vide ; le crucifié planait sur le désert.

Oublié par les servans, qui avaient reçu du vénérable l'ordre de le délier, mais dont l'épouvante avait troublé les esprits et précipité la fuite, M. de Kaleff n'avait rien vu, et il avait pris tout ce tumulte pour une feinte, pour une épreuve carbonique. Prêt à tout, et patiemment étendu sur sa croix, il attendait sans sourciller le dénoûment de la comédie. Il était si bien persuadé que c'en était une, si loin de croire à une surprise, que les sbires, consternés de leur mécompte, eurent beau le décrucifier, le rudoyer, se venger sur lui en vrais sbires de leur mésaventure, il ne s'en obstina pas moins à voir en eux des compères, à les traiter de grands-maîtres, grands-élus, et de bons cousins. Il trouvait bien l'épreuve quelque peu brutale et de mauvais goût ; mais telle était sa préoccupation, que le bandeau de ses yeux tomba long-temps avant le bandeau de son esprit.

Traîné devant le gouverneur de Rome, il commença alors seulement à soupçonner la vérité ; la présence des carabiniers, qui cernaient la maison, ne lui laissa plus de doute. Changeant tout d'un coup de rôle, il improvisa son plan de défense avec une rare audace.

Monseigneur attendait sa proie à la porte ; une femme voilée était près de lui, attendant aussi la sienne. Elle était là pour marquer du doigt au passage la victime qu'il fallait épargner.

Le reste était bon pour l'abattoir. Mais l'un et l'autre attendirent en vain. Le désappointement du prélat fut extrême ; le bourreau cette fois n'eut point de têtes.

Ainsi le gouverneur de Rome et la fille de l'un des premiers princes romains avaient quitté tous les deux pour rien leur palais au milieu des ténèbres de la nuit. Foulant aux pieds tous les devoirs de son sexe, l'une avait franchi seule et dans l'ombre les solitudes les plus redoutées de Rome ; compromettant sa dignité par sa présence, l'autre avait conduit lui-même sa meute en laisse, et tout cela pour contempler au marécage de Romulus un Tartare en turban rouge et en tunique bleue.

A l'apparition de cette grotesque figure, ils se regardèrent avec embarras. Plus mobile, plus nerveuse, la comtesse succomba à la tentation, et partit d'un éclat de rire si convulsif, si contagieux, qu'il gagna les carabiniers, les sbires, le prélat lui-même ; et le Vélabre retentit du rire inextinguible des dieux d'Homère.

M. de Kaleff, lui, ne riait pas. La vue de la femme voilée lui avait rappelé tout-à-coup la femme des ruines, et ce rapprochement l'inquiétait. Il ne s'en avança pas moins vers le gouverneur de Rome avec un front d'airain :

— « Monseigneur, lui dit-il avec un incroyable aplomb, je vous dois la vie. Les carbonari avaient juré ma mort. Ces misérables cherchaient depuis long-temps à frapper de terreur les honnêtes gens par un grand forfait. J'ai l'honneur d'appartenir à un monarque qu'ils abhorrent parce qu'ils le craignent ; mon dévouement au trône et à l'autel est sans bornes ; le sort ne pouvait tomber sur une victime plus méritoire ; il tomba sur moi : attiré dans un piége, j'allais être déchiré par ces forcenés et mis en pièces, quand vos gens sont entrés. Ils peuvent dire en quel état ils m'ont trouvé. Ce que je regrette seulement, c'est qu'arrivés assez tôt pour me sauver, ils soient arrivés trop tard pour me venger. » — Il déclina du reste toute information, sous prétexte qu'ayant les yeux bandés, il n'avait rien vu ; et cela était vrai ; car, excepté Brancador, qu'il eût d'ailleurs en vain dénoncé puisqu'il était sauvé d'avance, il ne savait pas le nom d'un seul carbonaro, il n'avait pas même reconnu Anselme à la voix. Et puis une dénonciation l'eût embarrassé, l'eût trahi lui-même. Il était plus prudent de se taire, il se tut.

Cette histoire était assez louche. Il l'étaya d'un argument plus clair, en rappelant qu'il était étranger, qu'il appartenait à un monarque tout-puissant, qui a la main étendue sur ses sujets, et qui saurait bien, dit-il en terminant d'une voix moitié humble, moitié menaçante, faire respecter leur personne et venger au besoin leurs injures.

Aussi timide au dehors que violent chez lui, le Vatican s'humilie et tremble aujourd'hui devant ces puissances mondaines qui tremblaient jadis et s'humiliaient devant lui. L'argument du comte était invincible. Nourri de la politique papale, le gouverneur de Rome s'y conforma. Il était trop avant dans les secrets du Saint-Siége pour le jeter à propos d'un homme dans une querelle de cour. Prélat et chef de la police romaine, il n'était pas dupe du Moscovite; mais il respecta en lui le sujet du czar; il feignit une foi qu'il n'avait pas, il déplora son aventure, et le fit reconduire à son hôtel par une escorte d'honneur.

La comtesse avait bien reconnu le comte; mais elle l'eût en vain dénoncé, le prélat eût pris lui-même la défense du coupable, et il eût convaincu d'erreur l'accusatrice. Toutefois la jalouse Romaine ne descendit pas jusqu'à une seconde délation; son silence sauva M. de Kaleff et le gouverneur d'un embarras réciproque. Elle se repentit même de ce qu'elle avait fait. Quand la fièvre eut cédé la place à la réflexion, l'exaltation de la colère et de la vengeance au calme, au sang-froid, elle rougit du rôle ignoble qu'elle venait de jouer, et bénit son étoile de n'avoir rendu que burlesque un drame qui devait être sanglant. Elle y songeait un peu tard. Extrême en tout, ainsi que le sont les femmes, elle se livra au remords comme elle s'était livrée à la jalousie, et rentra chez elle au désespoir.

La maison du Vélabre fut fouillée de fond en comble, et l'on finit par découvrir le secret du plancher mouvant. Il cachait une issue souterraine par où les carbonari s'étaient tous évadés.

L'avis mystérieux auquel ils avaient dû leur salut était parti d'un sbire initié; car l'ordre a des adeptes jusque dans le sein de la police chargée de l'anéantir, et les carbonari d'Italie pourraient dire aux princes ce que les chrétiens des premiers siècles disaient aux empereurs : « Vous voulez nous détruire, et nous
» peuplons vos cités, nous labourons vos campagnes, nous
» commandons vos armées, nous siégeons dans vos conseils ! »

— Si c'était elle! murmurait entre ses dents Brancador, tout en fuyant au travers le Forum. Malédiction! Je me vengerai. — Préoccupé de cette idée, il se donna à peine le temps d'aller chez lui pour changer de costume, et il vola chez Antonia.

Elle rentrait comme il y arrivait.

— « Vous dehors à cette heure! lui dit-il en dissimulant ses soupçons sous un air de surprise. Seule! à pied! Quel mystère! Mon Dieu, que vous êtes pâle! comme vous tremblez! Mais d'où venez-vous donc, ma chère?

— » Je viens... balbutia la comtesse déconcertée ; je... viens... »
— Mais elle ne sut rien trouver, rien ajouter, elle resta court.

— « Vous venez, madame, de faire une action abominable, s'écria Brancador, ne se pouvant contenir plus long-temps. Je vous avais promis de revenir, moi, et je tiens parole. Je reviens me venger. Vous n'êtes qu'une infâme délatrice, et je vous méprise. Oui, c'est du mépris, ce n'est pas de la haine. La haine est trop noble pour vous. Et vous m'osiez parler de mon nom, de la souillure dont je le tache! Vous respectez bien le vôtre, vous! Il vous sied vraiment de parler de souillure et d'insulter des gens de cœur dont le moindre vaut mieux que vous! Au moins aurait-il dû vous suffire de les outrager, de les calomnier, sans les livrer encore au bourreau. Mais non, ce sont des têtes qu'il vous faut, c'est du sang. Ah! si tout le vôtre pouvait racheter une seule goutte de celui que vous vouliez répandre, il aurait déjà coulé à mes pieds sous la lame de mon épée. Mais l'épée est pour vous une trop belle mort ; vous n'en êtes pas digne. »

La saisissant par les deux bras, il la jeta avec violence sur une ottomane, où elle alla tomber rudement sans se plaindre ; elle y resta silencieuse, interdite.

— « En vérité, madame, continua-t-il en passant de l'emportement à l'ironie, je vous félicite, vous avez des vertus merveilleuses et des talens dignes d'envie. Personne mieux que vous ne s'entend à espionner les gens, et vous faites le sbire en perfection. Qu'est-ce que la police vous donne pour cela? Allez, rougissez de dégrader à ce point votre sexe et votre rang. Mais, ajouta-t-il en attachant sur elle un œil sombre et furieux, comment n'ai-je donc pas lu du premier regard son âme dans ses traits? J'étais aveugle. C'est l'enfer et non l'amour qui reluit dans ses yeux ; son sourire est faux. J'étais fou d'aimer une pareille créature. Cette femme est affreuse ; son visage est aussi difforme que son âme, elle est vieille et laide. »

Jusque là muette et patiente, la comtesse à ces mots éclata.

— « De quel droit, monsieur, s'écria-t-elle en se levant d'un air menaçant, de quel droit venez-vous m'outrager chez moi? Oubliez-vous que je suis Romaine? Vous êtes vraiment Romain, vous! Et il faut vraiment un grand cœur pour se glisser à minuit, comme un larron, dans la chambre d'une femme, pour l'insulter, pour la battre! Allez, vous n'êtes qu'un lâche.

— » N'ajoutez pas un mot, interrompit Brancador dans un état convulsif; pas un seul mot de plus, répéta-t-il en la rejetant durement sur l'ottomane, ou je vous brise comme un roseau. Il ne tient à rien que je ne meurtrisse ces lèvres menteuses, ce front qui ne sait plus rougir.

— » Eh bien ! oui, s'écria Antonia en bondissant comme une lionne, meurtris ces lèvres que les tiennes ont tant de fois cherchées dans le silence des nuits. Brise-moi, foule-moi aux pieds, fais de moi ce que tu voudras ; mais ne me dis plus de ces mots acérés qui transpercent comme une lame aiguë ; plonge-moi plutôt celle de ton épée dans le cœur, cela fait moins de mal. O mon Brancador ! tu ne sais pas ce que c'est que l'amour, tu n'as jamais aimé. Oui, j'ai voulu livrer tes amis, parce qu'ils sont mes ennemis, à moi ; ne me disputent-ils pas tes jours et tes nuits ? Je les livrerais encore, je les livrerais tous jusqu'au dernier pour que tu sois à moi sans partage, à moi toute seule, pour te posséder une heure de plus chaque soir. Si c'est un crime, tu n'as le droit, toi, ni de me le reprocher ni de te venger. Va, tu n'as point d'amour ; tu n'es, comme tous les autres, qu'un ingrat, un cœur sec et froid. »

Inondée de ses cheveux et de ses larmes, elle était tombée aux pieds de Brancador et lui embrassait les genoux. Ses joues pâles s'étaient ranimées ; son front brûlait ; son sein battait sous les plis de sa robe en désordre ; des éclairs passionnés brillaient à travers ses pleurs. Ainsi prosternée, palpitante, sa beauté était irrésistible. Abaissant sur elle un œil adouci, Brancador se sentait faiblir. Il se tut, de peur que sa voix ne décélât sa faiblesse par son irrésolution, par son tremblement ; forcé au silence, il joua l'indifférence, le dédain, et fit le geste de partir.

— « Tu ne t'en iras point, s'écria la comtesse en s'attachant à lui ; je ne veux pas que tu partes, tu resteras ; tu ne me laisseras pas dans cet horrible état ; c'est à toi à bander les plaies que tu as faites, à essuyer les pleurs que tu as fait couler. Brancador ! Brancador ! es-tu donc, je ne dis pas sans amour, mais sans pitié ? Pourrais-tu bien m'abandonner ainsi ? Tu n'en es pas capable ; tu es bon, tu me pardonnes, tu m'aimes, je le vois bien ; ta bouche le tait, mais tes yeux le disent. N'est-il pas vrai, ô mon Brancador ! que tu m'as pardonné ? » — Et la voluptueuse sirène enlaçait le jeune homme de ses deux bras caressans.

— « Laissez-moi, madame, dit-il en essayant un effort pour se dégager des lacs d'Armide, laissez-moi, vous dis-je. Il n'y a point de pardon pour de telles fautes ; il n'y a plus rien de commun désormais entre vous et moi. Tout ce que je puis vous promettre, c'est l'oubli.

— » L'oubli ! répondit Antonia en se relevant avec impétuosité ; l'oubli ! Et qui t'a dit que j'en voulusse, de ton oubli ? L'oubli est pour ma faute, mais c'est ton amour que je veux pour moi. Va, tu te raidis en vain, tu joues en vain la dureté, la froideur ; l'émotion de ta voix t'a trahi malgré toi ; tu m'as pardonné, et c'est à présent que tu m'aimes plus que tu ne m'as jamais aimée. »

Plus caressante, plus entraînante, à mesure qu'elle le voyait plus faible, plus chancelant, la séductrice lui prit la main avec tendresse ; et l'attirant doucement vers elle, elle lui dit d'une voix flatteuse :

— « C'est assez lutter ; l'amour triomphe, l'honneur est sauvé. Je savais bien que mon Brancador n'était pas impitoyable et qu'il était généreux. Viens, viens, ne refuse pas à ton Antonia le baiser de paix. »

Crime, vengeance, dangers courus, amis en fuite, Brancador oublia tout. Pouvait-il à vingt ans résister à tant de séductions ? Il ne l'essaya point ; loin de réengager une lutte qu'il sentait d'avance inutile, il ne tenta pas même un dernier effort ; muet, fasciné, il tomba dans les bras de la délatrice enivrée et triomphante.

Si, troublant le cours de cette nuit de coupables délices, le bras invisible du destin eût soulevé pour eux un coin du voile de l'avenir, peut-être auraient-ils entrevu dans leurs rêves un poignard, du sang. Mais le rideau mystérieux resta baissé ; nul fantôme vengeur ne s'assit au chevet oublieux de la volupté.

XIX

SAINTE-MARIE-MAJEURE.

Caché toute la nuit, Anselme se glissa chez Brancador dès la pointe du jour. L'amant d'Antonia n'était point encore rentré. Il l'attendit long-temps ; enfin il vint, mais si pâle, si défait, que l'ami de Marius en fut frappé.

— « La surprise de cette nuit, lui dit-il, semble vous avoir singulièrement abattu. »

Brancador rougit et ne répondit pas.

— « En effet, poursuivit Anselme, le danger a été grand; il l'est encore. Une réaction est inévitable; je m'attends dès aujourd'hui à des vengeances. Ils ne pardonnent pas, les prêtres. De tous nos amis, vous êtes le plus compromis, et j'ai songé toute la nuit aux moyens de vous dérober aux poursuites. »

Brancador fit sur lui-même un triste retour; il compara sa veille à la veille d'Anselme, et rougit encore plus.

— « Mais avant tout, continua Anselme, parlez-moi franchement. Soupçonnez-vous d'où part le coup?

— » En vérité, balbutia Brancador avec un embarras visible, je ne sais..... je m'y perds.

— » La précaution que vous avez prise de ne pas coucher chez vous, précaution que du reste j'approuve — et dont le mérite n'est pas grand, ajouta tout bas la conscience de Brancador, — cet excès de prudence, dis-je, pourrait sembler à la charge de votre client.

— » Comment cela?

— » Si M. de Kaleff est pour quelque chose dans cette trahison, vous devez en être la première victime, puisque de tous les carbonari du Vélabre, il ne connaît que vous. Ses yeux sont restés bandés pendant toute la cérémonie; il n'a pu voir personne.

— » C'est juste, répondit Brancador; mais le soupçonnez-vous?

— » Je ne dis pas cela; toutefois il faut agir comme si cela était. Vous devez quitter Rome sur-le-champ.

— » Vous oubliez que je suis garde-noble, et que mon service m'appelle aujourd'hui même à Saint-Pierre, au catafalque du pape?

— » Manquer son service un jour est un fort petit malheur; se laisser arrêter en serait un fort grand; et vous savez le proverbe : de deux maux il faut choisir le moindre. On vous fera malade; on dira que vous êtes parti pour la campagne. Cela, du reste, est notre affaire; la vôtre est de vous mettre à l'abri de l'orage et de partir à l'instant. Voici une lettre pour le sergent d'Asture; il vous cachera dans sa tour jusqu'à nouvel ordre. Avec un peu de diligence, vous y arriverez ce soir même. Ayez soin seulement d'éviter les lieux habités, surtout Neptune. »

Et il lui traça son itinéraire à travers les solitudes les plus profondes du désert.

L'amant d'Antonia adorait Rome. Ce départ précipité le consterna. Mais il rougissait trop de lui-même; il se reprochait trop amèrement son indigne faiblesse pour se permettre une plainte, un murmure. Il accepta son exil comme un châtiment mérité, et afin de l'aggraver encore, il s'imposa de partir sans revoir sa complice; il ne la fit pas même prévenir, et sortit au galop par la porte Saint-Sébastien. Comme il passait devant le tombeau des Scipions, le soleil, levé sur Saint-Jean-de-Latran, dorait les ciprès du Mont-Célien et les immenses Thermes de Caracalla; lui-même fut atteint devant la basilique où sont les Catacombes.

Brancador était de tous les carbonari de Rome celui qu'Anselme surveillait de plus près. Il le savait brave, généreux, capable dans l'occasion de dévouement, mais faible, étourdi; et s'il ne suspectait pas son honneur, il craignait son imprudence et sa légèreté. Sans l'accuser de la catastrophe du Vélabre, il n'en avait pas moins saisi avec empressement ce prétexte pour l'éloigner de Rome dans un moment si périlleux, si décisif, où la moindre indiscrétion pouvait tout perdre. Cette fatale surprise n'allait déjà que trop les compromettre tous, sans garder encore au milieu d'eux un germe si inquiétant.

Qu'eût-ce été s'il avait su la vérité? Il combattait un mal possible, et le mal était consommé. Mais il s'agissait avant tout de diguer le fleuve si inopinément débordé, et d'en prévenir les ravages, sauf à remonter après à la source du désastre. C'est ce que fit Anselme.

M. de Kaleff l'inquiétait davantage. Ignorant l'oubli des servans, il l'avait cru d'abord évadé; en y songeant, il ne se rappela pas l'avoir vu dans la fuite souterraine, et il commença à craindre quelque malentendu ou quelque trahison. Or, comme il descendait le grand escalier de la Trinité-des-Monts pour aller aux informations à l'hôtel du Moscovite, une chaise de poste traversa la place d'Espagne avec fracas; Anselme reconnut dedans le Moscovite lui-même en habit de voyage. La chaise était lancée au galop; elle enfila comme la foudre la rue du Babouin, et sortit de Rome par la porte du Peuple.

Le comte de Kaleff était un intrigant politique investi de la confiance du cabinet russe, et son agent secret en Italie. Sanfédiste et carbonaro, il flattait les passions des uns, exaltait les espérances des autres, et trompait tout le monde. Il entrait dans tous les complots, s'initiait à tous les mystères, s'enrôlait sous tous les drapeaux. Aux carbonari il garantissait l'unité républicaine, aux sanfédistes le démembrement féodal: féodalité ou république, qu'importe au lointain empire? Jaloux de baigner un pied dans la Méditerranée, d'étendre un bras par-dessus les Alpes afin de mieux enserrer l'Europe, le géant a l'œil ouvert sur l'Italie, terre promise, dont Souvarow naguère lui aplanit les voies. Son rival donc est César; c'est lui dont il convoite la place au soleil italien; lui seul et toujours lui qu'il combat dans l'ombre par toutes les armes, dans les ventes comme au sein du consistoire.

Missionnaire de désordre et de déception, M. de Kaleff servait bien les vues de sa cour. Éblouissant par ses promesses menteuses les carbonari napolitains, il avait provoqué naguère cette sanglante révolte du Cilento, dont la tour d'Asture cachait dans ses flancs de pierre trois victimes. Le coup manqué, il était venu jouer à Rome, on a vu quel rôle. Mais on a vu aussi que l'Autriche fait bonne garde, et que le palais de Venise est maître en fait d'embûches.

L'aventure du Vélabre fit du bruit; elle eut dès le lendemain un retentissement prodigieux dans la diplomatie, et donna lieu à des conjectures sans nombre. Quelque soin que le ministre de Russie prît de la réputation de son compatriote en fuite, quelque colère qu'il déployât contre ces infâmes carbonari qui avaient voulu l'assassiner, quelque chaleur qu'il mît dans ses plaintes au camerlingue et dans ses réquisitoires, la fameuse histoire du sacrifice ne fit pas fortune, et le crucifié du Vélabre devint la fable de Rome. Nulle part on n'en rit plus qu'au palais de Venise, parce que nulle part on ne voyait plus clair dans toutes ces ténèbres.

Échappé du piége et tout fier d'avoir rompu la maille, le renard fugitif n'en riait pas moins dans sa barbe de ce bon gouverneur de Rome si simple, pensait-il, si crédule. Roulant sur le grand chemin de Florence, il se frottait les mains, il se félicitait de son génie, il se croyait bien fin, bien rusé, et il laissait son secret, non seulement au palais de Venise, mais aux sanfédistes et aux carbonari.

Cependant les craintes d'Anselme ne tardèrent pas à être justifiées; dès le matin les réactions commencèrent. La police romaine se vengea par des arrestations de son désappointement de la nuit; les prisons s'emplirent de tout ce qu'il y avait à Rome d'hommes suspects ou déjà compromis. La rue des Hibernais ne fut pas oubliée.

Le cardinal de Pétralie n'apprit que tard les événemens de la nuit. Sa terreur fut grande. Se croyant la cause première du danger d'Anselme, il se reprocha de l'avoir envoyé dans cette fatale vente du Vélabre. Il craignait aussi pour lui-même, pour la tiare. Une visite du gouverneur de Rome le rassura. Affectant pour l'ami de Marius un intérêt qui n'était que celui du tigre pour sa proie, le chef des sbires venait sonder le grand-pénitencier, dont l'amitié pour Anselme était publique. Le prélat déploya toute l'adresse, toute la rouerie d'un prêtre romain. Mais il avait affaire à un insulaire, à un moine ; toutes les mines furent éventées.

Le cardinal se retrancha dans son rôle et se tint sur la défensive. Personne n'était mieux placé que monseigneur le gouverneur de Rome pour connaître l'incapacité politique du grand-pénitencier ; les affaires de la terre étaient un livre clos pour lui, l'étude des choses saintes sa seule occupation. Son ignorance de tout était si profonde, qu'il ne savait rien de ce qui se passait à Rome sous ses yeux. — « Fuyant ce que poursuit le monde, continua-t-il, poursuivant ce qu'il fuit, j'ai soif de repos et d'obscurité ; je ne demande qu'à mourir en paix et en silence. La magistrature des âmes n'est déjà pour ma faiblesse qu'un trop rude fardeau ; je porte ma croix comme Jésus, et je n'aspire qu'à m'en décharger, fût-ce, comme lui, au pied du Calvaire. Jugez d'après cela, monseigneur, si c'est un homme comme moi qu'Anselme eût choisi pour confident dans le cas où il aurait des secrets politiques ! Est-ce mon opinion sur lui que vous voulez ? Elle est connue, je n'en ai jamais fait mystère : je l'aime et je l'estime ; tout Rome le sait ; et pour être carbonaro, je vous crois mal informé, monseigneur, il ne l'est pas plus que le grand-pénitencier qui vous parle. »

L'entrevue finit là. Elle n'apprit rien au prélat, mais elle apprit au cardinal ce qu'il voulait savoir, c'est-à-dire qu'il était en dehors de tout soupçon, et que son missionnaire occulte était en sûreté. Quant à M. de Kaleff, il n'était pas plus sa dupe que le gouverneur de Rome ; mais il avait, de plus que celui-ci, le secret de son double rôle. Son départ de Rome le soulagea. Rassuré sur Anselme et sur lui-même, le cardinal attendit avec plus de calme le dénouement du drame de sa vie. Le conclave s'ouvrait dans sept jours.

C'est ainsi que s'était passée la matinée de cette journée d'alarme et de vengeance. Il était alors dix-huit heures d'Italie — deux heures après midi. — C'est le moment où tout le monde à Rome fait la sieste. Inondées de lumière et de chaleur, les rues et les places étaient désertes ; mais nul quartier ne l'était davantage, nul n'était plus silencieux que le quartier des Monts. L'air était brûlant ; frappée à-plomb du soleil, la basilique de Sainte-Marie-Majeure nageait dans une atmosphère de feu. Un mendiant dormait sous les portiques du temple ; une chèvre broutait l'herbe de l'obélisque égyptien qui dresse sa tête idolâtre par-dessus les parvis de la Sainte-Vierge, et, couchés sous la colonne de Constantin, quelques bœufs gris à vastes cornes ruminaient au pied de l'abreuvoir qu'elle ombrage. Le bruit frais et cristallin de la fontaine troublait seul le silencieux désert.

Sortant de la rue solitaire des Quatre-Fontaines, une jeune fille parut au bas de l'avenue d'acacias qui joint le Viminal à l'Esquilin ; elle la gravit d'un pas rapide et léger ; arrivée sans reprendre haleine au pied de l'escalier luisant et glissant de la basilique, elle s'élança de marche en marche, comme un oiseau de branche en branche, et entra toute essoufflée dans la miraculeuse église de Saint-Libère.

Tempérés par les rideaux de soie et par les vitraux, les torrens de clarté descendus du soleil s'épanchaient doux et voilés sur le marbre des autels et des tombes ; le demi-jour mystérieux et paisible de la nef reposait la vue des éblouissantes splendeurs du ciel. C'était comme une oasis au milieu du Sahara. Un vent parfumé circulait de chapelle en chapelle ; je ne sais quoi de voluptueux, de suave, enivrait l'âme, l'amollissait, l'élevait par les sens à une piété presque charnelle.

Sainte-Marie-Majeure est moins en effet un sanctuaire empreint d'une pensée de douleur et d'éternité qu'un salon paré pour une fête mondaine. C'est l'église la plus riante de Rome. Nulle part le catholicisme n'a plus que là dépouillé ses rigueurs, son austérité ; nulle part l'enfer n'est moins formidable. L'hôte d'une maison si gaie ne saurait être un Dieu sombre et jaloux. Comment, sous ces lambris d'or et de pierreries, au milieu d'un peuple de statues, de tableaux pleins les uns et les autres de grâce et de majesté, comment ne se plairait-il qu'aux privations de l'homme, à ses larmes ? Comment ne rêverait-il que supplices, vengeance et damnation ?

Loysa donc—c'était elle—Loysa seule dans la basilique glissait d'un pas ému sur les saints pavés, et sa mantille noire voltigeait sur le marbre blanc des colonnes. Arrivée devant la somptueuse chapelle de la Madone, elle s'arrêta pour la première fois et tomba à genoux au pied de l'autel. Rome n'en a pas de plus riche. Soutenue par quatre anges et encadrée de quatre colonnes de jaspe oriental à piédestaux d'agate, à chapiteaux de bronze et d'or, la miraculeuse image de la reine du temple, toute rayonnante de pierres précieuses, brille sur un champ de lapis comme une étoile sur l'azur du ciel. Un bas-relief de bronze et d'or, comme les chapiteaux, couronne l'autel; l'idéal pinceau du Guide a donné la vie aux murailles.

Autel, idole, peintures, tout ici est païen. On dirait un sacellum mythologique, et l'on prendrait la chaste Vierge entourée de ses anges pour Vénus au sein des amours. Aussi bien la ville papale, si païenne en tant de choses, n'a-t-elle rien de plus païen que Sainte-Marie-Majeure. Le maître-autel est une urne païenne; les marbres, les granits, jusqu'aux porphyres où repose le berceau du Rédempteur, sont païens; et cette colonnade aérienne, dont la grâce svelte et la blancheur donnent au sanctuaire son air de fête, elle est toute entière païenne.

Consacrée à la mère de douleur, à la mère du Crucifié, elle l'était jadis à la divinité des mères; et demeurée maîtresse du champ de bataille, la basilique chrétienne n'a détrôné qu'à demi le temple païen des Esquilies. Ainsi, là, comme en tant de lieux d'Italie, les noms seuls ont changé. Agenouillées sur la même montagne, au pied des mêmes colonnes, les femmes romaines brûlent aujourd'hui sur l'autel de la jeune épouse de Bethléhem le même encens qu'elles brûlaient, couronnées de dictame, sur l'autel de Lucine.

Inquiète et l'œil distrait par l'attente, Loysa voilée était seule encore dans la vaste église. Elle en respirait à genoux la délicieuse fraîcheur, elle en écoutait le silence, comme pour y surprendre un bruit de pas, un soupir, et son œil furtif interrogeait la solitude.

Tendre et recueillie, mais l'âme ouverte à l'amour terrestre plus qu'à l'amour divin, elle croyait prier la Madone, n'adorer qu'elle, ne bénir qu'elle; et l'image chérie qui habitait son cœur était seule à l'autel, elle se dressait brillante entre elle et la divinité; elle peuplait à elle seule le désert sacré de la basilique.

Las enfin d'errer, ses grands yeux noirs se fermèrent, sa tête gracieuse se pencha sur son sein, et ses mains se joignirent sur sa poitrine dans les élans d'une dévotion passionnée. Abîmée dans une pensée céleste et mondaine, confondant dans un même amour Dieu et son amant, la jeune Romaine était comme suspendue entre la terre et le ciel; elle resta long-temps plongée dans une extase brûlante et silencieuse.

— « Vierge adorée, murmura à son oreille une voix basse, levez les yeux sur votre adorateur. »

Réveillée en sursaut, Loysa tressaillit en voyant un pèlerin agenouillé tout près d'elle au pied de l'autel. En vain son chapeau à larges ailes lui couvrait-il la moitié du visage; en vain sa longue robe chargée de coquilles et d'agnus lui descendait-elle jusqu'aux pieds, un cri étouffé dit à Anselme qu'il était reconnu.

Conviée par lui, le matin même, à ce rendez-vous clandestin, Loysa n'avait pas le mot de l'énigme, et cherchait dans ses yeux la cause d'une si étrange métamorphose. Telle était la retraite profonde où elle vivait, et le palais Madame est d'ailleurs si mystérieux, qu'elle ignorait la surprise du Vélabre et les dangers d'Anselme. Son travestissement l'effraya.

— « Quel est donc ce mystère ? demanda-t-elle d'une voix alarmée. Pourquoi n'êtes-vous pas venu hier ? Pourquoi me faites-vous venir ici aujourd'hui ? Pourquoi ce déguisement ? Si tout ceci n'est qu'un jeu, qu'une comédie pour m'éprouver, je ne vous en félicite pas, car elle est bien cruelle; elle n'est pas de vous.

— » Ce n'est point un jeu, je vous assure, répondit Anselme en affectant une tranquillité qui n'était pas dans son cœur; ce n'est point une comédie; je trouve, comme vous, ma chère enfant, qu'elle serait de bien mauvais goût, et je vous assure que je ne m'en permettrais jamais de pareille. Le fait est qu'on dit avoir surpris cette nuit je ne sais quel rassemblement suspect; je crains quelque dénonciation, et si fausse qu'elle puisse être, je n'en suis pas moins forcé à quelques précautions.

— » Quand je disais que votre Marius vous porterait malheur ! Je ne vous demande pas si vous êtes carbonaro, vous me le diriez vous-même que je n'en croirais pas un mot ; mais il est bien évident qu'il l'est, lui, et que c'est votre amitié pour ce Trastévérin qui vous compromet, qui nous perd. Je le déteste. »

Anselme ne répliqua point. Cette erreur, qui n'en était pas tout-à-fait une, le dispensait de toute explication, et il la caressa plus qu'il ne la combattit; c'était une pâture à l'ardente imagination de la jeune fille; ne lui en pouvant donner d'autre, il lui laissa celle-là.

Mais passant de la colère à l'inquiétude, elle quitta bientôt Marius pour son amant. — « Hélas ! dit-elle d'une voix triste, voilà mes pressentimens qui se justifient, les mauvais jours qui viennent ! Notre bonheur aura lassé le ciel; il était trop grand. Et mon père qui va arriver furieux de Ravenne ! il doit avoir reçu ma lettre hier, et, je le connais, il n'y répondra même pas, il partira sur-le-champ pour Rome. Mon Dieu ! mon Dieu !

tous les dangers nous menacent à la fois. Est-il donc écrit qu'un malheur ne vient jamais seul? Mais mon amour croît avec le péril et doue mon âme d'une énergie surhumaine. Je ne sais, mais je ne me suis jamais senti tant de force; je suis capable de faire tête à tous les orages; j'y suis résolue; le parloir de Sainte-Catherine est là qui m'inspire. Si pour n'être pas religieuse j'osais mourir! que n'oserais-je pas, ô mon Anselme, pour être à toi? »

Ces douces paroles faisaient diversion aux alarmes du conspirateur. Entré dans le temple, sombre, agité, il sentait son âme apaisée, attendrie, consolée; il s'abandonna sans retour au charme d'un dévouement si naïf, si jeune; et, portant dans leur cœur le vrai Dieu, les amans restèrent agenouillés long-temps ensemble au pied des idoles.

On convint de se revoir sous le même autel, à la même heure de solitude et de silence, car ni l'un ni l'autre n'avaient été troublés, et le faux pèlerin avait pu sans contrainte adorer sa madone et la presser mille fois sur son cœur. Le temple avait été fidèle et discret.

Un bruit de pas les rappela tout-à-coup à la prudence : c'était dame Véronique qui venait droit à eux.

— « Ma tante me cherche, dit tout bas Loysa en reprenant l'attitude de la prière; beau pèlerin, reprends ton bourdon. »

Retranché dans son rôle, Anselme s'enveloppa des plis de sa robe, de manière à n'être pas reconnu.

— « Méchante petite espiègle, dit la bonne tante toute éperdue, peut on me faire des peurs pareilles! Et moi qui la croyais bien tranquillement endormie! J'entre dans sa chambre pour la réveiller; plus de Loysa! Madone! quelle peur!

— » Mais, ma tante, vous deviez bien penser que j'étais venue aux vêpres.

— » Aux vêpres! à dix-huit heures! et seule encore! Doux Jésus! si ton père le savait, que deviendrais-je?

— » J'étais triste, je ne pouvais dormir, et j'étais sûre de trouver de la joie et du bonheur dans ma chère église; voilà pourquoi j'y suis venue.

— » *Venite ad templa*, murmura le faux pèlerin; *pax cordis et amor sunt in templis.*

— » Ce pèlerin se tenait bien près de toi, dit à voix basse la Véronique en jetant sur Anselme un regard défiant. N'avais-tu pas peur?

— » Peur! de quoi? Il ne pensait, je vous assure, qu'à sa Madonc. Il ne parlait qu'à elle, il ne voyait, il ne priait qu'elle, et pour celui-là je vous réponds qu'il n'aime qu'elle au monde.

— » *Cor meum est tuum, ô virgo mea!* continua le pèlerin.

— » Que lui dit-il donc, ma tante, vous qui savez le latin des oraisons?

— » Il dit à la Sainte-Vierge en latin ce qu'Anselme te dit, à toi, tous les jours en italien.

— » A propos, ma tante, il n'est pas venu hier; si c'était lui?

— » Folle! »

Le silence de la basilique fut en ce moment rompu par la cloche qui sonnait les vêpres; et comme dame Véronique se mettait à genoux, Loysa sentit une main furtive presser la sienne. C'était le pèlerin qui se relevait.

— « A demain! murmura-t-elle.

— » A demain! » — répondit-il, et il s'achemina lentement vers la porte.

Il jeta les yeux en passant sur le mausolée de Sixte-Quint, le plus grand des six papes qui dorment sous les voûtes sacrées de Sainte-Marie-Majeure; et cette vue le reporta tout d'un coup au cardinal de Pétralie, qui tant de fois s'était venu recueillir au pied de ce marbre inanimé. Du mont Mario et de la cellule de Saint-François, sa pensée le ramena au Vélabre, à ses amis dispersés, captifs, à tous ses projets suspendus, aux dangers qui l'environnaient, aux sermens qu'il avait faits et qu'il ne pouvait tenir. Un instant apaisé par l'amour, son cœur fut pris d'une mélancolie profonde; et peu s'en fallut qu'il ne désespérât de l'Italie et de la liberté.

Comme il sortait du temple, les dévots commençaient à y entrer; mais grâce à son déguisement, il ne fut remarqué de personne. Il se jeta dans les quartiers dépeuplés de l'Esquilin et du mont Célien, et regagna par ces solitudes classiques, non sa rue des Hibernais, — il ne se sentait pas assez pur aux yeux du palais Madame pour rentrer chez lui, — mais une retraite plus sûre qu'il s'était dès long-temps ménagée sur les pentes désertes de l'Aventin.

XX

LE BUCHER.

Pendant ce temps Brancador galopait vers Asture. Fidèle aux instructions d'Anselme, il s'était, dès sa sortie de Rome, jeté en rase campagne, et n'avait traversé ni ville ni village.

Laissant à gauche la voie d'Albane, à droite la voie d'Ardée, et lancé dans le désert à travers les larges ondulations de la Campagne romaine, il avait franchi comme un trait le champ de bataille de Bélisaire et de Vitigès, tous deux soldats de fortune, dont l'un mourut roi, l'autre mendiant. Il avait gagné presque d'une haleine les bases du mont Albane, tout peuplé jadis de villas patriciennes. Foulant aux pieds les ruines ou plutôt la poussière de Politore et de Corioles, il ne s'était reposé, lui et son cheval blanc d'écume, qu'au bord du Conca, dans l'immense fief de Champ-Mort.

Forcé au repos par la fatigue et par l'ardeur du soleil, il n'avait atteint le bord de la mer qu'à la nuit tombante, laissant derrière lui, sur la côte, Neptune et Porto d'Anzo. Hérissée de ruines qui se prolongent jusque sous l'Océan, et qu'on prendrait pour le palais mystérieux de quelque fée des eaux, la grève, inégale d'abord et raboteuse, s'aplanit aux approches d'Asture, et devient sablonneuse et mouvante.

Épuisé de lassitude, le cheval de Brancador enfonçait dans l'arène humide, et la tour fuyait devant lui. Partagé entre Rome, où sa maîtresse l'attendait, et la tour d'exil et d'expiation, l'amant d'Antonia se livrait au pas lent de sa monture et au charme paisible d'une nuit d'été. Les étoiles brillaient sur sa tête; la vague gazouillait à ses pieds. Enfin le donjon fatal surgit devant lui comme un fantôme; sa masse opaque faisait une tache noire sur les champs scintillans du ciel.

Rappelé par cette vue subite au but de son voyage, Brancador pressa le pas, mais le *qui vive* d'une sentinelle et le bruit d'un fusil qu'on armait l'arrêtèrent tout court. Il demanda le sergent; la sentinelle poussa un cri auquel répondit un autre cri parti de derrière la tour; un instant après Oddo parut.

Brancador mit pied à terre et lui tendit la main; un signe carbonique commença la reconnaissance, la lettre d'Anselme l'acheva.

L'identité bien constatée, le nouveau venu fut conduit par le sergent, non pas dans sa tour, mais à l'embouchure du Conca. Un spectacle de deuil l'y attendait. Nu-tête et silencieux, tous les bannis d'Asture, moins un, étaient rangés en cercle sur la grève, autour d'un bûcher funéraire; et le seul qui manquât au rendez-vous des vivans était couché mort sur le bûcher.

L'arrivée de Brancador ne troubla point la cérémonie. Il n'était connu de personne; mais un mot du sergent lui servit d'introduction; ouvrant pour lui ses rangs, la muette assemblée le convia du regard et du geste à la fête nocturne.

L'ordre rétabli, Conradin, tout en pleurs et une torche à la main, s'avança au milieu du cercle, et, détournant sa tête blonde, il mit le feu au bûcher. Son innocence et sa jeunesse l'avaient désigné pour ce ministère triste et touchant. A l'instant où brilla la flamme, plus d'une larme coula dans l'ombre, et l'attendrissement général allait déborder peut-être en un sanglot contagieux, lorsque Azzo, l'énergique Azzo, entonna d'une voix émue, mais ferme, une hymne d'espérance et de consolation. L'orage de pleurs fut conjuré; le *De profundis* républicain fortifia les cœurs, sécha les larmes, étouffa les sanglots, entraînant toutes les voix, toutes les âmes, dans un chœur auguste et mélodieux.

La flamme aromatique et blanche des pins avait gagné rapidement les chênes, les myrtes, les oliviers; et le bûcher, autel de la mort, ne fut bientôt qu'une masse de feu. Tantôt la flamme montait au ciel en spirale ardente, tantôt elle s'épanouissait en gerbes d'étincelles et retombait au sein des flots noirs comme une pluie d'étoiles. La mer était rouge, les cieux étaient rouges, et le feu rougissait le front pâle des conjurés. Comme les Templiers au pied du bûcher du grand-maître, ils étaient là tous immobiles, couvrant de leur chant religieux et à la fois guerrier la voix pétillante de l'incendie; le chœur mâle et profond allait mourir dans l'Océan, et les forêts du désert étaient silencieuses.

Sillonnée de long reflets sanglans, la tour obscure et massive était sans voix comme la nature. Debout sur les créneaux comme une ombre, et contemplant la plage embrasée, une figure blanche assistait d'en haut à la fête des morts. C'était Isolina. Mais l'œil ardent de la fille des Maremmes cherchait en vain dans la nuit la tête blonde de Conradin; le jeune enfant des Alpes n'avait ce soir pour l'amour ni regards ni pensées; son cœur était tout à la douleur.

Cependant le bûcher fumait et ne brûlait plus, autel et victime étaient consumés; les cieux, les mers, les grèves, s'étaient replongés dans les ténèbres. Le sacrifice accompli, les bannis se turent, et Tipaldo le Vénitien recueillit en pleurant et renferma dans une urne antique, exhumée sur ces plages, la cendre encore chaude de Grimaldi; car c'était lui, c'était le fier Génois qui était le roi de la fête, roi silencieux, qui avait pour dais la voûte étoilée des nuits, le bûcher pour trône, et pour royaume l'éternité.

Tué lentement par la fièvre du mauvais air, il avait en vain lutté contre le poison; rougissant d'une si ignoble mort, il s'était en vain fait une cuirasse de son courage, de sa foi; fanée dans sa fraîcheur, éteinte dans son éclat, sa noble tête avait fléchi; elle s'était courbée pour ne plus se relever.

C'était une âme forte et bien trempée. Abreuvé dès l'enfance à la source des vertus civiques, il en gardait dans son cœur le saint dépôt en attendant une patrie libre où il pût les pratiquer. Patricien, il s'était rangé sous les drapeaux du peuple, et ce qu'il voulait, quoique Génois, ce n'était pas une république de Gênes, c'était une république Italienne. Vendue au roi sarde comme un troupeau, la patrie des Adornes et des Frégoses n'avait pas de citoyen plus indigné, plus dévoué. Un jour que le roi dans toute sa pompe parcourait en souverain ce port majestueux, veuf des galères de la république, l'altier Génois passa près du monarque la tête haute et couverte. — « Monsieur, lui » cria le gouverneur en lui renversant son chapeau de la main, » vous ne reconnaissez donc pas sa majesté ? » Grimaldi ne leva pas même les yeux sur l'insolent. — « Ramasse ce chapeau, dit-» il froidement à son laquais, et va le jeter dans la mer; il a » été souillé par la main d'un esclave. » — Ce mot hardi émut le peuple; il fit pâlir les courtisans; et s'ils n'eussent pressé le pas, la foule allait peut-être venger sur eux une si basse injure.

Toujours inquiet, toujours soupçonneux, le prince ayant peu après exigé de la noblesse génoise un nouveau serment de fidélité, Grimaldi l'avait refusé et s'était condamné lui-même à l'exil. Retiré d'abord en Corse, il avait été le premier au rendez-vous d'Asture; le premier aussi il laissait son rang vide, et le bataillon sacré pleurait en lui l'un de ses combattans les plus intrépides.

Hélas! ces jeunes martyrs qui le pleuraient sous l'échafaud auraient pu dire tous à son ombre, comme les gladiateurs à César : MORITURI TE SALUTANT! Ne combattaient-ils pas tous dans la même arène sanglante? N'étaient-ils pas tous dévoués à une fin précoce? Le sépulcre était ouvert, la première flèche avait porté, et le carquois de la mort n'était pas vide ni le sépulcre satisfait. Heureux le Génois qui mourait à l'aurore de ses espérances, et qui ne survivait pas à sa foi !

Les obsèques terminées, les dix bannis, et avec eux Brancador et le sergent, regagnèrent lentement la tour; un signal y rappela les deux soldats carbonari qui gardaient, l'un la plage de Neptune, l'autre celle de Paola, et le fidèle Nicolo, qui protégeait du côté des bois les funérailles clandestines, rentra le dernier dans la citadelle; les verroux massifs se tirèrent sur lui; théâtre de la solennité funèbre, la grève fut rendue au silence, à la solitude, à la nuit.

L'urne vénérée du patricien génois, mort si loin du palais de ses pères, fut suspendue aux noires murailles du donjon des Maremmes, en attendant le Panthéon qui réunira dans un même caveau, sur un même autel, dans un même culte, tous les martyrs italiens.

XXI

LE CONCLAVE.

La grande neuvaine était fermée, et le conclave ouvert depuis plus d'une semaine; mais on attendait encore quelques cardinaux étrangers, et les travaux étaient à peu près nuls. Les armées étaient bien en présence; mais elles s'observaient, se comptaient, se mesuraient de l'œil avant d'en venir aux mains. Tout se passait encore en attaques simulées, en légères escarmouches; on se ménageait pour les coups décisifs.

Chassé par la mal'aria, qui au temps des chaleurs franchit les murs de la ville sainte et envahit jusqu'à la demeure du pontife souverain, le Sacré-Collége était rassemblé cette année dans le palais plus aéré et plus sain du mont Quirinal. Digne émule du Vatican, il mérite cet honneur par sa magnificence. Mais sévèrement cloîtrés entre les quatre planches de leurs étroites et chaudes cellules, les saints électeurs jouissaient aussi peu de ses appartemens spacieux et splendides que de ses jardins frais et délicieux.

Les captifs sont en nombre; le conclave est un petit monde. Médecins, chirurgiens, barbiers, chambellans, apothicaires, rien n'y manque, et chaque éminence a de plus auprès d'elle, pour servir son corps, son esprit et son âme, un camérier, un secrétaire et un confesseur. Une fois clos, les conclavistes ne peuvent plus sortir, ou, s'ils sortent, c'est pour ne plus rentrer. Il n'y a que l'élection du pape qui les rende au grand air et à la liberté. Comme les francs-maçons et les carbonari, leur bouche à tous est liée par un serment.

La police du lieu est confiée à un grand officier laïque qui porte le titre militaire de maréchal du conclave. Il habite le palais même, et en tient les clefs; à lui seul appartient le droit d'ouvrir et de fermer la geôle. Les Suisses en gardent les portes. Le maréchal est assisté dans ses fonctions de geôlier par le premier conservateur du peuple romain, qui est le véritable cerbère du logis. C'est lui qui fouille ou est censé fouiller tous ceux qui entrent, comme il est censé sonder le flanc des pâtés et des volailles qui figurent sur la table des électeurs; car le dîner des cardinaux ne se fait point sur place, il leur arrive tout fait de leurs éminentissimes cuisines.

Tous les jours à midi les bienheureux dîners se mettent en route, clos dans une boîte aux couleurs du maître, et portés en pompe, sur un brancard aux mêmes couleurs, par deux laquais en grande livrée. Deux valets de pied ouvrent la marche, la canne à la main; et, vide ou plein, le carrosse de l'éminence ferme le cortége. La lourde magnificence de ces carrosses cardinalesques est une des curiosités de Rome. Peints en pourpre — c'est la couleur sacramentelle — et surmontés aux quatre coins de quatre gros pompons rouges, ils sont écrasés plus qu'ornés d'épaisses dorures, et tout bariolés d'armoiries et de peintures souvent fort profanes. Les plus galans sont bordés de Vénus nues et de petits amours qui dansent, tout nus comme leur mère, sous des guirlandes de roses.

Rome est chaque jour sillonnée en tous sens par ces convois gothiques: destinés aux armées belligérantes du Saint-Esprit, ils défilent paisiblement dans les rues, et débarquent en procession dans le vestibule du champ de bataille. Aussi avide de spectacles que ses ancêtres, le peuple romain a un goût décidé pour cette cérémonie gastronomique, et manque rarement de border la haie et d'assiéger à midi les portes du conclave.

Une autre cérémonie dont il n'est pas moins friand, est ce qu'on appelle à Rome la Fumade. Les électeurs vont au scrutin deux fois le jour, avant et après midi, et cette formalité se renouvelle aussi long-temps que nul candidat n'a réuni les deux tiers des voix, nombre de rigueur pour être élu. Jusque là on brûle les votes, et la fumée du papier sacré s'échappe par un tube de fer exposé aux regards du public. C'est là ce qu'on nomme la Fumade.

A onze heures et à cinq la foule se presse au pied du palais mystérieux, et, l'œil fixé sur le tube prophétique, comme le marin sur la boussole, le peuple romain attend là son destin : si la fumée sort, le pape est encore à faire ; si elle ne sort pas, il est fait.

Ceci n'est point, comme la cérémonie des dîners, une curiosité vaine et puérile. Les États de l'Église sont au temporel un despotisme pur et absolu ; le choix du souverain importe donc à tout le monde, puisque le souverain touche à tout. Il est au-dessus des lois ; il est lui-même la loi vivante ; il révise les sentences, annulle, casse les arrêts, et peut, de sa propre autorité, sans même consulter le créancier, remettre à un débiteur sa dette, quelle qu'elle soit, par une simple ordonnance ; cette inique faveur peut indéfiniment, et au mépris de tout droit, se renouveler de six en six ans, au profit d'un protégé. On appelle cela une Sessénale.

Ce n'est là qu'une des mille énormités de la papauté temporelle ; et si à l'aiguillon tout-puissant des intérêts on ajoute l'éperon non moins aigu de l'ambition, car à Rome il n'est personne qui ne tienne de près ou de loin à quelque cardinal, on concevra avec quelle fièvre d'impatience, avec quelle anxiété, quel battement de cœur toutes les classes de la population romaine interrogent la fumade augurale.

Quant aux reclus, leur chaîne est assez courte et leur pèse rudement. Vieux et maladifs, ils regrettent leurs aises, leurs palais, leurs promenades ; et leur captivité leur devient parfois si incommode, qu'après avoir beaucoup tâtonné, beaucoup intrigué, beaucoup rusé, ils s'accordent tout-à-coup et se fixent, pour en finir, sur le premier venu. Ainsi l'ennui, la lassitude, les saignées, font souvent plus en un jour que la diplomatie en un mois ; de là vient l'irrévérent proverbe que le pape se fait alors que les cardinaux commencent à être fous.

Le gouverneur intérieur du conclave est le grand-majordome.

Quoique les antiques statuts apostoliques interdisent aux prisonniers toute communication avec le dehors, ils n'en reçoivent pas moins des visites au guichet ou *sportello*, comme les religieuses à la grille ; mais toujours en présence de quatre *ascoltatori*, auditeurs incommodes, mais au besoin complaisans, chargés de contrôler leurs paroles et leur silence.

Une entrée particulière est destinée aux ambassadeurs. Révoqués de fait par la mort du pape, ils viennent un à un présenter en grande pompe au Sacré-Collége leurs nouvelles lettres de créance. Introduits par le maréchal du conclave dans la salle d'audience, ils remettent leurs lettres au camerlingue et aux trois chefs d'ordre chargés de les recevoir. Les excellences s'agenouillent, les éminences restent debout et couvertes, attendu qu'ayant alors le pape dans le ventre, comme dit le rude proverbe romain, les cardinaux représentent la majesté divine du pontife-roi.

Les cardinaux chefs d'ordre sont au nombre de trois, et changent tous les matins. Ils sont, pendant la durée du conclave, les vrais dépositaires de la souveraineté temporelle et spirituelle du Vatican, comme l'était le camerlingue durant la grande neuvaine. Héritière de sa papauté d'un jour, et reine éphémère comme lui, cette trinité provisoire gouverne Rome et l'Église.

Pendant ce temps, le clergé romain se consume en prières; toutes les confréries, tant laïques qu'ecclésiastiques, sont sur pied, allant d'église en église adorer le Saint-Sacrement. Chaque matin, les curés de Rome, réunis aux ordres mendians, partent de l'antique chœur de Saint-Laurent-à-Damas, et s'acheminent processionnellement vers le conclave en chantant les litanies des saints, jusqu'à ce qu'il plaise à la miséricorde de Dieu et des électeurs de donner un pasteur au troupeau.

A l'intérieur, mêmes prières, mêmes cérémonies. Dès le matin, et avant de procéder au premier scrutin, on célèbre la messe du Saint-Esprit dans la chapelle du conclave, et on entonne après dîner le *Veni Creator Spiritus*, ce qui veut simplement dire : Messieurs, dépêchez-vous; car toutes ces pompes surannées ne sont, comme dit l'Apôtre, que l'airain qui résonne et les cimballes qui retentissent; il n'y a là ni sérieux, ni foi, et l'esprit de toutes ces choses est depuis long-temps mort. Mais les formes subsistent, et on les étale aux yeux du peuple pour l'aveugler, comme on jette un manteau d'or sur un cadavre royal.

Antique officine de vice-dieux, le conclave n'est plus qu'un mesquin théâtre d'intrigues, et les saints électeurs, presque rois jadis, des marionnettes, dont la pourpre cache le squelette et dont les rois d'Europe tirent à leur gré le fil.

Toute cette vieille machine électorale roule aujourd'hui sur le véto des quatre puissances catholiques de France, d'Autriche, d'Espagne et de Portugal, qui toutes quatre jouissent au conclave du droit d'exclusion; c'est-à-dire que chacune d'elles repousse le candidat qu'elle juge contraire à ses intérêts : la France celui de l'Autriche, l'Autriche celui de la France, de même des autres. Ainsi l'Europe règne au conclave et tout le monde y est maître, hors les cardinaux.

Comme le véto ne s'exerce qu'une seule fois, toute l'habileté des partis consiste à le neutraliser en le faisant tomber sur une tête qu'on sait ne pouvoir jamais ceindre la tiare. On commence donc de part et d'autre à jeter en avant quelque cardinal gravement compromis aux yeux des cours étrangères par sa naissance ou par sa politique, et sur lequel doit nécessairement peser l'exclusion. Mais ceci n'est qu'une feinte. Si le rival prend l'attaque au sérieux et mord à l'hameçon, il perd son droit et l'on est débarrassé de lui. C'est tout ce qu'on voulait, et le génie de la diplomatie italienne, l'antique génie des Machiavel et des Sforce épuise sur ce terrain borné, dans cette arène misérable, toutes ses finesses et ses subtilités.

Mais la diplomatie étrangère est sur ses gardes. Elle entretient des intelligences sûres au sein même du Sacré-Collége : elle y a ses cardinaux dévoués, et le maréchal du conclave ne garde pas si bien la geôle, le conservateur du peuple romain ne sonde pas si profondément les volailles apostoliques, que les émissaires et les billets ne circulent chaque jour de la cellule des princes de l'Église au palais des princes de la terre.

Le résultat de ces sourdes manœuvres est presque toujours le même, et l'on peut prédire à coup sûr que le candidat d'aucun parti ne l'emportera. Long-temps suspendue, tantôt sur l'un, tantôt sur l'autre, la triple couronne va tomber d'ordinaire sur quelque tête insignifiante qui ne s'y attendait pas et à laquelle personne d'abord n'avait songé ; comme l'avait dit à Anselme le cardinal de Pétralie, la tiare ne ceint plus que les fronts neutres. De là cet adage : Qui entre pape au conclave, en sort cardinal ; de là le soin constant que le Sicilien avait pris de s'effacer lui-même et d'entrer cardinal au conclave pour en sortir pape.

Il n'y avait, lui, aucun parti puissant ; il n'était le client d'aucune cour ultramontaine ; mais n'ayant par cela même à redouter le véto d'aucune, il était plus près du trône que leurs protégés à toutes. Et puis s'il n'était pas candidat des rois du monde, il était candidat du peuple romain. Son nom était grand sur les sept collines, sa parole y était révérée ; sa renommée de savoir et de sainteté était sans pareille ; et s'il avait semé dix en consolations, en aumônes, il recueillait mille en amour et en vénération, car le peuple n'est pas ingrat. Or, en ces temps difficiles, quelle bénédiction ne serait pas pour la papauté temporelle un souverain populaire! Le Sicilien l'avait senti; convaincu qu'étayé, fortifié par des sollicitations de toute la famille italienne, le patronage du peuple romain était tout-puissant, il s'était fait son client, et avait élevé sur cette base profonde l'édifice de sa fortune.

Quant au czar du schismatique empire, il n'a ni véto ni voix officielle au chapitre des princes de l'Église, mais son influence politique n'en est pas moins grande au Vatican; aussi le cardinal de Pétralie comptait-il plus sur les insinuations occultes de l'hérétique du nord que sur le dangereux appui des rois très-fidèles. Conciliateur en apparence impartial, le Tartare devait intervenir comme médiateur, et proposer aux partis lassés, épuisés, un candidat propre à rallier toutes les opinions, tous les suffrages : or ce candidat neutre, on le connaît. C'était le cardinal de Pétralie. Le Sicilien avait la parole du Moscovite; non certes que le Moscovite se soucie du pape, en tant que pilote de la barque de saint Pierre; mais il se soucie du pape, prince italien, et il était ici, comme tous les autres, la dupe du grand-pénitencier. Il le tenait, lui aussi, pour un anachorète, un nouveau Pierre Morrone; patron intéressé, il comptait bien se payer de sa peine en exploitant largement à son bénéfice l'incapacité politique de son client couronné. Là était tout le secret de sa lointaine protection, et il était l'acteur le plus actif, le plus intrigant de la pieuse comédie du Quirinal.

Ses mines ainsi disposées, le Sicilien ne s'était point endormi aux bras de l'espérance; mais il avait tout prévu, même le cas où elles seraient toutes déjouées. Calculant toutes les chances, toutes les possibilités d'un revers, et spéculant sur les terreurs du Sacré-Collége, il avait recouru, comme dernière ressource, aux carbonari. Il connaissait à fond, et homme à homme, tous les membres du conclave; il savait que la faiblesse de ces vieillards caducs est telle, qu'un attroupement armé sur le Quirinal au cri de : Vive le cardinal de Pétralie! leur forcerait la main, et leur arracherait, au besoin, son élection.

Toutefois ce n'était là qu'un moyen extrême et désespéré. Et d'ailleurs cette épée s'était brisée avant d'être hors du fourreau : en lui fermant la place publique, la surprise du Vélabre lui interdisait la violence, et le laissait aux prises avec la diplomatie, sur les pacifiques tapis du conclave.

Le moment n'était pas venu pour lui d'entrer en lice. Simple spectateur, il suivait la joute d'un œil ardent, mais muet;

renfermé toujours en silence dans son rôle tacite et profond, il laissait les jouteurs impatiens s'épuiser en luttes vaines, attendant que l'heure eût enfin sonné de se faire de leur lassitude et de leur épuisement un marche-pied.

Il assistait avec une ponctualité monacale aux formalités du scrutin, comme aux cérémonies de la chapelle. Initié à toutes les trames il les dominait toutes ; toujours contenu, il n'entrait dans aucune, et donnait sa voix aux candidats extrêmes, bien sûr de n'avoir rien à craindre de pareils rivaux.

L'idée de la papauté embrasait sa tête, le sacré diadème lui brûlait les yeux, l'ambition soulevait en lui ses tempêtes ; et à le voir traîner avec tant de recueillement, tant de calme, sa longue robe de moine sur les dalles de la chapelle Pauline ; à le voir fuir toute intrigue, toute faction, donner complaisamment sa voix à l'un, puis à l'autre, avec tant d'abnégation, tant d'indifférence, le conclave persistait à ne voir en lui qu'un saint, détaché du monde, incapable des affaires terrestres, absorbé dans les pensées du ciel. Un si austère renoncement les étonnait, les édifiait tous ; mais ils répétaient avec le vieux Pasquin : *Si sanctus oret pro nobis, si doctus doceat nos*, et des soixante cardinaux du Sacré-Collége, pas un n'eût songé à lui donner sa voix. Et toi, l'homme patient, l'homme fort, tu voyais toutes ces choses et tu t'en réjouissais !

Cependant les intrigues suivaient leur cours, et devenaient plus ardentes, à mesure que les cardinaux étrangers entraient au conclave ; mais tout se passait encore en escarmouches ; l'auguste assemblée attendait, pour livrer le grand combat, l'arrivée du cardinal autrichien, porteur du véto impérial.

Enfin il arriva. Descendu au palais de Venise, il y passa un jour tout entier enfermé avec l'ambassadeur. Ils concertèrent ensemble leur plan de défense et leur plan d'attaque ; les secrets éventés du cloître trastévérin et les rapports de l'espion marse jouèrent sans doute un rôle important dans la mystérieuse conférence.

Le second jour, le renard empourpré sortit de la tanière gibeline, et prit avec sa suite le chemin du Quirinal. Reçue à la porte extérieure par le maréchal avec les honneurs militaires, et au sein du conclave par le cardinal-doyen et les chefs d'ordre, son éminence autrichienne prit possession de la cellule que le sort lui avait assignée ; son entrée fut le signal de la bataille décisive.

XXII

LES VÊPRES.

Le cardinal autrichien avait été suivi de près à Rome par le Trastévérin Marius. La mort inattendue du pape avait tronqué son voyage et sa mission. Cette grande nouvelle l'avait surpris à Bologne; attisant par sa parole ce foyer toujours ardent de carbonarisme, il s'était hâté de revenir à Rome pour l'ouverture de ce conclave qui devait ouvrir le sépulcre de l'Italie.

Quelle fut sa douleur en arrivant! Jusque là il avait ignoré la catastrophe du Vélabre; il en fut consterné. Tous ceux qu'il croyait trouver en armes et déjà sur pied, étaient aux fers ou cachés.

Enflé de la dénonciation d'Antonia et de la mésaventure du Vélabre comme d'une victoire éclatante, le Vatican avait fait sonner haut toutes ses trompettes; toutes les églises en avaient retenti; une circulaire du Sacré-Collége avait annoncé à l'Italie, à l'Europe, la destruction définitive, radicale des carbonari. Du haut de toutes les chaires l'anathème pleuvait sur les vaincus.

Exploitant à grands coups cette sanglante mine, la police avait de jour en jour étendu le cercle déjà si large des persécutions. Véritable pacha dont l'arbitraire est sans frein, le gouverneur de Rome se donnait le long plaisir d'une vengeance de prêtre; espions et sbires, saint-office et confesseurs le secondaient à l'envi, et les cachots s'emplissaient.

Après les compromis, les suspects; et de degrés en degrés la proscription avait atteint, avait frappé jusqu'aux têtes les plus innocentes : l'innocence est une égide mal sûre quand le soupçon fouille les consciences avec l'épée. Malheur à qui avait fait gras en carême ou manqué la messe un jour de fête! Malheur au philosophe qui avait lu Jean-Jacques, à l'hérétique qui lisait l'Évangile! Malheur surtout au sujet rebelle que la cloche de Pâques avait en vain appelé au confessionnal, et qui ne pouvait présenter au curé de sa paroisse son billet de confession! il n'y avait pour lui ni pardon, ni pitié; car à Rome, où l'autel est sur le trône, tout ce qui ne va pas à confesse est carbonaro, et les cachots s'emplissaient toujours.

Quoique absent la nuit du Vélabre, Marius n'en dut pas moins veiller à sa sûreté, car il n'allait point à confesse et son orthodoxie politique était singulièrement suspecte. Un soir déjà il avait failli être arrêté. Suivi par des sbires jusqu'au pied du Janicule (il demeurait au sommet) il n'avait dû leur retraite et sa liberté qu'à la fortuite rencontre d'un groupe de Trastévérins qui sortaient alors de l'église de Saint-Chrysogone, et qui l'avaient escorté jusque chez lui. Dès lors il ne marchait plus qu'armé et prêt à tout plutôt que de se laisser prendre. La police de son côté ne persista point; elle respecta par peur l'idole du Trastévéré, tremblant d'avoir encore sur les bras pendant l'interrègne la redoutable tribu du Janicule. C'était bien assez des carbonari.

De tant de sujets d'alarmes, le plus poignant pour Marius était la disparition d'Anselme, dont le sort était un problème. Les uns le croyaient hors de Rome, les autres le disaient plongé dans les cachots du château Saint-Ange; et le palais Madame accréditait cette dernière version, afin de mieux effrayer ses ennemis. Loysa seule avait le secret d'Anselme, et le gardait bien. Le cœur d'une femme est un sanctuaire profond et fidèle; ce que l'amour y cache est bien caché. L'œil ami de Marius lui-même n'y pénétra point; tout ce qu'il put savoir d'elle, c'est qu'Anselme était libre; mais en quel lieu? sous quel déguisement? c'est ce qu'elle ne lui dit jamais.

Soit jalousie, soit prudence, elle ne voulait pas de tiers dans leur intimité mystérieuse; elle poussa même la circonspection jusqu'à taire à Anselme le retour de Marius, craignant que la témérité de l'amitié ne le jetât dans quelque nouveau péril. Et puis, quoique le crime des carbonari ne lui fût pas bien clair et qu'elle ne les connût guère eux-mêmes que par les blasphèmes de son père et les épouvantes de sa tante Véronique, elle s'obstinait à voir dans le Trastévérin le mauvais génie d'Anselme, et le haïssait de toute la force de son amour. Ainsi les deux amis soupiraient en vain l'un pour l'autre. Réunis dans cette Rome dont ils se croyaient tous les deux si loin, ils respiraient le même air, ils ne s'en doutaient pas, l'égoïsme raffiné de l'amour s'élevait entre eux pour les diviser.

Mais que faisait Anselme dans sa retraite? Il renouait lentement et d'une invisible main le fil rompu de la conjuration. Le martyre de ses amis faisait saigner son cœur sans le décourager; car s'il avait l'âme sensible, il l'avait forte et croyante. Il savait que, si acharnée que fût la persécution, elle pouvait bien retarder d'un jour l'avènement de la liberté, mais non pas éteindre dans les âmes cette lave ardente qui bouillonnait dans son lit de feu, et se cabrait contre ses digues. Croyant au contraire de nouveaux sujets de haine et de vengeance, la persécution jetait à l'incendie des pâtures nouvelles, elle ouvrait au volcan de nouveaux cratères.

Plus l'orage était furieux, plus il serait court; une fois déchaîné, il s'userait par sa propre furie et s'apaiserait de lui-même. Si nombreuses d'ailleurs que fussent les arrestations, elles n'en reposaient pas moins toutes sur des soupçons, sur des présomptions vagues; la vente du Vélabre avait été désertée à temps; pas un carbonaro, hors le comte de Kaleff, qui ne l'était guère, qui n'avait rien pu dire, parce qu'il n'avait rien vu et qu'il ne savait rien, pas un n'avait été arrêté en flagrant délit; les mesures étaient si bien prises, le mystère si profond, que les preuves juridiques manquaient pour tous les détenus.

Il est vrai qu'en cette Jérusalem bienheureuse les Caïphes et les Pilates sont en nombre, les témoins à bas prix, et les tortures, au besoin, inquisitoriales et menteuses; mais on touchait à l'aurore d'un nouveau pontificat, et, soit par politique, soit même par probité, un pape de la veille consentirait difficilement à ouvrir son règne par un prologue sanglant, à monter au trône par un marche-pied de cadavres. Un prince nouveau aspire toujours à la popularité; Néron lui-même aurait voulu ne savoir pas écrire : or, il faut le dire à la gloire du peuple, les supplices ne sont jamais populariseurs; la clémence seule fait les Henri IV et les Trajan.

Toutes ces considérations pouvaient bien rassurer Anselme sur le sort futur des martyrs, mais elles n'allaient pas cependant jusqu'à dorer pour lui l'avenir d'illusions romanesques. Cette fatale surprise du Vélabre n'en était pas moins un grand malheur, car elle avait dispersé l'armée, ajourné le combat et mis le Vatican sur ses gardes; et puis c'était pour lui une victoire, or toute victoire donne au vainqueur en force, en audace, en crédit, ce qu'elle ôte en confiance au vaincu. Anselme le savait, et tout en se résignant à l'inaction de l'attente, il n'en déplorait pas moins la perte d'une occasion si belle.

Ce qu'il déplorait surtout, car ici la patience n'était pas de mise, et l'attente était mortelle, puisque le conclave touchait à son terme, ce qu'il déplorait amèrement, c'était de ne rien faire, de ne rien tenter pour le cardinal de Pétralie, pour ce candidat occulte et puissant, dont l'élection eût délivré ses amis, lui-même et l'Italie. Mais compromis comme il l'était, et nul ne l'était davantage, traqué par les sbires comme un sanglier dans sa bauge, que pouvait-il? Sa puissance à lui, celle des siens n'était pas dans les cavernes ténébreuses de la diplomatie, mais au soleil, sur la place publique : or tenter une émeute au Quirinal dans un moment si critique, quand l'hydre avait toutes ses têtes levées, tous ses yeux ouverts, toutes ses griffes aiguisées, n'eût-ce pas été se dresser à soi-même son propre échafaud et perdre son candidat au lieu de le servir?

Bien qu'initié par le cardinal lui-même à toutes ses chances au conclave, sa raison refusait de croire à l'élection d'un tel homme par une telle assemblée. Certes personne plus que lui ne rendait hommage au génie du grand moine, à sa profonde habileté; mais malgré tout, malgré lui-même, il tremblait qu'à l'heure décisive un des fils si artistement tendus par le Sicilien ne vînt tout-à-coup à rompre, et n'entraînât la chute de son mystérieux édifice.

Que le palais de Venise eût été, fût encore sur la trace du consistoire, qu'il eût eu l'œil ouvert sur le cloître de Saint-François, c'est ce dont Anselme ne pouvait douter; le cicéroné de M. de Kaleff était là pour l'en convaincre. Le souvenir du Catalan entretenait et légitimait toutes ses craintes à cet égard; c'est lui surtout, c'est l'espion marse qui peuplait cette orageuse nuit des fantômes de l'impossible; ombres sinistres, sombres visions qui éclipsaient aux yeux du proscrit l'étoile du bâtard.

C'était pour le cas possible, probable d'un véto gibelin, qu'une pétition armée du peuple romain eût pu servir puissamment la cause du Sicilien et emporter d'assaut son élection par la force ou par la terreur. Mais qui soulèverait maintenant ce peuple inerte et dévot? Qui le lancerait contre le conclave, cour auguste et révérée qui porte en son sein le vice-dieu de la chrétienté? Les carbonari seuls étaient capables d'un tel miracle, et les carbonari, où étaient-ils?

Rejeté dans les ténèbres par la nécessité, reine du monde; condamné par elle à l'inaction, rôle obscur, rôle ingrat, qu'Anselme subissait en frémissant, il ne lui restait donc plus qu'à se confier à Dieu et à la fortune de l'Italie. — Ce que les hommes font, pensait-il, et cette idée l'apaisait, les hommes peuvent le défaire. Qu'importe un jour à la vérité qui est éternelle? — La foi dans le but finissait toujours par triompher en lui du scepticisme des moyens.

Mais il avait dans sa solitude, dans son revers, une source de consolation plus douce, et celle-là lui était d'autant plus chère, qu'elle n'était pas pour lui sans périls. Fidèles à l'autel aimé de Sainte-Marie-Majeure, la jeune fille des Quatre-Fontaines et le pèlerin de l'Aventin ne manquaient pas un jour au rendez-vous. Tantôt c'était aux Vêpres, comme la première fois; tantôt à l'Ave-Maria, et toujours avec mystère et bonheur. Un pèlerin est une chose si peu rare dans les temples de Rome, que, bien loin d'éveiller quelque soupçon, la présence d'Anselme n'était pas même remarquée; et quant à Loysa, on ne remarquait la sienne que pour admirer sa piété. Il n'y avait pas jusqu'à dame Véronique qui n'eût un bandeau sur les yeux.

C'était un spectacle triste et touchant que ces rendez-vous d'amour entre l'autel et l'échafaud. Comme si le calme du faux habit que portait le conspirateur eût filtré peu à peu dans ses veines, il oubliait là ses périls : ils oubliaient tous les deux l'univers pour ne songer qu'à la tendresse, pour ne parler que d'eux. Sainte-Marie-Majeure était un sanctuaire inviolable où ne pénétrait aucun bruit du monde, un terrain neutre où toutes les passions violentes s'éteignaient dans l'amour. Une atmosphère de paix, d'oubli, d'espérance, les environnait, les enivrait comme un parfum du ciel; et comme le musulman dépose sa sandale à la porte des mosquées, ils déposaient au seuil du temple, lui, ses haines, ses tristesses; elle, ses angoisses et ses terreurs.

La félicité du proscrit était si grande aux chastes tête-à-tête de la basilique, que, rentré dans sa retraite, il s'accusait de mollesse et d'égoïsme; il se reprochait d'avoir plus de tendresse pour une femme que de pitié pour ses amis, de donner plus à l'amour qu'à l'Italie. Cette pensée le poursuivait comme un remords. Assise la nuit à son chevet, elle troublait son sommeil de rêves improbateurs. Tous les héros plébéiens de cet Aventin sacré qu'il habitait, soulevaient la pierre des tombeaux; mânes mécontens, ils passaient devant lui un à un, ils passaient mornes et silencieux.

Mais ici encore, que pouvait-il? En se gardant fort et croyant pour les jours meilleurs, ne servait-il pas mieux l'Italie qu'en s'allant jeter, enfant aveugle, en des périls beaux mais sans fruit? Était-ce sa faute, à lui, s'il avait des passions grandes pour toutes les grandes choses, pour l'amour comme pour la liberté? Parce que la plus dévouée, la plus tendre des femmes lui avait donné sa foi, sa vie, devait-il briser ce cœur qui se livrait à lui, rejeter et fouler aux pieds cette fleur pure et charmante qui parfumait pour lui les routes de l'adversité; et parce que ses amis étaient dans les fers, devait-il jeter sa maîtresse au tombeau? Hommes forts, hommes convaincus, ils avaient, eux, du moins, pour alléger leurs chaînes l'énergie morale et la foi aux idées; mais elle, faible femme, elle, isolée au milieu du monde, à la merci d'un père ignare et brutal, sous quel autel se fût-elle abritée, quel Dieu eût-elle imploré, si son amant l'eût abandonnée? La vigne frêle et printanière attachée aux bras puissans de l'ormeau peut-elle fleurir sans lui? sans lui la grappe d'or se berce-t-elle au soleil de l'été?

Ainsi ouvert par l'amour à la bienveillance, à la pitié, à tous les sentimens tendres, brûlant de déverser sur l'humanité tout entière les félicités dont son âme était inondée, il se reprochait une impossibilité dont il n'était pas comptable; il s'accusait en gémissant de ce qui était le crime du monde et non le sien.

Le destin sembla prendre à tâche d'apaiser sa conscience timorée en tarissant pour lui la source des consolations.

Retenue un jour à l'hospice du Saint-Esprit, la charitable tante Véronique avait manqué le service à Sainte-Marie-Majeure, Agenouillés au pied des autels pendant bien des heures, les amans avaient pu s'aimer sans contrainte dans les solitudes de Dieu. Enhardi même par le bonheur, le pèlerin n'avait pas fui le temple à l'heure des Vêpres, et il était resté à genoux près de la jeune fille. La foule écoulée, ils étaient demeurés seuls.

Jamais leurs émotions n'avaient été si tendres, jamais leurs regards ne s'étaient dit tant de choses; leurs deux âmes vibraient d'accord comme deux lyres harmonieuses, leurs deux vies étaient confondues dans une intimité ardente et douce. Et pourtant il y avait de la mélancolie dans leur joie; leur tendresse était grave, leurs paroles sérieuses et tristes. On eût dit qu'un malheur les menaçait, qu'ils en avaient la prescience, qu'ils prenaient congé de la dernière heure de leur félicité.

— « Je ne sais, disait Loysa, le bonheur m'inonde l'âme, et j'ai les yeux tout en pleurs.

— » Ce sont des larmes de joie, répondait Anselme en essayant de sourire; mais ce sourire n'était que sur ses lèvres, la tristesse était dans son cœur.

— » Le silence de la basilique est morne et sinistre; il me fait peur.

— » Les anges se taisent pour t'écouter, car ta voix est douce même au ciel.

— » Qu'entends-je? on dirait un bruit de pas!

— » C'est le pétillement de la lampe sur l'autel.

— » Non, non; c'est le cri d'une trompette.

— » C'est un soupir de l'orgue, promené par l'écho de la nef sous les saintes voûtes. »

Mais en vain s'efforçait-il de la rassurer; l'oreille pleine de bruits d'alarmes, les yeux d'effrayans spectres, tous les sens aiguisés par la terreur, elle n'entendait, ne voyait, ne pressentait qu'embûches et surprises.

Tout-à-coup deux yeux durs et menaçans flamboyèrent au-dessus de leur tête, entre deux colonnes. Au regard sombre et soupçonneux qu'ils fixaient sur eux, Anselme se crut surpris. Il tira un poignard de son sein; il se prépara à la défense; un mot de Loysa le désarma.

— « C'est mon père, dit-elle à voix basse; et recueillant tout son courage, elle fit un pas vers le capitaine Orlandini pour lui souhaiter la bien-venue; mais il la repoussa brutalement.

— » Seule à l'église! murmurait-il entre ses dents avec une colère concentrée. Ah! ma sœur, vous payerez cher votre négligence. Quel est cet homme? demanda-t-il rudement, en fixant sur Anselme un œil dévorant.

— » C'est lui, mon père, répondit Loysa avec intrépidité.

— » Qui? le carbonaro! l'excommunié! s'écria Orlandini en serrant le bras de sa fille avec fureur. Le carbonaro! répétait-il avec une rage toujours croissante, le carbonaro! » — Et la voûte ébranlée retentissait du cri de réprobation. — « C'est donc toi, scélérat, continua-t-il en saisissant le faux pèlerin par sa robe, c'est toi qui te glisses comme un bandit dans les maisons sans défense pour suborner les filles honnêtes et déshonorer les familles!

— » Anselme n'a séduit personne, interrompit l'intrépide Romaine avec indignation; sa présence honore et ne flétrit point. Et puisque le hasard nous réunit tous trois au pied de l'autel, je vous répète ici, mon père, ce que je vous ai écrit à Ravenne, c'est que je l'aime; fût-il mille fois plus coupable encore qu'il n'est innocent, je vous jure que je n'aurai jamais d'autre époux que lui. Sainte Vierge qui m'écoutez, recevez mon serment. »

Orlandini ne se possédait pas; il ne fallait rien moins que la sainteté du lieu et sa peur de l'enfer pour étouffer les blasphèmes qui se pressaient sur ses lèvres. N'osant blasphémer il se tut. Se retournant brusquement vers Anselme debout et muet : — « N'y a-t-il donc, s'écria-t-il, n'y a-t-il personne ici pour arrêter ce misérable?

— » Personne! répondit Anselme en promenant un regard calme dans l'église déserte, à moins que Dieu ne change en sbires les statues des papes et des saints.

— » Il les changerait plutôt en démons pour te plonger, toi

et tes infâmes complices, dans l'étang de feu et de soufre où vous brûlerez dans l'éternité. Holà! quelqu'un! cet homme est.....

— » Pas un mot de plus, interrompit Anselme en appliquant sa main sur la bouche du capitaine; pas un mot de plus, vous dis-je.

» Sois tranquille, reprit plus bas Orlandini, nous nous reverrons; j'espère bien t'escorter au gibet qui t'attend. »

L'angelus l'interrompit. L'église allait de nouveau s'emplir; le danger devenait imminent; Anselme coupa court à cette scène violente et périlleuse.

— « Capitaine Orlandini, dit-il d'une voix ferme, vous êtes le plus fort ici; mais n'oubliez pas que j'ai l'œil sur vous, et que, de loin comme de près, je veille sur cette femme. Elle est votre fille, mais elle a ma foi; j'ai la sienne, et j'ai le droit de la protéger contre toute violence, contre toute oppression. L'autorité paternelle a des bornes; ne les passez pas, ou malheur à vous! »
—Prenant un air terrible et solennel :—« Souvenez-vous, s'écria-t-il d'une voix tonnante, souvenez-vous du pèlerin de Sainte-Marie-Majeure!

— » Et du parloir de Sainte-Catherine! » ajouta Loysa avec résolution.

Moitié fureur, moitié terreur, le capitaine ne répliqua rien. Il prit sa fille par le bras, et l'entraîna vers la porte.

— « A la vie et à la mort! cria-t-elle de loin à Anselme en lui jetant un baiser.

— » J'y compte! »

Le cœur du proscrit se serra quand elle franchit le seuil déjà moins désert de la basilique. Sorti par la porte opposée, il regagna ses solitudes à la faveur des premières ténèbres.

Couchés au crépuscule sous les acacias de l'Esquilin, un groupe d'ouvriers jouait à la mourre.

— « Mes amis, leur dit le capitaine en passant, Anselme, le carbonaro, est dans l'église.

— » Eh! qu'est-ce que cela nous fait à nous?

— » Cent écus à qui l'arrêtera.

— » Eh bien donc! sommes-nous des sbires? Passez votre chemin et laissez-nous tranquilles. »

A ces mots ils reprirent leur jeu interrompu, et pas un n'eut même la pensée d'inquiéter la retraite d'Anselme. La colère d'Orlandini ne fit que s'en accroître.

La lettre si franche, si noble de Loysa l'avait jeté hors de lui;

franchise et noblesse étaient deux vertus inaccessibles à son âme vulgaire; il n'en pouvait sentir le prix. Voulant frapper la rebelle, l'écraser de sa présence comme d'un coup de tonnerre, il était parti de Ravenne sans lui répondre. Arrivé le soir même à Rome, et trouvant la maison vide, il était venu chercher la coupable jusqu'au pied de l'autel. Juge et bourreau, il tenait la victime sous sa griffe de fer.

La première tempête cependant n'éclata pas sur elle, elle tomba sur la tête de la pauvre Véronique. Toute heureuse de la belle action qu'elle venait de faire à l'hospice du Saint-Esprit, et ne se doutant de rien, la bonne dame, elle entrait gaiement au logis, lorsqu'une voix trop connue la fit tressaillir. Accueillie par une explosion d'injures, elle fut souffletée impitoyablement par son formidable Caïn. Pour Loysa, l'invisible pèlerin de Sainte-Marie-Majeure et les souvenirs de Sainte-Catherine la protégeaient et la couvraient d'une double égide.

Orlandini était lâche; il eut peur, il se contenta d'enfermer sa fille, de la verrouiller, et pour ce soir tout se passa en menaces.

Anselme n'en était pas plus rassuré; quoiqu'il connût l'empire de la peur sur les âmes de cette trempe, il ne pouvait sans frémir songer au tête-à-tête de Loysa avec un tel homme, et il passa la nuit dans de vives alarmes.

Ainsi frappé déjà dans sa patrie et dans ses amis, frappé dans ses plus chers projets, dans ses espérances les plus saintes, il venait d'être encore frappé dans son amour; l'adversité l'avait forcé dans ses derniers retranchemens. Son cœur déchiré, saignant, n'était plus vulnérable, tant il était criblé des coups du sort. Jouissant, si on l'ose dire, de la plénitude du malheur, il aurait pu, comme Oreste, rendre grâce aux dieux infernaux, et maudire le ciel et la vie; il aima mieux se recueillir en silence dans sa douleur, et il dressa dans son âme des autels à l'espérance.

XXIII

LE SCRUTIN.

Cependant la grande mêlée du conclave avait commencé; si long-temps en présence, les armées en étaient enfin venues aux mains. Toutes les factions secondaires se fondaient dans deux grands partis, la France et l'Autriche. Le cardinal autrichien avait en poche l'exclusion de Vienne, un cardinal français l'exclusion de Paris; sur ce double pivot roulait toute la machine du conclave.

Les deux éminences d'outre-monts étaient donc la boussole sur laquelle les pilotes du Sacré-Collége avaient les yeux; et la diplomatie italienne s'efforçait de surprendre sur leurs traits et dans leurs démarches le secret de leur cour. Mauvais politique, le Français avait été bientôt pénétré; mais le Gibelin ne l'était pas, il ne laissait rien lire sur son inerte face allemande.

Déjà plusieurs candidats avaient été éconduits, et les votes s'étaient reportés sur deux cardinaux célèbres, mais trop puissans tous les deux pour que l'un pût jamais triompher de l'autre. Le nombre des électeurs était de soixante, quarante voix assuraient donc l'élection. Les deux rivaux en réunirent constamment trente pendant huit jours, sans pouvoir en conquérir une seule de plus. Le ballottage eût duré six mois, que le nombre trente fût régulièrement sorti deux fois par jour de l'urne inflexible.

Le grand-pénitencier n'avait pas une voix.

Les cardinaux commençaient à se lasser. La chaleur était ardente; les cellules sont étroites, et le sacré sang des éminences avait déjà plus d'une fois coulé sous la lancette des carabins. D'ailleurs les grandes solennités de la Saint-Pierre approchaient, et il était important dans les circonstances actuelles de ne pas frustrer le peuple romain de son pape et de ses cardinaux; car il comptait dessus, et pas de fête pour lui sans la tiare et les robes rouges. Un spectacle manqué est un crime qu'il ne pardonne pas; *panem et circences* est encore son cri.

Informé par ses espions de l'état des choses, c'est alors que le consistoire intervint.

Les trois princes sanfédistes de l'Italie demandaient instamment que l'on voulût bien donner au plus tôt un chef à l'Église. Les temps étaient difficiles, le provisoire fatal, l'impiété de jour en jour plus audacieuse, plus menaçante. Égarés par elle, les peuples chancelaient dans leur foi, et la voix d'un souverain pontife pouvait seule raffermir l'autel, base éternelle et divine de tous les trônes. Renfermés en apparence dans le cercle des intérêts spirituels, ils suppliaient le conclave de veiller avant tout au salut de l'Église, et de ne jeter dans la sainte balance aucune considération politique et mondaine. Passant de là au portrait du pasteur réclamé par les besoins du troupeau, ils peignaient trait pour trait, mais sans le nommer, le grand-pénitencier, et ils garantissaient d'avance à un pareil pape, non seulement une aveugle soumission dans le choix des évêques, mais encore—et l'argument était irrésistible—des avantages temporels de nature à enrichir le trésor du Vatican. Enfin, tout en s'en remettant à la sagesse du conclave de ce choix difficile, ils proposaient, vu les rivalités des cours catholiques et leur incommode véto, de s'en référer à l'arbitrage d'une puissance neutre, dont la croyance et la situation géographique fussent pour tout le monde une garantie d'impartialité.

C'était nommer la Russie. Aussi bien le ministre moscovite n'avait-il pas attendu ce moment pour s'immiscer aux intrigues du Quirinal. Agile et rusé comme un Grec du Bas-Empire, il communiquait régulièrement deux fois le jour avec le conclave ; cachés aux profondeurs des volailles et des pâtés, ses billets hérétiques trompaient tous les argus.

— « Vous ne vous entendrez pas, écrivait-il au camerlingue
» lui-même ; la France ne vaincra jamais l'Autriche, l'Autriche
» jamais la France. Le conclave durât-il dix ans, un pape po-
» litique ne passera point.

— » Soyez notre médiateur, lui répondit le camerlingue après
» l'initiative des cours d'Italie ; vous, électeur, qui nommeriez-
» vous ?

— » Votre éminence va rire, répliqua le Byzantin ; mais si j'étais
» cardinal, je donnerais ma voix, moi, au grand-pénitencier.
» C'est un saint, je le sais ; il n'entend rien aux affaires, je le
» sais encore : vous en serez quitte pour lui donner un bon se-
» crétaire d'état. Soyez-le, monseigneur, et vous régnerez sous
» son nom. L'Europe catholique n'aura rien à dire. »

Cette ouverture souriait au camerlingue. Ambitieux, mais trop compromis dans le monde politique pour songer en son propre nom au trône de saint Pierre, il n'aspirait qu'à y monter sous le nom d'un autre. Meneur en chef du conclave, il se mit à nouer une nouvelle intrigue et à pratiquer une nouvelle mine.
— « Les carbonari, dit-il à tous les partis, sont plus nombreux, plus entreprenans que jamais ; nommons un cardinal aimé du peuple, c'est le meilleur moyen de les réduire au silence. Un pape populaire tuerait le carbonarisme sans tirer l'épée. Tranquilles à l'intérieur, nous aurions alors plus de liberté et partant plus de force à l'étranger. L'exclusion menace tous les candidats politiques ; réunissons nos voix sur un candidat neutre. J'en propose un qui n'a certes à craindre aucun véto, car c'est un véritable ermite, tout-à-fait en dehors des affaires du monde ; je propose le grand-pénitencier. »

La proposition du camerlingue fut accueillie par un sourire, mais applaudie, et la transaction fut acceptée à l'unanimité. Ce candidat mystérieux, auquel personne encore n'avait songé, devint tout d'un coup et de guerre lasse le candidat de tous les partis; ainsi les renards rusés étaient tous tombés aux piéges profonds du lion.

Il ne restait plus qu'à sonder le Sicilien lui-même et à le pressentir sur le choix éventuel d'un secrétaire d'état. Le camerlingue se chargea de ce soin.

La nuit régnait sur le Quirinal. Tout dormait, ou du moins tout se taisait. Le silence était profond, on n'entendait que le bruit cristallin des fontaines et le pas lourd et uniforme des Suisses en sentinelle aux portes du conclave. Retirés chacun dans sa cellule, les princes de l'Église se reposaient des fatigues du combat et reprenaient des forces pour l'enfantement long et laborieux du pontife souverain.

Enfermé comme eux dans son étroite cellule, le bâtard de Sicile songeait à l'empire. L'heure avait sonné pour lui d'entrer en scène, le drame de sa vie touchait au dénouement, ou plutôt il allait commencer. Tête-à-tête avec sa fortune, il en interrogeait toutes les faces, et toutes étaient riantes. L'imprévu seul pouvait tourner la chance; mais si l'imprévu, ce fantôme de l'ignorance et de la faiblesse, inquiétait parfois sa passion, sa logique froide et sévère le repoussait comme un mauvais rêve.

Tout-à-coup on frappa mystérieusement à la porte de sa cellule, et le camerlingue entra avec précaution.

— « Monseigneur, dit-il au grand-pénitencier, le conclave se prolonge au-delà du terme fixé par les intérêts de l'Église. Les vœux du troupeau appellent un pasteur, la chrétienté tout entière un chef; et cependant les partis sont loin de s'entendre; ils ne s'entendront même jamais, à moins qu'une voix de conciliation ne leur soit ouverte. Mais qu'elle s'ouvre, et ils s'y jetteront tous avec empressement. Je ne connais qu'un homme propre à opérer ce miracle; cet homme, c'est vous.

— » Moi?

— » Vous-même. Que votre éminence daigne seulement accepter la candidature que je mets à ses pieds, et tous les partis la soutiendront.

— » Monseigneur, répondit le cardinal de Pétralie avec une dignité froide, je ne peux pas; que dis-je? je ne veux pas supposer que votre éminence me tende un piége, ni qu'elle songe à me rendre la risée du conclave et la fable de la chrétienté; cependant ceci a tellement l'air d'un jeu, votre démarche est si étrange, que, sans la haute idée que j'ai de votre caractère, je pourrais me tenir pour insulté. »

Le camerlingue ne s'attendait pas à un tel accueil. Il fut un instant décontenancé, tant cette figure grave et austère lui imposait; mais, prêtre et diplomate, il se remit bientôt. Sa justification fut chaleureuse. Il se répandit en éloges pompeux sur la modestie du Sicilien, sur sa piété, sur son savoir, toutes choses qu'il ne croyait pas ou qu'il méprisait; car il était athée, et il regardait le grand-pénitencier comme un pauvre en esprit. Mais il jouait un rôle, et soutint jusqu'au bout son personnage.

Le Sicilien n'était pas sa dupe; mais il avait, lui aussi, son rôle, et il n'y fut pas moins fidèle. Il accepta en silence la défense du menteur, et le laissa parler long-temps sans l'interrompre. Chacune de ses paroles était un triomphe; toutes justifiaient ses prévisions de quarante années; toutes lui prouvaient son génie. Enfin, lorsque le but lui fut bien clair, lorsque les moyens eurent été longuement déroulés devant lui, et que, feints ou vrais, ses doutes eurent tous été levés, il répondit que si l'œil de Dieu s'était abaissé sur lui, et que sa voix suprême lui imposât cette mission de paix et de conciliation, il ne lui appartenait pas, à lui indigne, de sonder les secrets d'en haut, ni de regimber contre les saints aiguillons; il courbait la tête en silence, et se résignait sans murmure. — « Disposez de moi, monseigneur, ajouta-t-il en s'inclinant devant le camerlingue; disposez de ma faiblesse. Mais fortifiez-la de votre force; illuminez-moi de vos lumières; allégez, en le partageant, le fardeau dont Dieu m'accable; et s'il m'appelle vraiment à l'empire, daignez être mon ministre, afin que la même main qui m'aplanit les voies du trône, m'y guide et m'y protége. Monseigneur, me le promettez-vous? »

Le camerlingue n'eut garde de refuser; et l'un se résignant à être pape, l'autre voulut bien se résigner aussi à être sécrétaire d'état. Ils avaient tous les deux ce qu'ils voulaient.

Mais tout-à-coup, comme se ravisant : — « Non, s'écria le cardinal de Pétralie; non, monseigneur, je ne puis croire encore que le ciel ait condamné mon indignité à une si lourde croix, et qu'il veuille ceindre ma tête blanche de ce bandeau d'épines. Songez que si ma foi est connue, mon incapacité l'est plus encore, et que pas un suffrage n'est tombé sur moi.

— » C'est pour y mieux tomber tous, répondit le camerlingue; et je réponds de votre élection. Ceci est une affaire de chiffres. »

Et il déroula sous les yeux du Sicilien une liste de cinquante cardinaux dont la voix lui était assurée. C'est là tout ce que voulait savoir le sceptique; il n'ajouta rien de plus.

— « Cinquante sur soixante, reprit le camerlingue en repliant sa liste; c'est dix de plus qu'il n'en faut. Votre éminence voit bien maintenant que son élection est sûre. Demain, vous serez pape. »

— C'est-à-dire que ce sera moi, pensait l'ambitieux vulgaire; car il comptait bien être le Mazarin de Rome, et régner sous le nom du dévot. — Va, pensait de son côté le grand ambitieux, tu crois me donner un maître; mais Sixte-Quint n'en avait pas.

Minuit sonnait à l'horloge de la Madone quand les deux cardinaux se séparèrent.

Quelle nuit pour le Sicilien! Son élection était sûre; il venait de la toucher du doigt, et il y avait si bien intéressé son secrétaire d'état futur, que le doute n'était plus permis. Pour le véto, il le craignait si peu, qu'il n'y songeait même pas. Il pensait que si son nom avait pénétré dans quelque cour, c'était comme le nom d'un saint, non comme celui d'un homme d'état. Et quant à l'espion marse, il ne partageait pas les terreurs d'Anselme. C'est une affaire de cour à cour, se disait-il; c'est la Russie que le palais de Venise surveillait dans la personne de M. de Kaleff, ce n'est pas moi. Pour l'Autriche, comme pour tout le monde, je suis un saint, et un saint n'effraie personne.

Reporté par la pensée de cette Rome où il allait régner, à cette Sicile où il avait été laquais, il récapitula d'un regard sa vie toute entière. Il revit l'antichambre immonde, le théâtre impur, la caserne brutale; il se revit, pauvre déserteur, errant sans pain dans les montagnes de la Madonie; il revit le moine qui le sauva, le cloître qui s'ouvrit pour lui, Palerme et l'archevêque; il relut la vie de Sixte-Quint dans la cellule de Pétralie; il sentit les premières larmes d'ambition couler silencieusement sur ses joues brûlantes. Sorti de la poussière de l'étude et du recueillement de la méditation, il remonta l'Etna; à genoux au bord du cratère, il se rappela le vœu qu'il avait fait alors à la face du ciel, ce vœu terrible qui était accompli.

Embarqué à Messine, débarqué à Ostie, il franchit à pied le désert; il revit en palpitant la grande coupole; il s'assit pour respirer sur le piédestal antique; pape futur, il se glissa de nuit dans Rome comme un contrebandier, comme un larron.

Le couvent du Janicule, l'église de Saint-Charles-Borromée, son premier combat, son premier triomphe; puis l'exil, puis le retour, ces quarante années d'attente, d'isolement, de concentration, repassèrent sous ses yeux dans la cellule du Quirinal. C'était comme une nuit longue et orageuse dont le soleil allait disperser les nuages et les ténèbres.

Mais au réveil, quand l'aurore déjà dorait l'horizon, le bâtard rappelait avec amour, presque avec regret, ces fantaisies du sommeil, songes ravissans, mirage fascinateur dont la réalité tant désirée n'égalerait jamais l'ivresse ni la beauté. Il regrettait ces joies intimes de l'espérance, ces émotions solitaires d'un grand dessein, ces longs et silencieux tête-à-tête avec lui-même, cette pensée enfin, qui allait cesser d'être à lui pour appartenir au monde. Prêt à briller comme un phare suprême au faîte de la pyramide humaine, il regrettait l'oubli, le mystère, et jusqu'à cette obscurité dont il avait travaillé quarante ans à sortir.

Enfin il prit congé de tout ce passé, comme d'un ami d'enfance que l'on quitte à jamais, et l'enivrement du triomphe ne lui permit bientôt plus ni regrets ni souvenirs. La victoire, en effet, était magnifique; si la route avait été longue et le sentier rude, l'arrivée n'en était que plus douce, et le prix d'ailleurs valait bien l'attente.

Dépouillant peu à peu le vieil homme pour renaître homme nouveau, il sentait son âme s'épanouir; si près de l'empire après tant d'opprobres et d'humiliations, les vieux levains plébéiens qui couvaient depuis quarante ans au cœur profond du bâtard fermentaient au soleil de sa fortune.

Demain vous serez pape! Ces derniers mots du camerlingue résonnaient comme une musique céleste à son oreille émue. Demain donc allait commencer l'ère nouvelle; demain l'Église aurait son Grégoire, l'Italie son Procida; demain les cachots de Rome allaient s'ouvrir par enchantement; et ces hommes généreux, qu'y avait entassés la persécution, ils allaient renaître tous à la lumière, à la liberté; devenus à sa voix de conspirateurs citoyens, demain ils allaient former sous ses auspices la sainte phalange italienne! Le plus pur de tous, cet ami jeune et dévoué qu'il avait envoyé lui-même sur la brèche sanglante, cet Anselme que l'hydre du Vatican enveloppait dans l'ombre de ses replis perfides, sa main puissante allait conjurer l'anathème qui grondait sur sa noble tête, et, l'associant à sa gloire, il allait révéler à l'Italie cette belle âme inconnue.

Jaloux de bander les plaies qu'il avait ou croyait du moins avoir faites, le Sicilien palpitait à la pensée de cette amnistie vraiment éclatante et vraiment royale; son bonheur grandissait de tout le bonheur qu'il promettait à l'Italie. — Israël! Israël! s'écriait-il avec enivrement, à moi donc appartient la délivrance de tes tribus captives et la conquête de la terre promise! — Il prévoyait avec orgueil la stupeur des Pharaons de l'Italie à ce coup de tonnerre; la foudre libératrice brûlait sa main.

Telles sont les joies de l'ambition, passion forte et sacrée dont l'intrigue impudente et l'ignoble cupidité n'usurpent le grand nom que pour le rapetisser, que pour le dégrader. Heureux le cœur qu'elle possède, car elle le comble! Heureux qui ne livre pas son âme aux mille vents du monde! Heureux qui lie sa destinée à un grand dessein, et qui, planant par-dessus toutes les étroites passions du vulgaire et ses intérêts mesquins, traverse la vie sur les ailes de l'espérance!

Cependant la cloche des couvens romains troubla la veille ardente du cardinal de Pétralie, et salua l'aurore de son jour de triomphe. Cette voix matinale le rappela tout d'un coup, non pas à lui-même, mais à ce rôle de ténèbres et de mystère au terme duquel il touchait enfin. Prêt à jeter pour toujours son masque de comédien, il s'en couvrit pour la dernière fois; et quand l'heure l'appela à la messe du Saint-Esprit, il se rendit à la chapelle Pauline d'un pas plus grave encore, et avec un maintien plus froid que les jours précédens. Lui-même officia pour soulager le cardinal-doyen, et il le fit avec un recueillement et un calme qui trompèrent tous les assistans. Pas un éclair de l'orage intérieur qui grondait en lui ne jaillit de ses yeux; les regards les plus curieux, les plus pénétrans ne lurent rien que la dévotion, rien que l'insouciance sur cet impassible visage.

Quand il passa de la chapelle dans la salle du conclave, la même indifférence étonna les électeurs. Il prit sa place au milieu d'eux comme si les intérêts qui allaient se débattre là ne l'eussent point concerné, comme si le nom qui allait sortir de l'urne ne devait pas être le sien.

Enfin le scrutin commença.

Bien que d'avance le résultat en fût connu de chacun, l'attention de l'auguste assemblée n'en fut pas moins profonde, et tous les yeux étaient fixés sur le Silicien, jaloux de surprendre enfin sur ce front de fer quelque manifestation de joie ou d'espérance. Vaine attente! Fidèle à lui-même jusqu'à la dernière seconde, il ne se démentit point; pas un geste, pas un regard ne trahit son ivresse intime. Contenu, l'œil fixe, enveloppé d'un silence imposant et froid, il écoutait sans pâleur et sans tressaillement la lecture de ces votes dont chacun pourtant était comme un degré de l'échelle mystérieuse qui l'élevait à l'empire.

Vingt fois la main fatale avait plongé dans l'urne, et un nom seul était sorti, celui du bâtard.

Proclamé par le secrétaire du conclave autant de fois qu'il sortait, il allait frapper, comme un bélier, ce cœur invincible ; et le coup était si fort qu'il lui ôtait chaque fois la respiration, et semblait chaque fois prêt à le briser ; mais la secousse était pour lui seul ; elle était tout interne, elle n'avait au dehors ni communication ni écho ; rien de visible n'en décelait la violence.

Ainsi concentrée, la tempête intérieure n'en était que plus terrible, et cette torture occulte fut même un instant si douloureuse, si puissante, qu'elle pensa triompher. Ébranlée sans trêve par des chocs si multipliés et si rudes, la grande âme du Sicilien faiblissait ; au trentième coup il se sentit défaillir ; mais au moment d'être terrassé, il eut honte. Aurait-il pu, sans ignominie, sans se manquer à lui-même, fléchir au but, démentir à la dernière heure un mensonge de quarante ans? Il recueillit dans un dernier effort, un effort plus qu'humain, tout ce qui lui restait d'énergie physique, d'énergie morale ; il se fit une cuirasse de son orgueil, et son orgueil le sauva : il ne tomba point. Retenu par lui dans sa chute, il trouva dans la grandeur de sa destinée un appui plus sûr et plus digne de lui.

Il lutta comme Jacob avec l'ombre mystérieuse, et comme Jacob il vainquit.

Ces luttes souterraines, ces sourdes victoires se passaient toutes entre lui et le Dieu qui aplanissait devant ses pas les sentiers du trône ; nul œil humain ne descendait dans cette arène obscure et silencieuse. Tandis que ces tourmentes grondaient au cœur du pape futur, les électeurs traitaient de stupide son inertie, son immobilité. Ils s'applaudissaient déjà, ils se félicitaient entre eux d'un choix qui allait les rendre maîtres de Rome ; ils se promettaient richesses, crédit, licence, sous la faible houlette d'un si commode pasteur.

Le commode pasteur, qui lisait en eux mieux qu'ils ne lisaient en lui, leur préparait en silence la métamorphose de Sixte-Quint.

Il se comparait encore à l'Etna, non plus, comme jadis, dans son isolement, mais à l'Etna dans sa puissance. Ne cachait-il pas, comme le géant de Sicile, sous un front de glace un feu dévorant? N'allait-il pas, comme lui, se révéler par une éruption soudaine, retentissante; comme lui, régner sur l'Italie? Quelques minutes à peine le séparaient encore du trône, et après un si long voyage, ces dernières minutes étaient des siècles, tant il lui tardait d'être lui, de vivre de sa propre vie, d'arracher enfin aux yeux du monde son masque d'histrion.

Trente bulletins étaient sortis de l'urne, et tous les trente portaient son nom. Le trente-unième, le trente-deuxième, le trente-troisième le portaient de même, et tout faisait augurer que l'austère franciscain de Pétralie aurait les honneurs de l'unanimité, comme les eut naguère le facétieux archevêque de Bologne. C'était l'opinion du conclave ; les quatre suffrages suivans ne firent que la confirmer, tous les quatre étaient pour lui. Il en fut de même du trente-huitième.

Le secrétaire venait de lire le trente-neuvième bulletin, comme tous les autres, il portait le nom du grand-pénitencier : il ne lui manquait donc plus qu'une voix, et cette voix suprême, la main du scrutateur allait la tirer du sein de l'urne, lorsque le cardinal d'Autriche entra.

— « J'ai l'honneur, dit-il d'un ton sinistre, d'informer vos éminences que sa majesté apostolique l'empereur mon maître donne l'exclusion à son éminence le grand-pénitencier. »

Cela dit, il s'assit.

Quelle péripétie ! Le conclave en fut tout ému, il en fut confondu. Les cardinaux quittèrent spontanément leur place, et le désordre régna dans l'assemblée. Jamais exclusion plus inattendue n'avait déjoué leurs intrigues ; ils n'y pouvaient pas croire ; peu s'en fallut qu'ils ne la prissent pour un jeu ou du moins pour un malentendu, tant le grand-pénitencier leur était peu suspect, tant sa nullité politique était proverbiale.

Le palais de Venise était mieux informé.

Tous les yeux se portèrent sur l'objet d'un si inconcevable interdit. Tel dans sa défaite que dans sa victoire, le Sicilien n'avait changé ni d'attitude ni de visage ; impassible sous le poids du véto comme sous le poids de la tiare, il se leva gravement, et traversant la salle avec dignité, il alla droit au cardinal autrichien, et il lui dit en l'embrassant :

— « Que ne dois-je pas à votre éminence, dont l'heureuse intervention me délivre du fardeau qui allait accabler ma faiblesse ! »

A ces mots il se retira dans sa cellule, aussi calme en apparence qu'il en était venu ; de tous ces regards de prêtre si avidement fixés sur le moine intrépide, pas un ne put se vanter d'avoir surpris dans sa voix, dans sa démarche, sur ses traits, la plus légère altération.

C'est ainsi que les délations de l'espion marse arrachèrent la tiare du front du bâtard de Sicile.

XXIV

LE PONT DU NUMICUS.

Perdue au Vélabre et au Quirinal, la cause italienne ne l'était point à Asture. Distraits de la mort de Grimaldi par l'arrivée de Brancador et les tristes nouvelles de Rome, passant pour ainsi dire d'une douleur domestique à une douleur publique, les bannis, décimés par la mal'aria, confondaient dans un même regret le martyr mort avant l'âge au milieu d'eux, et les martyrs captifs aux cachots Saint-Ange.

Inquiets d'Anselme, ils ne savaient rien de lui. En vain avaient-ils envoyé Nicolo à la découverte, le garde-forêts ne leur avait rapporté de Rome que les bruits publics, et ce vague, ce mystère redoublait leurs angoisses.

— « Hélas! disait tristement Côme, tout espoir est-il donc éteint?

— » Eh quoi! ajoutait don Camillo, n'avoir échappé à tant de périls que pour mourir ici de mal'aria, comme Grimaldi!

— » Mourir sans vengeance! s'écriait Ponzio avec sa violence de montagnard; mourir sans avoir combattu! Cela ne sera pas.

— » Cela ne peut être, répétait le vieux Septime, dont les passions guerrières étaient électrisées par le Samnite. Cela ne sera pas, dussions-nous marcher seuls sur Rome et donner l'assaut au château Saint-Ange!

— » Dites au ciel, poursuivait le capucin de Calabre. Comme Lucifer et ses légions, je me révolte, moi, contre ce Dieu sans justice ou sans pouvoir, qui nous abandonne et nous livre à nos persécuteurs.

— » Croyez-moi, mon cher frère, répondit Tipaldo, on détrônerait plutôt le Père éternel au milieu de ses chérubins, si on savait où le prendre, que nos princes au milieu de leurs sbires; la conquête du royaume des cieux est bien plus facile que celle des royaumes du monde.

— » Heureux les morts! murmurait douloureusement Rémo, les yeux fixés sur l'urne du Génois. Heureux qui ne survit pas à l'espérance!

— » Et qui t'a dit, s'écria Cavalcabo, qui t'a dit que nous lui survécussions? Par la barbe de Brutus et de Procida, je ne désespère pas de l'Italie, moi! Désespérer, c'est être mort, et il y a encore du sang dans nos veines. Ce sang, ô liberté! il est à toi, à toi, jusqu'à la dernière goutte, et il coulera avec joie sur tes autels!

— » Ami, lui dit Azzo en lui serrant la main, tu es bien de la vieille race lombarde! ta foi est forte et vivace. Dieu te la conserve, jeune homme! Dieu nous l'inspire à tous; nous en avons bien besoin. »

Ainsi parlaient entre eux les bannis d'Asture; Brancador seul était muet.

— « Silence! dit Oddo, j'entends le cri d'alarme de la sentinelle; quelqu'un s'approche de la tour. »

Ce n'était que le père Matteo qui revenait de la messe. Il n'apprit rien aux conjurés, sinon que la persécution avait l'aile toujours déployée, et poursuivait son vol exterminateur. L'excommunication fulminée par le Sacré-Collége contre les carbonari avait été affichée à la porte de toutes les églises, et l'archiprêtre de Neptune venait de la commenter en pleine chaire après la-messe. Le pauvre député en était encore tout tremblant; car l'excommunication foudroyait du même anathème et les carbonari et ceux qui, les connaissant, ne les dénonçaient pas. — Ces réprouvés me damnent, pensait le dévot avec désespoir; ils m'entraînent avec eux dans la chaudière ardente. Ma fille! ma fille! tu me coûtes mon âme! — Poursuivi de diables au pied fourchu, à la bouche ricanante, il remonta précipitamment dans la haute cellule où il l'avait laissée.

Elle n'y avait pas été long-temps seule; le père Matteo avait à peine enfourché maître Aliboron que le bel Aronais était déjà aux pieds d'Isolina. Les adolescens du désert s'aimaient pour s'aimer. Peu soucieux du lendemain, ils se laissaient aller au flot; et le dos tourné à la proue, les yeux sur les étoiles, ils respiraient une à une, sans les cueillir, sans les faner, toutes les fleurs du rivage.

— « Vois-tu, disait Conradin, vois-tu là-bas, vers Vandotène, cette voile argentée qui se balance au soleil comme un oiseau de proie? C'est un barbaresque. Il vient pour toi; il t'a vue; il t'épie; il te vendrait au grand-seigneur, et le grand-seigneur te voyant si belle te ferait sultane. Mais tu es ma sultane, à moi; Barberousse ne t'aura pas. »

Et il lui racontait en riant l'histoire de Julie de Gonzague, dont le renom de beauté était si grand, que le hardi pirate escalada, une nuit, pour l'enlever, son château de Fondi ; mais en vain pénétra-t-il jusqu'au sanctuaire ; réveillée en sursaut et enlevée nue de son lit par un gentilhomme, la jeune comtesse venait de s'échapper. L'Africain, dit l'histoire, se vengea en brûlant la ville, la farouche Diane en faisant assassiner son libérateur.

— « Non, non, répétait l'espiègle avec un fou transport ; non, Barberousse n'aura pas ma Julie ! »

Enlevant la jeune fille dans ses bras comme pour la sauver, il la retenait des siècles sur son cœur, il couvrait de caresses sa tête brune et ses mains blanches.

Isolina s'abandonnait, sans l'idée même d'y résister, à ces amoureuses folies ; elle les encourageait, les prolongeait par sa naïve ignorance ; elle appelait Conradin son chevalier, son sauveur ; moins ingrate que l'altière comtesse de Fondi, elle payait sa dette, non avec des poignards, mais avec des baisers.

Un coup de canon avait troublé un instant le doux tête-à-tête. Le vaisseau de proie du corsaire africain s'était approché assez près de la tour pour provoquer de la part du sergent ce bruyant salut. L'incivil forban ne l'avait pas rendu ; donnant de toutes ses voiles, il se perdit bientôt dans les pourpres brunissantes de la Méditerranée.

— « J'entends monter ton père ! » dit tout-à-coup Conradin en quittant les mains et les lèvres d'Isolina. C'était en effet le vieux député timoré qui, poursuivi de tous les démons de l'enfer, regagnait sa cellule aérienne. Assis hypocritement l'un près de l'autre, et les yeux pieusement baissés sur le livre d'heures de saint Charles d'Arona, galeotto discret qui ne les trahissait point ; les jeunes dévots étaient si absorbés, si recueillis, que le vieillard en fut tout ému. Croyant n'avoir pas été entendu, il s'arrêta à la porte, et contempla avec édification le charmant tableau.

— « Hélas ! murmura-t-il, quel dommage ! — le bonhomme en revenait toujours là — quel dommage que cela soit carbonaro !

— » Ah ! vous voilà, mon père ! dit Isolina en allant à lui.

— » Vous nous troublez dans un mauvais moment, ajouta Conradin en fermant avec dépit le saint volume ; nous étions tous deux au paradis, nous étions en extase ; demandez plutôt à Isolina, demandez-lui si ma conversion n'avance pas.

13

— » Allez, mon père, il y a long-temps qu'il est converti; mais vous revenez bien vite aujourd'hui?

— » Comment, vite! j'arrive deux heures plus tard qu'à l'ordinaire. Il paraît, ma chère enfant, que le temps ne te paraît pas long en l'absence de ton vieux père; et pourtant, ce vieux père, il livre pour toi son âme à Satan.

— » Jésus! s'écria la jeune fille tout effrayée; que voulez-vous dire?

— » Oui, ma fille, à Satan; mais c'est égal, tu ne m'en es que plus chère. »

Et le bon vieillard la pressait sur sa poitrine en pleurant.

— » Mais qu'avez-vous donc ce soir, père Matteo, demanda Conradin, pour être si prompt aux larmes?

— » C'est sur toi que je pleure, malheureux enfant, c'est sur tes complices, c'est sur moi que vous damnez; notre sainte mère l'Église nous a tous excommuniés: vous, parce que vous êtes des athées, des factieux, des hérétiques; moi, parce que je m'obstine dans un silence impie. Allez, pécheurs endurcis, vous rendrez compte à Dieu, dans l'autre vie, de cette âme de chrétien que vous arrachez de ses mains pour la livrer à l'esprit des ténèbres.

— » Si c'est de la mienne que vous entendez parler, père Matteo, c'est mon affaire à moi, je m'en charge; si c'est de la vôtre, je m'en charge encore, et de bien grand cœur, je vous assure.

— » Tu auras bien assez de ta propre âme à sauver, pauvre enfant, sans te mêler encore du salut d'autrui. Va, ton compte sera sévère au jugement dernier. Songes-y; car ceci, mon fils, est sérieux : il ne s'agit pas d'un jour, d'un mois, d'une année, d'un siècle; il s'agit de l'éternité. Mon Dieu! mon Dieu! ajouta-t-il en jetant les yeux sur les heures du bienheureux archevêque de Milan, pourquoi avez-vous donc permis que le dépositaire d'une si précieuse relique fût un carbonaro?

— » Vous en voulez donc bien à ces pauvres carbonari! répliqua le gracieux enfant. Croyez-moi, père Matteo, vous les calomniez. Pour athées, ils ne le sont pas plus que vous; ils croient en Dieu, et ils vénèrent comme le type de la philosophie et de la vertu Christ de Nazareth, le fils du charpentier, qui souffrit comme nous pour la justice, qui fut martyr en son temps comme nous le sommes dans le nôtre, et qui périt sur l'échafaud comme tous peut-être nous y périrons. Nous reconnaissons même pour patron un saint ermite canonisé par l'Église. Vous avez, vous, saint Matthieu; nous avons, nous, saint Tibaldo ou saint Thibault, comme les Français l'appellent; car ce grand anachorète était Français. Il abandonna aux pauvres son héritage, et se mit, quoique gentilhomme, à travailler comme un manœuvre, fauchant les prés et fabriquant du charbon dans les montagnes. C'est ainsi qu'il passa les Alpes. Descendu aux plaines de Vicence, il s'ensevelit dans la forêt de Salaniga, où il vécut longues années, mangeant des racines, buvant l'eau du ciel, dormant sur la terre; affligé de lèpre, comme Job, il mourut en odeur de sainteté. Mais vous devez savoir tout cela mieux que moi, père Matteo; notre patron n'est-il pas dans la légende? »

Une nouvelle alerte de la sentinelle interrompit l'apologie du saint champenois, et coupa la parole à Conradin.

— « Qui sera-ce encore? dit le vieux Matteo de mauvaise humeur. Pourvu que ce ne soit pas votre Anselme. J'aimerais autant voir entrer ici Belzébuth.

— » Plût à Dieu que ce fût Anselme! » répondit le jeune carbonaro.

Il descendit pour s'en informer.

— « Hélas! dit le député en le suivant des yeux, voilà Satan qui ressaisit sa proie! »

Isolina baisa en soupirant le galeotto sacré, et le cacha dans son sein.

Conradin avait à peine franchi le seuil de la salle commune, qu'un inconnu, conduit par le sergent, y entra après lui.

— « Deux heureuses nouvelles à la fois, s'écria Oddo en entrant: un message d'Anselme, et un bon cousin.

— » La retraite d'Anselme, dit l'inconnu, est impénétrable; ne craignez rien pour lui: mais craignez pour vous; la vôtre n'est pas si sûre. Il vous recommande un redoublement de vigilance: attendez-vous toujours à une surprise; ménagez-vous des voies de retraite, et conservons-nous tous pour les jours meilleurs. Rien n'est perdu, puisque nous vivons encore. Pour le reste, ajouta le messager, le sergent a raison, mes bons cousins; je suis carbonaro, Bolonais de naissance, Italien de cœur, et artiste de mon métier.

— » Soyez le bien venu! lui dit le Parmesan en lui donnant l'accolade fraternelle; nous sommes deux fois frères: frères en saint Tibaldo, et frères en saint Raphaël.

— » En saint Tibaldo, soit; mais en Raphaël, pas tout-à-fait, c'est en saint Michel-Ange: je ne suis pas peintre, je suis sculpteur; c'est-à-dire, continua le Bolonais en s'animant tout d'un coup, comme électrisé par ce grand nom de Michel-Ange qu'il venait de prononcer, c'est-à-dire que je ne suis, moi et tous les autres, qu'un misérable tailleur de pierre. Car, voyez-vous, mes bons cousins, l'art est mort comme tout le reste dans notre Italie. Bâtards dégénérés des géans nos pères, nous avons beau, pour les atteindre, nous hausser fièrement sur nos petits pieds, nous leur restons à mi-jambe. Si du moins nous savions les imiter ! nous ne savons que les parodier : quand nous avons fait grimacer gauchement le marbre ou la toile, nous nous croisons complaisamment les bras, nous nous pâmons d'admiration devant ces cadavres sans âme, sans vie, et nous prétendons, nains insolens, à l'immortalité. Immortalité d'impuissance, immortalité d'ignominie, voilà la nôtre ; et celle-là, pygmées que nous sommes, nous pouvons être tranquilles, elle ne nous manquera pas. Quand l'avenir, juge inexorable et suprême, citera notre siècle à sa barre et qu'il lui dira : Tes Michel-Ange, tes Raphaël, où sont-ils ? que répondra notre siècle ?.... Honte et douleur ! il faudra qu'il se voile la tête et qu'il se taise. — Quoi ! pas un ? — Pas un. — Italie ! Italie ! Hécube des nations, tous les dieux se sont-ils donc retirés de toi ? En conquérant tes villes, l'étranger t'a-t-il aussi conquis ton génie ? O sainte mère des choses, toi dont la fécondité merveilleuse a peuplé de grands hommes les siècles passés, es-tu donc, hélas ! si stérile aujourd'hui, qu'il n'en doive pas sortir un de tes flancs épuisés, desséchés, pas un seul pour nous baptiser tous de son nom ? On dit le siècle de Léonard de Vinci, le siècle des Carraches ; et du nôtre, que dira-t-on ?

— » Le siècle des martyrs, répondit Azzo.

— » Et qui les connaîtra vos martyrs ? Quel Titien immortalisera leurs traits ? Quel Michel-Ange les taillera en marbre ? Où est Bramante pour leur dresser des mausolées ? Ils n'ont pas même un poète qui les chante ; pas un misérable chroniqueur pour dire leurs noms à la postérité ! Le silence et l'oubli planeront sur leur poussière. Et pourtant, ajouta le Bolonais en se frappant le front, je sens qu'il y avait là quelque chose ; mais l'étincelle n'a rien allumé ; elle n'a pas jailli, le vent froid de la servitude a tout éteint. Phidias avorté, j'ai brisé mes marbres, jeté mes ciseaux, je me suis précipité dans la mêlée. Des citoyens d'abord, me suis-je dit, puis les artistes ! Avant de faire un art italien, il faut faire une Italie.

— » Amis ! s'écria Remo, dont l'âme artiste sympathisait au désespoir du statuaire, vous me demandiez souvent pourquoi j'étais triste ; vous le savez maintenant, le Bolonais vous a répondu pour moi. Ce qu'il vient de vous dire, je le porte depuis long-temps écrit au fond de mon cœur ; mais je n'osais parler, la fausse honte enchaînait ma langue ; je rougissais pour moi, pour vous, pour l'Italie, d'un aveu si humiliant. Il fallait du courage pour le faire ; ce courage m'a manqué ; il l'a eu, lui ; grâces lui en soient rendues. Ce qu'il a dit est tristement vrai, nous ne sommes tous que des copistes ; il n'y a plus d'art, plus d'artistes en Italie. Oui, poursuivit le peintre en s'adressant au statuaire, oui, je te rends grâce, ami, d'avoir formulé ma pensée et délié ma langue ; j'étais un lâche, et tu m'as forcé aux aveux. Comme toi je me suis senti le feu sacré, et l'esclavage aussi l'a étouffé. J'avais quinze ans ; contemplant un jour cette coupole du divin Corrège dont ma Parme est si fière, je me sentis les yeux tout mouillés de larmes, comme Jean-Jacques sous l'ormeau de Vincennes, comme notre Alfieri devant les tombes de Sainte-Croix. *Anch' io son pittore!* m'écriai-je avec le maître. J'avais eu ma vision de Damas ; mon Dieu s'était révélé. Mais, hélas ! j'eus bientôt aussi la révélation de notre impuissance, et je tombai dans le découragement, dans le désespoir. Le siècle n'est pas artiste, il est athée ; l'art est impossible, l'incrédulité tue le beau ; le laid, le faux, l'ignoble, montent sur le trône avec elle. Cette horrible idée a glacé ma main ; et quand tu jetais, toi, tes ciseaux, quand tu brisais tes marbres, je foulais aux pieds mes toiles et mes palettes. Si l'amour de l'Italie ne m'eût fait, comme toi, carbonaro, la soif de l'indépendance, la haine de cette société dépravée, m'eussent fait bandit comme Salvator Rosa. Et cependant je dois à l'art mes plus douces joies ! Il a bercé mon adolescence de délicieuses chimères ; il m'a enivré de parfums et de musiques célestes ; il m'a conduit par des chemins de fleurs dans l'arène sanglante des conspirations. Mais à quoi bon rappeler ces délires? Les rêves d'or se sont évanouis, et je me suis réveillé sous l'échafaud.

— » Courage ! enfans, dit Calvacabo, toujours croyant, toujours convaincu, l'art n'est mort avec la liberté que pour ressusciter avec elle ; car, avec la liberté, phénix inspirateur, art, poésie, histoire, vertu, tout renaît.

— » Dieu donc la ressuscite ! ajouta le Toscan : l'Italie a soif de toutes ces choses.

— » Elle ressuscitera, répondit le sceptique Azzo, chez qui le sentiment de la justice tenait lieu d'espoir ; elle ressuscitera, gardez-vous d'en douter, et l'art ne fera pas défaut aux temples du vrai Dieu, quand le vrai Dieu enfin sera sur l'autel, et le veau d'or dans la poussière. Rappelez-vous donc les trois mots de l'ordre : *Foi, Espérance, Charité!* Adorons, bénissons cette trinité divine ; portons-la dans nos cœurs ; courbons-nous aujourd'hui sans murmure sous la mauvaise fortune, afin de nous redresser demain plus grands et plus forts. Le Bolonais l'a dit : rien n'est perdu, puisque nous vivons encore. Dangers, privations, souffrances, tout s'efface, tout s'oublie devant le saint but qui nous enflamme. Courage, Italiens! la liberté est au bout de la lice ; un tel prix vaut bien la lutte ; et nous y tiendrons tous d'autant plus, qu'à tous il nous aura plus coûté. »

Ces nobles paroles trouvaient de l'écho dans la tour d'Asture : on les recevait, on les répétait avec attendrissement ; magnétisés par elles, tous les conjurés s'associaient par la pensée au sentiment qui les dictait. Un seul était silencieux et contraint au milieu de l'entraînement de tous, c'était Brancador.

Cause ignorée d'une catastrophe dont les suites étaient si funestes, il était plein de douleur, plein de repentir. Il se haïssait, il se méprisait. Il détestait son imprudence criminelle ; car l'imprudence en politique est un crime : elle rougit les champs de bataille et les échafauds. Trompés sur les motifs de sa tristesse, les bannis n'avaient ni ne soupçonnaient son secret ; leurs questions sur la trahison du Vélabre prouvaient assez à quel énorme distance ils étaient tous de la vérité. Ils se perdaient en hypothèses ; ils chargeaient d'anathèmes le traître inconnu, et chacune de leurs paroles était pour le coupable une cruelle torture. Un tel supplice eût presque à lui seul suffi pour expier sa faute ; mais il était destiné à une expiation plus terrible.

— « A propos, mon cher, dit le Bolonais à Brancador, j'ai oublié de te féliciter d'avoir si heureusement échappé aux cachots Saint-Ange. Ce bonheur n'a pas été donné à beaucoup ; et quant à moi, j'ai jugé prudent de me tenir caché et de quitter Rome à la première occasion ; je ne suis pas assez bien dans les papiers du saint-office pour rentrer de sitôt dans cette galère ; trop heureux d'en être sorti sain et sauf! J'ai refusé de faire, pour le pont d'Imola, la statue du Séjan de la Romagne, du cardinal Rivarola, de sanglante mémoire ; c'est là un crime de lèse-Vatican que les prêtres ne me pardonneront jamais ; et, avec la permission de notre bon cousin le sergent d'Asture, je prendrai la liberté d'attendre paisiblement sous son toit la fin de l'orage. Entre nous, mon cher Brancador, je crains bien que ton filleul, le comte de Kaleff, n'ait ouvert les outres d'Éole. Qu'en penses-tu?

— » Je pense que cela ne peut être, que cela n'est point. Je réponds de lui comme de moi. C'est une erreur, une calomnie ; il n'est pour rien dans la catastrophe du Vélabre.

— » Diable ! comme tu prends feu ! On dirait, ma foi, à la chaleur de ta justification, que tu en sais là-dessus plus long que nous.

— » Moi ! s'écria en rougissant l'amant d'Antonia. Quelle idée ! Comment connaîtrais-je le coupable ? j'ai quitté Rome quelques heures après l'événement.

— » Il paraît, du reste, que ton affaire, à toi, est liquidée, et que tu es hors de danger ; car Anselme te rappelle à Rome. Il m'a chargé de te relever ici, et je n'aurai garde de manquer à la consigne. »

Seul de tous les carbonari du Vélabre, Brancador n'avait été l'objet d'aucune recherche ; sa disparition subite et son absence prolongée le compromettaient donc plus que sa présence. Telle était du moins l'opinion d'Anselme ; et il s'était décidé, malgré ses répugnances, à le rappeler d'exil. Mais il avait conçu dès lors des soupçons que justifiaient trop les apparences. Pourquoi seul excepté de la proscription commune ? Quel bras tout-puissant était donc tendu sur lui ? A quel prix était achetée cette protection mystérieuse ?

La solution de tous ces problèmes est que l'œil d'Antonia veillait sur son amant ; providence invisible, elle le protégeait à son insu, et sa main avait retenu le glaive déjà levé pour le frapper. C'est le prix qu'elle avait mis à sa délation ; et le gouverneur de Rome avait tenu le marché, bien sûr qu'une fois désignée, la victime tomberait tôt ou tard et d'elle-même dans quelqu'un des piéges qu'il allait lui tendre charitablement.

Les amours de Brancador et d'Antonia étaient trop suspectes à Anselme, il en craignait depuis trop long-temps les suites, pour qu'il n'eût pas tourné de ce côté ses premiers regards, ses premiers soupçons. Il ne croyait pas Brancador traître, mais imprudent, et il n'ignorait pas la haine que la comtesse, digne fille du prince d'Iési, professait pour les carbonari. Avec de tels flambeaux et de tels guides, Anselme ne pouvait manquer de pénétrer ces ténèbres. Mais s'il était sur la voie, il y marchait à pas lents, gêné qu'il était dans ses mouvemens, et traqué toujours par la police dans sa retraite de l'Aventin. Il attendait le retour de Brancador pour aller au fond de ce fatal mystère.

Tandis qu'il n'en était encore qu'aux présomptions, son ami

Marius, plus libre de ses démarches, en était aux certitudes. Un sbire carbonaro, celui-là même à qui la vente du Vélabre avait dû son salut, avait reconnu dans la femme voilée la comtesse Antonia; et comme ses amours avec Brancador étaient publiques, le sbire avait été bientôt sur la piste. Trop sévère seulement pour l'amant, et sans indulgence, sans charité pour lui, il le tenait pour un traître, pour un délateur; et c'est comme tel qu'il l'avait dénoncé à Marius.

Le Trastévérin ne se montra ni plus clément ni plus équitable; et il fut d'autant plus prompt à la rigueur que, plébéien austère, il ne voyait dans le jeune patricien mondain qu'un efféminé dandy. Inexorable et violent, son premier mouvement avait été de chercher le traître pour le poignarder; mais il avait appris sa disparition de Rome. Forcé à l'attente par la nécessité, il avait ajourné sa vengeance, il n'y avait pas renoncé. Le mot de pardon n'existe pas dans la langue du Trastévéré.

La colère cependant n'avait pas tué en lui l'amitié; toujours inquiet d'Anselme, il n'avait pas cessé un instant ses recherches. Il n'avait rien découvert. La source de ses premières informations s'était même tarie; l'arrivée du capitaine Orlandini lui avait fermé toute communication avec Loysa, qui d'ailleurs s'était jusque alors obstinée au silence et qui était bien résolue à y persévérer. Las enfin de l'inutilité de ses poursuites, il songea à la tour d'Asture et tenta cette dernière voie.

La nuit même où Marius partait de Rome pour Asture, Brancador partait d'Asture pour Rome; et tous les deux acheminés vers Ardée, l'un par la voie romaine, l'autre par les bois Antiates, ils devaient inévitablement se rencontrer.

Nicolo, le garde-forêts, qui avait servi de guide et d'escorte à Brancador dans ces solitudes inconnues, prit congé de lui au pied de la vieille tour ruinée de Saint-Anastase, ancienne villa de Mécène, et l'amant d'Antonia continua seul sa route à travers les champs Iémini.

Il marchait triste et morne; la matinée pourtant était riante, le ciel en fête, mais la nature est un miroir où l'âme de l'homme se reflète; l'âme de Brancador était sombre, elle jetait un voile de deuil sur le joyeux soleil et décolorait toute la création. Les grands effets de la campagne de Rome le touchaient peu; la seule chose qui fît impression sur lui, mais pour l'attrister plus encore, c'était la solitude immense et le silence vaste, profond. Pas un bruit, pas un visage d'homme ne le distrayait de sa rêverie; les pas même de son cheval mouraient sous l'épais gazon des pâturages ; rien ne s'élevait du monde extérieur entre sa tristesse et lui.

Un grand combat travaillait son âme. Dans la tour d'Asture, au milieu des bannis, il avait pu, électrisé par eux, s'élever un instant du repentir à l'héroïsme, et passant du mépris de lui-même à la haine de sa maîtresse, jurer dans son cœur de ne la revoir jamais. Mais seul, mais au sein du désert, mais livré sans défense aux inspirations de sa nature intime, il sentait fléchir ses louables résolutions ; chaque pas qu'il faisait vers Rome brisait une maille de la cotte d'armes empruntée dont il avait, au départ, cuirassé son cœur. Il était bien à craindre qu'il n'arrivât désarmé.

Il était jeune, il était faible ; ses instincts étaient doux ; et lorsqu'en tête-à-tête avec lui-même il descendait au fond de son âme, ce n'était pas la politique qu'il y trouvait, c'était l'amour. A ces êtres tendres et mobiles, il faut non le tumulte des camps ou les orages du forum, mais les ombrages de Tibur, les délices de Capoue.

Jeté par entraînement, sans aucune des vertus mâles du conspirateur, dans l'arène âpre et sanglante des conspirations, il n'avait songé d'avance ni aux sacrifices qu'elles imposent ni aux dévouemens qu'elles réclament ; le moment venu de les faire, il n'en avait pas la force. Élevé dans l'opulence, nourri des vieilles traditions patriciennes, il y avait du mérite à lui, sans doute, à être carbonaro plutôt que sanfédiste, aux rangs des opprimés plutôt qu'aux rangs des oppresseurs ; mais il avait trop présumé de lui-même en se croyant propre à l'action ; il se connaissait mal ; dupe de sa propre ignorance, il avait pris ses ardeurs colériques pour de la résolution. Le conspirateur est un être à part, et la race n'en est pas commune. Le mépris de la mort n'est que sa seconde vertu, vertu d'ailleurs assez vulgaire ; son premier devoir, à lui, ce n'est pas de mourir, c'est de vivre pour une idée. Or, Brancador était généreux, il n'était pas héroïque. Il adorait en imagination la liberté romaine, mais son culte était stérile ; et, capable au besoin de mourir pour elle sur un échafaud, il ne savait vivre que pour le plaisir, sur le satin des boudoirs.

Amolli par la solitude, par la nature, l'amant d'Antonia avait atteint les campagnes d'Ardée. Nulle cité du Latium ne fut plus fidèle à Vénus ; il semble, tant elle lui avait dressé d'autels, que, pénétrée d'une religieuse terreur par les infortunes de Danaé sa fondatrice, elle n'ait eu d'autre pensée, d'autre but que de désarmer l'implacable déesse. La plaine était peuplée de ses temples; le champ Iémini lui était consacré; une ville même, Aphrodise, y portait son nom; et les myrtes du Numicus ne sont que les ruines encore fleuries de ses bois sacrés.

Comme si ces déserts volcaniques, sanctuaire aujourd'hui de la fièvre, autrefois du plaisir, eussent conservé quelque prestige de leur antique magie; comme si l'air y était plus mou, les parfums plus énervans, c'est là, c'est en foulant cette poussière ardente, c'est en remuant, à l'ombre des myrtes et des rosiers, toutes ces ruines cythéréennes, que l'amant repentant fut de nouveau vaincu. Brûlé par la fièvre des sens, dévoué comme la fille d'Acrise à la déesse acharnée, il se donna à ses autels, il s'y donna tout entier. Le repentir fut détrôné, l'amour régna seul.

Le désert s'anima de rians fantômes; bercés sur les brises marines et couronnés de fleurs, ils venaient danser autour du transfuge, ils murmuraient à son oreille le nom d'Antonia, et à ce seul nom mille souvenirs voluptueux le subjuguaient. Sa maîtresse était si belle! Son amour avait de si tendres mystères, des résistances si fantastiques, de si ravissans caprices! Que la politique alors lui semblait froide! Songeant à de plus doux combats, qu'il trouvait dures toutes ces luttes de place publique auxquelles il s'était si étourdiment condamné! Il n'est pas jusqu'à l'ignominieuse nuit passée aux bras de la délatrice dont la mémoire n'enivrât encore le sensuel enfant du Midi.

Insensible aux leçons plus mâles des champs rutules, il ne rêvait que délices, que voluptés; et l'austère mélancolie de la campagne romaine, au lieu de le retremper, l'énervait. — Que sont, se disait-il en broyant sous les fers de son cheval la poudre des cités antiques, que sont la gloire et la liberté? L'homme travaille pour la destruction. Les empires croulent, les peuples s'évanouissent, et la charrue exhume indifféremment des cendres d'une civilisation éteinte, le nom d'une courtisane ou celui d'un martyr. Vénus même survit à Jupiter. Le hasard dispense l'immortalité; le crime et la démence en ont les honneurs plus que le génie et la vertu. La certitude humaine n'a point de base; la vérité d'un siècle est l'erreur d'un autre; les principes sont des chimères, les idées des rêves. Qu'importe un passé qui n'est plus à nous, un avenir qui ne le sera jamais? Le présent seul nous appartient; jouissons-en sans vains regrets, sans ambitions romanesques; le plaisir est plus doux que la gloire, l'amour vaut mieux que la liberté!

Tel était le scepticisme banal, les lieux communs délétères où le carbonaro déchu détrempait son âme. Abandonné au pas languissant de son cheval, il avait tourné la colline d'Ardée et atteint le pont du Numicus. Comme il le traversait lentement et la tête baissée, un cavalier, s'arrêtant tout court devant lui, lui ferma le passage. Brancador tressaillit ; il releva brusquement la tête e reconnut Marius.

— « Que vous êtes pâle ! » — lui cria-t-il en retenant son cheval.

Marius en effet était d'une pâleur sépulcrale ; son front livide était effrayant ; ses traits bouleversés décelaient quelque furieux orage, et, miroir fidèle de son âme, ses traits ne mentaient pas.

La subite apparition de Brancador avait été pour le vindicatif Trastévérin une tentation de l'enfer ; jamais homme n'avait soutenu contre les puissances des ténèbres un plus terrible assaut. Sa première pensée avait été de se précipiter sur le délateur, — l'amant d'Antonia n'était que cela pour lui — et de l'étendre mort à ses pieds ; mais quelque implacable qu'il fût dans ses haines, quelque juste que fût à ses yeux le châtiment, il lui parut lâche en tête-à-tête. Grand dans la vengeance, il ne put se résigner à un obscur assassinat dans le désert ; il lui fallait un exemple éclatant. Remettant donc le poignard au fourreau, il réserva le condamné à une expiation plus solennelle. Il ne put toutefois si vite apaiser une telle tempête, que son visage n'en gardât long-temps les traces ; échappé sans le savoir à un danger qu'il ignorait, Brancador ne vit que la fatigue et le mouvement du voyage dans sa pâleur et son agitation.

Les renseignemens que Marius allait chercher à Asture, Brancador aurait pu les lui donner, il en savait sur Anselme autant que les bannis ; mais le Trastévérin le méprisait trop pour lui adresser une seule question ; il ne daigna pas même répondre aux siennes ; il le quitta brusquement, et continua son voyage sans lui avoir dit un mot.

— D'où vient donc ce délateur ? se demandait-il en galopant vers la tour. Serait-il allé vendre les carbonari d'Asture comme il a vendu les carbonari du Vélabre ? Le ciel m'envoie à temps pour les sauver. Et comme s'il eût craint de ne pas arriver à temps et d'être gagné de vitesse par la trahison, il enfonça ses éperons dans les flancs de son cheval, et fendit le désert comme une flèche.

Resté seul sur le pont, Brancador ne comprenait rien à un pareil accueil. Cette rencontre était sinistre ; alors seulement l'idée lui vint qu'il pourrait bien être suspect et passer pour le délateur du Vélabre. Comment expliquer autrement la méprisante réserve de Marius?

Cette terrible lumière fit en lui une révolution; elle changea en menaçantes réalités ses rêves voluptueux; de la tendresse il repassa à la haine, de la langueur à la rage; et toujours extrême, parce qu'il était toujours faible, il se livra au désespoir, comme il venait de se livrer à la mollesse; il blasphéma l'amour, il maudit Antonia. — Délateur! — délateur! — se répétait-il sans cesse, et ce mot lui glaçait le sang; et comme s'il eût pu échapper par la vitesse de son cheval à l'odieux soupçon, il lui déchirait les flancs, il le lançait à travers les solitudes, il dévorait l'espace comme un insensé.

La peur de l'infamie l'aveuglait, comme l'avait aveuglé naguère la fièvre des sens; et quand l'idée enfin lui vint de tourner bride pour forcer Marius à une explication, il était trop tard, il ne pouvait plus le joindre. En vain l'essaya-t-il; il dut y renoncer, et reprit seul la route de cette Rome où l'attendait non plus l'amour, mais le déshonneur.

Vaincue par la fatigue plus que par la raison, sa fougue juvénile se calma, et il revint par lassitude à la modération.

Il avait voyagé tout le jour sans voir, excepté Marius, une figure humaine; et comme la solitude, au lieu de l'apaiser, l'exaltait, il appelait de toute l'ardeur de son âme une rencontre, même la plus vulgaire, pourvu qu'elle fît diversion à ses sombres pensées et l'arrachât à lui-même. Ses vœux furent exaucés.

Laissant à gauche les collines de Lavinie, à droite le mont Albane, il avait franchi sans y songer le Pomonal, antique *lucus* où l'Anna Petronilla des chrétiens a sa chapelle, comme la joyeuse Anna Perenna des païens y avait la sienne; au Latium les noms de saints ont à peine changé. Non loin de là est la solfatare d'Altieri, l'Albunea probable de Virgile, mystérieux oracle du vieux roi Latinus; l'âpre odeur de soufre qu'elle exhale au loin n'avait pas même frappé le voyageur, et il gravissait lentement le mont Migliori, lorsque, sorti d'un petit massif de lentisques et de figuiers sauvages, restes stériles des villas qui couvraient ces plaines, un cavalier sauta tout d'un coup sur les dalles retentissantes de la voie antique.

C'était un pâtre vêtu de peau et coiffé du chapeau conique; une large bande de cuir bouclée lui ceignait les reins; il brandissait une lance, et montait une jument noire et velue, couverte de harnais blancs. Il aborda Brancador sans cérémonie, et se mit à trotter à côté de lui ; il allait, disait-il, visiter un casale à quelques milles de là, et l'on était trop heureux de trouver un chrétien avec qui faire route dans ces déserts, « surtout, ajouta-t-il, quand on peut apprendre de lui quelques nouvelles du monde. »

Il l'interrogea sur les affaires du jour, avec l'aisance et la familiarité du paysan romain.

— « Eh bien ! que font nos cardinaux au conclave ? Nous donneront-ils bientôt un pape, et nous le font-ils bon ? Et les carbonari, quand les pend-on ? ils ont fait cette fois-ci une fière peur aux robes rouges ; mais elles s'en sont bien vengées. On a affiché contre eux, à la porte des églises, une excommunication soignée ; toutefois on s'abuse si l'on croit les tenir tous ; et l'archi-prêtre de Neptune, qui prêchait contre eux dimanche dernier, ne se doutait pas, le saint homme, de ce que nous savons tous, nous autres pâtres.

— » Quels secrets savez-vous donc, que vos prêtres ignorent ? Le confessionnal a bonne langue.

— » Le confessionnal est bavard, c'est vrai ; mais on ne lui dit que ce qu'on veut bien qu'il sache. Ces choses-là, d'ailleurs, ne nous regardent pas.

— » De quelles choses veux-tu parler ? Je ne te comprends pas.

— » Bah ! répondit le pâtre en hochant la tête avec un sourire malin, votre seigneurie ne veut pas me comprendre. Elle en sait là-dessus plus long que nous.

— » Je ne sais vraiment pas ce que tu veux dire.

— » Eh ! croyez-vous donc qu'on ne sache pas ce que c'est que la tour d'Asture ? Y êtes-vous maintenant ?

— » La tour d'Asture ! s'écria Brancador alarmé.

— » Eh bien, oui ! c'est un nid.

— » Un nid de quoi ?

— » De carbonari.

— » Comment donc sais-tu cela, toi ? »

Arrachée à la surprise, à l'impatience, cette imprudente exclamation était un aveu ; cet homme de malheur n'avait sur lui nul empire. Il sentit sa faute, mais, comme toujours, quand il n'était plus temps de la réparer ; on ne rappelle pas plus un mot échappé qu'une seconde envolée ; ce qui est dit est dit.

— « Vous voyez bien, reprit tranquillement le pâtre sans avoir l'air de remarquer l'embarras de Brancador, que votre seigneurie me comprenait, et qu'elle sait la chose aussi bien que moi. On ne nous trompe guère, nous autres habitans de la Maremme ; rien de ce qui s'y passe ne nous échappe. Tenez, ajouta-t-il d'un air matois, je ne serais point surpris que vous en vinssiez vous-même, et que vous fussiez un..... Vous m'entendez. Au reste, soyez tranquille, on est discret ; un pâtre n'est pas un sbire. »

Tout en causant et trottant côte à côte, ils avaient gagné du terrain et passé à gué un petit ruisseau qui descend du lac d'Albane par l'émissaire souterrain et qui sautille en cascades argentées sur la lave noire du désert. Ils cheminèrent ensemble un mille encore, puis se séparèrent. Le pâtre prit à droite, du côté du tombeau de Cécilia Métella, un sentier à peine tracé au milieu des taillis, et disparut. Brancador resta seul sur la chaussée, effrayé autant qu'émerveillé de la perspicacité du pâtre. Or, le pâtre n'en était pas un ; l'amant d'Antonia venait de livrer à l'espion de l'Autriche le secret d'Asture, comme il avait livré à sa maîtresse, et par elle au Vatican, le secret du Vélabre. Le prétendu berger n'était autre que le Catalan.

Si vagues que fussent ses premiers rapports sur Asture, ils n'en avaient pas moins éveillé l'attention de ses patrons ; ils coïncidaient, d'ailleurs, avec d'autres, reçus de Corse ; et, l'émissaire russe parti, le palais de Venise avait commis l'espion marse à la garde de la tour mystérieuse. Travesti en pâtre romain, l'infatigable protée s'était mis en campagne.

Intimidé par sa première déroute, il n'avait pas osé tenter une seconde fois l'escalade de la forteresse, et s'était contenté d'en surveiller de loin les mouvemens. Il avait été en croisière dans les bois durant deux longs jours, sans que rien eût trahi le secret du donjon ; enfin il en avait vu sortir Brancador et l'avait suivi. Épouvanté de l'apparition de Marius, dont il connaissait et redoutait la violence, il s'était caché dans un des hypogées d'Ardée, pendant sa courte halte sur le pont du Numicus. Le Trastévérin reparti, et le Catalan devinait le but de son voyage, celui-ci avait abordé Brancador, cet innocent coupable, attaché comme un mauvais génie à la liberté italienne, et destiné par la fatalité de son caractère à jouer toujours sans s'en douter le rôle de délateur.

Tandis que le Catalan galopait en rase campagne, et que, messager de mort et d'infamie, il portait au palais gibelin la bonne nouvelle, Brancador escaladait à pas lents la dernière colline qui le séparât de Rome. Arrivé au faîte, il s'arrêta pour contempler la ville sainte, étendue majestueusement devant lui avec sa forêt de coupoles et sa ceinture de palais. Sorti de la gorge du Janicule et de l'Aventin, le Tibre baignait les marbres calcinés de Saint-Paul, basilique incendiée du désert, et descendait lentement à la mer Tyrrhénienne; parsemée de villas riantes, la verte vallée tibérine se déroulait mollement au pied de la colline aride et solitaire. Au dessus du fleuve-roi, et couronné de pins aériens, le doux coteau Pamphile dessinait sur le ciel bleu ses formes harmonieuses.

Après tant de solitude, tant de silence, Brancador ne revit pas sans une vive émotion de joie le mouvement et la vie de cette Rome qu'il adorait, de cette Rome où sa maîtresse l'attendait dans les larmes. Peu s'en fallut que cette vue chérie ne le replongeât dans ses langueurs, et qu'il ne succombât à l'ignominie d'une troisième défaite; il étouffa un soupir qui soulevait déjà sa poitrine; il retint une larme prête à couler, et détournant les yeux d'un spectacle trop puissant pour sa faiblesse, il se fortifia du souvenir de Marius, maudit l'amour une dernière fois, et descendit rapidement la colline.

Ainsi victime d'une organisation malheureuse, et déplacé partout ailleurs qu'aux pieds des femmes, toujours agité, toujours oscillant, le mobile amant d'Antonia était semblable à ces luxurieux du Dante, battus incessamment et ballottés dans l'espace par tous les vents de l'enfer :

> Così quel fiato gli spiriti mali
> Di qua, di là, di giù, di si gli mena.

Comme il passait la porte de Rome, Marius entrait à Asture, et le Catalan au palais de Venise.

XXV

LES THERMES DE CARACALLA.

Tandis que Marius était allé chercher Anselme à Asture, Anselme avait appris le retour de Marius à Rome, non par Loysa, car on l'a vue, jusqu'au dernier moment, inflexible dans son silence, mais par les rapports de la haute-vente, hermandade occulte et vigilante opposée à l'inquisition rivale de la police. A cette nouvelle, Anselme rendit grâce au destin qui, en lui ôtant sa maîtresse, lui rendait au moins son ami. Il lui donna rendez-vous non loin de sa retraite, aux Thermes solitaires de Caracalla.

Marius s'y rendit à son retour d'Asture. Les deux amis s'embrassèrent avec une joie mélancolique ; ils se revirent dès lors chaque jour, et les tête-à-tête de l'amitié remplacèrent ceux de Sainte-Marie-Majeure.

Fermée à l'amour par la tyrannie paternelle, la basilique des Esquilies n'avait plus abrité les amans sous ses doux autels et ne les y devait plus voir. Victime de la violence, captive indignée, Loysa languissait loin d'Anselme sous un despotisme brutal ; elle n'avait dans sa prison, pour alléger sa chaîne et fortifier son âme, que le souvenir du bonheur qui n'était plus.

Espérant la dompter par la réclusion et lui faire épouser à force de solitude et d'ennui je ne sais quel homme vulgaire qu'elle n'avait jamais vu, le capitaine Orlandini avait relégué sa fille dans les combles et la tenait enfermée dans une cellule étroite dont seul il avait la clef, et où personne n'entrait excepté lui. La liberté devait être le prix de son consentement. Il n'épargnait rien pour le lui arracher, et il s'appliquait avec un soin barbare à lui rendre sa captivité insupportable ; il alla jusqu'à lui imposer une diète austère, afin d'énerver son courage par l'inanition. Nourri dès l'enfance dans la grossièreté des casernes papales, il ne connaissait pas d'autre éloquence ni d'autres moyens de persuasion.

Et s'il ne s'était pas encore porté dans sa colère à des extrémités violentes, ce n'est pas qu'il eût des entrailles de père, c'est qu'il avait peur ; l'invisible pèlerin lui enchaînait le bras et le dominait malgré lui.

Une apparition redoutable n'avait fait que redoubler son effroi. Sorti un soir de sa retraite, dans son costume dévot, le proscrit de l'Aventin avait épié son passage dans la rue solitaire de Saint-Vital ; et se dressant tout-à-coup devant lui comme une ombre, il lui avait répété d'une voix foudroyante ces menaçantes paroles de la basilique : — « Capitaine Orlandini, souviens-toi du pèlerin de Sainte-Marie-Majeure ! »

Le fantôme avait disparu dans les ténèbres ; mais son souvenir était durable, et pénétrait le père de Loysa d'une terreur salutaire.

Trivial et borné, Orlandini n'entendait rien au cœur humain ; il connaissait plus mal encore sa fille ; ce qu'il croyait devoir la dompter ne faisait que la roidir. Bien loin de s'éteindre dans les fers, la passion de Loysa, exaltée par la persécution, grandissait de tous les maux qu'elle souffrait pour l'amour. Décidée à la résistance, et prête à tout, elle n'opposait que le silence à la fureur, le mépris à la brutalité. Sa résolution était prise, comme à Sainte-Catherine, de mourir plutôt que de céder. Avec cela on est invincible.

Mais que ses journées étaient longues! ses insomnies douloureuses! L'œil sec devant son père, et la tête haute, elle ne savait que pleurer, que prier quand elle était seule, et son cœur se brisait. Sa plus grande torture était d'ignorer le sort d'Anselme. Le capitaine lui avait bien dit qu'il était plongé dans les cachots du château Saint-Ange; il avait beau le lui répéter tous les jours, elle n'en croyait rien; quelque chose en elle lui disait que cela n'était pas, et que son père mentait. Cette incertitude n'en était pas moins pleine d'angoisses, elle n'en peuplait pas moins sa prison de visions funestes; mais l'amour triomphait de tout, et son amant en péril lui apparaissait plus beau dans la majesté du malheur.

Lui du moins il avait pour distraire sa peine les grands intérêts et les passions ardentes de la politique; mais elle, quels intérêts, quelles passions pouvait-elle avoir qui ne fussent pas l'amour? Par quelle route lui aurait-elle échappé? Dans quel repli profond, inconnu de son âme, eût-elle pu se réfugier, où l'image d'Anselme ne l'eût poursuivie, où elle ne l'eût trouvée vivante, ineffaçable? Loin de la fuir, cette chère image, elle l'adorait, elle n'implorait qu'elle; c'est elle qui occupait ses longues heures de solitude et d'oisiveté; elle qui s'asseyait la nuit à son chevet pour recueillir ses larmes, pour les essuyer; elle qui l'armait de patience et de bravoure dans ses combats de tous les instants.

Elle était à l'âge où l'on n'a point appris encore à désespérer. Seule, captive, opprimée, sans appui, sans asile au monde, elle ne vivait que pour l'espérance; elle échappait au présent par l'avenir, et elle le faisait si beau, cet avenir réparateur, qu'il ne lui semblait pas avoir encore assez souffert pour le mériter. Religieuse dans l'amour et par amour, elle supportait l'épreuve avec résignation, avec joie, semblable aux martyrs, qui remerciaient leurs bourreaux de les rendre par les tourmens plus dignes du royaume des cieux. Le dieu de ce monde idéal que créait sa fantaisie, le roi de ces fêtes futures dont le parfum déjà l'enivrait, c'était Anselme le proscrit, Anselme l'excommunié, fiancé de la mort, que l'amour jaloux de l'intrépide Romaine disputait comme Orphée à sa formidable rivale.

Informé par Marius de l'étroite captivité de Loysa, Anselme souffrait plus des maux dont il était la cause que de ceux qui le frappaient lui-même. Moins jeune, il savait mieux la vie; plus lent à l'espérance, il ne se créait pas un si splendide avenir ; pourtant il ne désespérait pas ; condamné dans un tel moment à une telle inaction, il en gémissait, mais il se résignait, il se réfugiait dans l'asile des forts, la nécessité.

Relégué dans son désert comme la prisonnière dans sa cellule, il passait comme elle de longues heures d'isolement et de silence, attendant que le destin leur fût plus clément.

Sa retraite était sur les pentes méridionales de l'Aventin, entre la vieille église cardinalesque de Sainte-Balbine et Saint-Saba, antique sanctuaire des Grecs iconolâtres. Ce n'était qu'une hutte de chaume ensevelie au milieu des vignes, sous l'ombrage épais des mûriers et des yeuses de l'ancien bois sacré d'Égérie. Il devait sa sécurité moins à la solitude du lieu, qui était pourtant profonde, qu'à un passage souterrain, reste ignoré d'un hypogée, qui de sa cabane allait déboucher au pied du mont Célien, non loin de la chapelle chrétienne des deux saints païens Achille et Nérée. Le hasard lui avait découvert un jour cette catacombe inconnue, et il avait songé dès lors à s'en faire au besoin un refuge. Personne au monde ne connaissait son asile. Loysa elle-même l'ignorait ; Marius l'ignorait comme elle, et ne voyait jamais Anselme qu'aux Thermes voisins de Caracalla.

Ces vastes ruines, les plus pittoresques de Rome, sont, de tous les monumens de la magnificence impériale, le mieux conservées. Les thermes antiques n'étaient pas seulement des bains où la volupté la plus raffinée épuisait ses délices ; c'étaient aussi des promenades plantées d'arbres et des xystes couverts, où les oisifs venaient prendre le frais ; c'étaient des stades, où les athlètes s'endurcissaient et s'assouplissaient aux jeux du corps ; des galeries immenses, des pinacothèques magnifiques, où les peintres exposaient leurs tableaux, les sculpteurs leurs statues ; des bibliothèques enfin et des exèdres studieuses, où les savans venaient lire, les philosophes discuter, les orateurs et les poètes réciter leur prose et leurs vers.

Tels étaient les Thermes de Caracalla. Ceux de Dioclétien, sur le Quirinal ; de Titus, sur l'Esquilin ; ceux enfin de Néron, entre le Panthéon et le cirque Agonal, aujourd'hui place Navone, avaient tous la même destination ; mais aucuns ne pouvaient surpasser ceux-ci en grandeur, en beauté. Ils n'avaient pas moins de seize cents salles de bains, toutes séparées, et ornées de marbres précieux ; on y arrivait par une voie royale et par des portiques non moins superbes ; l'empereur lui-même y avait un palais et un bain particulier.

Le statuaire a puisé là, et y puise encore des chefs-d'œuvre ; c'est là que fut exhumé le torse du Belvédère : de là sortirent l'Hercule de Glycon l'Athénien, la Flore et le taureau Farnèse, trésors sans prix, que Rome envie aujourd'hui à Naples ; car la reine du monde enrichit les nations de ses dépouilles, après s'être enrichie des leurs.

Coupée et dispersée par la cognée des Barbares, la forêt des colonnes orientales qui ornaient les salles et soutenaient les portiques orne et soutient de ses débris somptueux les églises de Rome. La dernière arrachée du sol fut donnée par le pape à Côme de Médicis ; traînée à Florence et érigée par l'usurpateur sur la place de la Trinité pour éterniser la victoire de Montemurlo et la chute de la république des Dante, des Machiavel, elle porte encore au faîte — ironie sanglante ! — une statue de la Justice, comme si la justice ne mourait pas du coup qui tue la liberté.

Quoique dans l'enceinte des murs et au centre de la Rome d'autrefois, les Thermes de Caracalla sont presque à deux milles de la Rome d'aujourd'hui, et loin de toute habitation. Cet isolement leur imprime un singulier caractère de désolation et de tristesse. Dépouillées de leurs marbres et de leurs peintures, mais couronnées de lentisques et de giroflées, les grandes murailles de briques rouges se dressent au milieu d'une forêt d'herbes vénéneuses qui croît au pied. Le lierre les tapisse en guise de bronze et d'or ; la clématite et le scolopendre s'y balancent en festons gracieux ; une salle parfumée jadis et ouverte à toutes les voluptés du corps et de l'esprit, sert maintenant de poulailler ; seul habitant de ce désert, un paysan maigre, hâve, miné par la mal'aria, garde les ruines comme un fantôme assis sur un tombeau.

C'est là, dans ce même lieu, où le peuple romain venait causer familièrement de la conquête du monde, à l'ombre des jardins en fleurs et des portiques ; c'est là, au milieu des ronces et des décombres, que les deux carbonari s'entretenaient en secret de l'Italie conquise, et conspiraient en faveur de sa délivrance.

Le dernier espoir d'Anselme, espoir, hélas ! bien pauvre, reposait sur le conclave. L'œil fixé sur le Quirinal, ignorant encore la défaite du champion sicilien, il prêtait l'oreille au nom qui allait sortir de l'urne, comme le peuple d'Israël aux oracles de Sinaï.

Étranger au consistoire et aux mystères de la cellule de Saint-François, Marius ne partageait point ses espérances ; il ne le pouvait pas, et il les combattait sans les comprendre. Sa haine du

Vatican était implacable, aveugle; homme de guerre plus qu'homme d'État, il voulait tout abattre, tout détruire; il aurait fait, lui aussi, la faute énorme de dépouiller les temples d'Italie, et un pape lui aurait dit : Sois libre! qu'il n'aurait pas voulu de cette liberté donnée par un prêtre.

— « D'ailleurs, ajoutait-il, un pape républicain est impossible; je n'y crois pas.

— » Attendons, répondait Anselme, qui lui-même n'y croyait guère; attendons le résultat du conclave. Il touche au terme, et peut-être à cette heure les dés sont-ils jetés. »

Un coup de canon lui répondit qu'ils l'étaient en effet.

— « Le château Saint-Ange vient de parler, reprit Marius : le pape est fait.

— » Qui sera-ce? s'écria Anselme avec émotion.

— » Qu'importe! répliqua le Trastévérin. Pape pour pape, ce sera toujours un prêtre. Il est vrai que ce pourrait être un moine, et ce serait pis. Je vais le savoir. »

Serrant la main du proscrit, Marius prit le chemin du Quirinal.

XXVI

LE SÉPULCRE DE BIBULUS.

Le peuple assiégeait déjà le Quirinal. C'était l'heure de la fumade; la fumée ne sortit point du tube de fer prophétique; le canon Saint-Ange n'avait pas menti : le pape était fait.

— Le pape est fait! le pape est fait! — Répété par cent mille bouches, ce cri accueillit Marius sur la place de Monte-Cavallo. Il s'arrêta au pied des deux chevaux gigantesques qui la baptisent; et appuyé contre le piédestal de l'obélisque égyptien qui les couvre, eux et la fameuse fontaine orientale, de sa grande ombre, il attendit là, en silence, que le balcon muré du palais pontifical s'ouvrît pour laisser passer le nom d'un nouveau pape.

— « Sait-on sur la tête de quelle éminence s'est posée la colombe? demanda une espèce de provincial.

— » De quelle colombe voulez-vous parler? répondit son voisin.

— » Eh mais! de la colombe du Saint-Esprit, j'imagine.

— » Qu'est-ce que la colombe du Saint-Esprit a, je vous prie, à démêler en cette affaire?

— » Ce qu'elle a à démêler en cette affaire! Mais vous ne savez donc pas, tout Romains que vous êtes, comment les choses se passent au conclave? Moi qui ne le suis pas, je vais vous l'apprendre. Le jour de l'élection venu, messeigneurs les cardinaux se rangent en cercle dans la chapelle ; on y lâche une colombe, et le cardinal sur la tête duquel le Saint-Esprit l'envoie se poser est proclamé pape. »

Un rire universel accueillit la leçon du pédant; car la dernière plèbe de Rome sait aussi bien que la haute diplomatie à quoi s'en tenir sur les opérations du Saint-Esprit au sein du conclave.

— « Mais qui êtes-vous donc, vous, pour venir nous en remontrer, à nous, et qui vous a donné le droit de régenter le peuple romain?

— » Comment! qui je suis? répliqua le provincial. Je suis conseiller de la république de Saint-Marin, et filleul, pour vous servir, de feu l'illustre Antoine Onofri.

— » O..... On..... Comment dites-vous?

— » Onofri, vous dis-je, répéta le Saint-Marinais, tout rouge de colère. Quoi! vous ne connaissez pas même le grand Onofri, ambassadeur de la république à la cour de l'empereur Napoléon Bonaparte? Que savez-vous donc? Mais vous ne savez rien, absolument rien ; vous êtes des ignorans fieffés. Ne pas connaître Onofri! Vous n'avez sans doute jamais entendu parler non plus de Napoléon? Faudra-t-il que je vous conte aussi son histoire? car je l'ai vu, de mes yeux vu, et même j'ai eu l'honneur, moi qui vous parle, d'être choisi par mon gouvernement pour complimenter le grand homme. Mais que fais-je? ajouta en se rengorgeant l'ambassadeur de Lilliput; on perd son temps à vouloir décrasser de tels ignares. Comment connaîtraient-ils l'empereur Napoléon et Onofri, mon parrain? ils ne savent pas même comment le Saint-Esprit fait leur pape? Je vous le répète, afin que vous ne l'ignoriez pas, et je le répète à votre honte, les choses se passent au conclave comme je vous l'ai dit; je le tiens du père-gardien des capucins de la république; un saint homme, ma foi! et de plus, secrétaire du saint-office. Est-ce une autorité, celle-là?

— » Seigneur conseiller, lui dit un petit abbé railleur, est-il vrai que la république de Saint-Marin ait déclaré la guerre, par terre et par mer, à la principauté de Monaco?

— » Vous n'y êtes pas, répondit une voix ; il s'agit bien d'autre chose : elle médite la conquête de la république de Senarica. »

Senarica est un hameau de l'Abbruzze, qu'un caprice de la

reine Jeanne avait exempté de toute gabelle, et qui nommait son *doge*. Cette Venise microscopique portait le titre pompeux de la république, et occupait le premier rang dans la hiérarchie politique des infiniment petits, elle avait cent cinquante habitans.

Le filleul d'Onofri ne releva pas le gant, il battit en retraite, et se perdit dans la foule au milieu des éclats de rire.

Cependant la foule grossissait toujours. Attiré par la grande nouvelle, tout Rome était au Quirinal. Carrosses et piétons, hommes d'église, hommes d'épée, princes et mendians, tous les rangs, tous les ordres, tous les états, tous les peuples, étaient confondus là pêle-mêle dans une commune attente. Tombant à-plomb sur la colline bigarrée, le soleil italien faisait briller tous ces costumes de mille couleurs, de mille feux. Quoique la place fût déjà comble, les rues d'alentour ne cessaient d'y verser des torrens d'hommes. On eût dit une mer houleuse, où se précipitaient en grondant vingt fleuves débordés. Dominant l'orage, et surmonté de la croix, le paisible obélisque se dressait majestueusement au sein des flots tumultueux, comme les pyramides au milieu des sables mouvans. Il était là immobile comme la colonne des siècles.

— « Sang de Christ! s'écria une voix, et à l'apostrophe chacun reconnut Taddée, cela commence à devenir long! les robes rouges se moquent-elles de nous? Si seulement c'était pour nous en donner un bon, on prendrait encore patience; mais gageons, mes fils, qu'ils n'auront pas même pensé à notre cardinal de Pétralie, le seul qui nous eût convenu. Dieu veuille qu'au moins ce soit un Romain!

— » Et pas un religieux, dit un séculier.

— » Et pas un séculier, dit un religieux.

— » Dieu veuille surtout, s'écrièrent mille voix, que ce ne soit pas un ultramontain!

— » Rassurez-vous, mes enfans, rassurez-vous, répondit un gros chanoine, cela ne peut pas être; le Saint-Esprit ne passe pas les Alpes.

— » Qu'est-ce à dire, mon révérend? interrompit d'une voix aigre un petit abbé français; depuis quand a-t-on rogné les ailes de la colombe? Ceci est une hérésie, presque un blasphème. L'Esprit souffle où bon lui semble: *Spiritus flat ubi vult*.

— » Sont-ils bêtes, ceux-là! murmura Taddée en se drapant fièrement dans son manteau de poil de chèvre; ne vont-ils pas croire à la fameuse colombe du filleul d'Onofri! »

Et l'Agamemnon du Janicule jeta sur les deux tonsurés un regard de dédain.

Le mur du balcon où tous les yeux étaient fixés tardant à tomber, cette mer vivante se mit à mugir d'impatience et à battre de ses vagues menaçantes le marbre de ce palais silencieux, inflexible, qui ne voulait pas dire son secret.

— « Notre pape! notre pape! criait la multitude. A bas le conclave! Nous voulons notre pape!

— » Leur pape! répétait entre ses dents Marius ému de colère. Leur pape! Anselme a raison; il faut à ce peuple imbécile son pape, comme il lui faut son soleil. »

Songeant que c'était ce même peuple empressé au pied de son invisible idole qu'il fallait armer contre elle, il désespérait, il maudissait dans son âme de conspirateur le Vatican et la papauté.

Cependant les injures et les menaces ne cessaient de pleuvoir sur le conclave et sur les robes rouges; Taddée même avait déjà parlé de démolir le palais pour en arracher de force leur pape. Tout-à-coup un bruit de marteau fit diversion à la fureur populaire, et la première pierre du balcon tomba. Elle fut accueillie par un hourra de joie; la tempête fut conjurée par enchantement.

La brèche ouverte, le silence s'établit, vaste, profond, comme au désert. Précédé de la croix, et suivi d'un maître des cérémonies, le cardinal premier-diacre, en robe violette et en chapeau rouge, parut sur le balcon pour notifier au peuple romain l'élection de son nouveau souverain. Il prononça au milieu du silence la formule sacramentelle : — « ANNUNCIO VOBIS GAUDIUM MAGNUM : HABEMUS PAPAM, » — et le nom du pontife fut proclamé.

Cela fait, le héraut sacré du conclave jeta au peuple la feuille de papier qu'il venait de lire, et battit des mains; il se retira au milieu des applaudissemens et des bravos de la multitude. Les femmes brillantes dont les fenêtres de la Consulte et des palais voisins étaient bordées agitèrent leurs mouchoirs et leurs écharpes en signe d'allégresse; toutes les cloches sonnèrent en chœur, et le canon du château Saint-Ange tonna.

Cette cérémonie est encore une de celles dont l'esprit est mort. Jadis l'élection du pape était, non signifiée, mais soumise au peuple romain, qui la confirmait ou la rejetait. La forme qui suppose le droit, mais qui n'est pas lui, a survécu seule; oublieux de ses prérogatives, le peuple se contente aujourd'hui de ce vain simulacre de souveraineté.

Autant le spectacle de son impatience avait été terrible, autant était pittoresque celui de sa satisfaction. Enfin il avait son pape! Grave et sévère jusque dans la joie, il n'éclatait pas en fous transports, comme aurait fait le peuple de Naples ou de Venise, mais en satires sanglantes contre les ambitions déçues et les vanités mystifiées. Implacable dans sa verve ardente, il s'y livrait avec audace; qu'ils portassent le chapeau de cardinal ou le bonnet d'artisan, sa verve juvénalesque déchirait impitoyablement tous ceux qu'elle atteignait.

Tandis que, relevé d'interdit, le conclave s'ouvrait pour laisser sortir les prisonniers et entrer les flatteurs, la foule s'écoulait lentement sur les flancs de la sainte colline.

Sombre et mécontent, Marius avait quitté son poste; entouré d'un groupe de Trastévérins, à la tête duquel était Taddée, il descendait en silence au forum de Trajan par la large rue Magnanapoli.

— « Qu'avez-vous, maître? lui dirent-ils; vous ne nous parlez pas. Que pensez-vous du nouveau pape? Aurons-nous la feuillette et les pagnottes à bon marché sous celui-ci?

— » Qu'en sais-je? répondit brusquement Marius; et qu'est-ce que cela me fait, à moi? Vous mériteriez de payer la pagnotte un paul, et la feuillette un écu, pour venir battre ici des mains comme aux marionnettes lorsqu'on vous vole au grand jour, et qu'on outrage en vous la majesté du peuple romain. Allez! Jules César avait bien raison, vous n'êtes pas digne d'un nom si beau. Ceux de la place d'Espagne valent mieux que vous.

— » Maître, qu'est-ce donc qu'on nous a volé?

— » Ce qu'on vous a volé? Vos droits, l'honneur, la liberté. Tout ce que nos pères ont acheté pour nous au prix de leur généreux sang, vous le vendez lâchement, vous, pour la girandole du château Saint-Ange et les combats de taureaux du mausolée d'Auguste. »

Sans rien ajouter, il les mena près de là, au coin de la montée de Marforio, et s'arrêta devant le sépulcre de l'édile Poblicius Bibulus. Ce monument tumulaire est, avec celui des Scipions, le plus ancien et le plus vénérable de Rome; orné de quatre pilastres couronnés d'une élégante corniche, il est de travertin, et porte l'inscription suivante:

C. POBLICIO. L. F. BIBVLO. AED. PL. HONORIS.
VIRTVTIS. CAVSSA. SENATVS.
CONSVLTO. POPVLIQVE. IVSSV. LOCVS.
MONVMENTO. QVO. IPSE. POSTEREIQVE.
EIVS. INFERRENTVR. PVBLICE. DATVS. EST.

— « Ce tombeau, reprit Marius, est celui d'un ancien magistrat de la république, un nommé Bibulus ; mais un magistrat plein de vertu, plein d'honneur, comme dit l'inscription, enfin comme on n'en voit plus. Il mérita si bien du public, il remplit si religieusement les devoirs de sa charge, que l'État lui donna ce terrain pour lui servir de sépulture, à lui et à ses descendans. Mais remarquez bien ceci : ce fut par ordre du peuple, non du sénat, SENATVS *CONSVLTO* POPVLIQVE *IVSSV*; ce qui veut dire que le sénat ou sacré-collége ne faisait que proposer, et que c'est le peuple qui ordonnait, car le peuple est souverain. Il le fut de tout temps à Rome, et de tout temps il nomma ses chefs. Il élisait déjà ses rois ; quand il les eut chassés, il y a de cela deux mille quatre cents ans, il élut ses consuls et ses tribuns, plus tard ses empereurs, puis ses évêques, et enfin ses papes. Mais aujourd'hui le peuple romain n'est plus rien : ce n'est qu'une bête de somme docile, qu'on charge à volonté. Il n'est bon qu'à suer jour et nuit pour payer la gabelle et pour engraisser les robes rouges ; car les robes rouges boivent le sang du pauvre. Jadis maîtres du monde, vous ne possédez pas un pouce de terre. Les sangliers ont des bauges, les oiseaux de l'air ont des nids, et vous n'avez pas, vous, les descendans des maîtres du monde, vous n'avez pas un toit où reposer la tête. Et vous me demandez ce qu'on vous vole ! Demandez-moi plutôt ce qu'on ne vous vole pas. Au lieu de venir battre des mains comme des Anglais devant ce conclave, où les cardinaux vous jouent et vous mystifient, allez-vous-en plutôt cacher votre honte et votre déshonneur au fond du faubourg ; allez filer comme des femmes, puisque vous ne savez pas vous battre comme des hommes. »

La harangue du Gracchus populaire fit sensation. On le laissa parler sans l'interrompre, et quand il eut fini, Taddée prit la parole.

— « Bravo ! s'écria-t-il ; voilà qui est parler ! C'est ce que je leur disais devant Pasquin, le soir où nous jouâmes du couteau avec les carabiniers. Oui, les robes rouges dévorent la substance du peuple romain. » — Et s'approchant de Marius : — « Maître, lui dit-il à l'oreille, s'il s'agit de quelque chose... Vous m'entendez... Nous sommes là. C'est moi qui tenais le bout de la corde le jour où l'on pendit au Cours le grand-inquisiteur Tortona.

— » Je compte sur toi dans huit jours, lui répondit Marius ; et si vous n'êtes pas des lâches, dans huit jours il y aura du neuf.

Mes amis, continua-t-il en s'adressant aux autres d'une voix radoucie, songez à ce que vous fûtes, à ce que vous êtes, et à ce que vous pouvez être encore, si vous voulez. Car, voyez-vous, il ne s'agit que de vouloir. Vouloir, c'est pouvoir. Songez-y.

— » Nous y songerons, maître, nous y songerons! » — s'écrièrent en chœur tous les Trastévérins; et descendant vers la place Saint-Marc, ils prirent la route de Saint-Pierre, où les appelait un nouveau spectacle.

Marius descendit au Forum, et prit la route des Thermes de Caracalla, où le proscrit de l'Aventin attendait le nom du souverain pontife.

XXVII

L'ADORATION.

Le nouveau spectacle qui appelait les Trastévérins à Saint-Pierre était l'adoration. L'élu du sacré-collége avait reçu deux fois déjà l'hommage de ses électeurs, mais à huis clos dans la chapelle du Quirinal, où le camerlingue, roi dépossédé, lui avait remis l'anneau du pêcheur. La troisième adoration est publique, et se célèbre dans la basilique du Vatican.

Le cortége pontifical sorti du palais de Monte-Cavallo s'était mis en marche au son d'une musique militaire. Dragons, chasseurs et grenadiers bordaient la haie. Attelé de six chevaux, et tout chargé de dorures et d'ornemens massifs, le vaste carrosse du vicaire de ce Jésus qui fit son entrée à Jérusalem sur un âne, roulait lentement sur les saints pavés de la ville éternelle. Couvert de la grande chape de pourpre et de la mitre d'or, et chaussé de la mule rouge à croix d'or, le favori du Saint-Esprit occupait le fond du carrosse; deux cardinaux, celui d'Autriche et celui de France, le devant. Un auditeur de Rota marchait en tête, portant la croix, et monté sur une haquenée blanche caparaçonnée d'un grand linceul noir. Environné de Suisses en grand costume du quinzième siècle, et la hallebarde au poing, le roi-prêtre était précédé et accompagné de sa garde à cheval, en habit rouge et en plumes blanches.

Parmi ces derniers était Brancador.

Ni moins gothique, ni moins massif que la lourde machine papale, mais tout noir comme un char de deuil, un second carrosse, à six chevaux comme le premier, roulait pesamment après les gardes, suivi d'une longue file de voitures qui faisaient queue. Un escadron de chasseurs à cheval fermait la marche.

Sorti pape de ce palais où il était entré cardinal, le nouveau pontife était un vieillard pâle, d'une figure vénérable. Ses cheveux blancs flottaient au gré du vent sur ses épaules; il était grand, noble, et respirait dans tout son être la double majesté du pouvoir et de la vieillesse. Reçu par les acclamations du peuple, qui s'agenouillait sur son passage, il lui rendait son salut par des bénédictions. Descendu lentement du Quirinal sur la place de Venise, il s'achemina vers Saint-Pierre, par la route dite Papale, passant devant l'église des Jésuites et devant ce Pasquin où son prédécesseur mort avait apaisé l'émeute trastévérine.

La place du pont Saint-Ange était couverte de spectateurs de toutes classes, qui attendaient le cortége. Arrivé là, Brancador se redressa sur sa selle; il se carra dans son habit rouge, et balançant ses plumes blanches avec coquetterie, il fit caracoler son cheval devant une élégante calèche, où une jeune et belle femme était à demi couchée. Sa robe noire rehaussait la blancheur veloutée de son cou de cygne; son bras nonchalant semblait fléchir sous le poids de son éventail. Elle répondit par une légère inclination de tête au salut du jeune homme, mais le subit incarnat de son teint pâle trahit l'émotion cachée sous cette négligence affectée.

Cette femme était la fille du prince d'Iesi, qui s'épanouissait au soleil sur les coussins voluptueux de son carrosse, tandis que les victimes de sa délation languissaient sur la paille humide et ténébreuse des cachots.

De retour à Rome, Brancador avait tenu vingt-quatre heures ses résolutions d'Asture. Mais une visite de sa maîtresse en larmes les avait ébranlées, un baiser de sa bouche anéanties, et l'amour avait ressaisi sa proie d'une main de fer. Rassuré, fasciné, il en vint à prendre ses angoisses et ses épouvantes du pont du Numicus pour de pures visions, filles de la solitude, et il regarda dès lors comme insensée l'idée qu'il pût seulement être soupçonné de la trahison du Vélabre. La faute de la comtesse était couverte d'un voile impénétrable, et le gouverneur de Rome était trop prêtre et trop intéressé lui-même au silence pour en révéler jamais le secret.

— Ce Trastévérin, se disait l'amant de la délatrice en pensant à Marius, n'est qu'un brutal; il ignore l'amour et ne me fait froide mine que parce que j'ai une maîtresse charmante et qu'il n'en a point. Pauvre Antonia ! à quel danger s'est-elle exposée pour moi ! — Et le crime de la jalousie tournait ainsi au profit de l'amour. — Qu'elle est belle ! se répétait le jeune homme avec ivresse, en la voyant si admirée. Quel regard ! quel sourire ! quelle grâce ! et tout cela est à moi ! Qui ne serait jaloux de tant de bonheur ? — Et son œil amoureux lui adressait des regards si tendres, si ravis, que le sein de la comtesse en palpitait visiblement.

L'ivresse de Brancador fut troublée. Une apparition soudaine le rappela tout d'un coup au pont d'Ardée et à ses terreurs du désert. Il vit flamboyer au bout du pont Saint-Ange les deux yeux bruns de Marius, qui en ce moment revenait des Thermes. Le Trastévérin dardait sur lui et sur Antonia des regards si vindicatifs, si menaçans, que l'on ne pouvait plus douter qu'il n'eût le secret du Vélabre. Cette rencontre bouleversa Brancador, un froid glacial le prit au cœur, il fut au moment de se trouver mal. Antonia, qui ne connaissait pas Marius, ne vit rien de cette scène muette ; elle continua à sourire et à s'éventer d'une main dolente.

Retombé dans ses alarmes, dans ses épouvantemens, Brancador, pâle et morne, avait repris son rang, et marchait, la tête et l'épée basses, le long des hautes murailles du château Saint-Ange, ce mausolée de l'empereur Adrien érigé en forteresse par le consul Crescence. Après avoir passé devant la petite église de Sainte-Marie-à-Traspontine, élevée au lieu même où fut, dit-on, enseveli Romulus, et devant ce beau palais bramantesque des conversions où moururent la reine de Chypre et Raphaël, le paisible cortége pontifical, et avec lui Brancador, abîmé toujours dans ses orageuses pensées, arriva enfin sur l'immense place de Saint-Pierre.

Elle était comble. Jaloux d'y voir les premiers entrer leur pape, les Trastévérins, hommes et femmes, s'étaient échelonnés en amphithéâtre sur le vaste escalier de la basilique ; la terreur respectueuse qu'inspire leur nom leur servait de rempart ; peu se hasardaient à leur disputer la place, et à tenter l'assaut. Le costume éclatant des femmes et leurs bijoux massifs rayonnaient au soleil ; le chapeau conique des hommes était couronné de fleurs et de rubans. Au-dessus de ce balcon versicolore, la foule de la place ne formait qu'une masse noire et confuse.

Le cortége défila lentement au pied de l'obélisque d'Héliopolis, géant de deux cents palmes qui projetait sur la multitude son ombre opaque; et, déjà fait à sa nouvelle grandeur,le pape alla descendre à la sacristie, au son de la grande cloche de Saint-Pierre et du canon Saint-Ange. Le peuple alors fit irruption dans le temple et en submergea l'immensité. Son attente fut longue, mais calme. Le pape enfin reparut, porté sur la chaise gestatoria.

Précédé toujours de la croix et suivi de la noblesse, de la prélature, des cardinaux, il franchit le seuil de la grande porte, au chant de l'orgue et du chœur, qui entonnèrent à son entrée l'hymne triomphale : *Ecce sacerdos magnus*. Au son de cette musique sacrée, à la vue de ce peuple innombrable dont il était la pensée et la foi vivante, à l'éclat de la basilique, à l'appareil imposant de cette fête unique au monde dont il était le roi, le dieu, le grand-prêtre de la chrétienté poussa un soupir profond; sa tête se courba comme si elle eût fléchi sous sa fortune; quand il la releva, on vit ses yeux mouillés de larmes.

Porté à la chapelle du Saint-Sacrement, il descendit de son trône aérien près du tombeau de Sixte IV, le fils du pêcheur de Savone, et agenouillé là sur le Faldistoire, coussin de velours cramoisi bordé d'or, il s'humilia devant Dieu et pria.

Il se fit dans le temple un grand silence.

Retenu par son service à côté du pontife, Brancador crut s'entendre nommer; il se retourna et vit derrière lui un groupe de Trastévérins dont l'un, maître Taddée, le montrait du doigt aux autres, en leur disant quelque chose qu'il n'entendit pas; mais deux mots qu'il saisit au vol, délateur et Vélabre, lui en dirent assez. Le sang lui mua. Les dents serrées, aveuglé par la rage, il allait s'élancer contre l'insolent pour le percer de son épée, lorsqu'il fut retenu par un de ses camarades.

— « Qu'as-tu donc, Brancador? lui dit-il à voix basse; tu n'es plus à toi depuis le pont Saint-Ange. Ta maîtresse t'aurait-elle fait infidélité? Ses doux regards et son beau sourire n'étaient-ils donc pas pour toi? »

Brancador ne répondit que par un affreux blasphème. Tour à tour rouge de honte et pâle de désespoir, il demandait aux marbres de la basilique de s'ouvrir sous ses pieds pour l'engloutir.

Cependant l'auguste vieillard s'était relevé. Porté de la chapelle du Saint-Sacrement à la confession de Saint-Pierre, où les cent douze lampes éternelles brûlent au mausolée du prince des apôtres, il fut assis sur le grand-autel, et la cérémonie de l'adoration commença.

Érigé sur le sépulcre même de Céphas, et ombragé de gigantesques spirales du baldaquin de bronze enlevé au Panthéon, le grand-autel de la basilique papale est élevé sur sept gradins, et tourné à l'orient, suivant l'antique usage. Isolé au centre de la croix, sous la coupole de Michel-Ange, il est digne, par sa magnificence et sa grandeur, de la cour du Dieu vivant. Le pontife souverain seul y officie.

C'est là que les cardinaux, revêtus de la chape violette, vinrent adorer pour la troisième fois le vicaire du Crucifié. Agenouillés devant lui, ils lui baisèrent l'un après l'autre le pied et la main droite, puis lui donnèrent sur les deux joues le baiser mystique. Pendant ce temps, le chœur chantait le *Te Deum*.

Le dernier qui vint adorer l'élu de Dieu fut le grand-pénitencier. Couvert de la robe de bure qu'il ne quittait jamais, même dans les pompes sacerdotales, il s'approcha de l'autel d'un pas ferme; et ce bâtard magnanime, dont les rois du monde devaient baiser la mule, il baisa celle de son rival, de son vainqueur, avec une humilité si calme, si naturelle, avec un front si serein, que l'œil de Dieu seul put deviner son désespoir. Un seul homme avait son secret sur la terre et cet homme était caché dans l'Aventin.

La cérémonie et les prières terminées, le pasteur de la bergerie chrétienne se dressa sur ses pieds et bénit le troupeau. Ramené dans la sacristie, il reprit le chemin du Quirinal. Le cortége y remonta dans le même ordre et par les mêmes rues qu'il en était descendu; et, fatigué de tant d'honneurs et d'adorations, ému de tant de respect et d'amour, l'élu rentra dans son palais en répandant des larmes et des bénédictions. Le soir, Rome fut illuminée; toutes les églises en chœur chantèrent le *Te Deum*, et le canon pacifique du château Saint-Ange ébranla l'écho des ruines, et alla troubler le silence du désert.

Mais peu à peu le silence et l'obscurité se ressaisirent de la ville éternelle comme d'une proie. Les grands chevaux de marbre du Quirinal et l'obélisque de Saint-Pierre, conviés d'Égypte et de Grèce à des spectacles si nouveaux pour eux, restèrent seuls sur leurs places solitaires, et les fontaines gazouillèrent seules là où la multitude avait mugi.

Mais le repos n'était pas dans toutes les âmes.

Rentrée chez elle après la fête, et mollement couchée sur ses divans, la fille du prince d'Iesi attendit toute la soirée son amant, impatiente de le féliciter de sa grâce militaire et de sa bonne mine; mais elle attendit en vain : son amant ne vint pas.

Son service fini, et ce supplice public avait duré des siècles, Brancador avait fui le Quirinal ; croyant voir dans tous les yeux des regards accusateurs, il était venu s'ensevelir chez lui, accablé de honte et de douleur. — Eh quoi! s'écriait-il avec rage, en se battant la tête contre les parois de sa chambre, traité de délateur en public! Infâme jusque dans le peuple! Mais je suis donc un homme perdu! Il est donc bien vrai que je suis déshonoré, et que je m'endormais sur un abîme, comme un fou sur un volcan! — Et retombé dans ses fureurs du pont d'Ardée, il se livra au désespoir avec tout l'emportement de sa nature impétueuse et mobile. Il recommença de blasphémer, il maudit l'amour, il maudit la liberté, il maudit Dieu ; prenant le ciel et la terre à partie, il chargea l'univers tout entier du crime de sa propre faiblesse.

Sa première inspiration fut de voler chez Marius pour lui arracher le mot de cette affreuse énigme ; il n'en eut pas la force. La nature de ces deux hommes était antipathique ; Marius, l'austère plébéien, était aussi répulsif à Brancador que Brancador, le patricien efféminé, l'était à Marius. La crainte d'être humilié par le dur Trastévérin, et d'avoir à rougir devant lui, triompha chez l'amant d'Antonia de toute autre crainte ; esclave de la fausse honte, il n'y alla point.

Il se sentait plus d'attrait vers Anselme, parce que Anselme comprenait tout ; il se fût abaissé devant lui sans rougir à une justification, à un aveu. Mais où le prendre? il ignorait sa retraite, il ne le croyait même plus à Rome. Depuis son retour d'Asture, le proscrit de l'Aventin ne l'avait pas honoré d'un rendez-vous.

Ce n'est pas qu'Anselme, appréciateur plus équitable des faiblesses humaines, adoptât sans examen la leçon de Marius sur la surprise du Vélabre. — Brancador est un traître, disait le Trastévérin ; il faut le dégrader. — Brancador n'est qu'un homme faible, répondait Anselme, et sa perfidie n'est que de l'imprudence. Le dégrader serait le réduire au désespoir par l'infamie ; et un homme déshonoré est capable de tout. Il vaut mieux lui ouvrir des voies de justification et le réhabiliter à ses propres yeux. — Le vindicatif enfant du Janicule secouait la tête avec incrédulité, mais il se taisait. Sa résolution était déjà prise, et dès lors inébranlable. Le lien carbonarique lui semblait relâché ; il jugeait nécessaire de le resserrer par un exemple terrible.

Si indulgent que fût Anselme, sa tolérance pourtant n'allait pas jusqu'à l'oubli, jusqu'à l'impunité de pareilles fautes. Il écrivit au coupable une lettre froide et sévère, où il le prévenait, sans plus d'explication, qu'il était menacé d'une dégradation, et qu'on lui ménagerait sous peu l'occasion de se justifier. Le destin voulut que cette lettre écrasante parvînt à Brancador ce soir même, lorsqu'il était déjà si accablé. Ce dernier coup l'atterra.

— Me justifier! s'écriait-il. Eh! que servirait de me réhabiliter aux yeux d'Anselme, de Marius, aux yeux de tous les carbonari d'Italie, puisque mon nom est couvert de boue jusque dans le peuple? Croira-t-il, lui, à mon innocence? Il n'y croira jamais, et je n'en resterai pas moins déshonoré. Un pareil soupçon tache un homme; il n'y a que le sang qui puisse laver la tache.

La tête cachée entre ses deux mains, il tomba dans un accablement profond.

— N'importe! reprit-il tout d'un coup en sortant de son immobilité et en se promenant dans sa chambre avec exaltation; je me justifierai, et ma justification sera telle, qu'il faudra bien qu'on m'absolve.

L'homme faible venait de prendre une résolution si gigantesque, qu'elle respirait bien plutôt le délire de la fièvre que l'héroïsme froid et calculé d'une raison convaincue.

L'amant d'Antonia avait résolu de tuer le pape.

— C'est demain jeudi, pensait-il; le pape est couronné dimanche; mon service m'appelle auprès de lui pendant la cérémonie; j'aurai tout le loisir de choisir le moment. Le coup porté, la stupeur sera si grande que je me perdrai sans peine, à la faveur du désordre, dans la foule immense de Saint-Pierre. Ainsi je me justifierai au lieu même où j'ai été insulté.

Son plan arrêté, Brancador n'en fut pas plus calme; il n'y a que les forts qu'apaise un parti pris; mais la lassitude vient à l'aide des faibles; il tomba d'épuisement dans un sommeil orageux et lourd. Défaites, victoires, projets, terreurs, l'avenir qui n'était pas encore, comme le passé qui n'était plus, tout s'anima, tout prit un corps dans ses songes, et son chevet fut assailli de spectres. Il vit le Vélabre, Asture, Ardée, sa maîtresse, le pont Saint-Ange, Saint-Pierre, Taddée, le pape sanglant, mort à ses pieds, tout, excepté le poignard de Marius levé sur lui.

XXVIII

AMNISTIE.

Descendu le premier au rendez-vous des Thermes, Anselme attendait Marius au milieu des ruines. Levé depuis une heure sur l'Apennin rougeâtre et dentelé des anciens Herniques, le soleil dorait les sept collines, et glissant des hauteurs solitaires de Saint-Jean-de-Latran, il coulait, comme une lave ardente, dans la vallée d'Égérie. C'est là qu'admis aux assemblées des nymphes, le sage Numa venait puiser ses oracles ; c'est là que sa divine épouse l'initiait aux choses saintes, et lui révélait les secrets de l'empire.

Quel Numa, se disait tristement Anselme en pensant aux mythes profonds de ses pères, quel Numa, pénétrant les lois de Dieu, viendra rendre à Rome, non pas l'empire, hélas! il est à jamais perdu pour elle, mais l'amour et la religion des grandes choses? Quel Numa relèvera de leurs décombres ces temples de l'Honneur et de la Vertu qui jadis brillaient là haut sur la colline, près du bois sacré des Camènes? Hélas! ajoutait-il en soupirant, je m'étais en vain bercé du doux espoir d'un nouveau Numa. Moins heureux que le fils de Cures, le fils de Sicile n'a pas vu son nom sortir de l'urne. — Et contristé par la chute du cardinal de Pétralie, devinant son désespoir, il gémissait de n'être pas libre pour aller du moins le consoler, si une telle douleur pouvait être consolée. Mais ramené à sa pensée de conspirateur :

— Après les Numa, s'écria-t-il, les Tarquins ; après les Tarquins, les Brutus. Notre dernier vaisseau est brûlé. Tant mieux !

Un signal convenu lui annonça l'arrivée de Marius, et les deux amis se joignirent à l'endroit le plus caché des Thermes.

— « Tu es libre, dit le Trastévérin en tirant de sa poche un papier ; voici ta grâce. » — Et il lut à Anselme une amnistie publiée le matin même par le pape de la veille. Elle rendait à la liberté tous les prisonniers politiques arrêtés depuis la nuit du Vélabre, et rappelait dans leurs foyers les fugitifs.

— « Je m'y attendais, répondit Anselme ; un nouveau souverain commence toujours ainsi. C'est la lune de miel des nouveaux mariés. Prenons garde aux regrets.

— » Nous allons, j'espère, profiter si bien et si vite de la liberté, que nous ne donnerons pas au repentir le temps de naître. »

Amnistier des prévenus serait partout ailleurs une étrange anomalie; mais à Rome, où tout accusé politique est coupable, cela n'étonne personne, et l'on fonda sur cet acte de clémence arbitraire l'espoir d'un pontificat bénévole. Tout le monde, comme Anselme, s'attendait bien à une amnistie; mais on ne l'espérait pas si prompte et pas si complète. On ignorait que le nouveau pape avait acheté la tiare à ce prix.

Revenu du long étonnement où le véto gibelin l'avait plongé, et plein de respect pour l'héroïsme du Sicilien, le conclave s'en était remis spontanément à lui de l'élection du pontife. — Nommez-nous un cardinal, lui avait-il dit, et celui-là sera pape.

Le grand-pénitencier avait demandé une nuit pour y songer; et après avoir fixé son choix sur un cardinal neutre, condition tacite de sa médiation, — Monseigneur, avait-il dit, en me refusant la tiare, Dieu, dans sa miséricorde, m'a permis d'en disposer pour en ceindre un front digne d'elle; or ce front, c'est le vôtre. Un autre vous parlerait sans doute du choix d'un premier ministre; borné aux soins de l'autel, je n'élève pas mes faibles yeux jusqu'à ces hautes spéculations gouvernementales, et je ne demande à votre éminence qu'une grâce : les cachots de Rome se sont emplis durant le conclave de prisonniers d'état; ma première mesure, si mon indignité eût été appelée au trône de saint Pierre, aurait été une amnistie universelle et absolue; car le premier devoir du pasteur de l'Église n'est pas la rigueur, c'est le pardon. J'en avais fait la promesse à Dieu, et il faut que je la tienne; je suis comptable devant lui de toutes ces âmes. D'ailleurs, il n'y a encore que des accusés : s'ils sont innocens, une absolution n'est qu'un acte de justice; s'ils sont coupables, c'est une clémence qui vous immortalisera et vous conciliera l'amour de Rome et le respect de la chrétienté. Cette amnistie, monseigneur, la voici. Signez-la, et demain vous êtes pape.

Le cardinal avait signé, et le lendemain le grand-pénitencier lui baisait le pied sur le grand-autel du Vatican. Le secret resta entre eux. Le choix du Sicilien était, du reste, le meilleur, le seul à faire dans le cercle étroit des possibilités du conclave; c'était un pape banal.

La dette du cardinal envers Anselme était payée; mais n'y avait-il dans cet acte de reconnaissance nulle arrière-pensée de personnalité, nulle préoccupation d'avenir? Quoi qu'il en soit, au moment où la scène se fermait pour les sanfédistes, elle se rouvrait pour les carbonari, et par ses soins. Quels acteurs allaient y descendre? quel drame s'y jouer?

Soit défiance, soit besoin de recueillement, Anselme ne quitta pas de tout le jour sa solitude de l'Aventin. Les cachots de Rome étaient vides, et tous les prisonniers dans les bras de leur famille, qu'il était encore, lui, dans sa retraite. Enfin il la quitta au soleil couchant.

Ses pas se portèrent comme d'eux-mêmes à Sainte-Marie-Majeure. Il prit d'instinct les rues solitaires par où naguère le faux pèlerin allait adorer sa madone. Laissant derrière lui les Thermes fidèles de Caracalla, il passa par ceux de Tite, chef-d'œuvre de grâce antique, de pureté, où Raphaël a puisé les loges sublimes du Vatican. C'est non loin de là aussi, près des Sept-Salles, que fut exhumé le Laocoon. Sans s'arrêter cette fois à la basilique, Anselme descendit sur-le-champ à la maison des Quatre-Fontaines; mais il n'en franchit le seuil qu'après s'être assuré de l'absence du capitaine Orlandini. Dame Véronique était seule et pleurait. Elle fut tellement saisie à l'apparition inattendue d'Anselme, qu'elle cria au revenant et s'enfuit en murmurant des exorcismes.

— « Puis-je la voir ? demanda Anselme quand la pauvre tante fut rassurée.

— » Fuyez, fuyez ; il est ici ! Jésus ! Jésus ! quelle imprudence !

— » Puis-je la voir ? répéta-t-il avec impatience.

— » Impossible ! Il a la clef de sa prison, et personne que lui n'y met les pieds. Mais fuyez, au nom du ciel, fuyez ! Il va rentrer ; et s'il vous trouve ici, il vous tuera.

— » Et sa prison, où est-elle ?

— » Là haut dans les combles.

— » Ne peut-on lui parler au moins à travers la porte ?

— » La porte, dites-vous? Sa cellule est au fond d'un corridor qui a quatre portes, et la même clef les ouvre toutes les quatre. Pauvre Loysa ! quelle épreuve ! quelle jeunesse ! Hélas ! seigneur Anselme, c'est nous, c'est moi seule qui ai fait tout le mal. Je n'aurais jamais dû vous laisser passer le seuil de cette maison.

— » Un peu de courage, ma bonne tante. Vous savez bien que Dieu n'éprouve que ceux qu'il aime. Nous devons lui être bien chers.

— » Vous croyez donc en Dieu, seigneur Anselme ? Mon frère disait que vous étiez carbonaro ! Au reste, il prétendait aussi que vous étiez enfermé pour le reste de vos jours dans le château Saint-Ange. Mais je suis folle ! poursuivit-elle en courant à la fenêtre. Pour l'amour de Loysa, fuyez! Il fait déjà si noir qu'on ne le verra pas venir; il nous tombera ici à l'improviste.

— » Eh! ma chère tante, rassurez-vous; un homme vaut un homme. Il faut à tout prix, continua-t-il, qu'elle sache que je suis en liberté, et que je veille sur elle. Qui lui porte à manger ?

— » Lui.

— » Quand ?

— » Le matin et le soir à l'Ave-Maria. Il devrait être déjà ici, car voilà le souper de ma pauvre enfant qui l'attend. » — En disant cela, la charitable dame indiquait tristement des yeux un petit pain bis et une carafe d'eau, préparés pour la douce victime.

— « Ce pain est atroce, dit Anselme, après avoir écrit à la hâte quelques mots au crayon; mais voici de quoi le rendre blanc et savoureux. »

Pliant le papier le plus menu possible, il l'introduisit dans le pain, et l'y cacha si bien, que l'œil le plus soupçonneux n'aurait pu l'y découvrir. Cela fait, il descendit avec précaution l'escalier ténébreux, et s'en alla.

Comme il traversait la borrominesque place des Quatre-Fontaines, il vit venir de Monte-Cavallo un militaire qu'il reconnut, à la clarté des réverbères, pour Orlandini. Il se tapit à l'angle de la place, contre la petite église espagnole de Saint-Carlin; et quand le capitaine passa devant lui, il le saisit brusquement par le bras, et lui cria à l'oreille d'une voix tonnante : — « Pour la troisième fois, souviens-toi du pèlerin de Sainte-Marie-Majeure! » — Puis il se glissa, comme une ombre, le long des noires et hautes murailles des jardins du Quirinal, et se perdit dans l'obscurité.

Immobile, la bouche béante, les yeux hagards, le père de Loysa resta terrifié. Comme la crédule Véronique, il crut un moment à une apparition surnaturelle. — Il est donc partout ! — murmura-t-il enfin entre ses dents, quand son sang figé eut recommencé à circuler dans ses veines; et il continua son chemin d'un pas mal sûr.

Il arriva au logis pâle comme un mort. Son trouble était tel qu'il oublia de brutaliser sa sœur; il ne songea pas même à l'interroger. Ce fut un grand bonheur; car la pauvre femme était si tremblante, si timorée, qu'elle n'eût pas manqué de lui tout avouer, et de trahir par peur le secret de l'amour. Ne se doutant de rien, le capitaine porta lui-même à Loysa le billet d'Anselme ; et refermant soigneusement les quatre portes de son cachot aérien, il revint se coucher sans avoir prononcé une seule parole.

Restée seule à la clarté d'une faible lampe qui projetait plus d'ombre que de lumière sur les murailles blanches et nues de sa cellule, Loysa tourna un œil humide sur son triste repas. Comme elle rompait machinalement son pain noir, le billet tomba. Elle s'en saisit avec une palpitation de cœur qui pensa la suffoquer, et revint à la vie en lisant ces quatre mots : *Son libero e t' amo.*

L'âme humaine est si peu faite pour le bonheur, que, forte et indomptable dans l'adversité, Loysa succomba dans la joie. Seule et privée de tout secours, elle resta long-temps sans mouvement, et son œil ne se rouvrit à la lumière que pour se fondre en larmes. — Je le savais bien, se disait-elle avec ravissement ; mon cœur me disait qu'il était sauvé ; l'amour a des pressentimens qui ne trompent pas. — Et se jetant au pied du crucifix qui ombrageait son lit de douleur, elle bénit l'amour et Dieu.

Quand sa joie se fut longuement épanchée en prières et en pleurs, elle devint plus intime, plus reposée. Envisageant son bonheur d'un œil calme et recueilli, elle en jouit avec une volupté plus raffinée, plus sensuelle. Elle y vit l'aurore de ce long jour de fête qu'elle rêvait ; et se reposant avec foi sur un présage si consolant, elle douta moins que jamais de l'avenir. Soutenue par le bras invisible d'Anselme, elle ne craignait plus rien ; invulnérable sous une si puissante égide, elle se fortifia dans la résolution de vaincre son père en opiniâtreté. — Il n'aura pas plus la victoire ici, pensait-elle, qu'au cloître de Sainte-Catherine. Déconcerté par une résistance si obstinée, il faudra bien enfin qu'il recule. — Elle le connaissait mal.

Endormie si souvent dans la tristesse, elle se coucha, ce soir, dans la félicité ; son sommeil ne fut qu'une continuation de sa veille bienheureuse ; de doux rêves la prolongèrent.

Des Quatre-Fontaines, Anselme avait pris le chemin du Trastévéré. La dette de l'amour acquittée, il lui restait à payer celle de la reconnaissance ; car il devinait bien que le cardinal de Pétralie n'était pas étranger à l'amnistie pontificale. Il le trouva seul au cloître de Saint-François. L'abord fut triste. Le moine lui tendit la main avec un sourire amer, et un silence de quelques minutes régna dans la cellule.

— « Que d'événemens depuis que nous ne nous sommes vus,

dit enfin le Sicilien, et qu'ils sont douloureux! Anselme, me pardonnez-vous les dangers où je vous ai précipité? C'est moi qui vous ai fait carbonaro, qui vous ai envoyé au Vélabre; je vous envoyais à la mort.

— » Dites, monseigneur, que vous me sauvez la vie; car l'amnistie du Vatican...

— » Vouliez-vous donc, interrompit le cardinal, que je vous laissasse monter à l'échafaud? C'est bien assez de vous avoir conduit jusqu'au pied.

— » Parlons de vous, monseigneur, ne parlons pas de moi. Qu'est mon revers près du vôtre?

— » N'est-ce pas, Anselme, ma chute est affreuse? Depuis les Titans fabuleux, le monde n'en vit pas de pareille. Se lever pape, et se coucher cardinal! N'ai-je pas l'air d'un cadavre? Une heure m'a plus vieilli que quarante ans; et si mes cheveux n'eussent été déjà blancs, je sens qu'ils auraient blanchi dans cette heure, comme ceux de la reine de France. S'il restait du moins quelque espoir; mais il n'y en a plus; l'épreuve était décisive; tout mon jeu était sur cette carte, je l'ai perdue. Hélas! continua-t-il avec une mélancolie profonde, — et la tristesse est grande dans ces grandes âmes, — n'avoir qu'une idée, ne vivre que pour elle, que par elle; concentrer en elle toutes ses espérances, toutes ses affections, toutes ses pensées; l'avoir vue naître, grandir; l'avoir portée en soi un demi-siècle; l'avoir un demi-siècle nourrie de son propre sang, de sa propre vie, dans le silence de son âme; n'avoir eu qu'elle pour compagnon d'un si long, d'un si triste voyage; famille, amour, douceurs de père, joies du cœur, fêtes du monde, n'avoir rien connu, rien qu'elle, et lui survivre, et rester seul sur la terre, et n'avoir plus de Dieu à mettre sur l'autel, plus d'asile où se recueillir, plus de port où s'abriter; quelle destinée! Et c'est la mienne pourtant! Et tant de grands desseins anéantis avant d'éclore, tant de nobles pensées évanouies, et l'empire du monde perdu!.... Mais écoutez, Anselme, vous ne savez pas tout; vous ne savez pas de quelle hauteur je suis tombé; écoutez, vous dis-je; ensuite plaignez-moi, si vous croyez que la pitié puisse atteindre jusque là. »

Le cardinal alors lui raconta toutes les vicissitudes du conclave, depuis son entrée jusqu'à sa sortie du Quirinal. Il le fit d'abord avec assez de calme; mais arrivé à la scène du véto, le calme l'abandonna, ses passions débordèrent. Il se dressa tout d'un coup sur ses pieds; et rejetant en arrière son capuchon :

— « Je la tenais, s'écria-t-il en portant la main à sa tête, comme s'il eût en effet tenu la tiare pour s'en couronner; je la sentais là déjà qui me pressait les tempes avec amour; et l'Autrichien s'est levé, et il me l'a arrachée; et je lui ai souri, j'ai souri à l'Autrichien, entendez-vous ! Esclave d'un mensonge de quarante ans et ma propre victime, je lui ai rendu grâces; je l'ai embrassé!... Je l'aurais étouffé dans mes bras! Oh! le monde ne saura jamais ce qui se passait alors dans mon âme; le monde n'y croirait pas. Je puis défier maintenant l'enfer et ses tortures; j'ai franchi les limites de la souffrance humaine : le guelfe a donné au gibelin le baiser de paix! Il n'y a rien au-delà. Autriche! Autriche! continua le bâtard en étendant ses deux bras en signe d'anathème, Autriche! fléau de Dieu, Anti-Christ de l'Italie et du monde, sois maudite! Puisse l'Église te rendre un jour au centuple tant d'ignominies, tant d'outrages, et te faire boire à ton tour le calice amer dont tu l'abreuves! Malédiction sur toi, géant fatal, géant monstrueux, qui portes sur ton casque le noir vautour aux deux têtes et l'épée d'Attila dans tes mains, malédiction sur toi! Puisses-tu connaître un jour les saules de Babylone et la verge des Pharaons! Puisses-tu, géant superbe, puisses-tu venir à ton tour labourer pour un maître ces champs italiens que tu foules d'un pied si insolent, et, lié à la glèbe, le front trempé d'une sueur mercenaire, livrer tes flancs nus au fouet sanglant de la servitude! Malédiction sur toi! Et toi, Vatican déchu, n'as-tu donc pas assez courbé ta tête dans la poussière et donné ta faiblesse en spectacle au monde? Conclave imbécile, monument d'abjection et de douleur, il faut à l'Église des Hildebrand, et tu lui donnes des Célestin! Sortez, sortez de vos mausolées, grands pontifes de l'égalité, bienfaiteurs des peuples, venez voir la papauté convertie en pompe vaine, les princes de l'Église en ilotes, le triple diadème livré à la risée des nations; venez voir l'arbre gibelin pousser ses racines sur vos tombeaux, et couvrir de son ombre épaisse Rome et l'Italie! Venez; ce spectacle est bien digne, tant il est nouveau, qu'on déserte, pour le voir, le séjour des morts! O Rome! n'aurais-tu plus de foudres! Volcans d'Italie, n'avez-vous plus de feux! »

Cette imprécation acheva d'épuiser le Sicilien; il retomba brisé sur son siége.

— « Non, non, répondit Anselme électrisé par cette parole puissante; non, Rome papale n'a plus de foudres, mais nos volcans ont encore des feux. J'y suis descendu, dans ces volcans;

vous l'avez voulu, vous-même vous m'y avez envoyé. Eh bien! monseigneur, je vous dis en vérité que la liberté d'Italie en sortira, comme en sortit deux fois le destin du monde. Croyez-moi, vous êtes plus grand que la papauté; vous dépassez le Vatican de toute la tête, et le trône vermoulu de saint Pierre se fût écroulé sous vous. Consolez-vous de n'y être pas monté. Tel qu'il est, il n'est plus à votre hauteur; et puis, la route qui mène aujourd'hui à la tiare est trop longue. Vous avez consumé, à la poursuivre plus de génie, plus d'années qu'il ne vous en eût fallu pour devenir le plus grand homme d'état de toute l'Europe, et vous ne l'avez pas atteinte, et, cardinal obscur, vous n'avez encore rien fait pour votre gloire, rien pour la gloire de l'Italie : et l'Italie va perdre en vous peut-être un Machiavel ou un Richelieu. Combien, hélas! n'en a-t-elle pas déjà perdus étouffés au berceau! Que votre revers du moins vous instruise. Certes, c'est une leçon assez mémorable. Ne vous acharnez pas plus long-temps à la poursuite d'une chimère ; mais gardez-vous de désespérer de vous, de nous, de l'Italie. Ce qu'un conclave n'a pas fait, un autre conclave peut le faire. »

Anselme n'en dit pas davantage; le moment d'expliquer sa pensée n'était pas venu. Il lui suffisait d'avoir semé au cœur du Sicilien un nouveau germe d'espérance, laissant au temps et aux événemens le soin de le faire éclore. Le cardinal ne chercha pas à pénétrer son secret; peut-être l'avait-il deviné. Ces deux âmes fortes étaient depuis long-temps d'intelligence; unies par un accord tacite, elles s'entendaient sans paroles. Le Sicilien garda le silence; le Romain n'ajouta rien, et ils se quittèrent comme s'ils venaient de conclure un nouveau pacte.

C'est qu'en effet ils venaient d'en conclure un.

XXIX

LA PLACE PUBLIQUE ET LE BOUDOIR.

Bâtie au pied du Janicule, la basilique de Sainte-Marie-à-Trastévéré est le Parthénon du formidable faubourg; la soffite en est d'or; le pavé, de marbre et de porphyre. Ornée de colonnes de tous les ordres arrachées aux temples de tous les dieux, elle est d'une magnificence sévère et sombre, digne du peuple qui la révère. Le pinceau du Dominiquin n'a pu réussir à en égayer la tristesse. Le portique est soutenu par quatre colonnes de granit; sur la façade est une vaste mosaïque du douzième siècle.

Là jadis s'elevait l'Hôtel des Invalides romains, la Taberna Meritoria. Convertie plus tard en hôtellerie, les Nazaréens l'obtinrent de l'empereur Alexandre Sévère; le pape saint Calixte y fonda un cimetière qui a gardé son nom, et une chapelle qui fut le premier temple chrétien de la cité sainte. Aussi les Trastévérins ne sont-ils guère moins jaloux de leur basilique primitive que de leur renommée d'anciens Romains.

La place qu'elle baptise et décore est le rendez-vous et comme le forum des fils superbes de Romulus.

C'est au pied du Janicule, et peut-être sur cette même place, que fut enterré Numa.

Ce jour-là, le samedi avant le couronnement du pontife, un groupe nombreux y devisait au soleil couchant et du pape fait et de la fête à faire, comme on parle ailleurs de l'opéra nouveau et de la nouvelle danseuse.

— « Il est bel homme, notre pape! disait avec complaisance une Trastévérine au corset écarlate et au poinçon d'argent; et vingt autres de renchérir sur sa figure grave et son maintien royal.

— » Ne louche-t-il pas quelque peu d'un œil? demanda une seconde Trastévérine, au noble port des Cornélie et des Porcia.

— » Allons donc, loucher! interrompit une troisième; elle ne dit ça que parce qu'elle n'a pas reçu ce matin la pluie du Belvédère. » — Ceci se rapportait à la sportule que l'on distribue au peuple dans la cour du Belvédère, la veille du couronnement.

— « Bah! si le saint-père louche, ses pauls ne louchent pas, dit une quatrième déjà sur l'âge en lorgnant amoureusement un beau papetto qui reluisait au soleil.

— » Comment! s'écrièrent à la fois cinq ou six femmes, en fixant sur la pièce un œil de convoitise et de courroux; comment, deux pauls à celle-là, tandis que nous n'en avons eu qu'un!

— » Êtes-vous enceintes, vous autres, pour en avoir deux? répliqua la matrone d'une voix aigre, en serrant prudemment dans son corset son petit trésor.

— » Et toi donc, oserais-tu bien y prétendre? demanda en ricanant une belle fille brune, au fin corsage, à l'œil ardent.

— » Et pourquoi pas, ma jouvencelle? Oui, ma fille, on a

cet honneur ; et toi, Dieu merci, tu n'en pourrais pas dire autant.

— » Entendez-vous la vieille? s'écria la jeune Trastévérine en éclatant de rire. Ne dit-elle pas qu'elle est grosse! Va, crois-moi, ma bonne mère, tu n'es plus bonne qu'à mettre au vert, comme la mule de Balestraccio. »

Balestraccio était un meunier; il acheta une mule si rétive, si têtue, que malgré les cris et les coups, elle ne voulait porter les sacs qu'à moitié chemin; arrivée là, elle s'en retournait toujours au moulin; d'où le meunier conclut, en homme sage, qu'elle aurait tout aussi bien fait de ne pas les porter du tout. La bête inutile a passé en proverbe chez le peuple de Rome, et tout ce qui n'est bon à rien est pour lui la mule de Balestraccio.

Les quolibets ne cessaient de pleuvoir sur le chef grisonnant de la matrone.

— « Elle aura rêvé cela, disait l'une, la nuit des noces de la fille de son fils.

— » A moins, disait une autre, que le bon Dieu n'ait renouvelé pour elle le miracle de Sara, qui eut Isaac à cent ans.

— » Voyez un peu ces péronelles ! criait, rouge de colère, la Sara du Trastévéré. Ne dirait-on pas qu'on a passé l'âge et qu'on n'est plus bonne qu'à leur servir de..... » — Un rire inextinguible et un déluge d'épigrammes lui coupèrent la parole.

Aucune n'y allait de meilleur cœur que la belle brune. Fière de sa jeunesse, elle écrasait sans pitié de ses dix-huit ans la matrone irritée, qui, à dire vrai, avait passé la sainte quarantaine; aussi est-ce la jeune fille que la vieille femme prit à partie. Jalouse de sa fraîcheur et de ses formes juvéniles, la mégère eût de grand cœur déchiré sa belle poitrine et décimé ses dents blanches. Elle se jeta sur elle comme une tigresse; et s'arrachant de la tête la flèche d'argent qui retenait ses cheveux gris, elle lui en lança dans son corset un coup si furieux, que la flèche se cassa dans sa main. Elle avait heureusement porté sur une baleine qui avait amorti le coup. La jeune brune avait déjà saisi sa rivale par les cheveux; et la lutte allait s'engager sanglante, lorsqu'une voix s'interposa.

— « Qu'y a-t-il là-bas? dit avec gravité, et en tournant à demi la tête du côté des femmes, un vieux Trastévérin qui dépassait d'une coudée le groupe féminin.

— » C'est cette vieille sorcière, répondirent vingt voix glapissantes, qui a volé un paul à Sa Sainteté, et qui veut tuer tous ceux qui ne peuvent pas croire qu'elle soit enceinte, comme si c'était croyable.

— » La paix, femmes ! dit le médiateur d'un ton d'autorité sans quitter sa pipe. La paix ! et qu'on s'embrasse ! » — Les combattantes ne s'embrassèrent pas, mais elles se séparèrent. Sans poinçon et les cheveux en désordre, la matrone opéra sa retraite par la petite rue de Saint-Cosimato. Le champ de bataille resta à la jeune brune.

Cette scène, fort peu chrétienne, se passait devant l'église de la douce Vierge de Bethléem.

Le conciliateur n'était autre que le vieux Taddée. Présent à tout, le Nestor du Trastévéré revenait comme les autres de la cérémonie du Belvédère. Mais il n'avait fait là que le métier d'observateur ; sa dignité romaine ne se fût pas abaissée jusqu'à tendre la main.

— « Nous voulons du travail, et pas d'aumône, disait-il fièrement : le pain gagné seul est bon ; l'autre est amer. »

L'attention fut tout-à-coup distraite de la rixe féminine par Marius, qui sortait en ce moment de la rue du More. Un salut bruyant et cordial l'accueillit ; il le rendit du geste et de la voix ; mais, contre sa coutume, il ne s'arrêta point.

— « Bonjour ! mes amis, leur cria-t-il de loin, bonjour ! A bientôt ! » — Et traversant la place d'un pas préoccupé, il continua son chemin vers Saint-Pierre-à-Montorio.

Élevée au penchant du Janicule, au lieu même où fut, dit-on, martyrisé le prince des apôtres, cette église aérienne a remplacé la cité de Janus, et posséda pendant trois siècles la Transfiguration. C'est pour elle que Raphaël avait fait son chef-d'œuvre. Marius habitait là, non loin de l'ancien couvent du cardinal de Pétralie ; la maison dominait le Trastévéré, comme le palais de Catilina dominait le Forum du haut du Palatin.

— « Le maître est bien pressé ce soir, dit le jardinier Spada quand Marius eut disparu.

— » Vous croyez donc, vous autres, répondit Taddée, qu'un homme comme lui n'a rien à faire qu'à venir muser, comme vous, sur la place publique ? C'est bon, cela, pour nous autres ignares ; ce n'est pas ainsi, mes fils, que l'on devient savant.

— » S'il est savant, dit la jolie brune, il n'est du moins pas galant. Il n'a jamais un mot agréable à vous dire, et il vous passerait bien vingt fois sur le corps sans seulement vous regarder. Moi, ajouta-t-elle d'un air méprisant, je le soupçonne fort d'être sans amour. »

Quand une Trastévérine a dit d'un homme qu'il est *senza amore*, c'est son coup de grâce ; il n'y a pas de plus grande honte au faubourg du Janicule. Là, un homme sans maîtresse est un homme déshonoré.

L'accusation parut assez grave au vieux Taddée pour le faire retourner cette fois tout-à-fait ; il ôta même sa pipe de la bouche ; et croisant les deux bras sur sa poitrine, afin de donner plus de solennité à sa harangue, il fit trois pas vers l'accusatrice, et lui dit d'un ton sévère : — « Ma fille, si votre frère, votre père ou votre amant eût osé parler de Marius comme vous venez d'en parler, je lui aurais parlé, moi Taddée, par trois pouces d'acier dans sa gorge de menteur et d'insolent. » — La jeune Trastévérine fit un pas en arrière.

— « Quant à toi, ma belle, bénis la Madone de porter un corset et non pas la jaquette ; mais écoute bien ceci, et retiens-le : s'il t'arrive jamais, moi présent, de prononcer seulement le nom de Marius, ton corset et tes dix-huit ans ne te sauveront plus ; et je jure par la Madone elle-même, foi de maçon, de te fouetter de ma main calleuse en plein jour, un dimanche, au sortir de la messe. Tiens-toi pour avertie, et va-t'en à tes fuseaux. »

La pauvre fille ne se le fit pas répéter, et l'admonition de maître Taddée n'était pas finie, qu'elle était déjà, elle, à trois cents pas de la place, devant Sainte-Agathe.

— « Père Taddée, reprit le jardinier Spada, vous avez beau dire, chatte y couve (ce qui veut dire en français, il y a quelque anguille sous roche) ; le maître nous a dit *à bientôt !* d'un air tout chose ; il y entend malice, croyez-moi. Déjà l'autre jour, au sépulcre de Bibulus, ne nous a-t-il pas annoncé du neuf pour la huitaine ?

— » Et puis, dit un autre, on ne le vit jamais tant aller et venir que depuis deux jours.

— » Et puis, ajouta un troisième, il a payé ce matin tous ses mémoires, comme un homme qui va faire un voyage dans ce monde ou dans l'autre.

— » Quand je vous dis, père Taddée, reprit le jardinier, qu'il médite un coup.

— » J'ai là-dessus une idée, dit mystérieusement un quatrième interlocuteur.

— » Et quelle idée ? voyons cela.

— » Oh ! c'est une idée à moi, répondit le mystérieux en pinçant les lèvres, clignotant les yeux et imprimant à sa tête le mouvement oscillatoire d'un homme qui en sait plus qu'il n'en veut dire.

— » Le balancier est en branle, dit le jardinier ; l'horloge va sonner.

— » Je ne dis rien, moi, s'écria le sournois. Ai-je dit quelque chose ?

— » Pas tant de mystère ! lui cria le vieux maçon : si tu veux parler, parle ; sinon...

— » Eh bien donc ! je le soupçonne d'en vouloir à l'habit rouge.

— » Quel habit rouge ?

— » Eh ! père Taddée, de celui que vous nous avez fait voir vous-même à Saint-Pierre, ce garde-noble de Sa Sainteté, vous savez bien, celui du Vélabre.

— » Bah ! s'écria le dictateur du Janicule, tout aussi clairvoyant que les autres, mais plus circonspect, vous n'êtes tous que des bavards et des visionnaires. Aussi bien, mes fils, si chacun avait l'œil à ses affaires, il ne verrait pas tant celles d'autrui. Le proverbe est vieux, enfans ; il n'en est pas moins juste : faites-en votre profit. D'ailleurs, Marius en sait plus long que nous tous ; s'il médite quelque chose, c'est à coup sûr une bonne action, parce qu'il ne peut vouloir que le bien. Il a fait ses preuves, j'espère. Aussi, voyez-vous, mes fils, il n'a que trente ans, moi j'en ai soixante ; eh bien ! je le tiens pour mon maître ; car, comme dit le proverbe, la sagesse n'est pas dans la couleur des cheveux, elle est dans la tête ; et s'il me disait : Taddée, va brûler le château Saint-Ange ! — Taddée irait brûler le château Saint-Ange sans demander pourquoi.

— » Et nous aussi, père Taddée, nous aussi, nous irions tous ; vous le savez bien. »

L'Angelus mit fin au dialogue, et tous entrèrent dans l'église, excepté Taddée, qui monta chez Marius.

— » Maître, lui dit-il en entrant, on parle de vous au faubourg ; on dit que vous complotez quelque chose. Je ne viens pas vous demander quoi, mais seulement si on peut, moi et les miens, vous donner un coup de main ?

— » Patience ! père Taddée, cela viendra. Je sais bien que l'on peut compter sur toi ; mais sur les autres ?

— » Comme sur moi-même, foi de maçon et de Trastévérin. J'en réponds.

— » On verra cela à l'épreuve.

— » Ah çà ! un moment ! dit Taddée en se ravisant ; j'espère qu'il ne s'agit pas au moins de notre saint père le pape.

15.

— » Il ne s'agit que du bargel.

— » A la bonne heure, maître; car pour le pape, voyez-vous... c'est le pape. On peut bien à la rigueur se permettre les bas violets, voire les robes rouges, comme la fois de Tortona, par exemple; mais le pape! c'est chose sainte. Quant au bargel, c'est une autre affaire; lui et ses sbires, voilà le vrai gibier d'enfer; et celui-là, Dieu merci, on ne s'en fait pas faute. Mais le pape! diable! le pape! Maître, le petit garde-noble sera-t-il de la fête? »

Marius fronça le sourcil sans répondre.

— « Pardon, maître, pardon; je ne suis qu'un bavard, comme les autres. A quand le coup?

— » Pour moi, demain; pour vous, dans huit jours.

— » C'est bien long, huit jours! C'est égal, j'en profiterai pour aiguiser mon grand couteau et pour faire prendre l'air à ma culotte rouge, qui moisit au fond du coffre depuis une éternité.

— » Va donc, et n'oublie pas le proverbe : Un coup de couteau se guérit; un coup de langue ne se guérit pas.

— » Soyez tranquille, maître, répliqua fièrement Taddée, un Trastévérin sait se taire. »

Resté seul, l'ami d'Anselme suivit de l'œil et de l'oreille la retraite du vieux maçon; accoudé sur sa fenêtre, il se mit à rêver profondément. Son empire sur l'esprit des Trastévérins lui était connu; il n'en doutait pas, il savait bien qu'il était leur oracle, leur idole; mais cette nouvelle assurance, si inattendue, si spontanée, de leur dévouement, au moment même où il fondait sur cette base un grand dessein; cette coïncidence si opportune qu'elle en était miraculeuse, frappa comme un prodige, comme un présage, le fataliste enfant du Janicule. Je ne sais même si dans son étonnement superstitieux il ne prit pas la voix du vieux Taddée pour la voix du destin, comme il avait pris naguère pour un augure le vol des corneilles d'Antium.

Il n'en persévéra que plus résolument dans sa mystérieuse pensée de vengeance et de liberté.

Une heure de nuit sonna. Déroulée à ses pieds et ombragée de ses grandes coupoles sombres, debout dans les ténèbres comme autant de fantômes immobiles, Rome ondoyait entre l'obscurité de la nuit et les demi-clartés des réverbères. Toutes les cloches étaient en mouvement, annonçant pour le lendemain le couronnement du souverain pontife.

Elles annonçaient bien autre chose à Marius.

Il ferma la fenêtre, et vint s'asseoir à une table chargée de papiers, qu'il parcourut avec une scrupuleuse attention, brûlant les uns, serrant les autres. Cet examen terminé, il écrivit une lettre qu'il plia, cacheta et mit dans sa poche, sans adresse. Cela fait, il se leva; il décrocha de la muraille un poignard à gaine, suspendu à un cordon vert; il enleva la poussière qui en couvrait le manche à filigrane, et après en avoir minutieusement visité la lame courte et acérée, il le cacha dans ses habits. Il s'enfonça ensuite son chapeau sur les yeux, s'enveloppa dans son manteau, et fermant sa porte à clef, il sortit de sa maison... pour n'y plus rentrer.

Deux heures de nuit venaient de sonner.

Que faisait à cette heure le meurtrier futur du souverain pontife? Bien loin d'ébranler la résolution sanglante de Brancador, l'amnistie papale n'avait fait que l'affermir. Non seulement elle ne l'avait pas déchargé du soupçon qui pesait sur lui, elle n'avait pas effacé de son nom cette tache d'infamie qu'il voulait laver au sang du grand-prêtre de la chrétienté, mais elle n'avait fait au contraire que rendre le soupçon plus accablant, la tache plus éclatante, en multipliant dans Rome les trompettes de son déshonneur.

Des carbonari rendus à la liberté, il en était bien peu qui le crussent étranger à la surprise du Vélabre. Sa naissance patricienne, sa qualité de garde-noble, sa soif du plaisir et son incurable légèreté, ses rapports avec M. de Kaleff, personnage double et ténébreux dont il s'était fait étourdiment le parrain, le champion, et dont le rôle était une énigme pour tout autre que pour Anselme, la tutelle enfin du prince d'Iesi, irréconciliable ennemi des carbonari, et les amours du pupille avec la fille de son tuteur, que de motifs de défiance! que de témoins à charge! que de circonstances accusatrices! Tous donc, qui par une route, qui par une autre, arrivaient à cette conclusion qu'il était suspect. Or, en ces choses-là, il ne le sentait que trop, le simple soupçon flétrit et déshonore. Plus d'un, d'ailleurs, peut-être était-ce le plus grand nombre; plus d'un, comme Marius, le tenait pour faux frère, et l'accusait hautement de trahison.

Certes il n'y avait pas là de quoi calmer Brancador, et l'accueil qu'il avait reçu des carbonari libérés ne lui permettait aucun doute sur l'opinion qu'on avait de lui. Il n'est pas jusqu'à son empressement à les féliciter de leur élargissement qui ne lui eût été imputé à crime, et ne l'eût fait taxer d'hypocrisie; tant le soupçon, une fois éveillé, devient ombrageux, tant il prend pour des réalités tous les fantômes que lui-même enfanta.

Brancador avait passé toute la journée du jeudi dans ces angoisses, et il s'était fortifié toute la nuit dans son projet d'assassinat. Le déshonneur était trop public pour souffrir une justification qui le fût moins que lui. Son parti pris, irrévocablement pris, il résolut, pour s'y mieux tenir, de n'y plus penser, de l'oublier tout-à-fait, de se plonger jusqu'au dernier moment au sein du plaisir. — Peut-être, se disait-il, n'ai-je plus que ces deux jours à vivre; donnons-les du moins au bonheur; passons, s'il faut mourir, des bras de l'amour dans ceux de la mort. C'est la plus belle fin.

La vérité est que sa propre résolution lui faisait peur, et qu'il voulait à tout prix fuir ce tête-à-tête effrayant. Dans les grandes crises, l'homme fort s'inspire de lui-même, il s'excite à l'action par la contemplation calme et prolongée de sa propre pensée; l'homme faible, au contraire, n'aspire qu'à s'étourdir et qu'à s'échapper à lui-même.

Délaissée toute la journée du jeudi comme la soirée précédente, Antonia ne comprenait rien aux éclipses de Brancador; pas un mot des bruits injurieux qui couraient sur lui, et dont elle était la cause, n'avait pénétré jusqu'à elle. Elle aurait même entièrement oublié la nuit du Vélabre, si l'amnistie n'était venue la lui rappeler pour en décharger sa conscience.

Piquée donc d'être ainsi négligée, irritée d'un abandon qu'elle n'attribuait qu'au caprice, à l'infidélité, elle s'était endormie furieuse, et sa première pensée au réveil avait été pour la vengeance. Encore couchée, et la tête plongée dans les dentelles, elle méditait un châtiment égal à l'outrage; lasse d'un amant si fantasque, peut-être avait-elle déjà fixé les yeux sur un autre, lorsque le coupable entra dans sa chambre.

— « Fi du service et des affaires! s'écria-t-il en jetant sur une chaise son épée et son chapeau à plumes. Vive l'amour et la joie! il n'y a que cela qui ait le sens commun; tout le reste est absurde. Écoute, Antonia, ajouta-t-il en écartant d'une main hardie les rideaux de son lit, c'est aujourd'hui vendredi; mon service ne m'appelle à Saint-Pierre que dimanche pour le couronnement; je te donne ces deux jours jusqu'à la dernière seconde, les veux-tu? Personne ne m'a vu entrer; ton mari moissonne ses fiefs, il ne reviendra pas de sitôt; ta femme de chambre est discrète, elle est à nous; fais-toi malade, ferme ta porte, et moquons-nous du monde. Est-ce dit? »

Un pareil retour méritait plus que le pardon, il méritait l'oubli. Antonia désarmée n'eut pas la force de gronder, et souriant au jeune homme :

— « Je n'y mets, dit-elle, qu'une condition ; mon pardon et mon consentement sont à ce prix : c'est que Brancador passe dès ce moment du service de Sa Sainteté au service de la comtesse Antonia ; je ne veux et n'aurai pas d'autre camériste pendant ces deux jours.

— » Et pas d'autre concierge, ajouta le jeune fou en mettant la clef de la porte dans sa poche. J'en jure par l'amour, nul profane, moi vivant, ne passera le seuil du sanctuaire, et nous pourrons dire au moins en mourant que nous avons vécu deux jours. Combien d'hommes en pourraient dire autant? Qu'ordonne madame?

— » Madame veut se lever. Brancador, mon corset.

— » Quand on est faite comme madame, on n'a pas besoin de corset. On laisse cela aux matrones et aux bossues. Vénus n'en portait pas.

— » Comment! déjà désobéissant! Quelle soubrette insubordonnée! »

Soulevant sa tête languissante du mol oreiller, la jeune comtesse sortit du lit, fraîche et belle comme la Galatée du palais Farnèse. Elle cacha ses petits pieds nus dans des pantoufles à la cendrillon, et, couverte seulement d'une robe volante, elle alla tomber, déjà lasse, sur une ottomane de soie.

— « Brancador, mon chocolat. »

L'heureux esclave prit la tasse des mains de la femme de chambre, et l'apporta à sa maîtresse, qui ne fit qu'y tremper les lèvres, et la lui abandonna pour sa peine.

— « Madame veut-elle qu'on la coiffe? »

Pour toute réponse, la comtesse livra sa belle tête romaine aux mains du coiffeur inexpérimenté ; Brancador s'acquitta de sa tâche avec une lenteur volontaire et une gaucherie exagérée à dessein pour faire durer la toilette plus long-temps. Il nouait longuement, puis dénouait comme par mégarde les tresses souples et moelleuses confiées à ses mains inhabiles ; il inondait les épaules blanches de la patiente de longs flots d'ébène ; puis s'éloignant d'un pas, et l'abandonnant dans les embarras de sa magnifique chevelure, il riait de sa feinte colère, il la contemplait d'un œil épris et malin dans sa pittoresque parure des premiers âges. Antonia jouait l'impatience de la petite maîtresse ; elle s'emportait, frappait du pied, accablait de coups d'éventail les doigts maladroits du coiffeur, qui s'en vengeait en baisant à chaque coup les doux cheveux de sa maîtresse.

— « Sais-tu bien, ma charmante Tonia, que tu parodies à ravir ces belles dames romaines de l'ancien temps, qui pour une boucle mal frisée ou un sourcil mal peint enfonçaient des épingles dans les bras et dans le sein de leurs esclaves, et leur faisaient déchirer le visage à coups de verges, surtout si les pauvres filles étaient jolies ? Tu aurais fait une charmante Agrippine, en vérité, et tu aurais eu, j'en suis sûr, de ces impatiences-là. C'est si sanguinaire une femme ! »

Antonia vit là une allusion à la scène du Vélabre, et rougit.

— « Qui, moi ? s'écria Brancador en tombant à ses genoux ; moi des récriminations ! moi de la rancune ! que tu me juges mal ! Je hais les reproches ; et pour éviter tout ce qui en aurait l'air, je tâche à n'avoir pas même des souvenirs. Ce qui est fait est bien ; ce qui est passé n'est plus. Me pardonnes-tu ton erreur ? »

L'orage fut conjuré, le nuage se dissipa, mais la coquette en tira parti. Laissant son amant à ses genoux : — « Non, dit-elle en retirant sa main qu'il voulut baiser, non ; vous êtes mon sujet, et, comme le pape, je ne donne ma main à baiser qu'aux cardinaux ; aux autres je donne ma mule. » — Disant cela elle lui tendit un petit pied de neige où il imprima ses lèvres.

Se relevant tout-à-coup sérieux : — « Antonia, lui dit-il, tu as fait tes conditions, je veux faire les miennes. Ces deux jours sont tout à l'amour, c'est convenu ; que rien donc ne nous en distraie, et que les noms de pape et de carbonari ne soient pas même prononcés. Me le promets-tu ? » — Cette fois la comtesse lui abandonna sa main en signe de consentement.

C'est dans ces voluptueuses folies que s'était passée toute la journée du vendredi. Nouveau Fiesque, mais Fiesque oublieux et entraîné, le mobile Brancador s'était si bien étourdi qu'il avait fini par borner tout son horizon au boudoir d'Antonia. Cette main qui devait, quelques heures plus tard, déchirer les entrailles d'un vieillard désarmé, s'oublia tout le jour, toute la nuit, en de sensuelles caresses, et la vue de l'épée destinée au lâche attentat ne ramena pas même un instant la pensée du meurtrier de sa maîtresse à sa victime. Sa passion seulement avait, malgré lui et à son insu, je ne sais quoi de fébrile, de frénétique, qui en rendait plus ardens les transports et les étreintes. Il y avait dans son délire quelque chose des damnés du moyen âge.

Sa maîtresse enivrée n'avait pas son secret ; elle faisait honneur à sa jeunesse, à sa beauté, de ces redoublemens d'amour. Consumée des feux qu'elle allumait, sans force, sans volonté pour des résistances inutiles, immobile et résignée aux bras fougueux qui l'enlaçaient, qui s'attachaient à elle comme le naufragé à l'épave du salut, elle avait succombé la première, et s'était assoupie sous le poids de la volupté.

— Maudit sommeil! s'était écrié Brancador au réveil; un jour déjà de passé, et tu nous en as volé la moitié; mais aujourd'hui nous t'échapperons.

Cette seconde journée avait été moins impétueuse, moins ardente. Soit lassitude, soit plénitude, la passion était plus contenue, la volupté plus calme. Rideaux et jalousies étaient clos; plongés dans le demi-jour vague et mystérieux d'un crépuscule artificiel, les amans étaient silencieux; Brancador n'avait pas quitté les pieds d'Antonia, assise ou plutôt couchée tout le jour sur l'ottomane, dans son négligé de la veille.

Molle et caressante, les yeux chargés de langueur, le sein plein de soupirs, elle avait épuisé tout ce que l'amour féminin, tout ce que les sens du midi ont de philtres enivrans, de secrets raffinés; mais en vain avait-elle chanté sur la guitare les airs les plus tendres, lu les poèmes les plus voluptueux, inventé, comme la Zulietta de Jean-Jacques, des folies à faire mourir d'amour, le Brancador du samedi n'était plus le Brancador de la veille. Remords ou effroi, ses retours sur lui-même étaient fréquens, ses distractions prolongées, sa mélancolie d'instant en instant plus profonde.

Le soir seulement, à cette heure du crépuscule où l'absence du soleil détend les fibres du corps et semble détremper l'âme, il s'était senti renaître à la tendresse, et comme ressusciter d'une longue mort. Assis à une table chargée de mets savoureux et de vins exquis, la tête sur le sein d'Antonia, une main dans la sienne, l'autre égarée dans ses longs cheveux noirs, il se livrait en silence au charme, et l'Hébé victorieuse lui versait la double ivresse; son bras l'enlaçait, son œil le fascinait, ses lèvres douces et souriantes achevaient l'œuvre de la séduction.

C'est dans ce honteux oubli que la nuit du samedi avait surpris Brancador. Amolli, énervé dans les délices, il présidait au meurtre par la volupté; Renaud dégénéré, il oubliait, aux bras d'Armide, la gloire, l'Italie, la liberté, son propre déshonneur, ses affronts, ses projets, ses dangers, il oubliait tout, et le vieillard du Vatican dont il avait décrété la mort, et Marius, qui descendait le Janicule, un poignard caché sous son manteau.

XXX

LE MONT SACRÉ.

Quatre heures de nuit d'Italie — minuit — sonnaient aux clochers de la ville sainte. Brancador était aux bras d'Antonia. Les ténèbres et le silence régnaient sur la campagne; venus de Rome à pied, l'un par la voie Salaria, l'autre par la voie de Nomente, deux hommes arrivèrent en même temps au pied du mont Sacré; ils se joignirent au sommet, et se saluèrent, en s'abordant, par un serrement de main. Ces deux hommes étaient Marius et Anselme.

— « Anselme, dit Marius sans préambule, tu m'as promis de ne me faire aucune question directe ou indirecte, de ne me tendre aucun piége pour surprendre mon secret; je compte sur ta loyauté; ce n'est même qu'à cette condition que j'ai pu consentir à te revoir, et me permettre à moi-même la douceur d'un adieu, qui peut-être, hélas! est le dernier. J'ai un dessein que je ne veux pas te dire; il est inébranlable.

» Au lever du soleil, je pars, et je pars seul, pour une entreprise où je ne dois exposer personne. Si je réussis, je sers la liberté; si j'échoue, je ne la compromets pas, et je ne fais qu'une victime : or, cette victime, c'est moi, et je me dévoue. Nul n'a le droit de s'y opposer; chacun est maître de sa vie : c'est la seule chose qui nous appartienne. Si je succombe, mes affaires sont en ordre, et mon testament en lieu sûr. Je n'ai point de parens, je lègue, sous ton nom, au carbonarisme, qui est ma vraie famille, tout mon bien. C'est peu de chose; mais achetez-en de la poudre et des balles, afin qu'après avoir vécu pour la liberté et donné ma vie pour elle, j'aie encore la consolation de la servir après ma mort.

» Quant à mon projet, ajouta-t-il en remettant à Anselme un papier cacheté, cette lettre, que tu n'ouvriras que ce soir à l'Angelus, t'en dira davantage.

» Ami, poursuivit-il d'une voix de plus en plus grave, chaque homme a des devoirs qui lui sont propres; et si la nature nous a départi des facultés et des passions diverses, c'est que nous ne sommes pas tous appelés aux mêmes destinées. Cincinnatus et Scévola n'ont pas le même compte à rendre. Comme les hommes, les siècles ont leurs nécessités; les âges de vertu publique et les âges de corruption n'ont pas les mêmes. Nous n'en sommes plus à ces temps primitifs où il suffisait au peuple, pour vaincre, de se retirer au mont Sacré; le salut du peuple romain n'est plus désormais que dans l'épée de Spartacus et dans les torches de Catilina.

» Ah! certes, je déplore aussi bien que toi ces nécessités sanglantes; comme toi, je regrette amèrement ces vertus fortes, mais régulières, des beaux jours de la république; mais je suis de mon temps, et j'en accepte sans murmure toutes les charges; j'en saurai remplir tous les devoirs. Ils sont durs, car le siècle est dur; ils peuvent être terribles, car aux époques corrompues il ne suffit pas de frapper juste, il faut frapper fort.

» Si, prêt à tout pour la liberté romaine, j'ai pu, à force de honte, m'élever jusqu'au sacrifice; que de motifs, hélas! de gémir sur ma triste vie! Mes facultés m'appelaient aux grandes choses; j'étais fait pour les orages de la tribune, pour les luttes de la liberté; j'aurais défendu le peuple au Forum, j'aurais combattu pour lui au champ de bataille; et je suis né esclave, esclave d'ignobles prêtres! et j'ai passé ma vie à plaider devant des soutanes pour un mur mitoyen ou un sac d'écus! Quelle ignominie! Ne sommes-nous pas bien à plaindre? Notre destinée n'est-elle pas horrible? Oh! pourquoi suis-je né en ces jours d'opprobre!

» Nous qui eussions servi la république avec tant d'orgueil à la face du monde, nous qui fussions morts pour elle avec tant de joie, condamnés à l'humiliation du mystère et du silence, nous fuyons la lumière comme des lâches, nous conspirons dans l'ombre comme des assassins!

» Mais ce n'est pas notre faute, et c'est là du moins une consolation: Nos pères nous ont légué l'héritage d'infamie, nous l'avons répudié; c'est tout ce qu'il nous était donné de faire. Que nos enfans soient plus heureux! Si nous devons périr dans les tourmentes qui s'amassent, léguons-leur un héritage dont ils n'aient pas à rougir, et qu'eux du moins n'aient pas le droit de maudire leurs pères, comme nous maudissons les nôtres.

» C'est ici, ami, sur ce mont vraiment Sacré, que j'ai voulu prendre congé de toi. Il est digne de nous par ses souvenirs, par son nom; nous sommes dignes de lui par notre amour du peuple romain. Déchirés par la verge patricienne, nos ancêtres, révoltés, transportèrent ici leurs dieux Lares; comme eux, dépouillés, déshérités, nous y portons, nous, nos espérances; car ce sont nos dieux, à nous; les seuls biens que l'on n'ait pu nous ravir. Comme nos ancêtres, nous avons un patrimoine à réclamer; nous voulons, comme eux, nos tribuns, et, comme eux, nous les aurons ; comme eux, nous rentrerons en possession de notre patrimoine usurpé.

» Je ne sais, mais ce lieu est pour moi plein de prestiges. Que de fois, seul et morne, j'y suis venu pleurer sur la patrie, et j'en revenais toujours consolé ! En vain parfois me semblait-il voir l'ombre des cités latines, Antemnes et Fidènes, Nomente et Ficulée, secouer la poussière des tombeaux et passer à mes pieds comme des spectres railleurs.

— « La voilà ! me disaient-elles en me montrant insolemment
» du doigt la cité déchue ; la voilà, la ville du bâtard ! Que lui
» a servi de s'enrichir de nos dépouilles, et de faire passer sur
» nous la charrue ? Prostituée aux rois barbares, la reine du
» monde est l'esclave des nations ; marâtre dénaturée, elle n'a
» plus que des supplices pour payer l'amour de ses enfans ! Re-
» garde, répétaient-elles en ricanant, regarde ta république adul-
» tère ; elle fornique dans l'ombre avec un prêtre. »

— « Non ! » répondait une voix foudroyante, qui faisait rentrer dans le néant tous ces fantômes ; et le fondateur se dressait là-bas, calme et majestueux, sur les collines de Crustumère, où il livra et gagna son premier combat. « Non ! s'écriait le fils de la
» Vestale ; non, ma ville, tu ne périras point ; les nations ne pré-
» vaudront point contre toi. Rome n'est-elle pas la ville éter-
» nelle ? » — Et l'écho des sept collines, l'écho des tombeaux, des temples, des bois sacrés, et jusqu'à l'écho des cités vaincues, toutes les voix du désert répondaient en chœur : Éternelle ! éternelle !

» J'en crois l'oracle ; et c'est parce que Rome est éternelle, que nous conspirons dans les ténèbres depuis tant d'années ; c'est parce que Rome est éternelle, que nous sommes ici, et que je me dévoue avec joie, comme Décius, à une mort probable, mais utile.

» Quel siècle, ami, que celui où, vainqueur de la royauté, le peuple romain écrasait l'hydre patricienne au mont Sacré ! où, par un synchronisme merveilleux, la liberté triomphait aux plaines de Marathon, au golfe de Salamine ; où Léonidas mourait aux Thermopyles ! Et aujourd'hui que la Grèce a retrouvé tant de Miltiades, tant de Thémistocles ; aujourd'hui que la poussière des Trois Cents s'est ranimée, le peuple romain ne se ranimerait pas ! Il ne retrouverait pas, lui, un Brutus ! pas un seul de ces trois cents Fabiens qui moururent au Crémère, Thermopyles de la république ! Rome ne renaîtrait pas comme la

Grèce! Elle serait à ce point dégénérée qu'il n'y aurait point pour elle de résurrection! C'est ce que toi ni moi n'avons jamais cru ; c'est ce que nous n'avons jamais pu croire : car nous sommes Romains, et nous savons ce qu'a de chaleur et de vie le vieux sang qui coule en nos veines.

Mais silence! le héros, le gardien du mont Sacré, Sicinius est là qui nous écoute; il nous entend, il nous parle : — « C'est » l'heure! nous dit-il, debout! Il est temps enfin de rouvrir les » portes du Capitole à la liberté! Gardez-vous, nous dit-il en- » core, gardez-vous surtout de ces Menenius à la bouche dorée, » de ces faiseurs d'apologues, menteurs élégans, vains fabrica- » teurs de sophismes, qui ont l'art perfide de convertir toute » vérité en mensonge, tout mensonge en vérité. »

» Mais que pourrait nous dire Sicinius, que nous ne sussions déjà? que te dis-je moi-même, dont tu ne sois convaincu? Est-ce à toi, est-ce à nous qu'il est besoin de rappeler toutes ces choses? Ne vivent-elles pas en nous? ne sont-elles pas nous-mêmes? Plus qu'un mot donc, et je me tais, et je pars.

» Ami, j'ai légué mon bien à nos frères; je te lègue à toi ma place au soleil et mon amour du peuple romain. Occupe l'une au profit de l'autre. Aime-le, défends-le, ce client chéri, qui peut te coûter la vie, comme il me la coûtera peut-être à moi-même. Hélas! qui plaiderait sa cause si nous, nous l'abandonnions, si nous la trahissions!

» Je ne crains pas le jour de la lutte, je crains le jour du triomphe, non pour toi, la prospérité ne dépravée que les âmes basses; les grands cœurs s'y retrempent et s'y ennoblissent : mais combien, après la victoire, seront fidèles au drapeau? combien persévéreront jusqu'au bout dans le bon combat! Toi, du moins, n'est-ce pas, ô Anselme! tu garderas ta foi à la république? Hélas! je le prévois déjà, il n'en est que trop, même dans nos rangs, prêts à donner à l'Italie l'exemple de l'apostasie et de la servilité. Honte aux renégats! honte aux transfuges! Malédiction sur les fils du peuple qui se vendraient au prince, et, parvenus impudens, prétendraient convertir le Forum en antichambre!

» *Il popolo! il popolo!* Je ne veux du moyen âge que ce cri de bataille! Ami, qu'il soit ton cri de victoire. En paix comme en guerre, n'en aie jamais d'autre, et ma froide dépouille palpitera de joie dans ma tombe sanglante! O peuple romain! ô mon seul amour! puissé-je vivre assez pour voir lever enfin sur ta gloire le soleil de la liberté, comme le soleil de la servitude se lève en ce moment sur ta misère ! »

Tandis que Marius parlait, le soleil s'était en effet levé. Descendu des crêtes orientales de l'Apennin, il illuminait déjà la coupole de Michel-Ange. La longue chaîne cintrée des monts Sabins qui embrasse à l'orient la campagne de Rome rayonnait des clartés nouvelles, et les hauts pics projetaient çà et là sur la plaine leur ombre gigantesque. Le soleil rendait plus saillantes les anfractuosités pittoresques de ces monts aborigènes tout argentés de cascades, tout peuplés de souvenirs ; la ville d'Horace et d'Arioste, Tivoli blanchissait entre les rochers sur les flancs boisés du mont Catillo.

Le mont Albane, isolé comme une île enchantée au milieu de l'aride nullité du désert, se teignait de plus de feux encore. L'humble couvent des Passionistes, qui brille au faîte, rappelait, tant il avait alors d'éclat, le magnifique temple de Jupiter Latial dont il a usurpé la place. Tusculum, où dort un Stuart, étalait les marbres somptueux de ces villas patriciennes, et les forêts du mont Algide verdoyaient sur sa tête blanche comme une couronne de gui sur la tête d'un druide.

La campagne était tout en flamme. Serpentant de la ville aux montagnes, six aqueducs rouges, ruinés ou debout, dressaient au loin, comme des ponts aériens, leurs arches sveltes et fuyantes, et imprimaient aux champs romains ce caractère de grandeur et de poésie qui n'appartient qu'à eux. Les pins d'Italie balançaient mollement leur gracieux éventail ; et, plus près de Rome, l'austère sapin des villas bronzait au soleil sa pyramide immobile. De ce côté, et non loin du mont Sacré, une villa plus fraîche et plus riante que toutes les autres marquait la lisière du désert ; le pic bleu du Soracte en marquait le terme, et les lignes vaporeuses du Cimino ondoyaient bien loin vers l'occident. Quelques villages dévastés, des tours féodales, des ruines de toute nature, de tout âge, semaient les coteaux, les vallées, dont la plaine mouvante est sillonnée : brillant par-dessus toutes les coupoles de la ville sainte, la croix d'or du Vatican, étoile du monde, rayonnait sur l'azur du ciel comme le labarum de Constantin.

Belvédère de ces perspectives tristes et sévères, le mont Sacré était jaune d'épis. C'est un coteau plus qu'une montagne ; fils des volcans éteints du Latium, son pied baigne dans l'Anio, dont l'eau verte et courante va se mêler plus bas au Tibre fauve et lent. Un mille plus haut, s'y perdent, comme deux fils d'or, l'Allia, descendu de Nomente, le Crémère descendu de Veïes, ruisseaux fameux, plus riches tous les deux de gloire que d'eau.

Le soleil inondait tout, colorait tout; mais il ne donnait point de voix à ces champs muets. Tombeau de la grandeur romaine, leur silence est éternel comme le silence des tombeaux. Un troupeau de chèvres blanches s'abreuvait à l'Anio, près du pittoresque pont Nomentain; le pâtre, à cheval, galopait, la lance au poing, entre deux sépulcres ruinés.

Au moment de se séparer, les deux amis entendirent derrière eux un concert de voix, et, arrivant du côté de l'antique Medullia, une procession passa au pied du mont Sacré. C'était la Confrérie de la Mort. Couverts de la cagoule noire, les frères marchaient deux à deux en chantant des litanies funèbres. Ils venaient de ramasser dans le désert un moissonneur mort de faim ou de mal'aria sur sa faucille. Après avoir disputé, arraché le cadavre à la voracité des corbeaux et des chiens, ils le portaient en terre sainte, dans un sac de cuir noir.

Le convoi descendit au pont couvert de l'Anio, et continua, en psalmodiant toujours, son chemin vers Rome. Les chants et bientôt les hommes se perdirent sous les arches du majestueux aqueduc de l'Eau-Vierge.

— « Encore un vieillard d'Ardée ! s'écria Marius, encore une victime ! O peuple infortuné ! Vatican maudit ! » En prononçant ces derniers mots, l'énergique Trastévérin éleva ses deux poings fermés vers la coupole de Saint-Pierre, en signe de menace, d'anathème, comme le Pistoïais du Dante, blasphémant Dieu :

> Le mani alzò con ambeduo le fiche.

La haine, le mépris, la vengeance, toutes les passions violentes respiraient dans cette imprécation silencieuse.

Marius ne revint à lui que pour congédier son ami. Leurs conventions étaient précises, les droits de leur indépendance individuelle reconnus et sacrés. Fidèle aux pactes, Anselme n'adressa à son ami ni question ni reproche. D'ailleurs, il le savait inflexible dans ses résolutions; toute tentative pour l'en détourner eût été vaine.

Les adieux n'en furent ni moins tendres, ni moins touchans. Le dur Trastévérin s'amollit jusqu'aux larmes. Honteux, comme d'une faiblesse, d'une sensibilité si nouvelle, il s'arracha des bras de son ami, et le pria de retourner à Rome.

— « Comme tu as promis de ne point m'interroger, lui dit-il, tu as promis aussi de ne pas me suivre, de ne pas m'épier, et je compte sur ta parole. »

C'était là encore une de leurs conventions.

Anselme laissa donc Marius sur le mont Sacré. Il descendit seul à l'Anio, qu'il côtoya jusqu'à ce pittoresque pont Salario, où Torquatus tua le Gaulois. Là, il passa le fleuve, et remuant la poussière d'Antemnes, première rivale et première conquête de Rome, il entra dans la ville éternelle, comme Alaric et Brennus, par la porte Colline, aujourd'hui Salaria.

La porte franchie, il descendit de la cité des morts dans la cité des vivans par les jardins de Salluste, de ce débauché sceptique et sans conscience, qui fut le détracteur de Marius et de Catilina.

Quand Marius jugea Anselme de retour à Rome, il en prit à son tour le chemin, mais par la voie de Nomente. Il passa sans le voir devant le tombeau du rhéteur Menenius Agrippa, puis devant les deux vieilles églises de Sainte-Constance et Sainte-Agnès, deux monumens chrétiens de Constantin ; cheminant un mille encore au milieu de toutes ces villas princières d'un aspect si majestueux, si sévère, dont la voie antique est bordée, il rentra à Rome par la porte Pie, une heure après Anselme.

C'est là qu'était la villa de celle des sœurs du grand Corse, qui a légué sa beauté au monde dans la Vénus Victorieuse de Canova. Marius avait passé avec l'indifférence du dédain devant les deux sanctuaires de l'austérité chrétienne ; il passa de même devant ce sanctuaire des voluptés mondaines, bâti, par une étrange vicissitude, sur le Campus Sceleratus, où l'implacable inquisition des aruspices et des pontifes ensevelissait vivantes les vestales.

Abîmé dans sa pensée, le Trastévérin se jeta dans la rue champêtre du Maccao, entre les Thermes solitaires de Dioclétien et l'ancien camp du Prétoire ; il erra long-temps dans les vignes désertes du Viminal, et vint s'asseoir, non loin de Sainte-Marie-Majeure, au pied des Trophées de Marius. Entraîné par une conformité de nom, c'est là, devant ce monument douteux du vainqueur des Cimbres et des patriciens, que l'âpre enfant du Janicule venait se fortifier dans la violence de ses résolutions. Il y resta long-temps plongé dans une rêverie profonde, sanglante. La grande cloche du Vatican l'en tira. Elle appelait le peuple au couronnement du souverain pontife ; elle appelait Marius au meurtre.

Il se leva et prit d'un pas ferme la route de Saint-Pierre, pour y poignarder, au milieu du peuple assemblé, le délateur du Vélabre.

Brancador sortait en ce moment des bras d'Antonia, et prenait, lui aussi, la route de Saint-Pierre pour poignarder, au milieu de la fête, le vice-Dieu de la chrétienté.

XXXI

LE COURONNEMENT.

Tout Rome était à Saint-Pierre. La basilique énorme se dessinait sur l'azur transparent du ciel, avec une magnificence qui n'était ni sans grâce ni sans légèreté. La sévérité des longues lignes romaines était adoucie par l'éclat de l'air, et la colossale coupole a dans sa spirale immense je ne sais quoi de svelte et d'aérien qui étonne et qui charme.

Rien de menaçant ou de minutieux, rien de maniéré ou d'imprévu, rien de monastique en un mot, rien de lourd dans le monument bramantesque; tout y respire, au contraire, la beauté, la grandeur, le génie italien, vif, pittoresque, spontané, plein de force et d'éclat. Si la parcimonie de la lumière a créé les patientes dentelures et les découpures fantastiques du style gothique, si le rigide ciel du Nord lui a imprimé son caractère sombre, austère, sa mysticité monacale, les longues lignes et les larges masses de l'architecture romaine sont filles du soleil du Midi. Là l'énergie est tempérée par la mollesse, la majesté par l'élégance.

Saint-Pierre est l'œuvre de vingt-quatre pontifes; tous les grands artistes de l'Italie y ont mis la main, toutes les nations du monde y ont versé leur or; aussi y règne-t-il un luxe inouï, un luxe non pas royal, mais vraiment divin; car Saint-Pierre est bien, comme on l'a dit, la cour d'un Dieu.

La façade seule est sans excuse; mais tel est le prestige de la grandeur, que les fautes et les incorrections de détail disparaissent dans l'harmonie de l'ensemble, et, malgré tout, la masse est sublime.

Ancien cirque de Néron et sépulture de saint Pierre, la place du Vatican a les dimensions exactes du Colossée, et comme le

Colossée, elle fut teinte du sang des martyrs avant d'être usée par le pied des pèlerins. Elle est digne du temple. C'est une richesse, une variété, un mouvement de lignes dont rien ne peut donner l'idée. La courbe et la ligne droite s'y marient avec une grâce pleine de caprice et de hardiesse.

Le double portique circulaire qui l'enlace est merveilleux; il n'a pas moins de trois cent soixante-douze colonnes de travertin, disposées sur quatre rangs et d'une grosseur proportionnée à l'espace, d'une richesse de teinte inimitable.

L'obélisque égyptien, élevé par Sixte-Quint au milieu de la place, n'est qu'un épisode de ce vaste poème de pierre. Il est flanqué de deux fontaines, ou plutôt de deux cascades, qui arrivent là du lac de Bracciano par un aquéduc de trente milles; couronnées d'un iris éternel, leurs jets fantastiques et cristallins s'épanouissent au soleil en gerbes de toutes couleurs. Retombant en diamans dans leurs larges coupes de granit oriental, elles distillaient ce jour-là une fraîcheur pénétrante, comme une rosée de printemps, sur la foule pieuse convoquée à la fête de la chrétienté.

Cette foule était innombrable. Hommes et femmes avaient déserté les montagnes et la Maremme pour la solennité. Il en venait tant qu'on n'en vit jamais plus. En voyant les multitudes inonder sans relâche la place du Vatican, l'œil saisissait sans effort la pensée grande et poétique de l'artiste, qui semble avoir figuré dans sa gigantesque colonnade les deux bras de la basilique, ouverts pour accueillir le monde et pour l'embrasser.

Tout ce peuple en habits de fête était pittoresque à voir, et la richesse des costumes piquante en sa variété. Les atours champêtres luttaient de couleur et d'éclat avec les atours citadins. La coiffure isiaque des femmes d'Albane et la robe grecque des Neptuniennes ne cédaient point le pas à la flèche d'argent et au corset de velours des Trastévérines; plus préoccupées de leur toilette que de la solennité, les jalouses Romaines jetaient sur leurs rivales des yeux de critique et de dédain. De grosses croix d'or pendaient à leur cou brun.

Moins brillant, l'habit des hommes n'en était guère plus uniforme. La sampogne au côté et la pique au poing, le pâtre velu de la Sabine, vêtu de peaux de chèvre comme ses ancêtres au temps d'Évandre, perçait fièrement et la tête haute les groupes tout reluisans de boutons d'argent et de galons d'or. Orné d'une simple fleur de la montagne, son feutre brun ne s'abaissait point devant les rubans et les plumes des chapeaux trastévérins; pour porter, comme Jean-Baptiste, une ceinture de cuir au lieu d'une ceinture de soie, il ne s'en estime ni moins bon chrétien ni moins vieux Romain, et n'en dit pas moins : Notre pape!

En vain, jaloux d'écraser son orgueil, les fils du noble faubourg étalaient-ils complaisamment à ses yeux la boucle énorme de leurs souliers cirés du matin; le pâtre sabin peut bien caresser d'un regard de convoitise le métal éblouissant, mais il n'en dit rien; et quoique chaussé de la calandrelle agreste, il n'en foule pas moins les marbres de Saint-Pierre d'un pas ferme, d'un air superbe. Roi du pâturage, il se sent là chez lui comme sur ses rochers.

Après lui vient, mais plus humble et moins indépendant, le moissonneur des plaines. Plus tyrannisé par l'homme et par la misère, il n'a, lui, ni la souveraineté du troupeau, ni l'empire de la montagne; vêtu de haillons, la faucille autour du corps, en guise de ceinture, il marche d'un pas timide et d'un air modeste. Son humilité lui coûte cher. La mine altière et l'air dégagé du pâtre peuvent encore, malgré son habit de peaux, conquérir l'ardente œillade de quelque Trastévérine; mais le pauvre moissonneur qui se glisse furtif passe inaperçu, ou n'obtient des hautaines Porcia du Janicule qu'un coup d'œil de mépris.

Guindés et sanglés dans leurs cravates et dans leurs habits à queue d'hirondelle, les messieurs faisaient là, comme toujours, le plus sot et le plus plat personnage. Aussi tous les quolibets étaient-ils pour eux, et le peuple romain n'en est pas avare.

Une rumeur subite annonça que le pape descendait l'escalier royal qui du palais conduit à la basilique du Vatican. Cette nouvelle mit le peuple en mouvement; en un instant la place fut déserte, et, de comble qu'elle était, elle resta vide.

Descendu de la salle ducale où les deux cardinaux-doyens l'avaient revêtu du grand manteau rouge et coiffé de la mitre d'or, car la tiare ne ceint pas encore son front, le souverain pontife, porté sur la chaise gestatoria, avait passé la statue colossale de Constantin, et atteint le portique du temple. Là, près de la porte sainte, et sous la vieille barque symbolique du Giotto, s'élevait un trône somptueux, entouré des sièges des cardinaux. Le pape y monta à la voix des musiciens de la sainte chapelle qui chantaient l'antienne : *Tu es Petrus.* L'hymne achevée, le cardinal-archiprêtre fit au pontife le compliment et les embrassemens sacramentels. Le chapitre de Saint-Pierre et tout le clergé, rassemblé là en grand costume, fut au baise-pied; après quoi le pontife remonta de son trône sur la chaise gestatoria, et fit son entrée dans la basilique au bruit des trompettes.

Ce moment est solennel, imposant. Porté par douze hommes en robes rouges, entre les deux flambelles, éventails de paons blancs, dont les yeux mythologiques figurent, dit le rituel, les yeux de l'humanité ouverts sur son chef, le vieillard sacré domine la multitude, dont ses pieds semblent fouler la tête. On dirait un Lama d'Asie, tant il y a d'immobilité dans sa majesté. Mais afin que l'objet mortel d'une adoration plus qu'humaine, d'un culte tout divin, ne puisse s'oublier jusqu'à se croire, dans son orgueil, non plus le vicaire du Dieu, mais le Dieu lui-même, une voix de la terre s'élève tout-à-coup d'en bas, et lui rappelle qu'il est homme. Un maître des cérémonies fait passer devant lui une étoupe enflammée, et lui dit d'une voix grave et sévère : — « Pater sancte, sic transit gloria mundi. » — C'est l'esclave au char du triomphateur, et la leçon d'humilité se répète jusqu'à trois fois dans la grande journée.

Arrivé à l'autel du Saint-Sacrement, le pape mit pied à terre, et agenouillé, tête nue, sur le faldistoire de velours et d'or, il s'abîma dans une adoration profonde et silencieuse.

Cet abaissement volontaire du chef de l'humanité devant Dieu est toujours pour les âmes croyantes d'un effet puissant. Elles ne contemplent jamais sans attendrissement ce spectacle touchant et sublime, et leur foi naïve lui rend tous les prestiges que lui a ravis le temps, car ce n'est plus, hélas! comme tout le reste, qu'une cérémonie morte.

Mais tandis que l'émotion du peuple élevait son âme à Dieu, ou du moins à ce qu'il prend pour Dieu, deux hommes, réunis là par une pensée sanglante, ne rêvaient l'un et l'autre, au pied des autels, qu'homicide et destruction. Outrant une passion civique et désintéressée, l'un ne songeait qu'à laver une trahison dans le sang du traître, et cela au prix de sa propre vie. Plus personnel et plus faible, l'autre n'obéissait qu'à un instinct d'égoïsme, de vanité, et croyait retrouver l'honneur dans les entrailles déchirées du vieillard auguste.

Sorti pâle et défait des bras de sa maîtresse, Brancador s'était rendu dès le matin à son poste; il avait escorté le pape jusque là pas à pas, et de tous les gardes-nobles, il se trouvait alors le plus près de lui. C'est le moment qu'il avait fixé pour l'exécution de son sanglant projet; c'est aussi ce moment de silence et de repos que Marius avait choisi pour le sien. Mais entraîné loin de Brancador par les flots mouvans du peuple, il n'était pas probable qu'il le rejoignît à temps.

L'amant d'Antonia avait trop présumé de sa résolution ; il n'était pas au terme de ses combats. Debout et l'épée nue, à côté du pontife à genoux et désarmé, il fixa sur lui un long regard de stupeur, et l'idée de son forfait le glaça d'un tel frisson, qu'il resta devant sa victime comme pétrifié. — Eh quoi ! se dit-il avec horreur, massacrer un vieillard prosterné dont la faiblesse se confie sans crainte à la loyauté de mon épée ! Ah ! toute ma nature se révolte ; c'est une atroce idée, une idée de l'enfer ; mais Satan ne l'emportera pas. Je maudis ma résolution ; j'en demande pardon à Dieu. Non, non, se répétait-il à lui-même pour se fortifier dans le remords, jamais ! Plutôt le déshonneur ! — Et peut-être, hélas ! y avait-il plus de peur et de faiblesse que de vertu dans le tremblement nerveux qui faisait claquer ses genoux et ses dents. Il avait la face verte et l'œil hagard.

Marius venait d'atteindre Brancador ; mais en ce moment même le pape sortit de sa méditation et se releva. Il y eut une grande ondulation de la foule qui sépara de nouveau les deux meurtriers. Brancador laissa le vieillard remonter sur son trône aérien ; Marius laissa Brancador reprendre son rang dans le cortége ; mais, attaché dès lors à ses pas comme une ombre, il ne le perdit plus de vue, et la procession continua son voyage vers le grand autel. Cette occasion échappée, une autre toute semblable allait se présenter ; car le pape remet pied à terre à la chapelle Clémentine, et s'agenouille une seconde fois pour prier devant l'autel de Saint-Grégoire.

Cette fois comme l'autre, Brancador se trouvait à côté du pontife ; mais il n'y avait plus de lutte en lui, et le vertige s'était dessaisi de sa proie ; le mobile assassin se crut sorti d'un accès de cauchemar, de démence ; riant de son gigantesque projet comme d'un mauvais rêve, il se prit lui-même en pitié. Un sourire d'Antonia, qu'il aperçut dans la chapelle, ne fit que le rallier à la vie par les souvenirs de l'amour.

Le malheureux n'était pas au bout.

Un sourire d'Antonia avait achevé de le désarmer ; un regard de Marius lui remit l'épée à la main. Le Trastévérin l'avait rejoint. Séparé de lui seulement par la haie des hallebardiers suisses, il pouvait voir du même coup d'œil l'amant et sa maîtresse ; et il les avait vus en effet échanger des sourires d'amour.

— Souris, traître, s'était-il dit, va, souris à ta complice. Puisse ton sang retomber sur elle ! — Cherchant alors son poignard :
— O mon confident, ajouta-t-il en le pressant sur son cœur

d'une main convulsive, mon ami, voici le moment d'éprouver ta fidélité; tu ne me trahiras point. Remarque bien le cœur du délateur, et ne le manque pas. O peuple romain! ton amour va me coûter la vie! Liberté, que tes devoirs sont terribles, tes volontés sanguinaires! Mais j'obéis. Brutus et Scévola, assistez-moi, fortifiez-moi!

Partagé entre le sourire voluptueux de la sirène et le regard sinistre du carbonaro, Brancador n'avait plus ni libre arbitre ni volonté. Immobile entre ces deux forces rivales, son être moral était annulé. Un dernier effort sur lui-même, ou plutôt un dernier regard du Trastévérin, qui avait fait trois pas vers lui, et qui était là, non plus derrière, mais devant les hallebardiers; un regard comme il n'en avait jamais vu, fauve, perçant, féroce, plein à la fois de haine et de mépris, de menace et d'ironie, un regard de Marius enfin le rendit et le livra sans retour aux meurtrières passions qu'il avait apportées dans le temple. Le mot : Tue! tue! tintait à son oreille comme un glas de mort.

Un rayon de soleil glissait en ce moment de la chapelle dans la grande nef; il s'en fallait d'une ligne, c'est-à-dire d'une minute à peine, qu'il n'effleurât en passant la mitre du pape agenouillé. — S'il vit encore, se dit Brancador, quand ce rayon l'aura atteint, je suis le plus lâche des lâches, et je jure par le ciel et l'enfer de me plonger mon épée dans le cœur. — Cela bien résolu, il ferma les yeux pour ne pas voir Antonia, pour ne plus rien voir; il serra son épée avec la violence de la fièvre, et la prenant à deux mains, il rouvrit les yeux. La ligne était franchie, le soleil dorait la mitre pontificale. A ce signal, Brancador recueillit dans une pensée de meurtre tout ce qui lui restait de vie, et il s'élançait sur le vieillard en prières pour l'égorger, lorsqu'il roula lui-même à ses pieds, sanglant, mort.

Le poignard de Marius était resté dans la plaie.

— « Périssent ainsi les délateurs! » — s'écria le Trastévérin d'une voix qui roula comme le tonnerre dans la basilique effrayée.

Brancador mourut assassin et déshonoré.

Un cri déchirant répondit à l'anathème. Antonia venait de tomber sans mouvement sur le marbre de la chapelle. Qui eût dit, à la voir ainsi pâle et froide, presque aussi morte que l'amant qu'assassinait sa délation, qui eût dit que cette femme légère et frivole recevrait, trois mois plus tard, les consolations d'un nouvel adorateur?

La stupeur du meurtre fut si grande, qu'il eût été facile au meurtrier de se perdre dans la foule en désordre et de s'échapper. Il en eut même une seconde la tentation ; mais ce fut un éclair passager : il n'avait encore fait que la moitié de son œuvre, et la pensée du sanglant devoir qu'il s'était imposé fit taire l'instinct de vie qui le poussait à fuir.

— « Je te remercie, dit-il au hallebardier qui l'arrêta, tu me sauves d'une lâcheté. » — Le Suisse, à qui un tel remerciement parut étrange, le prit pour une raillerie ; il n'en serra que plus fort. Entouré et garrotté, Marius fut conduit à l'instant et précipité, les fers aux pieds et aux mains, dans le plus noir et le plus étroit cachot du château Saint-Ange.

A la stupeur avait succédé l'inquiétude. On pouvait croire que ce meurtre audacieux n'était que le signal d'une insurrection, et l'on voyait dans chaque homme un conspirateur. Le cadavre enlevé, les cardinaux et les grands dignitaires de Rome s'étaient pressés autour du pape ému d'épouvante, pâle d'horreur. Le sang de son assassin avait rejailli sur sa robe de pourpre, et jusque sur sa mitre d'or. Les hallebardiers firent cercle, et il régna dans le temple un long silence d'attente et d'incertitude.

Un seul homme dans ce tumulte était calme, ou du moins le paraissait : c'était le grand-pénitencier. Comme les autres, pourtant, il crut à une conjuration ; mais il n'y crut pas long-temps : rien autour de lui ne l'indiquait. Anselme, d'ailleurs, ne l'aurait-il pas su, et, le sachant, ne l'en eût-il pas informé ? Désabusé le premier, il fut le premier à rassurer le pape ; et son impassibilité stoïque, au milieu de l'émotion commune, ramena la sécurité.

La sombre robe monacale dont il ne se dépouillait jamais contrastait singulièrement avec l'or et la pourpre dont le temple étincelait ; l'austérité de son costume ajoutait à l'austérité de son visage ; sa barbe de neige ondoyait par flocons sur sa poitrine, et, à défaut de la tiare, ses cheveux blancs ceignaient sa tête découronnée d'un diadème de respect et de majesté. Retombé du trône dans la foule, il y restait sans murmure, et durant le supplice de cette journée sans fin, nul ne fut plus minutieux observateur de toutes les formalités de la cérémonie.

Cependant l'attitude du peuple avait dissipé tout-à-fait les terreurs, et l'on avait fini par ne plus voir qu'un fait isolé dans le meurtre de Brancador. La pompe reprit son cours lent et solennel.

Remonté sur la chaise papale, l'héritier des apôtres alla recevoir du haut de son trône l'hommage du clergé supérieur de la chrétienté. Les cardinaux seuls lui baisent la main ; les patriarches et les évêques, tous en grand costume, lui baisent le pied. Cela fait, le souverain-pontife se lève comme à l'adoration, et bénit le peuple ; il entonne ensuite la Tierce de sa voix sacrée ; les chanteurs de la chapelle la terminent en chœur. C'est alors seulement que le premier cardinal-évêque passe au doigt du pape le symbolique anneau qui lie et délie, et que l'on revêt le pasteur suprême des somptueux et mystiques habits de grand-prêtre officiant de l'Église universelle.

Couvert du rochet, de l'aube, de la chasuble, de tous les insignes du sacerdoce romain, le vicaire de Dieu descendit du trône à l'autel pour célébrer la messe. Marchant à sa rencontre, les trois derniers cardinaux-prêtres le baisèrent à la poitrine et au visage, figurant ainsi l'adoration de l'enfant Jésus par les trois rois mages, qui, selon le rituel, confessèrent, par ce double baiser, sa double nature : *divinam quasi latentem in pectore, humanam quasi patentem in ore.*

La messe commença. Après le *Confiteor,* le cardinal-doyen mit sur les épaules du pape le pallium. Tissu de laine d'agneau blanc et brodé symétriquement de six croix de soie noire, le pallium est un ornement propre au souverain-prêtre, et destiné à représenter au peuple la plénitude de la puissance sacerdotale.

La messe enfin terminée, et elle dure long-temps, l'archiprêtre de Saint-Pierre, qui est un cardinal, présente au grand pontife une bourse de moire brochée d'or, qui contient vingt-cinq jules *pro missâ benè cantatâ.* C'est la dernière cérémonie du temple ; celle du couronnement se fait en plein air sur la loge, ou balcon extérieur de la basilique.

Élevé là pour la fête, un splendide trône de velours cramoisi brodé en or fixait les yeux de la multitude, qui avait reflué à grands flots du temple sur la place. Un instant émue par la tragédie de Brancador, mais n'en pénétrant ni toute la complication ni toute l'horreur, elle l'avait bientôt oubliée ; d'autres émotions l'en avaient distraite. Aussi bien un coup de poignard n'est-il pas à Rome un spectacle si nouveau.

Revenu sur la vaste place, et l'œil fixé sur le balcon de la basilique, le peuple romain attendait son pape. Il arriva, porté sous le baldaquin, et s'assit lentement sur son trône, aux acclamations de la foule, qui couvrait de sa voix l'antienne *Corona aurea,* chantée en chœur par l'orchestre pontifical. Peu à peu cependant le silence s'établit. Le prince-évêque d'Ostie, grand-doyen de l'Église, pria pour le roi-pontife, et après avoir adressé au ciel l'oraison d'usage, usage touchant si la foi le vivifiait, il posa sur la tête blanche du vieillard l'antique trirègne en prononçant les paroles sacramentales : — « Reçois la tiare aux trois » couronnes, et sache que tu es le père des princes et des rois, » le recteur du monde et le vicaire de notre Sauveur Jésus-» Christ, auquel appartiennent l'honneur et la gloire aux siècles » des siècles. Amen ! »

Ce dernier acte accompli, le vieillard couronné se mit en prière, et le silence devint en ce moment si profond, qu'on eût dit cette multitude si bruyante, si houleuse, privée tout d'un coup de la voix par la baguette d'un enchanteur. Rangées en bataillon carré au centre de la place, les troupes s'agenouillèrent sous les armes ; les plus dévots les imitèrent ; tout le monde se découvrit dans un religieux respect, et, se dressant majestueusement sur son trône, le grand patriarche de la chrétienté donna à Rome et au monde, *urbi et orbi*, la solennelle bénédiction.

Une explosion de l'artillerie du château Saint-Ange et des cloches de Saint-Pierre rompit le charme comme un coup de tonnerre, et salua ce moment sublime ; la musique guerrière s'unit aux détonations du temple et de la citadelle, et, mêlant sa grande voix aux mille voix de l'airain, le peuple confondit son amour et sa foi dans une hymne orageuse comme l'Océan.

Des illuminations et des feux d'artifice prolongèrent la soirée. Rappelant enfin Rome au repos, le dernier coup de canon du château Saint-Ange imposa silence à la fête, et annonça seul au prisonnier la fin de cette journée sanglante. Comme le nouveau couronné, il n'était, lui, qu'au prologue.

Il restait à pénétrer l'esprit de toutes ces cérémonies, dramatiques symboles déroulés magnifiquement aux yeux éblouis du peuple, sans que la signification mystique s'en révèle à lui à travers la pompe des formes ; mais ce serait faire un livre dans un livre, et d'autres soins nous réclament. Long-temps suspendue, la catastrophe se précipite ; l'épée est tirée, le sang a coulé ; après l'escarmouche la bataille. A d'autres donc les rites morts du passé ; à nous de poursuivre, à travers les fêtes et les échafauds, le cours de notre douloureuse épopée.

XXXII

L'OSTÉRIE.

L'action de Marius étonna Anselme. Il n'en saisissait que la moitié, et, ainsi tronquée, elle lui paraissait bien en rapport avec l'indomptable fougue de ses passions trastévérines, mais non pas avec la solennité de ses adieux. Il s'attendait à quelque démarche plus grande, plus décisive, plus immédiatement utile à la cause; loin de songer à un simple meurtre, il était descendu du mont Sacré, convaincu que Marius allait tenter quelque coup hardi dans les provinces.

Il n'approuvait pas son homicide; il réprouvait par instinct tous ces moyens sanglans; mais, en condamnant l'acte, il excusait l'homme; il entrait dans sa pensée; il rendait justice aux motifs purs et désintéressés qui lui avaient mis le poignard à la main. C'était moins une vengeance qu'un châtiment dont Marius avait voulu donner le spectacle au peuple, afin de lui inculquer par la terreur le respect du carbonarisme. Il avait sans doute aussi l'ordre en vue, et cette expiation formidable était faite pour enchaîner dans le silence les adeptes irrésolus.

Telle avait bien été la pensée du Trastévérin, et elle était sincère, puisqu'il l'avait scellée de son sang, livrant pour elle sa tête à l'échafaud. Aussi n'est-ce pas l'héroïsme qu'on lui pouvait contester; tout sacrifice d'un instinct à une idée est héroïque; et quel instinct plus puissant dans l'homme que l'instinct de sa conservation? Mais ce qu'Anselme demandait à l'action de Marius, c'était ces résultats actuels que semblaient promettre ses dernières paroles; en vain les y cherchait-il, il ne les trouvait point. Ainsi, plein d'admiration pour son dévouement, plein de pitié pour sa destinée, il rendait moins de justice à son intelligence; il la calomniait. La lettre cachetée reçue de sa main au mont Sacré lui donna la solution de ce tragique problème; elle ouvrit ses yeux à la lumière et son esprit à la justice.

Marius commençait par s'y justifier du meurtre de Brancador, en le représentant comme un châtiment et comme un exemple. C'était à ses yeux une leçon terrible, mais salutaire, une nécessité. — « Ce n'est là, ajoutait-il, que la moitié de ma tâche. Il
» ne suffit pas que la mort de Brancador soit utile, il faut que
» la mienne le soit aussi. L'occasion du conclave perdue, une
» autre pouvait de long-temps ne pas naître; je l'ai hâtée. Il

» fallait au faubourg du Janicule un motif de soulèvement; ce
» motif, je le crée en me dévouant à l'échafaud. Il n'est pas sûr
» que j'y monte. Je connais l'amour des Trastévérins pour moi;
» ils me disputeront au bargel; peut-être m'arracheront-ils au
» bourreau. De là une lutte dont la liberté romaine peut sortir
» triomphante. La force armée une fois aux prises avec le peu-
» ple sur le lieu du supplice, le Vatican reste sans défense, c'est-
» à-dire que le pape, le sacré collége, Rome tout entière est à
» nous, et la révolution est accomplie! Pour le reste, Anselme,
» je m'en remets à ton génie prudent et hardi. Il est inutile d'a-
» jouter, disait-il en terminant, que je ne me prêterais, avant le
» grand jour, à aucune tentative d'évasion; ma résolution sur
» ce point est prise et irrévocable. Ne consumez donc pas en dé-
» marches superflues un temps nécessaire à des soins plus pres-
» sans. Si mon salut est écrit au livre du destin, je n'entends
» l'accepter que de la main des fils du Trastévéré, armés pour
» ma délivrance sur la place du Peuple. »

Aussi bien toute tentative eût-elle été vaine; jamais prisonnier ne fut entouré de plus de précautions. — « Je veux, avait dit le pape, que justice soit faite avant huit jours. » — Encore indignée de la récente amnistie qui avait arraché de ses mains tant de têtes, jalouse de prendre une éclatante revanche sur l'importune clémence du nouveau pontife, la commission criminelle du palais Madame s'était mise à l'œuvre à l'instant, voulant frapper, elle aussi, l'esprit du peuple par un prompt exemple.

Le parti d'Anselme fut aussitôt pris. *Alea jacta est!* Comme César, il franchit le Rubicon.

Il passa toute la nuit à écrire des dépêches qui partirent le matin même par les voies mystérieuses de l'ordre. Anselme y informait la haute-vente du mouvement qui se préparait à Rome, et il réclamait son assistance, afin de l'étendre simultanément à tous les points de la péninsule. — « Dans huit jours,
» écrivit-il ensuite aux centres carboniques des Marches et des
» Légations, l'étendard de la république ausonienne flottera
» sur le Vatican. Rassemblez pour ce grand jour toutes vos res-
» sources, concentrez toutes vos forces, et soyez prêts au pre-
» mier signal. »

Du dehors il passa au dedans. Il visita un à un les carbonari de Rome, et les trouva tels qu'il les attendait, pleins de courage et d'espérance. Il les entretint de son dessein, et les convoqua en un lieu sûr du Forum pour la nuit du jeudi.

Tranquille de ce côté, il se tourna vers le Trastévéré. Il vit le vieux Taddée, dont la fureur était au comble ; il ne voulait rien moins que forcer le château Saint-Ange pour en arracher Marius. Anselme le contint ; il lui fit promettre de s'abstenir de toute violence inutile, et d'attendre le jour de l'exécution. — « C'est le plus sûr moyen, lui dit-il, de délivrer notre ami. Une fois hors de la griffe des sbires, nous saurons bien le faire évader ; c'est mon affaire, j'en réponds. Mais es-tu bien sûr des tiens ?

— » Comme vous de moi, seigneur Anselme. Il n'y a pas un bras au Trastévéré qui ne s'armât pour lui. Jugez-en plutôt par vous-même ? »

En achevant ces mots, le vieux maçon conduisit l'ami de Marius sur la petite place de Saint-Blaise, à travers un dédale de ruelles obscures et désertes. Comme ils tournaient la Longarine, rue qui mène au pont rompu du Palatin, maître Taddée crut s'apercevoir qu'ils étaient suivis par une espèce de frère quêteur :

— « Sbire ou non, lui cria-t-il d'une voix retentissante en allant droit à lui, passe ton chemin, toi ; passe-le, te dis-je, ou tu ne le passeras plus. » — L'ombre importune se le tint pour dit : elle s'évanouit. L'espion marse en voulait bien à Anselme, mais il n'était pas homme à se mettre aux prises avec le bras de fer du Janicule.

— » Nous voici arrivés, reprit Taddée en s'arrêtant devant une ostérie à peine éclairée ; entrez, seigneur Anselme, entrez ; vous ne trouverez là que de braves gens, et vous ne serez pas de trop au rendez-vous. »

Anselme trouva réunis, autour d'une table chargée de feuillettes vides, une vingtaine de Trastévérins qui complotaient la délivrance de Marius, tout en buvant et fumant leurs pipes.

— « J'en amène un solide ! dit maître Taddée en introduisant le carbonaro au milieu des conjurés ; c'est le seigneur Anselme, l'ami de notre Marius. Vous devez, pardieu ! bien le reconnaître ; il n'y a déjà pas si long-temps que nous l'avons porté en triomphe sur la place de Saint-François. C'était, si j'ai bonne mémoire, à la dernière apparition du soi-disant Catalan ; depuis ce soir-là, ajouta-t-il (et il ne croyait pas l'avoir vu le moment d'auparavant), on ne l'a plus revu au faubourg.

— » Eh ! père Taddée, interrompirent les Trastévérins, nous n'avons pas, nous autres, la mémoire si courte, que nous ayons besoin de tant d'histoires pour nous rappeler nos amis. Nous avons tous bien reconnu, au premier coup d'œil, l'ami de notre pauvre Marius.

— » Si vous l'avez reconnu, tant mieux, reprit le vieux maçon. Il faut maintenant qu'il vous reconnaisse, lui ; c'est-à-dire que le moment est venu de lui prouver que vous n'êtes pas des bavards comme ceux de la place d'Espagne, et qu'amis en paroles, vous ne ressemblez pas au cadran solaire de la place Colonne, qui ne sert à quelque chose qu'autant que le soleil luit, et n'est plus bon à rien dès qu'il se couche. Vous m'entendez, mes fils.

— » Oui, père Taddée, nous vous entendons fort bien ; soyez tranquille, nous nous la sommes liée au doigt, celle-là. Sang de Christ ! il ne sera pas dit que, nous vivans, Marius ait passé par les mains du bourreau. Eh bien ! seigneur Anselme, la sentence est-elle connue ?

— » Pas encore. Elle ne peut l'être que jeudi, pour être exécutée samedi.

— » Exécutée ! que dites-vous donc là ? Vous parlez, ma foi ! comme s'il n'y avait plus de Trastévérins entre le Tibre et le Janicule. Rassurez-vous ; il y en a encore, et de bons ! Exécuter Marius ! Eh ! qui donc est-ce qui plaidera pour nous par-devant les bas violets ? Qui nous gagnerait nos procès au Capitole et à la Rota ? Par la Madone, cela ne sera pas !

— » Exécuter Marius ! répétait à l'unisson maître Taddée ; et pourquoi encore ? pour un pouce d'acier dans le ventre d'un habit rouge.

— » Un pouce, père Taddée ! la lame est bien entrée de six pouces, s'il vous plaît. J'étais tout près, moi ; j'ai vu l'affaire, et je peux vous en donner des nouvelles. Madone ! continua le Trastévérin avec un profond sentiment d'admiration, quel coup d'œil et quelle main !

— » Eh bien ! mes fils, reprit Taddée, renchérissant sur l'étrange apologie, ne vous ai-je pas toujours dit que le maître était maître en tout ? Qu'il manie la plume ou le poignard, on reconnaît l'habile homme à tout ce qu'il fait. Et c'est pour un pareil coup qu'on nous enlèverait notre Marius, notre avocat ! Allons donc ! mais c'est une mauvaise plaisanterie ! Autant vaudrait pendre en masse le Trastévéré ; car il n'est pas un de nous qui n'en eût fait autant. L'autre n'a que ce qu'il a bien voulu : toute délation vaut un coup de couteau.

— » Quand je soutenais, moi, dit le jardinier Spada, tout fier de sa pénétration, qu'il tramait quelque chose, avais-je tort ? C'est ce qu'il entendait au sépulcre de Bibulus, quand il nous disait qu'avant huit jours il y aurait du neuf. J'avais compris tout de suite, moi.

— Et moi donc? ajouta le sournois de Sainte-Marie-à-Trastévéré, ne vous ai-je pas dit, la veille, qu'il en voulait à l'habit rouge?

— » Corps de Christ! interrompit une nouvelle voix, au lieu de tant bavarder ici et de tant chanter les louanges du maître, mieux vaudrait l'aller délivrer. Il a plus besoin de nos bras que de nos langues. Je vote, moi, pour aller enfoncer, cette nuit, les portes du château Saint-Ange. »

Anselme alors prit la parole. Il répéta à l'assemblée trastévérine ce qu'il avait dit à son Nestor; appuyé par lui, il la persuada, comme il l'avait persuadé lui-même, d'attendre le jour de l'exécution pour arracher Marius des mains des sbires.

Il concentra leur attention sur ce point unique; tout le reste, il le tut. Bras aveugles de la conjuration, les Trastévérins devaient la servir sans la connaître et la faire triompher à leur insu. Violens, mais dévots, il importait de ne pas alarmer leurs croyances en attisant leurs passions, et de leur cacher soigneusement le pape derrière le bargel. C'est ce que fit Anselme, et il y réussit. Ignorant qu'ils juraient au chef du carbonarisme romain la ruine du Vatican, ils lui jurèrent d'être en force sur la place du peuple, et de tuer jusqu'au dernier sbire, jusqu'au dernier soldat, plutôt que de laisser monter Marius sur l'échafaud.

— « J'y serai le premier, s'écria Taddée en fermant la séance, et j'aurai ma culotte rouge. Vous savez, mes fils, ce que cela veut dire; on la voit de loin, et puis le rouge sur le rouge, ne fait pas tache. Ce sera chaud; mais, ma foi! tant pis, il en adviendra ce qui pourra : nous en serons quittes pour faire pénitence. Si le saint-père fait quelque difficulté cette fois pour nous donner l'absolution, nous tâcherons de l'avoir par notre cardinal. Quel dommage qu'il ne soit pas pape! C'est égal, il est grand-pénitencier, et il ne nous refusera pas ce petit service, dussions-nous le payer par le pèlerinage de Notre-Dame de Lorette! »

Sûr des Trastévérins comme il l'était des carbonari, Anselme ne quitta pas le Trastévéré sans faire une visite au cloître de Saint-François. Il y trouva le cardinal de Pétralie sombre et abattu. La grande âme du Sicilien avait été brisée du coup qui avait anéanti sa fortune. L'intérêt de sa vie était détruit. Désormais seul, seul à jamais, le monde était pour lui une Thébaïde, mais une Thébaïde sans autel, sans Dieu, les faibles lueurs dont Anselme avait éclairé un instant ses ténèbres s'étaient bientôt évanouies; il ne croyait plus à l'espérance, plus à l'avenir, plus à rien; il n'aspirait qu'à la mort. Sa pâleur était livide; le désespoir avait creusé ses joues, cavé ses yeux, et la vieillesse, spectre décharné, avait pris possession de ce corps épuisé que la pensée ne défendait plus. Elle le ravageait, le minait, et se vengeant du passé, elle faisait en un jour l'œuvre de dix années.

Anselme fut frappé des symptômes d'une si prompte dissolution : il en fut effrayé. Il pouvait d'un mot rallumer cette pensée éteinte, et rendre par elle à la vie ce corps cadavéreux; mais ce mot, il ne le dit pas, parce qu'il ne devait pas encore le dire. Il se contenta de quelques paroles vagues, et il demanda un rendez-vous pour le surlendemain. On était au mardi soir.

— « Que voulez-vous d'une ombre? lui demanda tristement le cardinal. Je suis mort à la terre, et les morts n'ont plus rien à faire sous le soleil. Laissez les mânes dans leur tombeau, ne liez pas votre jeune et belle existence à ce qui n'a plus de vie. »

Anselme cependant dompta la résistance du vieillard, et il obtint de lui un rendez-vous pour le jeudi soir sur le mont Palatin. Échue en héritage aux Bourbons de Naples, la magnifique villa Farnèse, qui couronne aujourd'hui la montagne patricienne, était ouverte au cardinal de Pétralie. Le bâtard devait cette faveur du dévot roi des Deux-Siciles à sa triple qualité de Sicilien, de grand-pénitencier et de sanfédiste. Il avait les clefs de cet Élysée vraiment royal, et il aimait à se recueillir, en ses mauvais jours, au sein de ces solitudes mélancoliques. C'est donc là que fut fixée l'entrevue du jeudi.

Rentré chez lui après tant de fatigues, l'ami de Marius se permit à peine quelques instans de repos. Autant son attente avait été calme et résignée quand la nécessité la lui imposait, quand elle l'enchaînait dans sa chaumière de l'Aventin, autant son activité était puissante quand l'action le réclamait. Génie vaste et lucide, il embrassait, il saisissait tous les détails sans cesser jamais de voir l'ensemble. C'était son orgueil, à lui, de ne s'en remettre de rien sur personne, et de pourvoir à tout par lui-même.

Tout entier à son œuvre, il ne s'était pas couché de deux nuits, et la troisième n'était pas écoulée que son petit cheval bai l'emportait au galop sur la route d'Asture.

XXXIII

LES MÉTAMORPHOSES.

Les conjurés d'Asture avaient reçu comme une consolation du ciel la nouvelle de la grande amnistie pontificale; mais ils ne s'en étaient pas moins fidèlement conformés aux recommandations d'Anselme. L'opinion de Marius sur Brancador n'avait fait que redoubler leur vigilance. Prêts à tout événement, et prévoyant même le cas d'une surprise et d'une fuite obligée, ils avaient radoubé la parancelle napolitaine, et l'avaient mise en état de tenir la mer.

Nicolo gardait les forêts; les deux soldats carbonari, la plage: quant aux deux autres, ils étaient sévèrement consignés. L'un même, Angelo, ce forçat libéré dont la conscience se permettait des scrupules, était tout-à-fait sous clef, et ne sortait ni le jour ni la nuit. On n'avait pas trouvé d'autre moyen de s'assurer de sa discrétion. Salvator, le poltron, inquiétait moins; son imagination peureuse était frappée; et si quelque velléité de délation venait par hasard à le tenter, l'ombre de Checo, brûlé sur la montagne, se dressait devant lui, et la faisait taire. Il n'en était pas moins rigoureusement surveillé. Pour plus de sûreté, les bannis eux-mêmes faisaient alternativement la garde sur la plate-forme, et de là dominaient du même coup d'œil la mer, la grève et les bois.

Pour le vieux député, il en était de lui comme par le passé; toujours timoré, toujours suspendu entre son amour de père et sa conscience de dévot, il ne manquait pas une messe à Neptune; son assiduité même n'avait pas peu contribué à la sûreté de la tour en déroutant les soupçons. Son silence n'était-il pas une complicité? Or, comment supposer qu'un si bon chrétien pût jamais tremper en des trames si impies? Et si l'on remarquait l'absence de sa fille, gage ignoré de son silence, otage de sa fidélité, c'était pour l'attribuer, les uns à un excès de jalousie paternelle, les autres à l'effroi des Barbaresques, qui croisaient toujours en vue des côtes. Les doutes et les soupçons avaient fini par se convertir en quolibets contre Asture, et tout Neptune traitait Oddo d'original, de sergent sournois et inhospitalier.

Toutes choses ainsi disposées, les bannis attendaient, et ils mettaient dans leur périlleux repos un héroïsme dont ils brûlaient de donner de plus nobles preuves : l'oisiveté coûtait à ces âmes ardentes ; toutes aspiraient à l'action comme à une délivrance. Toutefois on se résignait sans murmure ; on se fortifiait, on s'excitait à la patience par des paroles d'espérance et d'avenir. Azzo, à qui son expérience et son génie de conspirateur assuraient sur tous une supériorité notable, Azzo était comme le pasteur de ce troupeau rétif et pourtant docile. En l'absence d'Anselme, le Modenais était consul d'Asture.

Réunis dans la salle commune au milieu des armes dont elle était jonchée, les bannis s'entretenaient, sous l'urne encore chaude du Génois, de leur chère Italie. Sans nouvelle de Rome depuis l'amnistie, ils ignoraient l'événement de Saint-Pierre, et attendaient d'heure en heure quelque message d'Anselme. Tous étaient présens, moins un : l'absent était Conradin. C'était ce soir-là son tour de garde ; sentinelle attentive, le bel adolescent veillait sur la plate-forme à la sûreté de tous.

Seul, assis sur l'affût de la couleuvrine, il contemplait la Méditerranée bleue et transparente. Le soleil venait de s'y plonger dans toute la pompe de son coucher, et de larges sillons d'or marquaient encore sa route sur les flots. C'était une soirée d'été ardente, limpide. Le ciel était clair, la mer calme ; entre elle et lui bleuissait, comme un banc d'écueil, le sinistre archipel de Ponza, et l'homérique montagne de Circé avait passé déjà du pourpre à l'azur. Du côté de la terre, l'œil se perdait dans un vaste lointain de forêts vierges ; pas une rumeur de ville, pas une voix d'homme ne venait du désert ; le gazouillement plaintif de la vague contre le donjon était le seul bruit de l'Océan. La tour elle-même était muette ; à peine laissait-elle, à de longs intervalles, sortir de ses flancs noirs les litanies du vieux Matteo, qui chantait l'Ave-Maria dans sa haute cellule.

Cette voix de vieillard était triste comme le désert. Entraîné par la monotone complainte, Conradin se prit à rêver. Son âme s'envola bien loin des solitudes romaines au pied des Alpes ; il revit son lac, le doux lac Majeur, ses montagnes, le toit natal, sa mère qui pleurait son absence aux solitudes d'Arona. Ces souvenirs de la patrie, de la famille, amollissaient le cœur du jeune proscrit, et ses larmes coulaient silencieusement sur ses joues.

Tout-à-coup une tête de femme parut furtivement derrière lui au haut de l'escalier. Elle le contempla long-temps sans être vue, fit deux pas vers lui, puis s'arrêta, fit deux pas encore, et, s'arrêtant de nouveau, révéla sa présence par un soupir d'émotion. Réveillé en sursaut, Conradin tourna brusquement la tête, et se trouva face à face avec Isolina. La fille du député avait, en tremblant, ménagé cette douce surprise au bel Aronais; elle en reçut sa récompense; il la serra sur son cœur avec amour, et paya sa tendre audace d'une longue étreinte.

Appuyés contre les créneaux de la plate-forme, ils oubliaient pour s'aimer, lui, sa consigne, elle, son père, qui chantait toujours ses litanies. Leur amour avait grandi dans la solitude, et ils s'y livraient avec toute la bonne foi de leur âge, dans toute l'ingénuité de leur ignorance. Ils étaient si jeunes, si beaux! Le sein naissant de la fille des Maremmes palpitait sur le cœur ému de l'enfant des Alpes; ses cheveux noirs se mêlaient à ses cheveux blonds; sa joue brune effleurait sa joue rose, et leurs lèvres échangeaient plus de baisers que de paroles. Qu'auraient-ils pu se dire que leurs yeux déjà ne se fussent mille fois répété? Silencieux et les bras entrelacés, les beaux adolescens se respiraient, se confondaient l'un dans l'autre, comme l'adorable groupe d'Amour et Psyché, qui est une des perles du Capitole.

Ivresse des premiers soupirs! transports sans amertume! félicités sans retour! joies simples! joies primitives! joies sans orages et sans remords! est-ce donc au désert qu'il faut vous chercher? Mais, hélas! aux terres de l'Italie, sur ces terres d'esclavage et de douleur, est-il un désert assez loin des hommes pour que le bonheur y trouve un asile, l'amour un abri? La tyrannie, reine sombre et jalouse, ne souffre ni l'un ni l'autre dans son empire; cités populeuses, solitudes inconnues, rien n'échappe à ses fers; son sceptre d'airain pèse partout sur l'homme pour l'opprimer, et déflore au berceau la beauté. Elle est là, malfaisant génie, là toujours, pour diviser ce qu'unit la nature, et pour unir ce qu'elle a divisé; elle flétrit d'une main brutale toute fleur qui veut s'épanouir; elle arrache et foule aux pieds tout fruit près d'éclore. Proscrits immolés par elle, amour, poésie, vertu, tous les vrais dieux de l'humanité sont errans, ils n'ont plus de temples; aux idoles sanglantes appartient l'autel.

Oublieux et ravis comme on l'est et ne l'est qu'à leur âge, les amans du désert romain s'enivraient des voluptés naïves du premier amour. L'échafaud s'élevait entre eux, la hache du bourreau planait sur leur tête, et ils ne voyaient rien qu'eux, et ils disposaient de l'avenir comme s'il leur eût appartenu, et bâtissant dans l'air, ils faisaient des projets qu'emportaient les vents du soir.

— « Oui, disait Conradin charmé, oui, nous allons quitter enfin ces tristes plages où les brises sont chargées de poison ; nous irons au pied de mes Alpes respirer l'air sain des montagnes, dans ces doux bosquets d'Arona où ma mère nous attend, et où tu remplaceras l'enfant qu'elle a perdu. Mon lac est bleu comme la Méditerranée ne l'est pas dans ses plus beaux jours ; ses rives sont fraîches et riantes. Les îles Borromées nous cacheront sous leurs ombrages ; la barque des pêcheurs nous égarera le soir dans les baies parfumées de Lisance aux gracieux promontoires de Palenza. Ce sont là les vrais jardins de l'amour. Ici, dans ces vastes royaumes de la destruction, tout respire la fièvre et la mort. C'est un lieu maudit. Ce donjon est funeste ! Dans ces bois, sur ces mers, partout le crime, partout des piéges : ici les bandits, là les pirates. »

Comme il parlait ainsi, la voile barbaresque cinglait menaçante à l'horizon.—« Le vois-tu, l'Africain rapace, continua le jeune homme, le vois-tu qui serpente là-bas comme un reptile prêt à saisir sa proie ? » — Pressant la jeune fille sur son cœur dans la vague épouvante d'un danger qui redoublait sa tendresse : — « O Dieu ! s'écria-t-il tout éperdu (et cette fois il ne riait pas), si mon Isolina tombait dans leurs mains ! Ce pressentiment me glace ; un froid de mort coule dans mes veines. O liberté ! ne nous emporteras-tu donc bientôt sur tes ailes au rivage où l'amour et ma mère en pleurs nous appellent ? »

Le bonheur occupait trop de place dans le cœur d'Isolina pour en laisser à l'effroi. Elle répondait par des sourires aux pressentimens sinistres de Conradin ; elle le rassurait par ses caresses. Née sous un soleil plus ardent, et trop émue pour parler, la fille du désert était muette. Inculte et un peu sauvage, elle ne trouvait point de paroles ; les mots de tendresse et de félicité que croyaient murmurer ses lèvres s'échappaient en soupirs ; subjuguée par l'amour, elle subissait sans murmure tous les caprices de son vainqueur ; elle le suivait, soumise et silencieuse, par toutes les impressions où il lui plaisait de faire passer son âme.

La nuit avait surpris le charmant groupe, et les étoiles brillaient sur leur tête. Un coup de sifflet parti des bois les fit tressaillir, et rappela soudain la sentinelle oublieuse à son devoir. C'était un signal de Nicolo, qui annonçait à la tour une arrivée de Rome. Isolina s'élança vers l'escalier, et disparut. Conradin resta seul sur la plate-forme, et Anselme entra dans le donjon.

Il informa les conjurés de tout ce qui s'était passé à Rome depuis l'amnistie, et de ce qui allait s'y passer à la délivrance de

Marius. — « L'une, dit-il, doit assurer à l'Italie la liberté que l'autre a rendue aux carbonari romains. L'heure d'agir a sonné. Soyez prêts à partir pour Rome cette nuit même. Deux jours encore, et l'épée sortira du fourreau, et notre querelle descendra sur la place publique. » — Il leur exposa de ses projets tout ce qu'il importait qu'ils en connussent.

— « Enfin ! » — s'écria Ponzio, le plus violent et le plus impatient des conjurés ; et l'œil du fougueux Samnite étincelait de joie.

— « Enfin ! » — répétèrent en chœur tous les bannis, pleins d'une joie non moins vive, car aucune nouvelle ne pouvait leur être plus agréable.

L'action allait rompre enfin cette longue oisiveté qui leur pesait tant ; elle allait briser leurs fers, les rendre au grand air, à la lumière du soleil. Certes, il n'était pas besoin d'éloquence pour allumer leur enthousiasme ; il en fallait bien plutôt pour réprimer leurs impatiences, et c'est à quoi travailla Anselme.

— « Hélas ! dit-il ensuite d'une voix triste, en levant les yeux sur l'urne funéraire suspendue aux faisceaux d'armes, pourquoi faut-il qu'un de nous manque à la fête, et que Gênes n'ait point de voix à la première assemblée des Amphictyons italiques ! La vieille république ligurienne a trop bien mérité de l'Italie pour être oubliée en un si grand jour. L'ingratitude ici serait un crime, et nous ne nous en souillerons pas. Qu'à défaut de sa voix et de son épée, la cendre du martyr et sa mémoire nous accompagnent. Gênes absente sera ainsi présente au milieu de nous. » — Détachant l'urne de la muraille, il la remit à Tipaldo, et lui dit :
— « Je vous la confie ; portez-la vous-même à Rome, et que Venise soit l'avocat de Gênes son antique rivale. »

Il y avait dans cet acte touchant une pensée d'union ; tous la saisirent avec émotion, mais aucun n'en fut plus vivement ému que le Vénitien. Pour être le plus gai de tous les conjurés, il n'en était ni le moins sensible ni le moins intelligent. Il prit l'urne des mains d'Anselme, et mouillant de larmes la froide dépouille de Grimaldi, il la serra en silence contre sa poitrine.

Aussi bien cette leçon de concorde était-elle superflue, tant le sentiment de l'unité italienne avait pénétré profondément tous ces enfans dispersés de la lamentable famille. Tous déshérités, frappés tous du même sceau de malheur et de réprobation, Sarde et Lombard, Toscan et Sicilien, tous ils se reconnaissaient bien pour frères ; ils n'avaient bien tous qu'un but, qu'un intérêt, qu'une idée ; le même sang coulait dans leurs veines, la même langue vibrait sur leurs lèvres, les mêmes passions échauffaient leur âme.

On avisa ensuite aux moyens sûrs et prompts de transporter à Rome les armes et les munitions rassemblées dans la tour. On touchait à la fin de juin : la campagne romaine est alors en pleine moisson et inondée de montagnards étrangers descendus des hauteurs de l'Abruzze et de Santa-Fiora. C'était une circonstance heureuse, on en profita. Il fut résolu que l'on cacherait les armes dans des gerbes de paille, la poudre et les balles dans des sac de blé, et que, travestis en moissonneurs, les conjurés s'introduiraient dans Rome à la suite du convoi mystérieux. Anselme, qui devait les y précéder de vingt-quatre heures au moins, se chargeait de leur aplanir les voies et de leur faire passer sans péril la porte de Saint-Jean-de-Latran.

On mit sur-le-champ la main à l'œuvre. Nicolo, le fidèle garde-forêts, pourvut à tout; il le fit avec tant de promptitude que la nuit suffit aux préparatifs, et tout était disposé pour le départ au point du jour. Anselme hâta le sien : le rendez-vous du cardinal et le conciliabule du Forum le réclamaient à Rome le soir même. Forcés à des détours et à des lenteurs, les conjurés n'y pouvaient arriver que le lendemain. Anselme repartit donc au soleil levant, après avoir laissé à Azzo ses instructions, et lui avoir confié la conduite de l'expédition.

Le statuaire bolonais repartit avec lui.

Les bannis tardèrent peu à les suivre. Tout étant prêt, Azzo donna le signal du départ. Deux grands chariots avaient suffi au transport.

Quelque joie qu'ils eussent de leur délivrance, les bannis ne quittèrent pas sans regrets leur hôte et sa tour. Pour Oddo, il était inconsolable : — « Mes bons cousins, leur disait-il les larmes aux yeux, Dieu vous conduise! Dieu vous assiste! Que ne puis-je vous suivre! Quoi! vous allez vous battre pour la liberté, et je n'y serai pas! » — Cette idée était pour lui si amère, qu'il pleurait comme un petit enfant.

Azzo le calma en lui prouvant qu'il servait bien mieux la cause en demeurant qu'en partant. — « Il faut, lui dit-il, songer à tout; il faut tout prévoir, même un revers; et, je vous le demande, sergent, en cas de défaite, quelle retraite auraient les bons cousins fugitifs, si Asture leur manquait? Or, sans Oddo, point d'Asture. »

L'argument était juste : il fit sur Oddo l'effet de la vérité sur les âmes droites; il le convainquit et l'apaisa.

— « Oui! oui! s'écria-t-il en embrassant l'un après l'autre tous les proscrits; oui, ma tour est à vous. Tant qu'il y restera pierre sur pierre, elle sera au service de la liberté. Plutôt m'ensevelir sous ses ruines que de la fermer jamais à un bon cousin! »

L'heure pressait. Oddo fit sur lui-même un dernier effort; il embrassa une dernière fois ses hôtes attendris, et rentra dans le donjon tout en larmes. Il ne les voyait déjà plus, qu'il leur faisait encore des signes du haut de la plate-forme.

Mais les bannis étaient réservés à une scène bien autrement passionnée. Ils avaient à peine fait deux cents pas dans les bois, où les deux chariots les attendaient, qu'ils virent bondir à travers les pins quelque chose de blanc; ils crurent que c'était un chevreuil; c'était Isolina.

Arrachée des bras de Conradin par l'arrivée d'Anselme, elle avait bien entendu toute la nuit, mais sans en deviner la cause, la rumeur des apprêts. Elle n'avait jamais eu une idée nette de ce qui se passait dans la tour, et ne se souciait guère de le savoir; les mots de carbonari et de république ausonienne étaient pour elle autant d'énigmes dont son imagination, fille ignorante du désert, ne pénétrait pas le sens. Elle ne voyait dans tout cela, et n'y voulait rien voir que son amant. Tout le reste était confondu pour elle dans une indifférence profonde. Au moment du départ, elle ni son père n'étaient présens : lui, parce qu'il chantait matines; elle, parce qu'elle n'osait descendre seule et de si bonne heure au milieu de tant d'hommes.

Conradin l'avait en vain cherchée des yeux; mais, honteux de songer à l'amour dans un tel moment, il s'était raidi, il avait fait l'homme fort; craignant, parce qu'il n'était qu'un enfant, de passer pour efféminé aux yeux des conjurés, et d'être déshonoré s'il laissait percer sa faiblesse, il n'avait pas osé s'échapper une seconde pour aller dire un dernier adieu à la pauvre Isolina. Le cœur navré, il était parti sans la revoir. Il se consolait en pensant que l'absence serait courte, et il lui laissait pour gage de sa foi le livre d'Heures héréditaire, otage trois fois sacré.

Cependant, quand le silence eut succédé au bruit du départ, Isolina avait commencé d'avoir des doutes et des craintes. Elle était montée sur la plate-forme, et avait appris là par Oddo qu'il s'agissait d'une séparation; fille de la nature, et n'écoutant que ses instincts, elle s'était élancée hors de la tour, elle avait volé, comme une biche, sur les traces de Conradin, elle était venue tomber dans ses bras, sans voix, sans haleine.

Arrêté par elle, le cortége contemplait d'un œil ému cette scène naïve et touchante. Conradin était le plus embarrassé. Combattu toujours, enfant qu'il était, entre sa tendresse et la peur du mépris, il tenait les yeux baissés, son cœur flottait irrésolu ; enfin il prit courageusement son parti, l'amant l'emporta. Il cessa de poser ; il fut lui-même, il pressa Isolina dans ses bras.

Pour elle, la présence de tant d'hommes ne l'intimidait plus. Tout au bel Aronais, et là pour lui seul, elle ne voyait que lui. Muette, la veille, dans le bonheur, la jeune sauvage trouva là des paroles pleines d'éloquence et d'emportement. Elle accabla son amant de reproches, de larmes, de caresses ; et, s'attachant à lui avec une force convulsive, surhumaine, elle refusa de le quitter.

Elle ne voulait pas rester plus long-temps seule dans cet affreux donjon ; elle avait peur des Barbaresques, qui l'emmèneraient en esclavage dans leurs sérails ; elle voulait voir Rome, le pape, les fêtes de Saint-Pierre ; sa résolution de fuir Asture était prise ; elle n'y rentrerait pas ; elle suivrait Conradin jusqu'au bout de la terre. — « Qui oserait me séparer de lui ? s'écriait-elle en fixant sur les conjurés immobiles un œil étincelant. Qui l'ose, le tente ! » — Il y avait tant de résolution dans ce regard d'ordinaire si timide, qu'elle semblait prête à déchirer l'audacieux qui l'eût approchée ; aucun n'y songeait.

Terrible et menaçante pour tous les autres, elle était suppliante et soumise pour Conradin ; elle embrassait ses genoux, se traînait à ses pieds, elle se faisait de son corps un rempart, l'enlaçait, l'enveloppait de ses bras comme un serpent, et, de peur qu'il ne lui échappât, elle le serrait si fort qu'il en perdait la respiration. — « Je veux voir enfin, lui disait-elle en penchant amoureusement sa tête sur son épaule, oui, je veux voir ton lac Majeur, tes îles Borromées, et ces doux bosquets d'Arona que tu m'as tant vantés. Je veux respirer les parfums de Lisance ; je veux voguer avec toi aux promontoires de Palanza. » — L'œil ondoyant entre le sourire et les larmes, elle lui répéta devant les bannis tout ce qu'il lui avait murmuré la veille à la clarté des étoiles. Jamais si tendre scène n'avait ému ces bois sauvages.

Elle menaçait de se prolonger long-temps encore, et cependant il fallait partir. Toutes les passions de la nature étaient débordées au cœur de la fille du désert ; son teint brun, animé par la fièvre du cœur, brillait d'un éclat singulier. Les efforts de Conradin pour la calmer étaient stériles ; elle n'écoutait, elle n'entendait rien. Réduit au silence, et aussi ému qu'elle, il ne faisait plus que balbutier ; il finit par se taire. Tendre et gracieux, il ne savait que lui rendre amour pour amour, caresses pour caresses. Son attendrissement devint tel qu'il n'y put résister ; il se jeta sous un arbre, et, enfonçant son visage dans ses deux mains, il fondit en larmes. Le conspirateur était vaincu.

Après cette explosion de pleurs, il y eut de part et d'autre un instant de calme, ou plutôt de lassitude. Azzo essaya d'en profiter ; mais au premier mot qu'il hasarda, Isolina s'attacha à Conradin ; cachant sa tête dans sa poitrine et s'entrelaçant à lui avec un sentiment de terreur indéfinissable, elle éclata en sanglots. Azzo battit en retraite.

Après ce nouvel orage, le bon Septime essaya à son tour d'intervenir, et tenta une seconde diversion. — « Mes enfans, leur dit-il avec douceur et d'une voix pleine de larmes, on vous a trompés ; ce n'est point à Rome que nous allons, c'est à la chasse, et nous reviendrons ce soir. On dirait, à vous voir sangloter, que vous vous quittez pour toujours. » — Le vieux soldat ne croyait pas, hélas ! prophétiser l'avenir.

Tipaldo ajouta, pour rendre plus vraisemblable cette fable improvisée, qu'il avait voulu jouer un tour à Conradin en lui faisant accroire qu'on partait pour Rome ; il ne pouvait pas supposer qu'ils prissent la chose si tragiquement ; il avouait son mensonge et leur en demandait pardon à tous les deux.

Cet artifice était grossièrement ourdi, mais c'est tout ce que l'émotion des bannis avait trouvé de mieux. Isolina fixa sur Conradin un œil inquisiteur et défiant. Entrant dans l'innocent mensonge de son père adoptif comme dans la seule voie qui lui fût ouverte, le pauvre enfant jouait la surprise ; le cœur gros de sanglots, les yeux rouges de pleurs, il feignait d'avoir été dupe et d'être tombé dans le piège. Il est douteux pourtant que toutes ces ruses eussent réussi, et si crédule que fût Isolina, son instinct passionné n'eût pas manqué de déjouer une trame si mal tissue, si un auxiliaire puissant ne fût venu à l'aide des conjurés.

L'arrivée inattendue du vieux Matteo brusqua le dénouement, et fit pencher la balance du côté d'Asture.

Le pauvre vieillard arriva tout essoufflé et hors de lui ; il croyait déjà sa fille enlevée, perdue, et il eut une si grande joie à la revoir, il trouva dans ses entrailles de père des cris si déchirans, qu'Isolina, éperdue, épouvantée, alla tomber dans ses bras ; fascinée comme l'oiseau sous l'œil du serpent, elle se laissa entraîner dans la tour sans résistance. La porte massive se referma sur elle, et le convoi se remit en marche pour Rome.

Les deux chariots étaient attelés chacun de deux paires de buffles. Chargés par l'intelligent Nicolo avec un machiavélisme consommé, il était impossible qu'ils éveillassent l'ombre même d'un soupçon. Ce n'était, pour les yeux les plus soupçonneux, que des gerbes de paille et des sacs de blé. Armes et munitions étaient introuvables.

Les lourds chariots roulaient pesamment et difficilement sur les aspérités d'un sol mouvant et sablonneux ; les buffles étaient rebelles, et le bois souvent si touffu, qu'il fallait ouvrir le passage à coups de hache. On marcha ainsi plusieurs heures à travers ces fourrés inextricables, et l'on atteignit enfin sans accident la lisière de la forêt.

Le plus pénible était fait, le plus périlleux restait à faire. Déguisés en montagnards, les conjurés, couverts, les uns de peaux, les autres de grosse bure, étaient assez bien travestis. Conradin seul mentait à son déguisement ; il avait eu beau se bronzer les joues, la fraîcheur de son teint perçait malgré tout, et ses yeux bleus, ses cheveux blonds, ses traits délicats et féminins, tout en lui trahissait son secret. Il avait eu beau revêtir le costume grossier du montagnard, il n'en avait revêtu ni l'âpre visage ni les formes abruptes.

C'était pour le prudent Modenais un grave sujet d'alarme. — Jamais, pensait-il en fixant des yeux inquiets sur le bel adolescent et en maudissant sa grâce et sa beauté, jamais on ne s'y méprendra. Il a l'air d'une fille déguisée ; il nous perdra à la première rencontre. — Azzo l'aurait bien volontiers laissé dans la tour, il avait même eu l'idée de l'y renvoyer avec Isolina ; mais la seule proposition en eût tellement révolté Conradin, elle l'eût si grièvement blessé, qu'il n'avait pas osé la tenter. Le destin vint à son aide.

Le convoi cheminait en silence dans la vaste plaine ouverte, ardente, qui se déroule des forêts Antiates jusqu'aux monts Albains. Il se trouvait, à midi, non loin du site de l'ancienne ville disparue de Satricum, dans la grande métairie de Carocelle.

Carocelle était, comme le reste de la campagne, en pleine récolte. Trois ou quatre cents faucilles étincelaient au soleil ; des tentes étaient dressées dans la solitude : on eût dit une armée campée au désert. Le champ était nu ; un arbre, un seul, c'était un pin, y jetait une ombre ondoyante et vaporeuse. Une femme, assise au pied, poussait des gémissemens et se tordait les bras ; à côté d'elle, gisait sur la terre brûlante le corps de sa fille, jeune et belle enfant de quinze ans, descendue fraîche et joyeuse de la montagne, et morte de mal'aria dans la Maremme. Elle était expirée du matin, et la malheureuse mère n'avait pas quitté la dépouille glacée, espérant la réchauffer à force de larmes et de baisers.

Un des caporali qui surveillaient les travailleurs, le bâton à la main, poussa son cheval vers elle. — « Allons, femme, lui dit-il rudement, c'est assez pleurer. Voilà plus de six heures perdues, et le travail n'avance pas. Debout, vous dis-je ! à l'ouvrage ! allez gagner votre journée ; vos larmes ne rendront pas la vie à votre fille. Elle est morte, on l'enterrera, et on fera dire une messe à Velletri pour le repos de son âme. »

La pauvre mère ne répondait que par des sanglots à la brutalité de l'argousin ; elle couvrait de son corps le corps de sa fille, se frappait la poitrine à coups furieux, se lacérait les joues, battait du front la terre insensible, s'abandonnait aux emportemens instinctifs d'une douleur méridionale. Le désert en était tout troublé.

Émus de compassion, les voyageurs s'arrêtèrent. Tandis qu'ils contemplaient ce spectacle douloureux, Azzo dit quelques mots à l'oreille du capucin, qui alla droit au caporale.

— « Mon frère, lui dit-il d'une voix conforme à sa robe de moine, car, seul de tous les bannis, il avait gardé son vrai costume, n'avez-vous point de pitié pour cette pauvre femme ? Laissez-la pleurer ; ses larmes ne font de mal à personne.

— » Ses larmes, non, répondit le dur alguazil ; mais il fait chaud, mon père, et si l'on n'enterre au plus tôt le cadavre, il n'en faut pas davantage pour répandre la mortalité au milieu de mes gens. L'air n'est déjà pas si sain dans nos Maremmes.

— » Enterrer ici mon enfant ! s'écria la malheureuse femme en se relevant avec impétuosité ; l'enterrer dans ces déserts ! pour que les chiens, n'est-ce pas, la déterrent et la dévorent ? Non, seigneur caporale, cela ne sera point ; je l'emporterai plutôt dans mes montagnes. Hélas ! hélas ! continua-t-elle en sanglotant, et en baisant les lèvres glacées du cadavre, pourquoi les a-t-elle quittées ?

— » Ma bonne mère, reprit le Calabrais, je ne suis qu'un pauvre capucin d'Albane, je retourne à mon couvent ; mais si vous voulez me confier votre fille, je l'inhumerai en terre sainte. Ces braves gens vont à Rome, poursuivit-il en indiquant les faux montagnards, et ils sont trop bons chrétiens pour refuser de la conduire jusqu'à Albane sur un de leurs chariots. »

Azzo donna son consentement par un geste affirmatif. A cheval et le fusil posé en travers de la selle, il jouait le rôle d'intendant ou de métayer. De longues guêtres de cuir et un large chapeau de paille lui donnaient, à s'y méprendre, l'air d'un facteur des Maremmes.

La proposition fut acceptée. Le corps de la jeune fille fut déposé entre deux gerbes, et le convoi se remit en route. Le moment de la séparation fut affreux ; l'inconsolable mère se roulait dans la poussière aux pieds des buffles farouches. La solitude retentit long-temps de ses cris.

Quant aux moissonneurs, ils n'avaient pas quitté l'ouvrage, et les épis d'or n'avaient cessé de tomber sous les faucilles. Il en périt tant dans ces royaumes de la mort, qu'un de plus ne compte pas. Sur vingt montagnards descendus l'été dans les Maremmes, sept au moins y meurent de fièvre ou de misère. Comment les pleurer tous ? — « La fille de la Scholastique est morte, avait dit une voix. — Pauvrette ! » avait dit une autre. — Et l'oraison funèbre avait fini là. Le bâton des alguazils n'eût pas souffert une plus longue pitié.

Cependant le cortége avait atteint les bords du Conca, et trouvé enfin sur sa route un petit bois de myrtes et de chênes verts. Hommes et buffles étaient épuisés de chaleur et de lassitude ; une halte était nécessaire : Azzo l'ordonna.

Quand on eut repris haleine, et que la double fraîcheur des arbres et du ruisseau eut filtré dans le sang enflammé des voyageurs, il mit à exécution le projet qu'il avait conçu à Carocelle. Il exprima franchement à Conradin ses inquiétudes sur l'inefficacité de son déguisement; et dépouillant la jeune fille morte de ses habits, il le pria, au nom de la sûreté commune, de s'en revêtir, et de faire à la liberté le sacrifice momentané de son sexe.

— « C'est le seul moyen, continua-t-il, de passer sans accident à la porte de Rome. Jamais le double argus de la police et du fisc ne vous prendra pour un montagnard. Pourquoi, aussi, êtes-vous si jeune et si gracieux?

— » Allons! mon cher enfant, ajouta Côme, ne rougis pas ainsi; Achille se résigna bien à devenir la soubrette de Déidamie. »

La comparaison flatta Conradin. Il ne se fit plus prier ; s'exécutant de bonne grâce, il subit sans sourciller sa seconde transformation. Les habits de la morte étaient à sa taille, son corset rouge et sa jupe verte lui siéyaient à ravir. La métamorphose fut complète.

— « Mais voyez un peu, dit Tipaldo, quelle jolie fille cela fait! Nous allons tous devenir amoureux d'elle. Quant à moi, je me déclare son chevalier. » — Et le gai Vénitien baisa la main du charmant Aronais avec une galanterie comique.

Entré dans son nouveau rôle, l'amant d'Isolina le joua à merveille; il fit tête aux quolibets, et tint en respect ses adorateurs.

Pendant ce temps, Nicolo avait creusé une fosse au pied d'un chêne. On la tapissa de gazon, et la jeune vierge fut déposée dans sa couche de verdure. Ils recouvrirent de feuillage ce corps virginal à qui la mort n'avait rien enlevé de sa grâce ni de sa pudeur; la terre du désert se referma pour jamais sur la fille des montagnes. Nicolo planta une croix de bois sur la tombe, Remo une branche de myrte.

Les funérailles terminées, on repartit. On marcha jusqu'au soir. Au soleil couchant, on atteignit les collines du Lanuvium, aujourd'hui Civita-Lavinia, ville antique des premiers Latins, bâtie par Diomède sur les pentes méridionales du mont Arthémise. On y montre encore le fabuleux anneau qui amarra le vaisseau d'Énée. Salluste et Cicéron y avaient des villas, Junon-Pronuba un temple fameux; c'est là, dans les religieuses ténèbres de son bois sacré, au fond d'une caverne mystérieuse gardée par un dragon, que les vierges du Latium venaient sacrifier chaque année à la déesse et soumettre à d'étranges épreuves leur virginité. Heureux prêtres!

Les conjurés dressèrent leurs tentes pour la nuit dans un lieu désert et caché, entre la villa d'Auguste et la voie Appia. Après avoir été tout le jour pour eux un guide si intelligent et si sûr, l'infatigable Nicolo les quitta là, pour aller accomplir dans les villes voisines une mission périlleuse. Anselme l'avait chargé de dépêches pour les ventes affiliées d'Albane, de Velletri, de Cora, enjoignant à tous les carbonari des montagnes de se tenir en armes, afin de s'associer, à un signal convenu, au mouvement de la capitale, et d'y entraîner les populations.

Un autre émissaire portait le même ordre aux ventes de la Sabine. D'autres encore parcouraient la Campagne, de Viterbe à Civita-Vecchia.

XXXIV

LE PALATIN.

Tandis que les conjurés d'Asture dressaient leurs tentes aux collines Lanuviennes, Anselme, de retour à Rome, gravissait le mont Palatin. Construits sur la maison d'or de Néron, par une autre espèce de Néron, Paul III, d'impure mémoire, les jardins Farnèse couronnent de lauriers-roses et de cyprès la vieille montagne patricienne. Négligée par ses nouveaux maîtres, les Bourbons de Naples, et dépouillée par eux de ses statues et de ses bas-reliefs, la villa Palatine tombe en décadence. Les longues herbes ont envahi les parterres, les fontaines sont taries, les allées masquées, les sentiers scabreux. Les ruines modernes et les ruines anciennes se confondent; affectant mille formes, mille teintes, la nature italienne, si vigoureuse et si riche, rendue à sa liberté, jette sur toutes ces ruines une profusion, une variété de verdure qui rappelle les forêts vierges de la Maremme. On dirait la vieille montagne revenue au temps d'Évandre.

Sous un petit casin délabré, converti en fours et en fenils, sont deux chambres souterraines, restes dorés et gracieux des voluptueux bains de Livie; à quelques pas est un bois de chênes verts tout rempli des décombres du temple d'Apollon Palatin, élevé par Auguste, en mémoire de la bataille d'Actium. La fade Arcadie tint long-temps ses séances sous ces ombrages jadis sacrés; fidèle au rendez-vous, le cardinal de Pétralie attendait là le chef des carbonari romains.

Le soleil allait se coucher; appuyé contre le tronc noueux d'un chêne antique, le Sicilien contemplait le Forum à travers les arbres, et son œil distrait suivait, sans les voir, les jeux brillans de la lumière sur le marbre des colonnes et des temples. Sa barbe blanche, flottant au vent du soir, se détachait sur l'obscurité des yeuses et des cyprès. Plongé dans une inquiète rêverie, il cherchait à anticiper par la pensée sur les confidences et les révélations d'Anselme, lorsque Anselme lui-même arriva.

— « Monseigneur, dit-il, la confiance dont votre éminence m'honora naguère au mont Mario m'encourage à vous offrir la mienne. Toutefois ce n'est point ma vie que je viens dérouler sous vos yeux, comme vous m'avez déroulé la vôtre. Non, ma vie, à moi, est vulgaire et plébéienne, aussi pauvre de gloire que d'action, ensevelie dans le silence et l'obscurité. Né du peuple, je suis resté peuple. Inconnu du monde, mon nom n'est encore que dans la bouche des sbires et sur les tables de proscription du Vatican. Un jour peut-être, et ce jour peut bientôt luire, d'autres bouches le répèteront; peut-être alors sera-t-il gravé sur d'autres tables.

» Si je tais ma vie, ce n'est pas que je n'eusse aussi à révéler bien des choses intimes, toute une vie de mystère, d'attente et de douleur. Je suis jeune, monseigneur, mais l'expérience est précoce en ces jours mauvais; l'âme mûrit vite au soleil des révolutions.

» Né par une loi du destin dans la maison du tribun Rienzi, maison deux fois sainte, bâtie par le fils du consul Crescence, je respirai, dès le berceau, l'air de la liberté romaine. Mon enfance fut chétive et pauvre; la douleur précéda en moi la pensée; une fois éclose, la pensée ne fit, hélas! qu'aigrir la douleur en lui donnant de nouveaux alimens.

» Romain, j'appris de bonne heure à connaître Rome; de bonne heure, j'appris à rougir devant le passé. Quand j'eus pénétré dans nos annales, évoqué de la poussière des ruines les géans de la république, foulé dans les temples le tombeau des grands-prêtres de l'humanité; quand les deux reines du monde antique et du moyen âge, Rome païenne et Rome papale, m'eurent apparu l'une et l'autre dans leur gloire et dans leur majesté, je me retournai vers leur héritière indigne, et, saisi à sa vue de honte et de tristesse, je tombai dans le désespoir. Comme Pompée en Égypte, j'étais esclave chez les esclaves; je me sentais étranger sur le sol natal, comme lui sur la grève africaine. Mais à quoi bon vous dire ces choses? Ne les avez-vous pas senties vous-même? Nos âmes ne sont-elles pas depuis long-temps d'intelligence? Ne sont-ce pas là, pour nous, comme autant de lieux communs vulgaires dont la répétition fatigue?

— » Vulgaires, en effet, dans la bouche d'un Kaleff ou d'un Saverio; sublimes, quand un sentiment vrai les inspire, qu'une bouche sincère les exprime.

— » Cependant, je ne me détrempai point dans les larmes. Héraclite inutile, je ne me drapai point nuit et jour sur les ruines pour gémir et pour crier : Malheur! Effrayé du mal, je songeai au remède; et quoique la plaie me parût, en la sondant, envenimée et profonde, je ne la tins pas pour incurable, je ne désespérai pas de l'avenir. Je n'eus, dès lors, plus qu'une idée, et ma vie eut un but : vous savez lequel.

» Peu à peu mon horizon s'étendit : Rome cessa bientôt d'être pour moi le but unique, le terme de tout, et je compris que la liberté romaine est dans la liberté italienne, comme la liberté italienne est dans la liberté romaine. L'une sans l'autre est impossible ; et c'est dans cette réciprocité providentielle que gît, à mes yeux, tout l'avenir de la péninsule de douleur. L'Italie, voilà le but ; Rome n'est plus que le moyen. Deux fois elle fut, dans la main du destin, l'instrument de la civilisation humaine ; j'ignore à quelle nouvelle fortune elle peut être appelée encore dans le lointain des siècles ; mais, dès aujourd'hui, son rôle est tracé. Qu'elle descende sur la scène italienne, non plus en marâtre, mais en mère de la grande famille, et ses enfans la suivront tous avec transport à la conquête du nouveau pays de Chanaan. Toute déchue qu'est Rome, la magie de son nom est grande encore, et sa parole peut être puissante, si elle proclame, comme jadis, la pensée du siècle. Cette pensée, monseigneur, est la liberté.

» Ici, tout développement est superflu ; vous n'ignorez rien de ce que je pourrais vous dire ; mes idées vous sont dès long-temps connues ; bien plus, elles nous sont communes. N'êtes-vous pas, vous aussi, membre de la famille déshéritée ? Comme nous, n'êtes-vous pas condamné au silence, à l'inaction ? La haine du nom gibelin ne veille-t-elle pas en vous comme en nous ? du fond du cloître de Saint-François, ne lui avez-vous pas suscité des ennemis sans nombre, comme Annibal proscrit en suscitait dans l'Asie à nos ancêtres ? Notre querelle est donc la vôtre : ce que vous invoquez, nous l'invoquons aussi. Nous voulons par le peuple ce que vous voulez par le pape, la grande unité italienne. Notre but est le même ; unissons nos moyens, et que, sous vos auspices, se renouvelle l'antique alliance. Consentez seulement à lier votre fortune à la nôtre, et le coup du gibelin aura porté en vain. Monseigneur, voulez-vous être pape ? »

Cette question brusque fit tressaillir le cardinal. Il releva sa tête jusque alors penchée sur sa poitrine, et répondit par un regard dont la sévérité semblait dire : Justifiez-vous.

— « Moi, vous insulter ! s'écria Anselme ; me méconnaissez-vous donc à ce point qu'une telle idée vous ait pu venir ? Ah ! monseigneur, c'est vous qui me faites injure ; vous oubliez qui je suis, qui vous êtes. »

L'accent dont ces paroles furent prononcées était la plus éclatante des justifications. Ombrageux comme l'adversité, le cardinal se repentit de ses doutes et baissa les yeux. Il parut se recueillir comme s'il eût cherché quelque chose dans sa mémoire, et, tendant la main au carbonaro, il lui dit avec intimité :

— « Mon jeune ami, il y a aujourd'hui trente-cinq ans que, sorti du cloître de Pétralie, j'étais à genoux au sommet de l'Etna ; vous savez ce que j'y faisais. Maintenant, expliquez-vous.

— » Monseigneur, vous avez des idées sur la papauté, j'en ai d'autres ; vous lui attribuez plus de force en Europe qu'elle n'en a réellement ; vous croyez possible de ramener les princes ultramontains sous la houlette pontificale, je ne le crois pas. Mais ce n'est point ici la question ; je n'étends pas si loin mes vues ; je les borne à l'Italie, et je vous répète ma demande : voulez-vous être pape, mais pape italien, pape républicain ?

— » C'est donc une république que vous voulez faire de l'Italie ?

— » Eh ! qu'en voudriez-vous faire ? La république fût-elle impossible partout ailleurs, elle est faite pour l'Italie, l'Italie est taillée pour elle. Souvenirs, histoire, monumens, tout ce qui est grand chez nous est républicain ; notre honte et notre misère seules sont monarchiques. Et puis, comment fonder la monarchie italienne ? Où est le Prince ? Un seul, que je sache, serait capable d'opérer cette unité qui paraît vous sourire, et celui-là, j'imagine, ne vous convient pas, car c'est le gibelin.

— » Et pourquoi pas le guelfe ?

— » Parce que nous n'en voulons pas. Nous l'acceptons pour auxiliaire, non pour maître. Et puis, croyez-moi, monseigneur, la monarchie est corruptrice ; elle fonde la soumission servile de l'homme à l'homme, non le noble servage du citoyen à la chose publique. Plus l'homme dépend de l'homme, plus il se dégrade ; notre malheureuse patrie n'est que trop avilie, sans lui faire couver encore dans son sein ces levains pernicieux. La république seule peut retremper les âmes par les vertus mâles et fières qu'elle commande. Au surplus, monseigneur, permettez-moi de vous dire que nos rôles sont un peu changés, et de vous répéter aujourd'hui ce que vous me disiez au mont Mario : ce n'est point ici une discussion. Nos plans sont arrêtés ; nulle considération ne peut les amender, ils sont inébranlables. Voyez si les vôtres peuvent s'y plier, et si vous pouvez mettre d'accord la papauté telle que vous la rêvez avec la liberté telle que nous la voulons. Il se peut faire que dans deux jours nous ayons la tiare en nos mains ; nous pourrions l'offrir à un autre, nous vous l'offrons. Mais nous n'entendons entrer dans aucune de vos vues sacerdotales sur l'Europe catholique ; une fois pape et gardien de la tradition chrétienne, vous seriez le maître libre et absolu de votre clergé ultramontain ; quant à l'Italie, c'est autre chose, et nous faisons nos conditions.

— » Quelles sont-elles ?

— » Les voici ; pesez-les. »

A ces mots, le carbonaro lut au cardinal, d'une voix lente et posée, trois bulles rédigées d'avance. Dans la première, le Vatican abdiquait tout pouvoir temporel en faveur de la république ausonienne, qu'il reconnaissait *ipso facto*. Dans la seconde, il déposait tous les princes italiens, en déliant leurs sujets du serment de fidélité. La troisième enfin excommuniait l'empereur en tant que roi usurpateur de la Lombardie, et prêchait contre lui, au nom de la liberté nationale et de la justice éternelle, la croisade italique.

Le Sicilien écouta cette lecture dans un profond silence ; prenant ensuite des mains du conspirateur les trois foudres révolutionnaires, il entra sans prononcer une seule parole dans un pavillon d'étude où il avait coutume de venir se reposer et se recueillir. Il n'y resta pas long-temps.

— « Voici ma réponse ! » — dit-il en sortant ; et il rendit à Anselme les trois bulles signées JULES IV. — « Jules II, continua-t-il, a tenté l'unité italienne, Jules IV la réalisera. »

En prononçant ces paroles, le bâtard semblait renaître à la vie. Éteinte un jour par le souffle gibelin, mais rallumée par l'espérance, l'ambition rayonnait sur ses traits ; son œil étincelait au Palatin comme au mont Mario. Déjà courbé vers la tombe, son corps s'était redressé par une force surnaturelle ; réchauffé, rajeuni, il s'était tout d'un coup ressaisi de cette vie prête à l'abandonner. L'aiguille avait en une heure rétrogradé de dix ans sur le cadran de ses jours.

— « Monseigneur, reprit Anselme, je ne demande point à votre éminence de nous assister dans la lutte qui va s'engager samedi sous l'échafaud de Marius, mais dans la victoire qui doit la suivre. Restez dans votre cellule ; gardez deux jours encore votre masque de grand-pénitencier. Vainqueurs sur la place publique et maîtres du Vatican, c'est à nous à déclarer nulle l'élection du nouveau pape, puisque les électeurs n'ont pas été libres dans leur choix ; nous forcerons ainsi le sacré collége à fouler aux pieds le véto de l'Autriche, et à s'en tenir à son premier élu, c'est-à-dire au cardinal de Pétralie. Ici seulement votre rôle commence; vous savez quel il doit être, et là-dessus nous sommes bien d'accord. Ainsi, monseigneur, vous devrez la tiare à ces mêmes carbonari qui vous doivent la liberté. Vous voyez bien qu'ils ne sont pas ingrats. Il y a entre nous réciprocité de confiance; comme vous m'avez livré votre secret, je vous livre le mien; vous m'avez fait sanfédiste, je vous fais carbonaro. L'alliance est conclue; le pacte est signé; Jules IV tiendra les sermens du cardinal de Pétralie. »

Le chef du carbonarisme romain parla long-temps encore, et mit sous les yeux du pape futur les plans de l'ordre et ses ressources. Il traça avec tant d'audace cet énergique tableau, il déploya une connaissance si nette, si profonde, de la vie interne et des mouvemens occultes du corps italien, que le cardinal fut frappé d'un long étonnement. C'était pour lui une véritable révélation.

— « Je vois votre surprise, lui dit Anselme en souriant; vous ne pouviez pas soupçonner qu'un cadavre tant foulé eût encore tant de vie. L'Europe partagera votre surprise, car elle nous ignore profondément. Qui aurait cru, s'écriait lady Macbeth poursuivie par l'ombre de Duncan, qui aurait cru que ce vieillard eût encore tant de sang dans les veines? Qui aurait cru, se dira l'Europe aussi, que cette Italie eût encore tant d'hommes? Car, croyez-moi, monseigneur, le carbonarisme italien est une redoutable puissance; il a de quoi faire trembler sur leurs trônes vermoulus tous nos tyrans nains, et légitimer leurs épouvantes. Maintenant que vous êtes des nôtres, et que l'alliance est scellée, il importait que vous sussiez nos forces afin de partager nos espérances.

» Ici même, sur ce mont déchu, s'élevait la maison de Catilina, conspirateur audacieux, génie méconnu, dont la plume menteuse des rhéteurs du patriciat a déshonoré la mémoire en la vouant aux outrages de la crédule postérité. Nous sommes ici sous ses auspices; vainqueurs, nous réhabiliterons son nom; vaincus, son sort sera le nôtre. La calomnie s'assiéra sur nos tombes; elle nous flétrira comme lui. Malheur aux vaincus! Mais qu'importe? Nous aurons toujours donné un grand exemple, et notre mort servira la sainte cause italienne en attisant dans les âmes la haine des persécuteurs par la pitié des martyrs. Que si l'apologie de ce Catilina si décrié vous étonne, songez, monseigneur, que j'ai pour moi une autorité imposante : Napoléon lui-même a pris parti dans ce grand procès pour le conspirateur. Homme de génie, je vous renvoie à vos pairs !

» Oui, la révolte est la dernière arme, l'arme légitime des opprimés ; et qui le fut jamais autant que nous ? quelle patience égala la nôtre ? Le ciel m'en est témoin, et votre éminence le sait, homme d'ordre, j'ai tenté toutes les voies avant de tirer l'épée ; ma conscience est paisible ; si je périssais à l'œuvre, et que j'eusse un compte à rendre, je me présenterais devant mon juge l'œil fixe et la tête haute. Lequel de nos princes en pourrait dire autant ?

» Chef d'une conspiration organisée, je pouvais, en frappant la terre, comme le guerrier fabuleux, en faire jaillir des héros, des vengeurs ; d'un mot, je pouvais embraser Rome et l'Italie ; car l'initiative de Rome doit entraîner infailliblement toute la péninsule ; et j'espérais encore, j'attendais toujours ; j'ai attendu jusqu'au dernier instant. Je vous ai juré fidélité dans votre cellule de Saint-François ; j'ai soumis par vous aux pacifiques épreuves du conclave la cause de la liberté. J'ai fait plus ; je me suis fait sanfédiste ; je me suis effacé sans murmure devant les ignobles caducités du consistoire ; condamné devant elles à la plus ignominieuses des nullités, j'ai subi en silence leurs anathèmes et leurs outrages. Qu'a produit tout cela ? Quelques têtes de plus au bourreau. Assez sont tombées, et l'attente ne fait que nous affaiblir en nous décimant. Tout retard serait désormais un crime ; plus de délai, plus d'attente !

» L'occasion du conclave perdue, il faut saisir celle que nous a fait naître Marius ; il faut arborer sous son échafaud l'étendard de la révolte, et, je vous le répète, monseigneur, notre exemple entraînera les carbonari d'Italie. Ce sera à Jules IV à entraîner les masses, à vaincre leur inertie, à les associer, au nom de leurs croyances religieuses, à l'œuvre du carbonarisme.

» Certes, il serait beau que les nations se régénérassent par la seule puissance de la raison et du temps ; mais l'humanité n'a pas été si doucement traitée par les destins que tout s'y passe sans secousse et sans tempêtes. L'inauguration de l'idée la plus juste, la plus sainte, ne se fait pas sans lutte. Pour fonder, il faut détruire ; or, qui dit destruction dit résistance et combat. Il faut à toute création sociale le grand baptême ; arrêt triste, arrêt mystérieux que l'inflexible histoire nous montre écrit à chaque page au livre sanglant de l'humanité. Mais ici quels sont les coupables, et qu'avons-nous à nous reprocher ? N'a-t-on pas réduit notre Italie infortunée au point d'oser tout et de tout tenter? Osons donc, et si le sang doit couler, que le sang retombe sur nos bourreaux et sur leurs flatteurs! »

Quoique forte et distincte, la voix d'Anselme, à ces dernières paroles, était altérée. On ne prend pas sans émotion et sans trouble de telles résolutions. Il se tut.

Abîmé dans une méditation profonde, le cardinal fut long-temps avant de rompre le silence. — « Jeune homme, dit-il enfin d'une voix non moins émue, je suis sexagénaire, prince de l'Église, grand-pénitencier de la chrétienté, et vous venez de faire de moi un factieux! Les passions de Catilina bouillonnent dans mon sein. Vous pouvez vous féliciter de votre victoire, car elle est grande; puisse-t-elle en présager une plus grande encore! Comme vous m'avez juré fidélité dans ma cellule de Saint-François, je vous jure ici fidélité. Voilà mon gage, ajouta-t-il en tirant de son doigt et remettant à Anselme son anneau; prenez-le. Je ne me tiendrai pour libéré de ma parole que quand vous me le rendrez.

— » Si je vous le rends, monseigneur, c'est qu'il n'y aura plus d'espoir.

— » Puissiez-vous donc ne me le rendre jamais! Mais l'Angélus me rappelle au cloître; je remets mon masque. Adieu!

— » Plus qu'un jour, et vous le jetterez pour jamais.

— » Que ce jour va me sembler long!

— » Eh! qu'est-ce qu'un jour après quarante années d'attente?

— » C'est un siècle quand il est le dernier. N'importe, j'attendrai. » — Et tendant la main à Anselme : — « A la vie et à la mort! Périsse le nom gibelin!

— » Vive la république italienne! répondit l'ami de Marius en pressant la main du moine. A samedi.

— » A samedi. Dieu protége l'Italie! »

Les deux conspirateurs se séparèrent. Le cardinal regagna le Trastévéré; Anselme descendit à la vente du Forum.

Le soir couvrait de ses premières ténèbres le Campo-Vaccino; une procession de religieux en robes rouges se glissait silencieusement le long de cette antique *voie sacrée* où Pompée avait sa maison, où Horace aimait à muser; elle s'écoula lentement derrière le temple de Romulus et Rémus, aujourd'hui Côme et Damien, deux saints jumeaux comme les fils de la vestale. Un gentleman à cheval caracolait sur les ruines du temple de Jupiter-Tonnant; une bas-bleus en voile vert dessinait sentimentalement au crépuscule les trois magnifiques colonnes de la Grécostase; couché non loin de là, devant la petite église de Sainte-Marie-Libératrice, au lieu même où fut exhumée la fameuse louve de bronze du Capitole, un aveugle mendiant emplissait l'air de ses supplications et de ses gémissemens. Un troupeau de chèvres broutait, au bruit des clochettes, sous la colonne de Phocas; un capucin descendait au Colossée sur son âne.

Arrivé au bas du Palatin, Anselme tourna le dos à l'arc de Titus; et, suivant l'avenue fraîche et verte dont le Forum est planté, il passa devant la vaste basilique de Constantin, et s'arrêta près du temple d'Antonin et Faustine, aujourd'hui Saint-Laurent-à-Miranda, devant une petite maison de chétive apparence. Il y entra après s'être assuré qu'il n'était ni suivi ni remarqué.

C'est là qu'il avait convoqué les principaux carbonari de Rome. Il les trouva déjà rassemblés.

Ils étaient mornes et consternés; la sentence de Marius était connue; et, comme Anselme l'avait prévu, elle devait s'exécuter le samedi suivant sur la place du Peuple. La peine était atroce : le condamné devait être, non décapité, mais assommé à coups de massue, *massolato*, supplice effroyable que Rome a conservé du moyen âge, et que les prêtres appliquaient à Marius afin d'épouvanter les carbonari, et d'ajouter à l'exemple par l'horreur. Le pape avait signé l'arrêt.

La séance fut courte. Anselme distribua les rôles pour le drame du surlendemain, enjoignant aux conjurés de rester chez eux la journée du vendredi, afin de prévenir tout attroupement, et par là tout soupçon.

— « Ne nous voyant point paraître, leur dit-il, le palais Madame nous croira frappés de stupeur; fier d'un si beau triomphe, il ne se défiera pas de nous. »

Il annonça ensuite à l'assemblée l'arrivée des bannis d'Asture, et lui fit part des dispositions des Trastévérins. Quant au cardinal de Pétralie, il reparla de son assistance, mais en taisant son nom; il s'agissait ici d'organiser le combat, non la victoire; l'important donc était de concentrer, pour le coup de main, toutes les forces de la conjuration. C'est à quoi Anselme s'appliqua tout entier.

La séance levée, et les conspirateurs rentrés dans leurs foyers, leur infatigable chef consacra le reste de la soirée à une nouvelle visite au faubourg du Janicule, et pourvut ensuite à la paisible et sûre entrée des bannis dans Rome.

C'est ainsi que se passa la journée du jeudi.

XXXV

SAINT-JEAN-DE-LATRAN.

Épiant l'arrivée des bannis d'Asture, Anselme était dès le matin du vendredi sur les hauteurs de Saint-Jean-de-Latran. La basilique d'or, c'est son titre, est bâtie sur les murs de Rome. Urbis et orbis mater et caput, elle est la cathédrale du souverain pontife en tant qu'évêque de Rome, et fut fondée par ce Constantin qui porta la loi du Crucifié sur le trône des Césars. Lui-même fut baptisé par le pape saint Sylvestre dans le baptistère contigu, église somptueuse où le tribun Rienzi se créa lui-même chevalier romain, et où se joue maintenant chaque année, au samedi saint, la pieuse comédie des Juifs et des Turcs convertis.

Sans être correcte, la façade de la basilique est grandiose. Au nombre des statues qui l'écrasent plus qu'elles ne la parent, les Français aiment à reconnaître leur Henri IV, jeté là en bronze comme sur le Pont-Neuf. L'église intérieure est trop riche, trop éblouissante d'or et de pierres précieuses; malgré les saints de marbre, les apôtres, les patriarches, les papes, dont elle est peuplée, elle ressemble plus à une salle de bal qu'à un temple, surtout les jours de fête; car alors on la revêt de tentures de soie rouge d'une magnificence toute mondaine : le proverbe romain dit qu'il faut voir Saint-Pierre nu et Saint-Jean habillé. Bien des pontifes dorment sous ces voûtes superbes, et le pinceau de Giotto leur a légué l'image du fougueux Boniface Caetani.

Mais si l'église pèche par trop de splendeur, rien de plus chétif, de plus désolé que la place qui est devant. Quelques échoppes d'artisans adossées aux murs des villas, quelques pauvres masures, les plus misérables de Rome, rappellent seules qu'on est dans une cité, non pas au désert. D'un côté est un vaste hôpital, de l'autre l'Escalier Sacré; transporté là du palais de Pilate et sanctifié par le sang du Fils de l'homme, ses vingt-huit marches de marbre blanc, usées par les siècles, ne se montent qu'à genoux. Quelques arches encore debout de l'aqueduc Claudien projettent leur grande ombre et leurs grandes herbes sur les masures et les sanctuaires; non loin gazouille une fontaine, seule voix dans ce silence, et un immense obélisque égyptien plane sur ces solitudes sacrées.

C'est le plus gigantesque des onze de la cité déchue. Taillé d'un seul bloc de granit rouge et chargé d'hiéroglyphes mystérieux, il a quatorze palmes de largeur et cent quarante-quatre d'élévation. Amené de Thèbes à Alexandrie par Constantin, il le fut d'Alexandrie à Rome par son fils. Érigé par lui au milieu du Grand-Cirque, puis enseveli sous terre pendant des siècles, il fut exhumé par Sixte-Quint, et dressé là par son architecte Fontana. Ainsi venue de Thèbes à Rome, l'aiguille monumentale est l'image immobile de la mobile civilisation des hommes. Passées toutes les deux d'Orient en Occident, leurs destinées sont communes.

L'œil fixé sur le colosse égyptien, Anselme attendait. Un carbonaro de ses amis passa à cheval près de lui; ils n'eurent pas l'air de se connaître. Le cavalier, riche tenancier romain, avait des terres à la lisière des marais Pontins, non loin d'Asture ; il alla droit à la porte de Saint-Jean, et dit aux officiers de la gabelle qu'il attendait de ses métairies deux chariots de blé et de paille qui étaient en route sous la garde de son facteur; il présenta en même temps aux publicains un passavant de la préfecture de l'Annona, qui affranchissait le convoi de tout droit d'entrée et de toute visite.

C'était le stratagème imaginé par Anselme pour ouvrir aux bannis les barrières de Rome. Fidèle à ses instructions, son complice alla au-devant d'eux jusque près du temple de la Fortune Mulièbre, à la bifurcation des deux routes d'Albane et de Frascati. Les bannis devaient arriver par la première.

Anselme resta au pied de la basilique, contemplant du haut des murailles, et sondant d'un regard scrutateur la vaste solitude des champs latins. Saint-Jean-de-Latran est le balcon du désert; il domine toute la Campagne jusqu'au monts d'Albane, dont les villas étincelantes et les sombres forêts volcaniques ferment l'horizon. Sillonnée de voies antiques et d'aqueducs ruinés ou debout, toute hérissée de temples croulés et de tombeaux convertis, les uns en ostéries, les autres en étables, la plaine a de là toute sa grandeur, toute sa beauté. Descendu de Marino à travers le désert, un filet d'eau, la Marana, coule au pied des murs, entre dans Rome par l'antique vallon d'Égérie, et se perd dans le Tibre sous l'Aventin.

Indifférent à tout ce qui n'était pas les bannis, l'œil d'Anselme ne cherchait qu'eux dans l'espace, et les bannis ne paraissaient point. Quelques chaises de poste poudreuses, venant de Naples ou y allant, troublaient seules de loin en loin la solitude.

Des baïonnettes brillèrent tout d'un coup au soleil : c'étaient les carabiniers commis à la garde des marais Pomptins; rappelés par le gouverneur de Rome, ils venaient renforcer la garnison pour la cérémonie sanglante du lendemain, laissant la route sans défense et les voyageurs à la merci des bandits. Les carabiniers ne précédaient que d'un mille à peine le convoi mystérieux. Enfin il parut.

Partis la nuit des collines de Lanuvium, les voyageurs d'Asture avaient pris la voie Appia à Genzano, et, cheminant de là vers Albane par le délicieux vallon d'Aricie, ils ne l'avaient plus quittée. Anselme les vit poindre à l'horizon avec une palpitation de joie et d'inquiétude.

Le cortége s'avançait lentement, mais en bon ordre. Azzo, le facteur prétendu, ouvrait la marche à cheval. Conradin, déguisé en fille, était couché sur les gerbes; tous les autres allaient à pied. Les quatre plus vigoureux conduisaient les quatre paires de buffles; les autres suivaient les chariots, la faucille à la main. Le capucin, le seul qui ne fût pas travesti, venait le dernier; il disait son bréviaire comme le moine de La Fontaine, et n'avait pas l'air de faire partie du cortége. On marchait en silence sous un soleil ardent.

Le tenancier romain alla au-devant d'Azzo, qui avait le mot, et, rebroussant chemin, le faux patron se mit à la tête de ses faux moissonneurs.

Le convoi atteignit la porte. Le chariot chargé de blé, c'est-à-dire de poudre, passa sans accident.

Vint le tour du second; c'était le plus lourd : il portait les armes cachées dans les gerbes. Conradin était couché dessus.

— « Eh! eh! dit un vieux gabeleur blanchi sous le harnais, voilà de la paille bien lourde, qu'il faille quatre buffles pour la traîner? Et qu'ils tirent crânement, ma foi!

— » Tu es donc bien pesante, ma belle enfant? ajouta un second publicain en fixant sur le gracieux Aronais travesti son œil de faune; c'est égal, j'en connais, pardieu! qui se chargeraient volontiers du fardeau, si tu voulais. »

Conradin fit la modeste, et baissa pudiquement les yeux.

— « Seigneur douanier, cria rudement Septime, pas de privautés avec la petite, s'il vous plaît.

— » Et qu'est-ce que cela te fait, à toi, vieux babouin? Reste à tes buffles; vous devez faire bon ménage ensemble, vous êtes tous cinq de la même couleur. Tu noircis cette jolie enfant rien qu'à la regarder.

— » Chut! seigneur douanier, dit Tipaldo en faisant la voix rauque; c'est son père!

— » Allons donc, son père! Les singes font-ils des filles dans vos montagnes?

— » Ah çà! répliqua Septime en jurant, est-ce que notre bienheureux père le pape vous paie, vous autres, et vous tient à la porte de sa sainte ville pour insulter les gens qui passent? »

Jouant alors la colère, il se mit à brandir d'un air menaçant la longue perche qui lui servait d'aiguillon, et en frappa ses buffles comme s'il eût voulu se venger sur eux des lazzi du publicain; il ne voulait que presser leur marche afin de sortir plus tôt de ce périlleux défilé. L'attelage donna un rude coup de collier qui les tira de ce mauvais pas, et le second chariot passa sans plus d'encombres que le premier.

Ainsi le succès dépassa les espérances d'Azzo; non seulement Conradin n'éveilla aucun soupçon, mais les agaceries du galant douanier firent diversion à l'observation alarmante du vieux renard, et sauvèrent au port les bannis d'un naufrage probable.

La porte et la place franchies, les conjurés descendirent au Colossée par la rue Saint-Jean, guidés toujours par leur faux patron; ils prirent le chemin du Forum, et le traversèrent dans toute sa longueur. On fit halte à Saint-Laurent-à-Miranda, devant la petite maison où les carbonari s'étaient réunis la veille. Elle appartenait au tenancier romain, et il avait là des greniers où les deux chariots furent déchargés. L'épineuse opération se fit avec une dextérité merveilleuse, et les bannis étaient à peine à Rome depuis une heure, qu'armes et munitions étaient en lieu sûr.

Une **partie**, et de ce nombre fut Conradin, entra tout de suite sous le toit mystérieux; le reste se dispersa, mais y revint plus tard, qui par une rue, qui par une autre. Tout était prêt d'avance pour les y recevoir.

Centre des opérations préparatoires, la maison du Forum devait l'être aussi de la révolte. Outre son éloignement des quartiers peuplés, elle avait une secrète issue dans la petite rue Salara, non loin de ce Forum de Nerva où fut supplicié Vetronius Turinus. Ce Turinus était un favori d'Alexandre Sévère; son crime était d'avoir extorqué des présens au peuple en lui promettant les grâces du prince; son supplice fut d'être, non brûlé, mais étouffé par la fumée du bûcher, tandis qu'un héraut criait de minute en minute ce calembourg féroce : FUMO PUNITUR QUI VENDIDIT FUMUM.

Anselme n'avait pas un instant perdu de vue les conjurés. Quelque inquiétude que lui eût inspirée l'incident de la porte Saint-Jean, il n'avait pu refuser un sourire à l'ingénieux travestissement de Conradin, ni son hommage au génie inventif d'Azzo. De la porte au Forum, il ne les avait plus quittés, et les avait suivis de loin pas à pas jusqu'à Saint-Laurent. On s'était vu de part et d'autre, on s'était reconnu, mais on avait gardé fidèlement l'incognito.

Tranquille de ce côté, et rappelé chez lui par de nouveaux soins, l'ami de Marius reprit seul le chemin de sa petite rue des Hibernais. Comme il allait passer de l'arc des Pantani sur la place du Grillo, une espèce de mendiant, en embuscade au coin du temple de Nerva, quitta brusquement sa niche, et, s'approchant tout près de lui, lui glissa dans la main un billet qui ne contenait que ces trois mots français : *Suivez cet homme.*

Deux idées vinrent à la fois à l'esprit d'Anselme : c'était un piége du palais Madame, ou un guet-apens du capitaine Orlandini. En y songeant, il réfléchit qu'un sbire ou un spadassin eût été moins laconique. Il essaya d'interroger le messager, mais il n'en put tirer une seule parole. Il le crut muet; mais l'examinant de plus près, il crut saisir une ressemblance... bref, il reconnut le Catalan. — Il y a là-dessous de l'Autrichien, pensa-t-il; il faut aller et dissimuler. J'ai le fil, et ils ne s'en doutent pas.—Il était sur ses gardes, bien armé, et il dit au mendiant :

— « Marchons. »

L'espion marse le fit redescendre au Colossée par le forum de Pallas et la tour des Conti; il lui fit gravir ensuite le mont Célien, la plus solitaire des sept collines, et le ramena, non loin de Saint-Jean-de-Latran, à la petite église raphaélesque de Sainte-Marie-à-la-Nacelle, derrière la villa Mattei. Le lieu est si désert qu'on se croirait à vingt milles d'une ville. Appuyé à l'ombre de l'arc de triomphe de Dolabella, un individu bien mis et de belles manières semblait l'attendre. Il renvoya d'un geste le Catalan, et, s'avançant à la rencontre d'Anselme, il lui adressa la parole en français. C'est en français qu'eut lieu le colloque suivant.

— « Vous êtes romain, monsieur?
— » Je le suis.
— » Vous êtes l'ami de Marius?
— » Son ami intime.
— » Et on l'exécute demain?
— » Demain.

— » Sur la place du Peuple ?
— » Sur la place du Peuple.
— » Et vous songez sans doute aux moyens de le sauver ?
— » Mais enfin, monsieur, qui êtes-vous, et que me voulez-vous ? Pourquoi toutes ces questions ?
— » Et si quelque puissant auxiliaire, continua l'inconnu sans répondre, une cour étrangère, par exemple, vous offrait son appui pour la délivrance de votre ami, l'accepteriez-vous ?
— » Je ne vous comprends pas, répliqua froidement Anselme. Quel intérêt une cour étrangère peut-elle porter à Marius et à mon amitié pour lui ? Si tout ceci, monsieur, n'est qu'un piége, il est grossier. »

Force fut bien au questionneur de s'expliquer. Il le fit ténébreusement d'abord, puis avec une clarté de plus en plus perfide. Sa cour, disait-il, et sans en nommer aucune il s'étudiait visiblement à faire deviner la France, sa cour connaissait bien Marius, elle avait de l'estime pour lui ; sans approuver son action, elle l'excusait, et son affreux supplice lui faisait horreur. Loin donc de blâmer une tentative d'enlèvement pour le lendemain, elle la conseillait, elle l'encourageait ; au besoin même elle l'appuierait. Bien plus, s'il devait naître du conflit une explosion insurrectionnelle, sa cour était décidée à en accepter toutes les conséquences, même à prendre parti pour la révolte. La barbarie du gouvernement papal l'indignait depuis longtemps, ses sympathies avaient toujours été pour l'Italie, pour Rome en particulier, et elle était prête à favoriser de tous ses moyens un mouvement révolutionnaire de ce côté des Alpes.

La provocation était manifeste ; appliquées à la France, toutes ces insinuations mensongères étaient assez spécieuses ; appliquées à l'Autriche, elles n'étaient qu'une infâme déception. Or, grâce à la reconnaissance du Catalan, l'ami de Marius voyait clair dans ces ténèbres impies ; il ne fut pas la dupe de l'agent provocateur.

— Tu as beau parler français, pensait-il, tu n'en penses pas moins en Autrichien.

Son interlocuteur une fois lancé, Anselme se mit à son tour en mer ; mais il louvoya. Pour mieux servir ses propres desseins, il entra dans les vues de l'autre, feignit de le prendre pour Français, et joua le rôle de dupe. Il n'avait dans tout ce jeu d'autre but que de découvrir si la provocation était spontanée ou provoquée elle-même par quelque pressentiment des événemens du lendemain ; mais pas un mot, pas un geste, pas une réticence de l'inconnu ne l'autorisa à supposer que le palais de Venise fût sur la trace du complot.

Rassuré sur ce point, il battit froid sur tous les autres, et se retrancha dans le vague des banalités politiques. — Si la France avait tant à cœur la délivrance de Marius, pourquoi son ambassadeur s'était-il tû? Une simple intervention diplomatique eût suffi pour sauver le condamné de la mort, sans avoir besoin de recourir à d'inutiles violences. Le peuple n'était pas disposé à se faire tuer pour si peu de chose; une révolte était impraticable, une révolution impossible. Qu'était-il, d'ailleurs, pour qu'on s'adressât à lui? Tenait-il dans sa main la nation italienne? Et puis, quelles garanties lui donnait-on? Quels caractères officiels pouvait offrir un inconnu assisté d'un mendiant? La défiance ici n'était-elle pas naturelle, les soupçons légitimes? — « Au surplus, monsieur, dit Anselme, en terminant, croyez-moi, la cause de la liberté est perdue en Italie; les Italiens n'y pensent plus; le découragement est dans tous les cœurs; il n'y aurait qu'une initiative imposante, une armée sur les Alpes, par exemple, qui pût nous tirer de notre torpeur. L'Autriche nous écrase d'un poids trop lourd pour que nous songions seulement à nous remuer seuls. Voilà, monsieur, ce que vous pouvez répondre à votre cour. »

L'Autrichien opposé à lui-même était une péripétie assez piquante, et, tout en se félicitant d'avoir si bien joué son rôle, le Français de Vienne dut se repentir de l'avoir trop bien joué; son succès lui fermait la bouche. Dire qu'il n'était pas Français, c'était dire qu'il était Autrichien, car il avait parlé en voisin; c'eût été d'ailleurs manquer à son mandat; il se renferma donc dans la lettre de ses instructions, et n'ajouta rien. La mystérieuse conférence en resta là; Anselme retourna dans sa rue des Hibernais comme il en était venu.

Qu'un Italien fût gibelin aux jours de Roncaglia, qu'il le fût encore aux champs de Mont'Aperto, cela se conçoit; il ne s'agissait alors, vis-à-vis de l'empire, que d'une suprématie vague et lointaine, suzeraineté nominale plus que réelle, qui ne réduisait nullement le citoyen à l'état de serf, et qui n'avait rien d'incompatible avec le droit républicain du moyen âge.

De nos jours, les rapports sont changés. Il n'y a plus d'empire, il y a une monarchie autrichienne. Héritière des prétentions gibelines, ce qu'elle réserve aujourd'hui à l'Italie, ce qu'elle lui prépare, ce sont de pesantes chaînes, un vasselage ignominieux. Il ne s'agit plus que de savoir si, partageant le sort de la Lombardie infortunée, la Péninsule descendra tout entière, comme la Gallicie et la Bohème, au simple rang de province autrichienne ; voilà toute la question. Certes, ce n'est pas ainsi que l'entendaient tes gibelins de l'Arbia, ô grand Farinata des Uberti !

Et quand, révolté contre les mauvaises passions temporelles des papes, jamais contre la papauté, le Dante, guelfe toujours de cœur comme l'avaient été ses ancêtres, conviait César à monter le rebelle coursier d'Italie, il n'entendait pas ce cavalier lourd et brutal qui écrase sous nos yeux les champs lombards ; lorsqu'il nommait, en pleurant, la presqu'île sanglante et divisée le jardin de l'empire, il écrivait près d'un temps où elle en eût pu devenir le centre sans la dynastie siculo-souabe des Hohenstauffen.

Mais ce beau rêve dont avaient pu se bercer quelques patriotes italiens du treizième siècle, il n'est plus possible au dix-neuvième, il n'est plus permis. Commode pour lier le présent au passé, mais détourné par les siècles de son sens primitif, le nom de gibelin n'est pas exact, il n'est plus vrai ; c'est Tudesque qu'il faut dire. Or Anselme, sans être guelfe, n'était pas gibelin ; son instinct plébéien et sa logique italienne poursuivaient d'une haine égale et le Vatican et le palais de Venise.

En tout ceci, du reste, il avait vu juste ; en tout ceci l'Autriche était fidèle à elle-même. Depuis long-temps, nous l'avons dit, elle convoite ardemment les domaines de Saint-Pierre. Il ne lui suffit pas de tenir garnison dans les forts de la Romagne, elle veut régner à Rome comme à Venise, comme à Milan, en reine absolue. N'aspirant qu'à s'y rendre nécessaire pour s'y faire appeler, elle saisit avec un empressement qui ne se lasse jamais toutes les occasions d'y mettre le pied ; si les prétextes manquent, elle s'en crée.

La révolte est un moyen sûr ; c'est comme un pont pour ses armées, puisque le Vatican n'a plus d'autre épée aujourd'hui pour se défendre que l'épée gibeline ; aussi l'Autrichien souffle-t-il la révolte au-delà du Pô avec le même zèle, la même constance qu'il met à l'éteindre en-deçà ; elle éclate, on l'appelle, il la dompte, accoutumant ainsi peu à peu Rome et l'Europe à une usurpation ouverte et définitive. Le jour venu de jeter le masque, il le jettera ; et ce jour-là il franchira le Pô pour ne le plus repasser.

Tout fier d'avoir déjoué au conclave les trames du consistoire et ruiné par ce coup ténébreux la fortune du candidat sanfédiste, le palais de Venise en méditait un nouveau. Informé par le Catalan des mystères d'Asture, comme il l'avait été par lui des mystères de Saint-François, il avait rapproché cette circonstance de la surprise du Vélabre, et ne se doutait plus d'une prochaine éruption des carbonari.

Il aurait pu, d'un mot, éventer la mine ; mais il s'en garda bien ; il lui convenait trop qu'elle sautât. Il espérait bien, au contraire, que l'explosion serait sérieuse ; lui-même eût facilité de grand cœur la victoire aux révoltés, afin de donner ensuite plus d'importance à son rôle de pacificateur intéressé, et de caserner plus long-temps au Vatican, comme Charles-Quint, les armées gibelines.

Habile agent provocateur, l'exécution du Trastévérin Marius lui avait paru aussi une occasion unique, et c'est dans ce but qu'il avait essayé d'enflammer les espérances d'Anselme, c'est-à-dire des carbonari, dont il le soupçonnait d'être, sinon le chef, du moins un des dignitaires. Mais si, d'une part, l'espion marse avait bien servi le palais de Venise, il l'avait desservi, de l'autre, en se laissant pénétrer par l'ami de Marius, et l'on a vu le résultat de la conférence.

L'émissaire autrichien rentra, un peu confus de son mauvais succès, dans la citadelle gibeline dont il était sorti ; il eut le sort de l'émissaire russe ; le prudent ambassadeur le fit partir de Rome le soir même.

XXXVI

L'AVENTIN.

Que faisait Loysa perdue dans cet orage ? Depuis que le mystérieux billet d'Anselme l'était venu consoler et conforter dans sa prison, huit jours, huit siècles s'étaient écoulés ; toute communication dès lors avait été interceptée ; la solitude de la jeune captive n'avait plus été troublée. Sa chaîne était toujours aussi dure, sa résistance aussi ferme, son père aussi acharné. — Vous me briserez, lui disait-elle avec sa résolution froide et fière, vous ne me plierez pas. Je n'aurai jamais d'autre époux qu'Anselme ; lui ou point.

Ce jour-là même, Orlandini avait reçu une lettre de Ravenne.

L'homme qu'il appelait déjà son gendre arrivait le lendemain ; il venait faire connaissance avec sa future, et l'idée qu'il allait la trouver rebelle au lieu de la trouver soumise, jetait le capitaine hors de lui. Accoutumé à l'obéissance passive du soldat, il envisageait une révolte domestique du même œil qu'une révolte de caserne, et il eût volontiers appliqué à sa fille le code du régiment.—Quelle honte, pensait-il, si mon gendre voit mon autorité méprisée ! Il n'aura plus pour moi ni considération ni respect. Il le dira à tout le monde, et je suis un homme déshonoré. Non ! il ne sera pas dit qu'une petite entêtée me fasse la loi ; j'en triompherai.

C'était vers le soir ; bien décidé à faire de la force, il monta chez sa fille avec le parti pris de n'en pas redescendre sans son consentement. Loysa était, ce soir-là, plus tendre encore qu'à l'ordinaire ; son âme était ouverte à l'amour, au bonheur ; la vue de son père la ferma, la resserra comme une fleur épanouie qu'un reptile a touchée. Elle se retrancha dans son droit, et fut, comme toujours, calme et négative. Orlandini voulut essayer ce qu'il appelait la douceur ; il prit ou crut prendre un ton paterne, mais il y avait quelque chose de sinistre dans la disparité de ses traits durs, de sa voix rude, avec ces velléités jésuitiques ; Loysa ne put se défendre d'un frisson d'effroi. Le léopard se lassa bientôt de faire la patte douce, il tira ses griffes.

— « Et tu crois donc vraiment, s'écria-t-il en croisant les bras, que je te donnerai jamais à ton scélérat de carbonaro ?

— » Et vous croyez, vous, mon père, que je veux être à votre inconnu ?

— » Pardieu ! il le faudra bien. Je ne sors pas d'ici que tu n'aies dit oui.

— » En ce cas, je vous plains, car on y est plus mal que dans la dernière cellule du dernier couvent de Rome. A Sainte-Catherine, j'étais beaucoup mieux. Vous souvient-il du parloir, mon père ?

— » Ah ! tu menaces ! Si tu crois m'effrayer, tu te trompes ; j'ai été faible une fois, je ne le serai pas deux.

— » Je ne menace point, et je ne prétends nullement vous effrayer ; je veux seulement vous rappeler, puisque vous l'avez oublié, que la victoire peut bien ne pas toujours rester au plus robuste, et que le plus faible est quelquefois le plus fort, quand il a pour lui la justice. Car enfin, mon père, la justice n'est pas plus de votre côté ici qu'au monastère de Sainte-Catherine. Vous avez tort ; vous vous obstinez dans une action mauvaise. Allez, si monseigneur le cardinal-vicaire savait la manière dont vous me traitez, il en serait indigné. Il est honteux à un homme de tyranniser ainsi une pauvre femme; et fussé-je mille fois votre fille, vous n'avez point d'excuses. L'autorité des pères a des limites; la loi ne leur donne pas sur leurs enfans le droit de vie et de mort; et c'est me tuer que de me violenter comme vous le faites; mieux vaudrait abréger mon supplice par un coup d'épée, ce serait plus tôt fait.

— » A rien ne tient que tu ne sois satisfaite, s'écria le capitaine, que ce langage droit et ferme exaspérait; j'y ai déjà pensé, continua-t-il en tirant à demi son sabre. Je suis trop bon, en vérité, de tant supplier et d'écouter toutes tes sornettes. Ton devoir est de te taire et de m'obéir : j'ai pour moi le droit; et si la raison, si la religion ne peuvent rien sur toi, j'emploierai la force. Tu me remercieras plus tard d'avoir fait, malgré toi, ton bonheur. Le mari que je t'ai trouvé me convient : il te convient aussi; c'est d'ailleurs une affaire faite, et un caprice de petite maîtresse ne fera certainement pas manquer un militaire à sa parole. Voilà le contrat, ajouta-t-il en étalant un papier sur la table. Il est des plus avantageux; il n'y manque plus que ta signature. Prends cette plume; mais avant je vais te le lire.

— » Je ne veux pas l'entendre. Je vous ai déjà dit et je vous répète que j'ai donné ma foi à un autre; je ne vois pas pourquoi je manquerais à ma parole plus que vous.

— » Malédiction! s'écria Orlandini en enfonçant la table d'un coup de poing. Ne me parle plus de ton misérable, ou je te tue sur la place. »

Il ne s'était jusqu'ici porté à aucune violence sur la personne de Loysa. Le pèlerin de Sainte-Marie-Majeure avait couvert la victime d'un invisible bouclier; mais Orlandini n'était plus à lui; la fureur, l'égarement de ses yeux disaient assez qu'il était prêt à se porter aux derniers excès. Toutes ses passions brutales étaient déchaînées, le meurtre grondait dans son âme.

— « Écoute, reprit-il avec une rage concentrée, je suis las; je ne veux plus entendre de phrases; tout ce que je veux de toi, c'est un *oui* ou un *non*. Il ne s'agit que de signer; je te donne encore une minute, et je ne te le demande plus que trois fois : si à la troisième tu refuses, malheur à toi! Veux-tu signer? dit-il après une pause, en tenant sa fille par les deux bras.

— » Non! répondit-elle intrépidement.

— » Veux-tu signer? répéta-t-il en la serrant presque à la faire crier de douleur.

— » Non !
— » Voici la dernière fois, prends garde. Veux-tu signer?
— » Non ! »

A cet héroïque refus, il la repoussa avec une telle violence, qu'elle alla tomber contre la muraille. La saisissant alors par ses longs cheveux noirs, il la traîna sur le parquet, et il allait la fouler aux pieds, lorsqu'un instinct de vie arracha Loysa à cette effroyable torture. Elle sauta sur ses pieds comme une tigresse, et s'élançant d'un bond vers le capitaine, elle lui arracha son sabre du fourreau. Les passions de la Cenci bouillonnaient dans son âme.

Orlandini eut peur ; il pâlit, il recula d'un pas devant la lame aiguë, menaçante ; mais le sang-froid était rentré au cœur de Loysa ; et, réveillé tout-à-coup en elle, l'amour de la liberté l'emporta dans le corridor obscur de sa prison. Elle se jeta dans l'escalier avec précipitation, et le capitaine n'était pas revenu de son effroi, que la fugitive volait dans la rue des Quatre-Fontaines, comme une biche échappée. Il était presque nuit. L'Angélus achevait de sonner à Sainte-Marie-Majeure.

Sorti peu auparavant de la maison du Forum, Anselme venait de rentrer chez lui. Après avoir pourvu à tout et tout surveillé d'un œil infatigable, il avait besoin de quelques heures de repos ; et, toutes choses étant en ordre pour le lendemain, il s'était ménagé cette dernière nuit de solitude pour se recueillir avant l'action. Sûr de lui, il ne craignait pas, comme Brancador, le tête-à-tête avec lui-même ; il le cherchait.

Il était assis près de sa fenêtre ; quelques colombes y voltigeaient encore ; on ne distinguait plus la Campagne et à peine encore les crêtes plus rapprochées du Palatin et les arbres du Forum ; le Colossée ondoyait dans une vapeur grisâtre, les monts d'Albane étaient invisibles. La cloche du Capitole sonnait, elle se tut ; s'arrêtant sur la petite place du Grillo, une confrérie se mit à chanter des litanies devant une Madone nichée à l'angle d'une maison. Les voix étaient tristes et monotones, les torches rougissaient le mur géant des Pantani.

Anselme avait eu dans la journée des nouvelles de son ami. C'était la première fois depuis son arrestation. Un sbire carbonaro, toujours celui du Vélabre, lui avait remis dans la rue un billet clandestin sorti des cachots du château Saint-Ange. Marius l'avait écrit, avec son propre sang, quelques heures après sa condamnation ; mais il n'y parlait ni de lui ni de la sentence ;

toutes ses pensées étaient à la patrie, toutes à la grande journée du lendemain.

Cette héroïque abnégation, cette hymne d'espérance sous l'échafaud touchait profondément Anselme; ses larmes coulaient en silence sur le papier sanglant. Soudain la porte s'ouvrit, une femme tomba dans ses bras : c'était la fugitive des Quatre-Fontaines.

— « J'ai rompu ma chaîne, s'écria-t-elle toute palpitante; je suis libre, l'univers est à nous ! » — Puis, tout-à-coup sérieuse :
— « Anselme, ajouta-t-elle d'une voix soupçonneuse, vous teniez une lettre et vous pleuriez ! De qui est cette lettre ?

— » D'une âme que vous avez calomniée et qui vaut mieux que nous. Mais quoi ! Loysa, votre première pensée est à la jalousie ! Est-ce que la captivité vous aurait à ce point changée que vous ne crussiez plus à la fidélité ? Ai-je douté de la vôtre sur l'Aventin ? Hélas ! il est captif aussi celui qui traça les lignes que j'arrosais de mes larmes ! Il gît à cette heure enchaîné sur la paille d'un cachot, demain il monte à l'échafaud; et vous étiez jalouse de ses derniers adieux ! Repentez-vous, et demandez pardon à Marius de l'avoir méconnu, de l'avoir calomnié. C'est le meilleur citoyen de Rome; Rome n'en eut jamais de plus grand. » — Mais revenu à la tendresse : « Pardonne à ma dureté, continua-t-il en serrant dans les siennes les mains de Loysa; pardonne à ma douleur. » — Et il tarit par d'amoureuses caresses les larmes prêtes à couler.

— « Il faut quitter ce lieu, reprit-il quand elle lui eut raconté sa délivrance, le quitter à l'instant; il n'est pas sûr : c'est ici qu'on viendra te chercher. Partons. »

Il prit avec elle la route de l'Aventin.

Ils descendirent sur le Forum obscur et désert. En passant devant la maison mystérieuse qui cachait les bannis d'Asture, Anselme tomba dans le silence, et il marcha quelque temps pensif. Appuyée sur son bras, la jeune fille se pencha vers lui :
— « Anselme ! » murmura-t-elle doucement à son oreille. Cette voix aimée le réveilla et le rendit à l'amour. Ils se trouvaient alors sous les ruines du temple de Vénus; ils laissèrent sur la gauche la masse énorme du Colossée, et passèrent l'arc de triomphe de Constantin.

— « A quoi pensez-vous ? continua Loysa. Vous êtes distrait et rêveur. Une idée pénible vous préoccupe. Blâmeriez-vous ma fuite ? Vous en coûterait-il de me donner l'hospitalité ?

— » Quelle folie ! répondit Anselme en lui pressant le bras.

Décidément, ma chère, ajouta-t-il en souriant, la prison vous a rendue d'une susceptibilité intraitable.

— » C'est vrai, Anselme, répliqua sérieusement la fille d'Orlandini, vous avez raison ; l'adversité rend ombrageux, et j'ai beaucoup souffert, je vous assure ; mais je souffrais pour vous, et cette idée était une source de force et de consolation. Le malheur me rendait heureuse. »

Tout en cheminant au pied du Palatin, les amans avaient laissé derrière eux, sur le mont Célien, l'église camaldule de Saint-Grégoire, que les fresques du Guide et du Dominiquin ont rendue si célèbre. Arrivés à l'entrée de l'antique vallée Murcia, ils escaladèrent l'Aventin par des sentiers ténébreux, mais connus d'Anselme de nuit comme de jour ; et le père de Loysa n'était pas encore sur sa trace, qu'elle était déjà hors de son atteinte ; l'amant avait enseveli son trésor dans son inaccessible retraite.

— « Voici l'asile du pèlerin, dit-il en entrant ; tu sais s'il est sûr. » — Cela dit, il verrouilla la porte de la cabane.

Deux heures de nuit venaient de sonner au prieuré de Malte ; le rendez-vous des conspirateurs était à sept, c'est-à-dire au point du jour, dans la maison du Forum. L'ami de Marius avait donc cinq heures encore à donner à l'amour, avant de se donner tout entier à la liberté, peut-être au tombeau.

— « Et vous me quitterez si tôt ? lui disait Loysa ; et vous me laisserez seule toute la journée ? »

Dieu veuille, pensait Anselme, que cette journée ne soit pas celle de l'éternité ! Mais il se garda bien d'alarmer la noble fille par de si lugubres pressentimens ; tout occupé au contraire à lui dérober ses périls, il couvrit à ses yeux la vérité d'un voile qu'elle ne pénétra point. L'exécution de Marius était un prétexte irréplicable ; elle servait merveilleusement les mensonges d'Anselme, et fermait la bouche à Loysa.

— « Pourriez-vous, lui disait-il, envier le condamné et lui marchander les dernières et courtes consolations qu'il est permis à l'amitié de lui porter sous l'échafaud ? le pourriez-vous, Loysa, tandis que l'amour nous compte, à nous, les heures d'une main si libérale ? Nous en avons cinq encore à rester ensemble.

— » C'est bien peu, répondit-elle tristement ; mais, reprit-elle après une pause et d'un ton résolu, c'est folie que de perdre le temps à en déplorer la brièveté ; prolongeons-le plutôt en l'employant bien. Non, Anselme, non, je ne suis point jalouse de l'infortuné Marius; il est votre ami, et il y aurait à moi de l'infamie, dans l'état où il est, à lui disputer votre affection. Je n'ai déjà que trop de reproches à me faire. Je le calomniais indignement, je le haïssais. Ces haines aveugles sont absurdes; il faut laisser cela à notre bonne vieille tante Véronique. Eh! que m'importe après tout qu'il soit carbonaro? J'ai fait là-dessus, Anselme, croyez-moi, de sérieuses réflexions. Si la captivité rend, comme vous dites, soupçonneuse, elle rend sage aussi et juste. Les carbonari ne m'inspirent plus que de l'intérêt. C'est mon père qui, sans s'en douter, a opéré ma conversion; d'odieux qu'ils m'étaient, ses injures me les ont fait prendre en amitié; il les hait trop pour que je ne les aime pas de tout mon cœur. Mais vous, mon ami, est-il vrai, comme il me l'a dit mille fois, que vous soyez carbonaro?

— » Voilà les ombrages de la recluse qui reviennent, dit Anselme en souriant; mais écoute: un jour que je faisais fort importunément la même question à l'un de mes amis : « Mon cher, » me répondit-il, je ne connais pas les usages des carbonari; je » sais seulement qu'ils jurent, par ce qu'ils ont de plus sacré, » de ne jamais dire à personne qu'ils le sont. Ainsi donc, si je » l'étais, et que je vous le révélasse, vous n'auriez pas le droit » de me croire, à moins de me mépriser, puisque, dans ce cas, » je ne serais qu'un homme sans foi, un parjure; que je dise » oui, que je dise non, c'est la même chose; l'un n'a pas plus de » probabilité, pas plus de valeur que l'autre. » La réponse, ma chère enfant, me parut bonne; je me tus. »

Loysa fit de même.

— « Bah! dit-elle en se jetant sur un siége, laissons votre politique, elle m'ennuie.

— » Laissons la politique, répéta Anselme après elle, je ne demande pas mieux. Cette nuit appartient à l'amour; donnons-la-lui tout entière; il est jaloux d'une seconde. » — Et le conspirateur se mit aux genoux de la jeune fille.

— « Qui eût cru ce matin, lui dit-elle, ô mon Anselme! en me voyant si triste, si seule, que je t'aurais ce soir à mes pieds? Il est donc bien vrai que les extrêmes se touchent! Il n'y a pas deux heures que j'étais la plus malheureuse des femmes; j'en suis maintenant la plus heureuse. »

— Dieu veuille, se disait tout bas l'ami de Marius en songeant au lendemain, qu'un nouveau tour de la roue fatale ne la replonge pas dans quelques heures aux fers d'où elle échappe à peine! Si les extrêmes se lient, le mal touche au bien comme le bien touche au mal. — Mais il étouffa ces pensées funestes, et s'étourdit lui-même dans les caresses de l'amour. Loysa les recevait avec une joie mêlée de surprise, presque de remords. Voyant si tendre, si oublieux, l'ami du condamné dont l'échafaud se dressait à cette heure sur la place du Peuple, elle lui reprochait, elle se reprochait à elle-même une indifférence dont elle était la cause. Anselme lut dans son cœur.

— « Non, lui dit-il, je n'ai l'âme ni égoïste ni légère ; je n'oublie pas le prisonnier ; mais l'espérance, que dis-je ? la certitude qu'il ne mourra point, ajoute au bonheur d'être à tes pieds et le légitime. En vain se dresse l'échafaud, il n'y montera pas ! Il faudra bien qu'un cardinal se trouve sur le passage de la victime, et qu'il la sauve du sacrifice par sa rencontre. Eh ! pourquoi les princes de l'Église auraient-ils donc hérité des vestales ce privilége auguste, si ce n'est pas pour sauver des hommes comme Marius ? »

Telle fut la justification d'Anselme ; mais ce qu'il ne dit pas, c'est qu'à l'espoir de délivrer son ami se joignait en lui l'espoir de délivrer sa patrie, et qu'exaltée par cette grande idée, son âme était ouverte à tous les amours. Loysa le voyait assez. Rassurée dès lors sur le condamné, elle se livra au bonheur sans retour, sans remords, et la nuit marchait à pas de géant. Quatre heures — minuit — sonnaient sur l'Aventin.

— « Comme les heures fuient ! » — disait la jeune fille ; et chaque coup de la cloche inflexible frappait dans son cœur.

Toujours à genoux, Anselme cherchait à la distraire, à se distraire lui-même du temps par l'amour ; chaque coup de cloche le rendait plus tendre.

— « Le brutal ! s'écria-t-il tout-à-coup en découvrant sur les bras de Loysa l'empreinte encore fraîche des violences paternelles. L'impie ! répétait-il indigné en y posant les lèvres.

— » Ne parlons pas de lui, interrompit Loysa, car j'en dirais des choses horribles ; il vaut mieux n'en rien dire du tout. Écoute, ajouta-t-elle de cette voix résolue qui ne souffrait pas de réplique, il a beau être mon père, il a perdu tous ses droits en en abusant, il ne m'est plus rien. Je me suis mise en révolte ouverte, et j'y persisterai. Tout Rome sera pour moi, car tout Rome a été indigné déjà de l'aventure de Sainte-Catherine. Et puis, me blâmât-on, que m'importe le blâme de l'univers, si j'ai ton approbation ? Mais cela ne suffit pas, il faut user de la liberté ; je veux mettre entre mon père et moi l'irrévocable. Je suis à vous, Anselme, je veux être à toi dès demain. Tu me quittes au point du jour, je ne m'y oppose pas ; le devoir qui te réclame est saint ; mais j'y mets une condition sans laquelle tu ne sortiras d'ici qu'en passant sur mon corps : c'est de ne revenir qu'avec un prêtre qui nous unisse. Une fois mariés, mon père dira ce qu'il voudra. Ce que le ministre de Dieu a lié sur la terre est lié dans le ciel. T'y engages-tu ?

— » Oui, si..... » — Si je reviens, allait dire le conspirateur ; mais il s'arrêta tout court ; d'ailleurs, il eût voulu continuer sa phrase, que Loysa ne l'eût pas laissé finir.

— « Point de si, interrompit-elle vivement. » Et tirant son crucifix d'ambre de son sein : «Jure là-dessus, continua-t-elle, mais jure sans condition, comme j'ai juré, moi, d'être ta femme ; il doit t'en souvenir, c'était aux Quatre-Fontaines, le soir même où j'écrivis à Ravenne. Depuis, il ne m'a pas quittée, et m'a consolée dans ma captivité. Veux-tu jurer ? »

Anselme jura sur le crucifix, et baisa l'heureuse image sortie tiède et embaumée du sein de la jeune fille. Loysa l'y remit, et sa voix, désarmée, repassa tout d'un coup de sa résolution à la tendresse.

— « C'est à présent, dit-elle, ô mon Anselme ! que je suis ta fiancée, que tu es mon fiancé. Que les heures fuient maintenant, qu'elles volent ; la cloche peut sonner sans me briser le cœur ; elle annonce l'heure fortunée de notre union. »

Cinq heures sonnèrent.

— « Qu'elles se traînent lentement ! dit-elle après avoir compté un à un les cinq coups. Cette nuit ne veut donc pas finir ? le jour ne naîtra jamais. »

En disant ces mots, elle se leva brusquement, et alla regarder le ciel par l'étroite fenêtre de la chaumière. Tout était sombre : elle revint s'asseoir désappointée.

— « Mais qu'avez-vous donc ? demanda-t-elle à Anselme, resté immobile au pied de son siège. Comme vous êtes pâle ! »

Une affreuse tempête venait de s'élever au sein du conspirateur. Cette longue veille d'amour, tant de paroles passionnées, d'émotions tendres, tant de caresses données, reçues, toutes ces pensées d'hymen et de possession, avaient embrasé son sang italien. Songeant que sa maîtresse était là, sous son toit, dans ses bras ; que le désert et la nuit les couvraient de leur mystère ; qu'il régnait sur elle, qu'elle était à lui, qu'elle l'adorait ; qu'elle ne lui résisterait pas, et qu'il était là comme Tantale ; qu'il fallait la quitter, ne revenir à elle qu'en passant sous l'échafaud de Marius, sous le sien, qu'il pouvait périr sous l'un ou sur l'autre, et qu'il mourrait sans avoir goûté ces voluptés ineffables, si long-temps attendues et que le destin lui envoyait lui-même, il fut pris d'un tel accès de rage, qu'il insulta dans son cœur jusqu'à la vertu.

Il fixait sur Loysa des regards qui la troublaient et la forçaient de baisser les yeux ; il dévorait d'un œil ardent ses chastes beautés ; il maudissait cette infâme société toute verminée de prêtres et de princes qui se jetait là comme un spectre entre sa maîtresse et lui. Son âme est tendre, amollie ; elle aspire au repos, aux doux rien-faire des champs, et la guerre civile l'arrache à la volupté ; elle le traîne sur la place publique ; et quand il veut essuyer jusqu'à la dernière les larmes de la captive, il faut qu'il aille verser du sang !

Toutes ses convictions le quittèrent, tous ses scepticismes revinrent ; mille étranges fantômes lui apparurent, il revit jusqu'à la vision Mamertine ; assailli de tentations inouïes, il eut jusqu'à l'inconcevable idée, non pas de vendre ses amis, une telle infamie ne pouvait lui traverser la tête, même en rêve au milieu du plus affreux des cauchemars, mais de les abandonner, mais de déserter la conspiration, mais de fuir à l'instant Rome, mais de s'aller ensevelir avec sa maîtresse dans les coupables délices de quelque lâche et lointain Tibur.

Dans cet état violent, il ne répondit que par un silence farouche à la question de Loysa.

— « Anselme, répéta-t-elle d'une voix timide, parlez-moi donc ; vous m'effrayez ; qu'avez-vous ?

— » J'ai l'enfer dans l'âme, s'écria-t-il en bondissant sur ses pieds comme un frénétique ; j'ai l'horreur des prêtres, la haine du Dieu qui pouvait créer une terre de félicité, et qui l'a frappée de malédiction. Anathème ! anathème ! Il n'y a de vrai que l'amour, l'amour seul est bon ; patrie, vertu, liberté, tout le reste n'est que délire et démence. Je t'aime, tu es à moi, tu le seras, dût la république ne jamais renaître ! dût Rome s'engloutir, papale, sous les sept collines ! »

Il prononça ces blasphèmes avec une sauvage ivresse ; il saisit la jeune fille dans ses bras, l'enleva de terre, l'étreignit avec fureur, et trouvant ses lèvres, il allait y imprimer un de ces âcres baisers qui brûlent, qui domptent... Tout-à-coup il détourna la tête, il abandonna Loysa déjà vaincue, et la repoussant sur son siége, il se précipita vers la fenêtre ; il s'y cramponna des deux mains comme pour se retenir malgré lui.

Les étoiles brillaient au firmament d'un éclat tranquille et doux ; la brise nocturne était fraîche ; un rossignol chantait dans les Thermes voisins de Caracalla, un molosse aboyait bien loin dans quelque vigne isolée du vallon d'Égérie ; Saint-Jean-de-Latran fermait l'horizon ; l'obélisque égyptien se dressait dans l'ombre, raide, immobile, gigantesque comme une divinité de l'Orient.

Anselme se livra long-temps en silence à ces paisibles harmonies de la nuit, s'efforçant de rasseoir son âme orageuse et de rentrer dans son repos. Le calme de la nature passait peu à peu d'elle à lui ; son sang se rafraîchissait par degrés, la tempête était vaincue. Il fut tiré de sa muette contemplation par la voix de Loysa.

— « Anselme, lui dit-elle en s'approchant de lui et passant un bras timide autour de son cou, je suis à vous, je suis votre femme, faites de moi tout ce que vous voudrez ; mais, au nom du ciel, parlez-moi ; ne vous obstinez pas dans ce farouche silence. Il m'effraie plus que tous vos blasphèmes.

— » Chère enfant, répondit-il en l'appuyant sur son cœur, je ne suis pas digne de toi, je suis un misérable ; tu étais sous ma garde, et j'ai manqué à l'hospitalité ; c'est une action infâme ; il n'est pas un bandit de Calabre, pas un bédouin d'Afrique, qui n'en rougît. Je me suis déshonoré, et tu as le droit de me mépriser ; mais sois mon Égérie ; inspire-moi la vertu.

— » Anselme, répliqua Loysa, vous m'avez horriblement effrayée ; mais je vous pardonne de tout mon cœur, puisque vous m'avez répondu et que vous avez rompu enfin cet atroce silence qui me désespérait. »

Cette crise passée et l'orage apaisé, Anselme était calme, il était sûr de lui ; fortifié par sa victoire, il venait de triompher d'un assaut trop furieux pour en craindre désormais d'autres. Il retint sur son cœur la jeune fille, il déposa sur son front un baiser pudique, repentant, et fondit en larmes. Elle mêla ses pleurs au siens, et l'oubli fut scellé.

Six heures de nuit sonnèrent.

— « Plus qu'une, reprit l'ami de Marius ; employons-la dignement. »

L'œil fixé sur les étoiles dont l'éclat déjà pâlissait, l'âme ouverte aux brises parfumées des nuits, les deux amans s'enivraient ensemble de ces voluptés chastes ; leurs deux vies se confondaient en une ; mais, quelque intimité qui régnât entre eux, le carbonaro fut fidèle aux siens : il garda au fond du cœur tous les mystères de cette grande journée. Une telle confidence d'ailleurs était-elle à faire? N'eût-ce pas été une cruauté inutile? L'attente de Loysa aurait été affreuse ; elle n'apprendrait que trop tôt la vérité.

Plus l'heure avançait, plus Anselme était calme : tel est le privilége des âmes fortes, que l'approche du danger, au lieu de les troubler, les pacifie. Il eût été impossible à Loysa, il l'eût été à l'œil de l'inquisiteur le plus pénétrant, de deviner, dans Romeo, Procida. Un instant dépossédée par la volupté, l'Italie avait ressaisi tous ses droits et détrôné à son tour l'usurpatrice.

Bien des étoiles avaient disparu ; les plus vives étaient pâles ; le ciel, déjà moins sombre, blanchissait du côté des monts d'Albane, les rossignols se taisaient; la cloche argentine des Camaldules de Saint-Grégoire sonna matines; l'aube pointait.

— « Voici l'heure ! » — dit Anselme d'une voix résolue ; et, donnant à Loysa ses instructions pour la journée, il la baisa au front une dernière fois ; il dévora une larme prête à couler, étouffa un soupir, un regret peut-être, et sortit d'un pas ferme pour aller fonder sur l'échafaud de Marius la république ausonienne.

Restée seule et résignée, Loysa le suivit quelque temps de l'œil dans toute la candeur de son ignorance ; elle le vit monter la colline, vers la petite église de Sainte-Prisque, puis elle ne le vit plus.

Anselme passa à l'antique bois sacré des Furies, afin de se recommander aux mânes du dernier des Gracques, comme le Croisé partant pour la Terre-Sainte se mettait sous la garde de son céleste patron. Descendu de là au Vélabre, il côtoya le Palatin en songeant au bâtard de Sicile, et à la fièvre d'attente qui devait le consumer. Enfin il déboucha sur le Forum, en face de Saint-Laurent-à-Miranda.

Comme il passait le seuil de la maison mystérieuse, sept heures d'Italie sonnaient au Capitole. Il faisait jour.

XXXVII

MARTYRE.

L'échafaud de Marius était dressé dès le matin sous l'obélisque de la place du Peuple, au lieu même où, sept cents ans plus tôt, s'éleva le bûcher d'Arnaud de Brescia, ce grand et austère disciple d'Abailard, coupable, lui aussi, du crime de liberté. Connaissant l'amour des Trastévérins pour le condamné, et craignant, sans pourtant la soupçonner, tant le secret avait été bien gardé, quelque entreprise des carbonari, le palais Madame avait pris des précautions inouïes. Renforcée des carabiniers retirés la veille des marais Pontins, toute la garnison de Rome était sur pied ; l'échafaud même était flanqué de deux canons braqués, mèche allumée, l'un contre la rue de Ripette, par où devaient arriver de leur faubourg les Trastévérins, l'autre contre la rue du Babouin, qui mène à la place d'Espagne, et par là à ce non moins redoutable quartier des Monts qui, tout ennemi qu'il est du Trastévéré, avait pactisé ce jour-là et fait alliance avec lui contre les sbires et le bargel.

Distrait par son service de la recherche de sa fille, et honoré de la confiance du gouverneur de Rome, le capitaine Orlandini avait un commandement sur le lieu du supplice. Quelle fête pour lui ! Voir briser sous la massue du bourreau la tête d'un carbonaro ! d'un ami d'Anselme ! Que n'était-ce lui !

Cependant le peuple envahissait la place, et son attitude hostile justifiait assez les terreurs du palais Madame. Le Trastévéré vint en masse ; il déboucha de Ripette comme un torrent ; à sa tête marchait Taddée, revêtu de sa culotte rouge ; on sait ce que cela signifiait. Les armées étaient en présence et se mesuraient de l'œil avant d'en venir aux mains. Les carbonari étaient répandus parmi les groupes, afin d'attiser par leurs paroles les passions vindicatives de la multitude ; plusieurs bannis d'Asture, et de ce nombre étaient Conradin, rendu à son sexe, et Septime, qui ne le quittait jamais, s'étaient joints aux carbonari romains ; tous attendaient le signal qui devait les appeler à leur poste. Le signal était l'engagement des troupes avec le peuple.

Anselme avait fait une rapide reconnaissance, après quoi il s'était retiré avec ses principaux auxiliaires dans la maison du Forum, quartier-général de l'insurrection.

Là aussi on attendait le signal de la mêlée.

Le lieu du supplice n'était pas seulement inondé de peuple et de troupes; la place d'Espagne, véritable *square* britannique, y avait fait irruption. Que vient chercher à Rome John Bull? Des spectacles. Or l'exécution d'un carbonaro romain sous l'obélisque d'Héliopolis est un spectacle qui en vaut bien d'autres; celui-là du moins ne coûte rien. Et puis la *massolata* est un mets de haut goût bien propre à réveiller les sens blasés des fashionables d'Almak, et à chatouiller agréablement le grossier palais des boutiquiers de la Cité; leurs combats de coqs et leurs boxeurs ne sont que des enfantillages auprès de cet épouvantable supplice. La main frémit à en retracer les détails, mais ils sont instructifs, et font connaître la civilisation du Vatican au siècle dix-neuvième.

Voici comment s'exécute, aux yeux de la foule, cet effroyable carnage.

Le patient est à genoux sur l'échafaud. Le bourreau s'approche par derrière, un coutelas entre les dents et une massue à la main; avec la massue il frappe la victime aux tempes, avec le coutelas il lui coupe la gorge comme à un mouton. Cela fait, il lui abat les deux bras, puis les deux jambes, et, tout dégouttant de sang, hisse aux crocs du charnier ces lambeaux palpitans de chair humaine. Voilà, ô Jésus! homme de douceur et d'amour, voilà comme ils entendent la charité dans la métropole de ton grand vicaire!

Telle est la tragédie atroce où l'ami d'Anselme devait jouer le rôle de martyr. La place d'Espagne composait seule le parterre, car le peuple et les troupes étaient là, non comme spectateurs, mais comme acteurs; un Anglais même avait escaladé la scène encore sèche et vide; les bras croisés et nonchalamment appuyé contre les poteaux rouges, il contemplait tranquillement la foule du haut de ce belvédère sanglant, autel réprouvé du sacrifice humain dont le carbonaro était l'holocauste.

Cette espièglerie britannique eût pu plaire aux bords de la Tamise; elle déplut aux bords du Tibre. La tribu du Janicule surtout trouva mauvais qu'on la prît ainsi elle-même pour point de mire.

— « Qu'a cet insolent, dit Taddée de mauvaise humeur, à nous toiser du haut en bas comme des bêtes rares dans une ménagerie?

— » Maître, répondit le jardinier Spada, c'est justement ce que je pensais, et je me disais à moi-même que j'irais de bien grand cœur lui tailler les basques. »

Tagliare le falde, ou plutôt *le farde,* suivant l'âpre dialecte romain, est la menace du peuple aux gens comme il faut, qui font les superbes ou les dédaigneux. C'est une leçon d'humilité qu'il entend leur donner : portant la veste ronde, il rappelle par là à l'égalité quiconque porte l'habit long, et se fait de ses basques un titre de suzeraineté pour traiter la jaquette en vassale.

— « Que dites-vous là, canaille? s'écria le Breton en sautant de l'échafaud sur le pavé; faut-il que je vous enseigne le respect que vous devez aux étrangers qui veulent bien vous apporter du pain et vous empêcher de mourir par la famine? » — Et sans attendre la réplique, il apostropha le vieux maçon d'un coup de cravache au travers du visage.

La riposte fut prompte. L'Anglais n'avait pas retiré le bras qu'il tomba raide mort; le jardinier Spada l'avait frappé au cœur d'un coup de couteau. Tous les Trastévérins applaudirent, et maître Taddée serra la main de son vengeur en signe de remerciement.

Les sbires s'émurent; ils hasardèrent une tentative d'arrestation; mais entouré et protégé par les fils du Janicule, le meurtrier se retira en bon ordre, ou plutôt fut porté par eux en triomphe jusque sur les degrés de l'église voisine de Sainte-Marie-du-Peuple. Bien que les églises aient perdu leur antique droit d'asile, le porche d'un temple est toujours à Rome un lieu saint d'où l'on n'arrache personne sans de longues formalités; on eut beau mettre des sentinelles au bas de l'escalier, l'ordre d'arrestation n'était pas signé que le coupable s'était évadé à l'aide de ses amis du faubourg. Les sentinelles avaient vu sa retraite sans pouvoir l'empêcher. L'ordre arriva trop tard.

— « Ma foi! disaient les hommes avec admiration, voilà un fameux coup de couteau!

— » Pauvret! disaient les femmes. » — Et l'exclamation charitable s'appliquait, suivant l'usage, non pas au mort, mais au meurtrier.

— » C'était un hérétique, disaient les prêtres, dispensés, par ce fait, de toute pitié.

— » Et puis, disait tout le monde, il l'a bien voulu. Ces Anglais font les insolens dans notre sainte ville. Tant pis pour eux! Il devait bien savoir que ceux du Trastévéré sont des gens terribles.

— » *Si vivis Romæ, Romano vivito more!* ajoutaient les beaux parleurs qui savaient le latin; si tu vis à Rome, vis comme à Rome. »

L'Anglais n'inspira guère de commisération qu'aux hôteliers de la place d'Espagne.

Cet épisode fit prendre patience à la multitude et l'échauffa davantage encore. Les carbonari n'eurent pas besoin d'intervenir ; leur éloquence devenait inutile, elle était dépassée. La police avait eu le dessous dans cette escarmouche, et cette victoire préliminaire avait enhardi le peuple mieux que ne l'aurait pu faire la plus chaude philippique des Démosthènes de l'Ordre.

A demi démoralisée par ce premier échec, la force armée était sur ses gardes, et ne contemplait pas sans inquiétude maître Taddée et cette culotte rouge et flamboyante que le soleil faisait briller comme un feu sinistre au milieu des groupes noirs et menaçans. Le moment approchait ; la cloche du supplice sonnait déjà ; les canonniers étaient à leurs pièces, les Trastévérins à leurs couteaux, et la brèche était faite au pavé sur divers points de la place, afin d'avoir au moins sous la main des boulets de pierre à opposer aux boulets de fer.

Cependant le cortége de mort était en route. Sorti du château Saint-Ange comme il était entré, c'est-à-dire calme et fier, le condamné marchait à pied au milieu d'une armée de sbires commandés par le bargel, et renforcés d'une nombreuse escorte de carabiniers. Il avait les bras garrottés derrière le dos ; son pas était ferme, et il portait la tête haute. A sa gauche marchait le bourreau, à sa droite un prêtre.

Stupide et grossier, le prêtre ne comprenait rien à ce qu'il y a de touchant et de saint dans ce dernier devoir du ministère de Dieu envers l'homme que la société retranche ; comme le bourreau il faisait son métier. Il n'était préoccupé que d'une idée, c'était de faire matériellement baiser au condamné le sale crucifix de buis qu'il brandissait devant lui. Il croyait son salut attaché à cet acte visible ; pour le lui faire accomplir, il lui appliquait de force le crucifix sur les lèvres, en murmurant à son oreille d'innombrables *Ave*, redites fastidieuses et vides, dont le bourdonnement somnifère obsédait le Prométhée enchaîné du Janicule.

— « Mon père, lui dit-il enfin, vous me fatiguez sans me convaincre. Au lieu d'adoucir mes derniers momens, vous les aggravez par l'ennui. Veuillez, je vous prie, me laisser mourir en paix. »

Cette supplique souleva les passions vulgaires du prêtre ; il oublia son caractère sacré, et, là pour bénir, il s'emporta jusqu'à la malédiction.

— « Va, répondit-il au Trastévérin, comme son collègue de Naples avait répondu naguère au martyr Morelli sur l'échafaud ; va, pécheur impénitent, éternellement damné, va à Satan et à ses anges. »

Après cette gracieuse réplique, le ministre de Jésus-Christ se tut. Marius en fut débarrassé.

Cette scène évangélique s'était passée sur la place Nicosie. Au lieu de tourner de là par Ripette, ce qui eût été le plus court, le cortége avait continué par la place Borghèse et avait été prendre le Cours au bout de la rue de la Fontanelle, afin de donner plus de solennité à son entrée sur la place du Peuple.

Il avait laissé déjà derrière lui Saint-Charles-des-Lombards, et rien n'avait encore troublé sa marche lente et silencieuse. Craignant une embûche à chaque coin de rue, les sbires et les carabiniers n'en étaient pas moins sur leurs gardes ; mais, de même qu'ils avaient passé Saint-Charles, ils passèrent sans entrave Saint-Jacques ; nulle tentative d'enlèvement ne fut faite, et ils atteignirent avec leur prisonnier le haut du Cours.

Un attroupement considérable, presque tout féminin, était campé là. Conradin et l'inséparable Septime en faisaient partie. Appuyé contre Sainte-Marie-des-Miracles, une des deux églises qui terminent le Cours, ou plutôt qui l'ouvrent, le jeune Aronais épiait de l'œil l'apparition du condamné, jaloux d'être le premier à le découvrir et à l'annoncer.

— « Le voici ! » — s'écria-t-il tout d'un coup ; volant de bouche en bouche, ce mot donna une secousse à la foule, et lui imprima un grand mouvement ; quelque temps oscillante, elle se rassit, et le silence, un silence précurseur de la tempête, régna sur la vaste place.

La contenance du condamné était plus fière à mesure qu'il approchait du lieu du supplice. Quand il aperçut l'échafaud sous l'obélisque, son œil s'arma d'une audace altière et méprisante qui imposa même au bargel. La foule alors commença de bouillonner comme un lac que soulève un vent faible d'abord, mais croissant et bientôt furieux. Ce n'était plus le sourd et vague murmure d'une multitude impatiente, c'était l'amour, la haine, l'admiration, la vengeance, toutes les passions fortes de l'âme humaine, qui grondaient au cœur du peuple, prêtes à se déchaîner. Il n'y avait encore ni cris ni menaces ; on s'agitait, mais on se taisait. Taddée n'avait pas donné le signal du combat.

En entrant sur la place, Marius avait reconnu Conradin, et il lui avait adressé un sourire douloureux, comme s'il eût vu déjà la mort planer sur cette tête charmante. Conradin en fut tout ému; la vue de cette grande figure calme et enchaînée le pénétra d'une telle pitié, qu'il rendit à Marius son sourire par un torrent de larmes. En vain le tendre adolescent essaya-t-il de résister aux sympathies puissantes qui l'entraînaient vers le condamné; emporté par une attraction invincible, il s'élança vers lui, et tombant, non dans ses bras, ils étaient garrottés, mais sur son cœur, il le pressa dans les siens en sanglotant.

Cette pathétique reconnaissance suspendit la marche du cortége; elle attendrit le peuple, surtout les femmes, déjà captivées d'avance par la grâce de Conradin; et, comme les sbires brutalisaient le bel enfant et l'éloignaient du passage à coups de pied, une Trastévérine vola à son secours.

— « Holà! mon héroïne, lui cria le bargel, on n'a pas encore appliqué aux jupons le cavaletto; faudra-t-il que je fasse exception pour vous?

— » Le cavaletto! à moi! répondit la Trastévérine avec indignation; et sa fierté romaine était révoltée. A moi! le cavaletto!»

Les sbires l'avaient déjà saisie, et lui relevant insolemment la jupe, ils allaient exécuter sur place la menace du bargel, c'est-à-dire la fouetter publiquement, lorsqu'une seconde Trastévérine, puis une troisième, puis beaucoup d'autres, vinrent à son aide, et, grossissant toujours, l'armée féminine dépassa bientôt celle du bargel en nombre et en audace. Les sbires reculèrent intimidés, les carabiniers s'ébranlèrent; la confusion fut au comble, et l'abord de la place intercepté.

Ce n'était point là le signal de la mêlée; ce le devint, et l'épisode fut le poëme. Placée sous le feu des deux canons, la position était pourtant mal prise, et le bon sens de Taddée en avait choisi une meilleure; mais dans l'état d'effervescence où était la foule il n'en était plus maître : ses sages plans furent renversés, et l'instinct passionné des femmes triompha de ses calculs de tacticien.

Dociles aux instructions de leur dictateur, les fils du Janicule n'intervinrent cependant qu'à la dernière extrémité, et restèrent assez long-temps spectateurs immobiles de la valeur toute masculine des modernes Clélies. Elles s'étaient emparées de Conradin, et, se le passant de l'une à l'autre, elles le couvraient de caresses qui n'étaient pas toutes sans douceur. Elles se le disputaient; elles se l'arrachaient des mains; chacune voulait pour soi toute seule l'amant d'Isolina ; et tiré à droite, tiré à gauche, le pauvre enfant ne s'appartenait plus. Etourdi par tant de conquêtes, il faisait un plaisant visage pour un conquérant ; jamais il n'avait rêvé tant de maîtresses ; sultan malgré lui, il envoyait de bon cœur à Eblis toutes les houris de son sérail en plein air. Mais il n'était pas le plus fort. Septime avait en vain essayé de le tirer d'affaire, il n'y avait gagné que des injures et des coups ; le vétéran de Moscou avait été repoussé.

Enfin, après avoir beaucoup tournoyé, voltigé, Conradin était échu à une Trastévérine qui semblait dominer les autres : elle l'accapara et le garda pour elle. Il pouvait tomber plus mal. C'était une grande et belle femme, qui au port majestueux des Agrippines joignait, sans en avoir la farouche austérité, l'énergie classique de l'épouse de Collatin. Feignant de ne voir dans le bel Aronais qu'un enfant sans conséquence, afin de le pouvoir caresser impunément, elle cachait sous les dehors d'une protection toute maternelle une impression beaucoup plus intéressée.

— « Pauvre petit ! disait-elle en l'appuyant contre son corset de velours cramoisi et en passant les doigts dans ses boucles blondes ; pauvre petit amour ! Ces brutaux, sans nous, allaient le fouler aux pieds. Quel péché de meurtrir ces joues roses et ces mains mignonnes ! » — Et la jeune matrone couvrait les mains et les joues de son enfant adoptif de baisers soi-disant platoniques.

En ce moment les carabiniers tentèrent une trouée dans la muraille vivante qui leur fermait la place ; le sabre avait dévasté déjà plus d'une coiffure et percé plus d'un corset ; le sang même avait coulé, lorsque tout-à-coup la mère adoptive de Conradin le saisit dans ses bras, sans qu'il pût s'en défendre, tant elle y mettait de force, et l'élevant au-dessus de la foule : — « Lâches ! cria-t-elle aux Trastévérins, laisserez-vous massacrer cet ange sous vos yeux ?

— » Ceci devient par trop long, répondit en jurant du milieu de la place le capitaine Orlandini, que ce retard impatientait. En joue !... Feu ! »

L'explosion fut terrible. Comme si les soldats eussent visé tous au même but, Conradin fut frappé de plusieurs balles ; sa tête blonde se pencha sur son sein, il resta mort dans les bras étrangers qui l'enlaçaient. Le vieux Septime vit de loin expirer le martyr adolescent, et il ne put l'approcher assez tôt pour recueillir son dernier soupir. Il ne trouva plus qu'un cadavre.

La douleur du soldat fut silencieuse et sans larmes, comme toutes les grandes douleurs; celle de la Trastévérine, au contraire, fut bruyante : elle éclata en cris, en sanglots; et tandis que l'un fixait un œil sec et immobile sur la froide dépouille de l'enfant expiré, beau jusque dans la mort, l'autre l'arrosait de ses pleurs, le pressait sur son sein, le réchauffait de ses lèvres; elle déchirait ses vêtemens teints de son jeune sang; elle se meurtrissait les joues, elle s'arrachait les cheveux, elle s'accusait de l'avoir elle-même assassiné en l'offant aux coups des assassins.

Cependant la décharge d'Orlandini avait dispersé l'avant-garde féminine et les Anglais; mais le corps d'armée masculin était intact, et il avait répondu spontanément au feu par une grêle de pavés; un engagement général s'en était bientôt suivi, et l'on se battait sur tous les points de la place. Les passions de la multitude s'étaient déchaînées avec une furie d'autant plus indomptable qu'elle avait été plus long-temps étouffée; le canon avait beau entamer le peuple et faire brèche dans ses rangs, les pavés ne cessaient de pleuvoir sur les troupes, et ils n'étaient guère moins meurtriers que les boulets.

Les choses avaient tourné de manière à dérouter la police; elle ne savait pas si l'émeute était fortuite ou préméditée, car Conradin avait fait oublier Marius; mais le doute ne fut plus permis lorsqu'on vit le Trastévéré se porter en masse vers l'église de Sainte-Marie-des-Miracles, où les carabiniers s'étaient retranchés avec leur prisonnier. La pensée de l'émeute fut dès lors connue; elle le fut bien plus encore quand au cri de : Mort aux sbires! s'unit le cri de : Vive Marius!

Les Trastévérins se battaient vaillamment.

— « Aux pièces! » — avait crié Taddée; et les deux batteries qui les foudroyaient avaient été emportées d'assaut. — « A l'abordage! » — s'était ensuite écrié le vieux général populaire; et le faubourg s'était précipité à coups de couteau sur les sbires et les carabiniers.

Cause et prix du combat, Marius contemplait la mêlée du pied de l'escalier de Sainte-Marie-des-Miracles, comme Hélène du haut des tours d'Ilium. Tout ému encore de la mort affreuse de Conradin, et gardé par une triple haie de sabres et de carabines, il ne pouvait intervenir dans l'action que de la pensée et du regard; ses bras étaient toujours garrottés, et l'avaient même été au premier coup de fusil avec un redoublement de précautions, c'est-à-dire de barbarie. Tous les yeux des sbires étaient fixés sur lui, et, à la première tentative d'évasion, le bargel eût fait lui-même, au besoin, l'office du bourreau.

Mais le bourreau n'avait pas lâché sa proie : armé de son coutelas, il était à craindre qu'il ne l'égorgeât plutôt que de se la laisser arracher des mains. Quant au prêtre, pâle et muet, il se mourait de peur; croyant déjà Marius libre, il aurait bien voulu pouvoir ravaler sa malédiction de la place Nicosie.

Le but de l'émeute une fois connu, le capitaine Orlandini, qui ne manquait pas d'un certain courage soldatesque, s'était porté avec toutes ses forces au secours des carabiniers; c'est sur ce point unique que le combat s'était concentré.

Il était acharné, sanglant. Depuis que le peuple avait imposé silence aux canons, l'avantage était tout de son côté : la première ligne de l'armée ennemie avait fléchi; la seconde fut entamée, puis enfoncée comme la première; la troisième déjà pliait, et Marius était sauvé, lorsqu'un bruit éclatant de trompettes détourna tous les yeux de lui sur le mont Pincio, jardin public qui surplombe au-dessus la place du Peuple, et communique avec elle par une large chaussée en zigzag.

Porté sous le baldaquin par ses douze estafiers en robes rouges, et revêtu du grand costume pontifical, le pape parut tout-à-coup au front de la colline, et la descendit lentement au milieu de ses hallebardiers pacifiques. Cette apparition fut si subite, qu'elle sembla à tous venir du ciel; elle frappa la foule d'un émotion superstitieuse si puissante, que les armes s'échappèrent de toutes les mains; peuple et soldats tombèrent spontanément à genoux; Taddée lui-même et Orlandini furent entraînés par l'exemple; il n'y eut pas jusqu'au bourreau qui ne s'agenouillât; et dans cette multitude immense un seul homme resta debout, Marius.

Cependant les trompettes s'étaient tues. Le souverain pontife descendait la montagne en silence; le même silence régnait sur le champ de bataille, et il était si profond qu'on entendait chanter dans les pins les cigales du Pincio. Un cri soudain partit de la place : « Saint-Père, s'écria la grande voix du peuple, votre bénédiction! donnez-nous votre bénédiction! » — Le cortége alors s'arrêta et se rangea contre les flancs ombragés de la colline. Couronné du Trirègne, l'auguste vieillard du Vatican se dressa de toute sa hauteur sur son trône aérien; il étendit les deux bras sur la multitude agenouillée à ses pieds, et la bénit. On eût dit Moïse bénissant les tribus d'Israël du haut du Sinaï.

Seulement la montagne n'était pas en flamme, la foudre du Dieu vivant ne sillonnait pas les nuées ; les cieux étaient en fête, le soleil radieux ; couverte d'arbres et de fleurs, la colline était fraîche et parfumée. La pourpre pontificale ressortait plus éclatante sur la verdure sombre des chênes verts, et la croix d'or du triple diadème scintillait dans le feuillage comme une étoile à travers les bois. Ainsi la nature mariait ses beautés simples et riantes aux pompes sévères et grandioses de l'humanité.

C'était un spectacle en effet grand et sublime que ces multitudes furieuses prosternées tout d'un coup devant un vieillard désarmé, et subissant à ses pieds l'empire, non de la force brutale, mais d'une idée. Éteintes sans violence, sans paroles, par la seule présence de l'idole antique, les passions meurtrières avaient cédé la place aux passions pacifiques, quoique non moins vives, de la dévotion : humblement agenouillé dans la poussière, tout ce peuple superstitieux se frappait la poitrine en sanglotant ; il battait la terre de son front, il arrosait de ses larmes les pavés sanglans.

Dans cette nouvelle tempête, et c'en était vraiment une, tant la contrition populaire était bruyante, la pensée de l'émeute était oubliée, Marius abandonné. Un cœur pourtant lui était fidèle. A genoux comme tous les autres, le vieux Taddée ne l'avait pas quitté de l'œil un instant, et, se relevant le premier, il s'écria d'une voix tonnante : — « Saint-Père, la grâce du condamné ; accordez-nous sa grâce ! » — « Grâce ! répéta la foule comme un écho sonore ; grâce ! grâce ! »

Toujours mobiles, toujours entraînées, les masses se livrèrent à cette nouvelle idée avec le même emportement qu'elles avaient mis dans le combat et dans le repentir. Guidées par Taddée, elles se précipitèrent au devant du cortège, et le rencontrèrent au moment où il atteignait le bas du Pincio ; là, prenant la place des douze porteurs, le peuple s'empara de son pape et le conduisit vers son client enchaîné, en criant toujours : Grâce ! grâce !

A peine Orlandini avait-t-il compris l'intention des Trastévérins, qu'il s'était approché du bourreau, et lui avait dit à l'oreille que le Saint-Père allait être dans l'impossibilité de refuser la grâce de Marius. — « Ce sera, poursuivit-il, une clémence arrachée, non volontaire ; ce misérable carbonaro n'en échappera pas moins, et ce serait un vrai service à rendre à l'Eglise et à l'Etat que de le dépêcher sur-le-champ. Monseigneur le gouverneur de Rome vous en saurait gré, et ne l'oublierait certainement pas. D'ailleurs, ajouta le capitaine, le condamné n'est plus au pape, il est à vous ; le palais Madame vous l'a consigné, c'est à vous d'en répondre. L'échafaud n'est-il pas là qui l'attend ? Dessus ou dessous qu'importe ? Allons, un peu de cœur !

— » Ce n'est pas le cœur qui manque, mais cette populace va me massacrer.

— » Ne craignez rien d'elle ; la présence de Sa Sainteté vous protégera. Le cortége d'ailleurs est encore bien loin, il ne sera pas ici avant huit ou dix minutes ; nous sommes en ce moment cachés à tous les yeux par les troupes ; vous pouvez faire le coup sans être aperçu, et vous évader à temps par Ripette, si vous avez peur. Je vous le répète, le prisonnier est à vous, et ce serait une grande honte que de vous le laisser enlever ; tous vos confrères de l'état se moqueraient de vous, et, ma foi ! ils n'auraient pas tort.

— » C'est vrai ! » — murmura l'assassin légal, et l'amour-propre l'emporta sur la peur.

Marius, qui n'avait rien entendu de ce dialogue, déplorait dans son cœur ce revers de fortune. Il ne comprenait rien à cette intervention miraculeuse du peuple du pape, au moment même où il le croyait, lui et tous ses cardinaux, au pouvoir des conjurés. Quelle faute, quelle fatalité avait donc perdu la conspiration ? Car, le pape libre, et sans doute aussi le Sacré-Collége, le coup était manqué au Vatican comme il l'était sur la place du Peuple.

Prévoyant sa grâce, il maudissait d'avance une vie qu'il allait devoir à un prêtre, et dont la liberté n'avait pas voulu. Il se tenait pour déshonoré ; la *massolata* lui semblait moins cruelle. Ses vœux furent exaucés. Il tomba sur les marches de l'église, terrassé par derrière d'un coup de massue, et, se jetant sur sa proie comme une hyène, le bourreau l'égorgea.

Le cortége n'était plus qu'à cent pas ; mais, caché par la double haie des sbires et des carabiniers ralliés à leur poste autour du condamné, l'assassinat n'avait point été vu du peuple, pas même de Taddée, qui marchait en tête. Dominant la foule de toute sa hauteur, le pape seul avait assisté du haut de son trône à cette effroyable boucherie. En ce moment, d'ailleurs, s'était opéré sur tous les points de la place un mouvement de troupes qui avait détourné l'attention ; un ordre subit du gouverneur de Rome en rappelait sur-le-champ la plus grande partie au Vatican et au château Saint-Ange. Orlandini était du nombre. Aussi bien les soldats n'avaient-ils plus rien à faire sur la place du Peuple, puisque l'émeute était apaisée et le sacrifice consommé. Ce qu'il en restait suffisait à la sûreté du pape.

Retardé quelque temps par le départ des troupes, le cortége avait franchi enfin toute la place et atteint Sainte-Marie-des-Miracles. A l'approche du souverain pontife, les carabiniers et les sbires mirent un genou en terre, et seulement alors le peuple aperçut le cadavre sanglant de Marius.

Un cri de douleur, suivi d'un cri de rage, s'éleva du sein de la multitude; le pape pâlit, trembla; mais la vengeance ne se tourna point contre l'idole, qui avait promis la grâce du condamné; elle tomba sur le bourreau. Atteint de vingt pavés à la fois dans sa fuite, l'assassin tomba mort à côté de sa victime.

Ainsi finit l'émeute de la place du Peuple. Escorté des troupes qui y restaient, et toujours porté par la foule, le pape fut conduit par la rue du Babouin et la place d'Espagne à son palais du Quirinal.

Arrivé à la fontaine Trevi, il rencontra une bande en armes qui débouchait de la rue Saint-Vincent, sous la conduite d'un homme à cheval, armé d'une manière étrange. L'escorte du pape se mit en défense. C'étaient des amis.

Le cavalier bizarre n'était autre que le prince d'Iesi. Au premier cri d'alarme, le vieux guelfe avait cru Rome menacée par quelque émeute gibeline; couvrant sa tête blanche et sa poitrine d'un morion de fer et d'une armure, qui avaient bien pu l'un et l'autre servir à la bataille de Lignano, il s'était emparé d'une lourde épée à deux mains, toute rouillée, et avait armé ses gens de hallebardes, de piques, de masses, de toutes les reliques de son arsenal héréditaire; ainsi affublé, il était sorti fièrement à cheval de son palais, comme un chevalier du moyen âge, et il courait les rues avec sa bande, au cri de : Guelfe! Guelfe!

A la vue du pape, il mit pied à terre, fit agenouiller sa troupe, s'agenouilla lui-même, et jura fidélité au chef de l'Église, au bruit de la cascade. Après ce grotesque hommage, il remonta à cheval, et se mit avec ses gens à la suite du cortége, qui arriva sans nouvelle rencontre à Monte-Cavallo.

Le quartier des Monts l'accompagnait en masse, mais pas un Trastévérin n'était présent. Les fils du Janicule étaient tous restés sur la place du Peuple autour du cadavre de Marius. Tous pleuraient; mais la douleur d'aucun n'égalait celle du vieux Taddée. Il embrassait ces restes mutilés, il les arrosait de larmes, il voulait se tuer sur le corps du martyr; il fallut pour lui sauver la vie lui arracher son couteau.

— « Lui si jeune, mourir le premier! s'écriait-il, et moi si vieux, lui survivre! Maître! maître! c'est nous qui t'avons tué; nous sommes des imbéciles et des lâches, nous devions bien prévoir ce coup. Il fallait le délivrer d'abord et l'amener libre aux pieds du Saint-Père sans le quitter un instant. Il vivrait encore. C'est nous qui l'avons tué; oui, nous l'avons tué! »

Quand ce premier accès de douleur se fut épuisé en regrets et en lamentations, Taddée, un peu calmé, s'occupa des funérailles de Marius, et donna ordre qu'on le transportât à Saint-Jean-Décollé, confrérie du Vélabre chargée du soin touchant d'inhumer les victimes qu'égorge la société.

Six Trastévérins enlevèrent le cadavre sur leurs épaules; le reste se rangea de lui-même à la suite, et, conduit par Taddée en pleurs, le convoi du supplicié prit la route du Vélabre par Ripette, comme le cortége du souverain pontife avait pris par la place d'Espagne celle du Quirinal.

Le Cours aussi avait son convoi. L'émeute apaisée, les Trastévérines avaient pris dans leurs bras le corps de Conradin, et tandis que leurs frères et leurs maris portaient Marius à Saint-Jean-Décollé, elles portèrent le bel enfant au Trastévéré, afin de l'exposer dans l'église et sur le tombeau même de leur bienheureuse sainte Cécile.

Septime menait le deuil; c'est le seul homme que les femmes eussent admis parmi elles, parce qu'il s'était dit père de Conradin, et son air, hélas! ne le démentait pas, il était tout en larmes. Cette affreuse mort l'avait démoralisé; le vieux soldat avait vu s'engager la lutte, mais il n'y avait pris aucune part, et seul, de tous les carbonari dispersés avant l'action sur la place du Peuple, il ne s'était pas rendu à son poste. Il était sourd, immobile, enchaîné par une puissance supérieure au corps sanglant de son fils adoptif. Il l'accompagnait alors à Sainte-Cécile, au péril de sa vie.

Les deux convois se rencontrèrent à la place Nicosie, au lieu même où Marius avait été maudit par le prêtre. Ils descendirent ensemble la rue de la Scrofa, et se séparèrent à Saint-Eustache, l'un pour aller prendre par la Sapience et Saint-André de la Vallée le pont du Janicule, l'autre le Vélabre par Sainte-Claire, le portique d'Octavie et la place Montanara.

Mais comment une conspiration si bien ourdie avait-elle donc échoué? Comment Anselme, qui avait assisté à l'émeute de Pasquin, lui qui savait si bien l'idolâtrie du peuple pour son pape, comment n'avait-il pas songé, avant tout, à intercepter les communications entre l'idole et ses adorateurs, en s'assurant dès le matin de toutes les issues du Vatican? Anselme avait songé à tout cela; les issues du Vatican et de la cité Léonine étaient gardées, les conjurés étaient à leur poste; tout le monde, en un mot, avait fait son devoir. Il n'y eut ici qu'un coupable, le destin.

Le succès avait tenu à une circonstance unique, et cette circonstance la voici.

Les sentinelles clandestines, placées dès la soirée du vendredi autour du Vatican afin d'en surveiller les démarches, virent entrer à minuit dans le palais le carrosse du gouverneur de Rome; une demi-heure après il en sortit, et reprit au grand trot la rue du Pont Saint-Ange. — Il vient de faire au pape son rapport du jour, pensèrent les védettes; il a pris ses ordres pour demain, et il retourne au palais Madame. — Cette circonstance leur avait paru si naturelle, qu'elles n'y avaient plus pensé, et rien ne leur rappela cette visite, tant le repos du palais fut profond toute la nuit.

Le matin, elles en firent part à Anselme comme d'un événement sans importance. Il en porta le même jugement; et s'il y eut faute, elle fut toute là. Ce que les sentinelles n'avaient pas vu, et ce qu'Anselme ne pouvait pas deviner, c'est que le carrosse du prélat était entré au Vatican avec une seule personne, et qu'il en était sorti avec deux. La seconde était le pape.

Le complot des Trastévérins n'avait pu rester si secret que le gouverneur de Rome n'en eût été instruit par ses espions. Les apprêts guerriers de la place du Peuple prouvaient assez ses alarmes; mais, fin et rusé comme un prêtre, le gouverneur n'en était pas resté là. Il n'ignorait pas plus qu'Anselme l'effet du pape sur le peuple; il s'était donc rendu en personne, à minuit, au palais pontifical, et il avait fait entendre au pape que sa présence était indispensable le lendemain sur le lieu de l'exécution, où elle devait suffire à elle seule, et mieux que tous les canons, à apaiser l'émeute trastévérine. Pour preuve, il lui cita celle du carrefour Braschi.

— « Mais, ajouta-t-il, le trajet d'ici à la place du Peuple est long; mille obstacles peuvent, au moment critique, entraver les communications; il faut que votre sainteté consente à se rapprocher, cette nuit même, du champ de bataille, et à se rendre incognito à son palais du Quirinal, près du mont Pincio; tout est disposé pour l'y recevoir. L'effet de sa présence sera d'autant plus grand qu'elle sera plus prompte et plus inattendue. »

Le nouveau pontife était un vieillard faible et timide. Une pareille proposition l'effaroucha comme le comble de l'audace ; mais le gouverneur insista, il détruisit ses objections, dissipa ses craintes, et la raison d'état l'emporta sur les habitudes paisibles et les répugnances naturelles du vieux roi-prêtre. Il prit place incognito dans le carrosse du prélat, et alla attendre avec lui à Monte-Cavallo le lever du jour et le supplice de Marius.

Ainsi, en croyant n'apaiser qu'une simple émeute populaire, le gouverneur de Rome déjouait sans le savoir une conjuration bien autrement formidable ; il ajournait une révolution. Ce sont là de ces coups de dé que la logique la plus rigoureuse ne saurait prévoir, qui avaient frappé déjà l'esprit tout positif de Machiavel, et sans doute aussi fait ériger dans l'antique Rome tant d'autels à la Fortune.

La lutte engagée sous l'échafaud de Marius, la maison du Forum s'était ébranlée, et alors avait commencé la grande insurrection dont celle de la place du Peuple n'était que le prélude. Le Vatican, comme tous les points importans de Rome, était dégarni de troupes ; il tomba le premier, et presque sans coup férir, au pouvoir des conjurés. Mais ce n'est pas la niche qu'ils voulaient, c'était le saint, et le saint n'y était plus. Beaucoup de temps se perdit à le chercher ; on sut enfin, par un des camériers, que le pape avait quitté le palais pendant la nuit.

Resté dans la maison du Forum, centre du mouvement, Anselme fut informé sur-le-champ de la fatale nouvelle. Ce fut pour lui un trait de lumière : la visite du gouverneur de Rome lui revint à l'instant en mémoire ; il devina le reste, et comprit que tout était perdu.

Jamais prévision ne fut si tôt justifiée. A peine Anselme apprenait-il d'un côté l'évasion du pontife, qu'il apprit de l'autre son triomphe sur la place du Peuple ; ce coup frappait de mort la conjuration, et il avait vu trop juste : tout en effet était perdu.

Assez forts pour s'être emparés du Vatican, les carbonari ne l'étaient pas assez pour s'y maintenir, et, délivrées du peuple, les troupes arrivaient au pas de charge par Ripette.

— « Il faut faire à la liberté italienne un tombeau digne d'elle, s'écria Côme ; puisque nous ne pouvons défendre le Vatican, brûlons-le !

— » Brûler les loges de Raphaël et la Transfiguration ! répondit une voix indignée, celle de l'artiste bolonais revenu d'Asture avec Anselme. Brûler le Laocoon! le Jugement dernier de Michel-Ange! Brûler l'Apollon du Belvédère! Sacrilége! sacrilége! Sommes-nous donc des Vandales? sommes-nous des incendiaires? Que dirait l'Italie? que dirait le monde? »

Azzo, chargé par Anselme de la conduite de l'expédition, acheva de vaincre cette résolution désespérée, en démontrant qu'elle était inutile, insensée, et qu'elle ferait plus de tort à la liberté que cent défaites.

— « Au Forum! s'écria le Modenais; s'il faut à la liberté italienne un bûcher, c'est là que nous le lui dresserons. Le lieu est digne d'elle. »

Cela dit, il organisa la retraite.

Quand les troupes arrivèrent au Vatican, les carbonari étaient en route vers la maison de Saint-Laurent-à-Miranda, rendez-vous général et foyer de la révolte.

Les choses ne s'étaient pas si doucement passées au château Saint-Ange. C'était le point dont l'occupation avait le plus d'importance, autant par l'effet moral qu'elle était destinée à produire sur le peuple que par l'appui matériel qu'elle devait prêter à la conjuration; les cardinaux s'y étaient retirés dès le matin. Une fois dans l'enceinte, une poignée d'hommes résolus suffisait pour s'emparer de l'intérieur; mais il fallait y pénétrer, et la chose n'était pas facile. Si dégarnie de soldats que fût la citadelle inexpugnable, elle n'était accessible qu'à la ruse; Anselme, qui ne l'ignorait pas, avait imaginé un stratagème ingénieux, qui fut, comme tout le reste, déjoué par la fatalité de cette désastreuse journée.

Il avait fait habiller en carabiniers pontificaux une vingtaine de conjurés, et autant à peu près en Trastévérins, ils étaient en tout cinquante; au nombre des derniers, était Remo; Ponzio, le Samnite, était parmi les autres, et avait le commandement en chef de l'expédition. Les faux enfans du Janicule étaient garrottés, les faux carabiniers étaient censés les avoir arrêtés sur la place du Peuple, et les amener prisonniers.

Les conjurés avaient joué si bien leur rôle, que le gouverneur du château avait donné dans l'embuscade tête baissée. Mais le sort voulut qu'Orlandini, envoyé par le palais Madame à la défense de la forteresse, y arrivât au moment même où, les formalités terminées, les carbonari en allaient franchir la porte. Le capitaine savait bien que les carabiniers n'avaient pas arrêté de Trastévérins, et que pas un seul n'avait quitté la place du

Peuple ; il vit du premier coup d'œil le fil du piége, cria au commandant du château de refermer la porte, et fit charger les conjurés.

Pris entre deux feux, ils se battirent comme des lions ; quoique mal armés et dix fois moins nombreux, ils repoussèrent Orlandini jusqu'au milieu du pont. Mais la position n'était pas tenable : on les canonnait par derrière du haut des murailles, et par devant on les fusillait. Le quart au moins était déjà mort ou hors de combat, et, tués un à un, ils auraient tous péri sur la place ; pas un n'eût échappé.

— « On nous tue ici comme des mouches, s'écria Ponzio de sa voix de tonnerre, il faut forcer le passage. En avant ! »

Prenant son sabre à deux mains, le Samnite joignit l'exemple au commandement ; suivi de tout son monde, il se précipita sur la troupe d'Orlandini, la culbuta en un instant, et le pont fut emporté d'assaut. Mais ce brillant fait d'armes fut acheté cher, il coûta la vie à dix conjurés ; la petite armée se trouva réduite à vingt hommes, et le canon Saint-Ange les mitraillait toujours. Ponzio alors songea à la retraite, et se dirigea, comme Azzo, sur le Forum ; mais, furieux de son échec, le capitaine avait rallié ses gens, il se mit à sa poursuite à travers les rues, l'atteignit à la place Navone, et là encore lui tua quelques hommes.

Serré de près, le Samnite fut forcé d'aller s'abattre sur le Panthéon d'Agrippa, dédié par les papes à Sainte-Marie-des-Martyrs. En passant derrière Saint-Eustache, il rencontra le convoi de Marius, au moment où celui de Conradin venait de se séparer de lui.

Les carbonari essayèrent d'entraîner les Trastévérins dans la révolte ; mais leurs efforts furent inutiles, les Trastévérins ne s'émurent point ; rien ne put vaincre leur inertie. Ils avaient dépensé toute leur énergie sur la place du Peuple, il ne leur en restait que pour pleurer leur Marius. Ils n'avaient, d'ailleurs, plus de motifs de soulèvement ; Italie, indépendance, république, sont autant de mots qu'ils n'entendaient pas. Une bouche seule en aurait eu de tout-puissans pour les subjuguer, et cette bouche était muette, muette à jamais ; le supplicié ne sortit pas pour les haranguer du silence de la mort. Conduit toujours par Taddée, et maudit par Ponzio, le convoi continua tranquillement sa route vers le Vélabre.

— « Les lâches ! s'écriait le Samnite, nous voir assassiner, et ne pas nous secourir ! Et c'est pour eux que nous mourons ! C'est pour leur donner une liberté dont ils ne sont pas dignes! Peuple imbécile! Qu'ils restent donc esclaves de leurs prêtres, c'est un sort digne d'eux! »

Cependant les fuyards avaient atteint le Panthéon; ils ne devaient pas aller plus loin; toutes les issues de la place étaient garnies de troupes qui les accueillirent par un feu meurtrier. Ils se réfugièrent sous le péristyle du temple; ils en fermèrent sur eux la grille de fer, et tiraillèrent quelque temps en guérilleros de derrière les colonnes; mais leurs munitions touchaient à leur fin, et, pris en flanc des deux côtés, ils tombaient comme au pont Saint-Ange.

— « Rendez-vous! » leur cria Orlandini.

Ponzio lui répondit par un coup de carabine, qui le décoiffa sans le blesser.

— « Tant pis! dit le Samnite, car c'est mon dernier coup; je n'ai plus de cartouches.

— » Ni nous non plus, répondirent plusieurs voix.

— » Nous avons des sabres et des poignards, répliqua Ponzio; retranchons-nous dans l'église, il faudra bien qu'ils viennent à l'abordage, et quand ils y viendront, nous défendrons la porte à l'arme blanche. Mais, à propos, nous ne voulons pas de trembleurs là-dedans; nous voulons mourir crânement; s'il y a quelqu'un ici qui veuille se rendre, il est libre. Qu'il s'en aille! Personne ne bouge! c'est bien : nous sommes tous des bons. Marche! »

Les carbonari se jetèrent, sur ses pas, du portique dans l'église, et en barricadèrent l'énorme porte de bronze.

— « Or çà, reprit Ponzio, comptons-nous. Un, deux, sept, dix. Dix! ce n'est pas trop.

— » Vous pouvez bien dire neuf, interrompit Remo en découvrant sa poitrine percée d'un coup de feu; car je suis un homme mort. C'est égal, ajouta-t-il en tournant les yeux vers le tombeau de Raphaël qui dort au Panthéon à côté d'Annibal Carrache, je n'ai pas à me plaindre du destin, qui, en me faisant mourir à Rome pour la liberté italienne, m'amène à la tombe du maître pour rendre le dernier soupir. C'est la mort que j'avais rêvée. »

A ces mots touchans, le jeune peintre alla s'asseoir au pied du sépulcre de ce divin Sanzio, qu'en des jours meilleurs peut-être il eût égalé; il appuya son front pâle contre le marbre glacé du mausolée, et murmura d'une voix mourante les vers latins qui lui servent d'épitaphe: *Ille hic est Raphael...* arrivé au mot *mori* qui les termine, sa voix s'éteignit tout-à-fait; il mourut.

Les survivans n'eurent point le temps de le pleurer. L'attaque de la porte avait commencé, ils s'y précipitèrent tous les neuf le sabre à la main.

L'intérieur du Panthéon est formé d'une voûte suspendue de cent trente pieds ; il est découvert et n'a point de fenêtres ; la lumière entre par une vaste ouverture circulaire pratiquée au sommet de la coupole, et qui, avec le jour, laisse pénétrer la pluie et la neige. Comme les conjurés étaient occupés à défendre la porte, une épouvantable décharge, partie de dessus leur tête, en tua six d'un coup ; une seconde décharge en tua deux couvert par une colonne, Ponzio resta seul.

Une compagnie de chasseurs avait escaladé la coupole extérieure, et fait ce coup sanglant par l'ouverture de la voûte. Orlandini arrêta le feu, jaloux de prendre un carbonaro vivant pour s'en faire un trophée. Il s'adressa à Ponzio. Il n'avait pas le choix.

— « Veux-tu te rendre ? » lui demanda-t-il.

Ponzio ne répondit pas. Le capitaine crut n'avoir pas été entendu, et cria plus fort ; même demande, même silence. Enfin à la troisième fois le Samnite indigné quitta sa colonne, et s'élançant au milieu du temple sous le feu des soldats :

— « Me rendre ! s'écria-t-il, me rendre, moi ! Et vous, rendrez-vous la vie à mes compagnons massacrés ? Croyez-vous donc que je veuille leur survivre ? Plutôt la mort avec eux qu'une vie qu'il faudrait partager avec vous et vous devoir ! Vous êtes de vaillans hommes de guerre, en vérité ! Vous voilà mille contre un, et vous nous assassinez par derrière comme des bandits ! Je vous hais bien, mais je vous méprise encore plus que je ne vous hais. Osez descendre ; je vous défie, poursuivit-il en brandissant son damas ; venez, misérables, descendez ; venez vous mesurer corps à corps, si vous l'osez, avec le républicain des montagnes. Vous ne l'osez pas, vous faites la guerre de loin à coups de fusil, comme des lâches. Il n'est pas besoin de courage pour tirer une détente à deux cents pas de l'ennemi ; mais il en faut un peu plus pour croiser l'épée, et pas un n'ose relever le gant ! Allez, vous êtes de vrais papalins. Ce n'est pas le combat qui vous plaît, c'est l'assassinat. Je vous dis que vous n'êtes que des sbires, bien dignes des prêtres qui vous soudoient. »

Un coup de fusil lui coupa la parole. — « Vive la république ausonienne ! » — s'écria-t-il en tombant. Ce furent ses derniers mots. Un second coup l'acheva ; et le Panthéon rentra dans son silence et dans son repos.

Tandis que ce terrible épisode teignait du sang des martyrs de la liberté italienne le temple des martyrs de l'égalité chrétienne, Azzo, plus heureux, avait opéré sa retraite en bon ordre à travers le Trastévéré désert. Parvenu au pont Cestius, qui joint l'île tibérine de Saint-Barthélemi au faubourg du Janicule, le Modenais rencontra Cavalcabo qui arrivait d'un autre côté, par la rue Piscinula. Chargé du siége de l'Arsenal, situé hors de la porte Portèse, le Lombard était au moment de s'en emparer, lorsqu'un ordre d'Anselme l'avait rappelé tout-à-coup au Forum. Parti de la place du Peuple, un renfort considérable se portait sur le point menacé, et, trop faibles pour lui résister, Cavalcabo et sa troupe auraient été pris entre deux feux, comme Ponzio, et, comme lui, taillés en pièces.

Les deux armées se réunirent à la tête du pont, et continuèrent ensemble leur retraite par la place Montanara, la chapelle de Saint-Bonhomme, et la Consolation. Leur marche ne fut point inquiétée, et ils arrivèrent sans rencontre au rendez-vous central. Le Lombard avait perdu dix hommes, le Modenais seulement quatre.

En donnant pour chefs aux différentes expéditions les bannis d'Asture, Anselme avait eu, comme toujours, une pensée d'union ; c'était dire en action aux Romains qu'ils ne combattaient pas seulement pour Rome, mais pour l'Italie. Il n'en avait gardé qu'un auprès de lui, le capucin calabrais. Il le réservait à une autre mission. Quand il apprit que le coup du château Saint-Ange était manqué, et qu'il n'y avait plus d'espoir :

— « Mon père, lui dit-il en lui remettant l'anneau du cardinal de Pétralie, portez ceci au cloître de Saint-François, et remettez-le au grand-pénitencier. Songez ensuite à votre sûreté. Votre habit n'est pas suspect. »

Le moine était parti pour le Trastévéré au moment même où en revenaient Azzo et Cavalcabo. Ils ne vinrent pas seuls. Ce puissant instinct d'association qui pousse l'homme vers l'homme dans les grands périls entraîna avec eux, sous le toit encore sûr de Saint-Laurent-à-Miranda, tous les autres carbonari répandus dans la ville. Étendue d'abord du Forum aux divers quartiers, la conjuration se replia tout entière au point d'où elle était partie.

De tous les carbonari de la place du Peuple, Septime seul n'était pas revenu. On le crut mort, comme Marius et Conradin ; il était à Sainte-Cécile.

— « Mes amis, dit Anselme quand la porte se fut refermée

sur les survivans, la Fortune nous a trahis. Tout est perdu; il faut nous disperser. »

Pas un ne bougea.

— « Il n'y a pas une seconde à perdre, continua-t-il. Occupées en cet instant au-delà du Tibre, les troupes vont arriver en masse au Forum, et, concentrées toutes sur ce point, elles nous écraseront. Il en est temps encore, vous dis-je; la maison a double issue. Fuyons. »

Même immobilité.

— « Je vous entends, reprit alors avec émotion le chef de la conjuration infortunée; vous voulez donner un grand exemple à l'Italie; j'y pensais; mais mon devoir ici était de vous offrir la vie, non la mort. Vous refusez de vivre; mourons ensemble! »

Anselme n'ajouta rien, mais il pourvut immédiatement à la défense de la maison; en faisant le sacrifice de leur vie, les carbonari n'entendaient pas la donner gratis aux prêtres, ils comptaient bien la leur vendre cher. Ils ne manquaient ni d'armes ni de munitions, et quoique cent fois moins nombreux que les papalins, ils étaient en mesure de leur disputer long-temps leurs retranchemens.

Une décharge, partie du Forum, fut le signal de l'attaque. Ils y répondirent; on répliqua; ils ripostèrent, et la fusillade s'engagea vive et nourrie. Meurtrière pour les assiégeans, elle l'était beaucoup moins pour les assiégés, et tout l'avantage était du côté des derniers; mais la chance tourna bientôt. Une batterie fut établie sur le mont Palatin, au lieu même occupé jadis par la maison de Catilina, et naguère par Anselme et le cardinal de Pétralie. Le canon commença de battre en brèche la masure vieille et vermoulue; chaque boulet faisait le trou; le premier qui perça tua l'artiste bolonais; le second frappa don Camillo au milieu de la poitrine; le compatriote de Procida et du bâtard de Sicile mourut vaillamment, comme il avait vécu. Il expira comme Ponzio, au cri de : Vive l'Italie! C'était le quatrième martyr que la mort eût choisi dans cette lamentable journée parmi les bannis d'Asture. Elle en devait frapper bien d'autres.

Cependant le palais Madame aime mieux procéder par le bourreau que par le soldat, et il se promettait là une ample moisson de têtes; il fit suspendre le feu et envoya un parlementaire aux révoltés, leur promettant la vie sauve s'ils consentaient à déposer les armes. C'était une embûche bien digne de ces consciences d'airain. Quand on pactise avec les bandits pour les égorger ensuite plus à son aise, ainsi que cela se pratique au Vatican, il serait par trop simple en vérité de tenir parole aux sectaires ; le catéchisme des Borgia est là-dessus formel, et sur ce point, comme sur bien d'autres, il fait article de foi aux sanglans synodes de la Babylone impure.

— « Va dire à ceux qui t'envoient, répondit Anselme au messager d'imposture, que les carbonari se rendront quand l'archange d'airain du château Saint-Ange aura remis son épée au fourreau. »

Le feu recommença plus terrible, et déjà perforée d'outre en outre comme un crible, la maison, canonnée sans trêve, menaçait ruine de toutes parts. Le toit était en flamme ; mais les assiégés étaient infatigables, et, résolus à s'ensevelir sous les ruines, ils n'avaient pas laissé sans réponse une seule décharge.

Tout-à-coup un bruit sourd se fit entendre du côté de la rue Salara.

— « L'issue secrète est découverte, s'écria Anselme ; notre heure a sonné. »

Il ne se trompait pas. Attaquée par la sape, la porte dérobée était au moment de céder ; pris à la fois des deux côtés, les conjurés, déjà décimés par le canon du Palatin, allaient être obligés de se diviser, c'est-à-dire périr un à un par le fer et par le feu.

— « Au lieu d'attendre ici la mort comme les brebis, reprit Anselme exalté par le danger, allons comme des lions la chercher en la donnant. A moi, carbonari ! »

Cet appel fut entendu : le feu des assiégés cessa sur tous les points à la fois, et les combattans vinrent se ranger autour d'Anselme. Le canon palatin tonnait toujours et les foudroyait.

— « Mes bons cousins, leur dit Anselme avec attendrissement, voici l'heure de la séparation éternelle. Embrassons-nous une dernière fois ; et puisse notre sang féconder les germes sacrés de la république ausonienne ! »

A ces mots les carbonari se jetèrent avec effusion dans les bras les uns des autres, et se donnèrent en pleurant, sous la foudre toujours grondante du Palatin, le baiser d'adieu, le baiser de mort.

Comme Azzo avait séché les larmes aux funérailles de Grimaldi, Anselme abrégea les adieux énervans du Forum.

— « A vos rangs ! » — cria-t-il d'une voix raffermie ; et il organisa la sortie. Afin de la déguiser et de la rendre plus terrible par l'imprévu, il la fit précéder de plusieurs décharges qui don-

20.

nèrent à croire aux papalins que les assiégés avaient, après délibération, repris la défense de leurs retranchemens.

— « J'allais leur laisser le Génois en otage, dit tout-à-coup le Vénitien en saisissant l'urne oubliée de Grimaldi; quelle impiété! il faut bien qu'il soit, lui aussi, de la fête. Je l'y porterai sur mon cœur, et au lieu de nous séparer, la mort ne fera que nous rejoindre.

— » Et toi, Gênes! et toi, Venise! s'écria Cavalcabo du ton inspiré d'un prophète, rivales infortunées, la cendre de vos enfans va s'unir sur le Forum romain, et de cette union mystérieuse renaîtra le phénix éternel de la république!

— » Amen! répondit Côme.

— » Amen! » — répétèrent en chœur après le Toscan tous les carbonari.

Toujours triste et résigné, Azzo secoua la tête en silence.

En ce moment, la porte de la rue Salara fut vaincue par la sape et tomba. C'était le signal de la sortie; elle fut effroyable: on eût dit la phalange de Macédoine enfonçant les hordes d'Asie. La mousqueterie cessa, on se prit corps à corps, on lutta homme à homme, et, pour ajouter au tumulte, la masure, au même instant, s'abîma dans un tourbillon de feu. Jamais le Forum, ce vieux champ de bataille des Gracques, des Barbares et des guerres civiles du moyen âge, jamais il n'avait vu une si épouvantable mêlée.

Un des premiers frappés fut Tibaldo. Il alla tomber percé de coups sous les colonnes du Temple de la Concorde; le soldat qui l'acheva lui arracha l'urne funéraire qu'il tenait étroitement embrassée; il vida dans le sang du Vénitien les cendres du Génois, et vendit l'urne à un Anglais qui contemplait le combat en amateur, du seuil de la prison Mamertine.

Ainsi s'accomplit, dans la mort de leurs fils, l'union des deux rivales. Puisse, ô Lombard! s'accomplir un jour de même ta prophétie!

Anselme rencontra dans la mêlée le capitaine Orlandini. — « Te voilà donc, infâme suborneur! lui cria de loin le père de Loysa; te voilà, enfin! Ne t'avais-je pas dit que nous nous reverrions? Où as-tu mis ta victime? dis, scélérat? dans quel repaire l'as-tu cachée? Réponds, que nous nous battions ensuite, et que je te tue! »

Quelque soif ardente qu'eût Orlandini de se venger sur le carbonaro vaincu du Forum des terreurs du pèlerin de Sainte-Marie-Majeure, cette menace n'était qu'une fanfaronade; il n'osa pas l'approcher, et il épargna lui-même à l'amant l'horrible épreuve de tuer, comme le Cid, le père de sa maîtresse. Il promit même une récompense à celui qui réussirait à le lui amener vivant.

Autant les soldats avaient mis jusque là d'ardeur à lui ôter la vie, autant ils en mirent dès lors à la lui conserver. Quant à lui, la vue du père de Loysa l'avait rallié tout-à-coup à l'existence, en ramenant impérieusement sa pensée à la chaumière de l'Aventin. Il n'était pas isolé sur terre, il se devait ailleurs, et l'amour a ses droits comme la liberté. Seul appui de la fugitive, il jura de vivre pour elle; et moins prodigue désormais d'un sang que la patrie ne réclamait plus, il se mit à défendre sérieusement ses jours. Un incident les lui sauva.

— « Arrêtez, capitaine! s'écria une voix; vous vous méprenez; il est des nôtres. » — Et un cavalier tout bardé de fer se jeta entre Anselme et Orlandini.

C'était le prince d'Iési. Attiré du Quirinal au Forum par le bruit du canon, il était arrivé sur le champ de bataille en criant : Tue! Tue! Mort aux carbonari! comme Simon de Montfort criait : Mort aux Albigeois!

Ignorant en cela comme en toutes choses, il avait toujours défendu l'orthodoxie d'Anselme; et il tenait son jeune collègue du cloître de Saint-François pour un sanfédiste aussi chaud que lui. En le voyant aux prises avec les papalins, il avait cru à une méprise, et avait volé avec sa bande au secours de l'adepte du Consistoire, en ne cessant de crier à Orlandini : — « Mais c'est un guelfe, capitaine! un bon guelfe, comme vous et moi! »

Ce quiproquo amena une grande confusion, dont l'amant de Loysa profita pour se rapprocher de l'arc de Constantin. Une fois à l'Aventin, il était sauvé. Mais comme il tournait le Palatin, il vit la rue de Saint-Grégoire pleine de dragons. Il se rejeta en arrière avant d'avoir été aperçu, et chercha un refuge dans les immenses ruines du Colossée.

A peine y était-il entré, qu'une troupe de soldats le traversa, traînant deux prisonniers que l'ami de Marius crut reconnaître d'en haut pour Azzo et Cavalcabo. Son cœur se serra. C'étaient bien eux. Ils avaient tous les deux si vaillamment disputé leur vie, qu'elle leur était restée. Repoussés, en combattant toujours, jusqu'au pied des Esquilies, ils étaient tombés là dans une embuscade, et, assaillis par derrière, ils avaient eu le malheur d'être pris vivans.

Leur mort n'était qu'ajournée. Plongés provisoirement au fond des cachots Saint-Ange, ils furent livrés par le Vatican à leur bourreau légitime : le Lombard à l'Autriche, Azzo au duc de Modène.

Ils avaient l'un et l'autre à purger de vieilles contumaces.

Cavalcabo fut enseveli dans la tombe vivante du Spielberg ; son âme énergique et croyante s'y brisa ; il mourut de douleur, d'indignation, à côté du cachot où priait le poète résigné.

Le supplice du sceptique Azzo fut moins long ; il fut pendu sur les remparts de Modène.

Cependant l'émeute était domptée sur tous les points, c'est-à-dire que les carbonari étaient tous morts comme le Vénitien, ou pris comme Azzo et Cavalcabo. Le Vatican triomphait. Sa joie se répandit en *Te Deum* et en proclamations. La théocratie, monstre sanguinaire et bigot, exhiba toutes ses reliques ; elle exposa à l'adoration de la multitude et les chaînes de saint Pierre à Saint-Pierre-aux-Liens, et la miraculeuse image de la Madone dans les églises populaires de Sainte-Marie-du-Peuple et Sainte-Marie-à-Campitelli. Fidèle à sa double nature, elle exposa aussi, pour plus de solennité, les têtes sanglantes des victimes sur les murailles du château Saint-Ange. Protégées, l'une par les Trastévérins, l'autre à Sainte-Cécile par les Trastévérines, les dépouilles de Marius et de Conradin échappèrent seules aux outrages du vainqueur.

On parla même, afin de rendre la terreur plus grande, de prisonniers fusillés sur les remparts de la citadelle, égorgés dans la nuit des cachots.

Le palais Madame était en fête. Le gouverneur de Rome s'attribuait libéralement tous les honneurs de la journée ; la fortune, on l'a vu, y avait eu plus de part que lui. Il s'attendait, dit-il aux flatteurs qui le félicitaient, à cette levée de boucliers des carbonari, et il avait pris ses mesures en conséquence. Sa police pratiquait depuis long-temps des mines jusqu'au sein de leurs ventes, et il avait été informé par elle de toutes les circonstances du complot ; il était temps d'en finir.

Or ceci était un mensonge, et, de plus, une calomnie ; rien du complot n'avait transpiré, et la conjuration n'avait pas eu un traître. Mais c'est la tactique éternelle des lâches et des faibles de déshonorer le vaincu, sans se douter, tant le succès les aveugle, qu'ils gâtent par là leur propre victoire.

Tandis que l'idole du palais Madame s'enivrait d'encens, une note du palais de Venise acheva de lui tourner la tête. Cet homme avait donc fait un pacte avec la déesse d'Antium. Les félicités pleuvaient sur lui !

— « Le soussigné (portait la dépêche) ambassadeur de
» S. M. I. R. apostolique, apprend à l'instant, par ses corres-
» pondans de Corse, que la tour d'Asture est depuis quelque
» temps un foyer de carbonari. Il a l'honneur d'en informer
» monseigneur le gouverneur de Rome, et il a cru devoir cette
» communication aux relations d'amitié qui unissent les deux
» cours ; monseigneur en fera l'usage que lui dictera sa haute
» sagesse. »

Tant que la révolte avait eu une chance quelconque de succès, le palais de Venise avait gardé le silence, on sait pourquoi : une fois vaincue, et ne sachant pas jusqu'à quel point il pourrait être compromis lui-même par ses perfides ouvertures de la veille, il avait jugé prudent, dans cette complication, de rompre avec les carbonari par une démarche éclatante. Les rapports de l'espion marse l'avaient merveilleusement servi.

Cette délation imprévue couronnait magnifiquement la victoire du gouverneur de Rome, et l'usage qu'il allait en faire n'était pas douteux. Il appela sur-le-champ auprès de lui le capitaine Orlandini, qui bivouaquait alors sur la place Colonne.

— « Capitaine, lui dit-il, vous avez si bien servi aujourd'hui l'Église et l'État que vous méritez une distinction particulière. »

Il lui fit part alors de la note confidentielle du palais de Venise, et lui donna le commandement en chef de l'expédition d'Asture.

— « Mais, poursuivit le prélat, je ne puis dégarnir Rome en ce moment ; je n'en puis éloigner un seul soldat. Voici ce qu'il y a à faire. Partez à l'instant pour Terracine ; avec de la diligence vous y arriverez cette nuit. Vous y trouverez un escadron de carabiniers à la tête duquel vous repartirez la nuit même pour Asture. Vous pouvez être au pied de la tour demain soir ; tâchez de la surprendre. Si elle résiste, faites-en le blocus. Un brick de guerre est mouillé à cette heure à l'embouchure du Tibre ; l'ordre va lui donné de lever l'ancre dans la nuit ; pour peu que le vent le favorise, il arrivera en même temps que vous devant la place. Pris à la fois à l'improviste par terre et par mer, les rebelles ne peuvent échapper. Du reste, ajouta le gouverneur, remettant à Orlandini ses instructions écrites, je vous donne pleins pouvoirs, et je vous recommande le secret. Partez capitaine, pour revenir colonel. Je me charge du brevet. »

Enflammé de zèle par une si brillante perspective, le père de Loysa oublia sa fille enlevée et partit sur-le-champ de Rome. Afin de mieux cacher le but de son voyage et de dérouter les curieux, il ne sortit point par la porte directe de Saint-Jean-de-Latran ; il alla prendre la porte inusitée de Saint-Sébastien, et la franchit à cheval, suivi d'une seule ordonnance.

Une heure avant, Côme l'avait franchie à pied. Poussé tout-à-coup loin du champ de bataille par un de ces instincts de conservation spontanés, irrésistibles, dont l'homme n'est pas le maître, le Toscan avait fui. Poursuivi dans la rue Saint-Grégoire par les mêmes dragons qui avaient forcé Anselme à se réfugier dans le Colossée, il leur avait échappé en se jetant dans les vignes inaccessibles du Célien et du Mont-d'Or, et il avait réussi à sortir de Rome. Il comptait regagner Asture, et avait déjà fait deux milles dans le désert sans fâcheuse rencontre ; arrivé devant la solitaire basilique de Saint-Sébastien, où est l'entrée des Catacombes, et craignant toujours d'être découvert, il s'était caché dans l'église, résolu à y attendre la nuit, moins périlleuse pour lui que le jour dans ces campagnes ouvertes.

Tout-à-coup un fracas de chevaux sur les laves sonores du chemin avait troublé le silence de la basilique. Le fugitif se crut de nouveau poursuivi ; imprudent par excès de prudence, il se précipita dans l'escalier ténébreux qui mène aux Catacombes, et en renfermant sur lui la lourde porte, il chercha la vie dans les solitudes de la mort.

Les cavaliers n'étaient autres qu'Orlandini et son ordonnance qui galopaient devant eux sans songer à Côme, et allaient reprendre la grande route de Terracine, à la tour de Mezza-Via.

Revenu de son alerte, le fugitif voulut remonter dans l'église ; mais, engagé sans guide et sans flambeau dans ces inextricables ténèbres, il ne retrouva plus son chemin. Errant au hasard de galerie en galerie, il s'égara sous ces voûtes froides et muettes, il s'y perdit tout-à-fait ; comme l'Ugolin de son grand Alighieri, le banni florentin mourut de désespoir et de faim.

Ses restes se mêlèrent à ceux des saints et des martyrs.

Le frère mineur commis à la garde des fidèles et des curieux dans la souterraine cité des premiers chrétiens y retrouva ses os quelques années plus tard ; il s'en empara, les emporta clandestinement dans son couvent, et en fit des reliques qu'il vendit fort cher aux dévots, comme le corps véritable de saint Sébastien. Mais qu'importe le nom ? qu'importe le Dieu ? Autel pour autel, foi pour foi, n'était-ce pas toujours un martyr ? Et n'étaient-ils pas tous des martyrs comme lui, les vaincus insultés de cette implacable journée?

XXXVIII

LE COLOSSÉE.

Tandis que le Toscan s'égarait dans le tombeau des martyrs nazaréens, Anselme était caché dans les ruines du Cirque, où tant de ces Nazaréens persécutés furent livrés aux bêtes. Réhabilité par les papes comme la prison Mamertine, comme tous les lieux de la Rome païenne teints du sang chrétien, le *Colossée*, véritable *colosse*, est en vénération parmi le peuple. Au centre s'élève une croix que tout passant dévot baise pour gagner deux cents jours d'indulgence, et l'on a érigé autour de l'arène quatorze oratoires destinés à représenter les stations du Calvaire, et où se pratique en grande pompe la cérémonie de la *via crucis*. A côté de la porte orientale est une chapelle où l'on dit la messe. Un capucin est le gardien de l'amphithéâtre.

Anselme avait escaladé les étages supérieurs, et attendait la nuit pour regagner l'Aventin. Masqué par les touffes de verdure dont les ruines sont ombragées, il voyait tout sans être vu. Le canon du mont Palatin s'était tû depuis long-temps. Relevant les troupes sur le champ de bataille, la confrérie des sépultures ramassait les morts; tandis que les vainqueurs bivouaquaient sur les places publiques, elle emportait les vaincus dans leur dernière demeure, et le Forum rentrait peu à peu dans son silence accoutumé.

Le Colossée était désert comme le Forum. Arrachés du travail par l'émeute ou par la sieste, les maçons et les galériens chargés de l'entretien du monument étaient eux-mêmes absens; la solitude était complète.

Le temps était splendide, les ruines toutes parfumées de fleurs sauvages. Voltigeant en liberté parmi les broussailles, des oiseaux de mille couleurs scintillaient au soleil; le chant gai du chardonneret se mariait au roucoulement plaintif des tourterelles nichées sous les portiques abandonnés et croulans. Ces bruits, doux et gracieux comme le gazouillement tranquille des fontaines, contrastaient avec les orages de cette journée de deuil, et ce contraste même apaisait Anselme. Son âme passait par degrés du désespoir à une mélancolie moins âpre.

Et puis l'immensité du lieu a quelque chose en soi qui élève et qui pacifie. Le Colossée est la plus imposante, la plus vaste ruine non seulement de Rome, mais du monde occidental tout entier. Il est à l'Europe ce que les pyramides sont à l'Égypte, et les Israélites captifs travaillèrent au théâtre de Vespasien comme leurs ancêtres avaient travaillé aux mausolées des Pharaons. Quelle solitude où il y eut tant d'hommes! Quel silence où il y eut tant de bruit! Ce sont là de ces péripéties dont l'effet est puissant toujours sur les âmes intelligentes et méditatives; associée à de si grandes vicissitudes, la douleur humaine se recueille, et atteint par elles au calme stoïque.

Seul dans l'immense arène, Anselme promenait ses yeux autour de lui, et ne voyait partout que décombres et destruction: d'un côté le palais des Césars, de l'autre ce temple de Vénus qui touchait presque à l'amphithéâtre, et à la vue duquel les Vestales venaient respirer la vapeur sanglante du carnage. Les cyprès du mont Célien se dessinaient sur le ciel bleu comme les ifs d'un cimetière, et guidé par la pyramide de Cestius, qui est le seuil du désert, par Saint-Paul, qui en est le temple, l'œil se perdait au loin dans les larges ondulations de la Campagne aride et désolée.

Venu du Forum, un carrosse s'arrêta à la porte occidentale du Colossée; une femme en deuil en descendit: elle entra seule dans l'enceinte. Troublée sans doute par l'agitation tumultueuse dont Rome était encore le théâtre, elle venait chercher la paix des tombeaux sacrés. C'est ainsi qu'on vit un jour d'hiver le vieux Michel-Ange errer là, seul dans la neige, pour élever son âme à Dieu et au beau. L'inconnue traversa l'arène d'un pas lent et majestueux, puis revint s'asseoir au pied de la croix. On eût dit que, revêtue en ce jour douloureux d'une forme humaine, Rome venait pleurer au milieu des ruines la mort de tous ses martyrs. Si cette femme isolée n'était pas la Niobé des nations, c'était bien une Niobé comme elle; elle avait à pleurer, elle aussi, bien des enfans, bien des martyrs : c'était la mère de Napoléon.

Frappé de cette apparition saisissante, Anselme s'était levé; oubliant par respect la prudence, il se tenait devant elle, debout et découvert, au risque d'être aperçu. Il le fut par elle. Pénétrant la pensée du proscrit et devinant ses périls, elle lui sourit tristement, la mère proscrite du grand proscrit, et lui rendit du regard son salut muet. Mettant un genou en terre, le poétique enfant du Midi se prosterna en silence devant la majesté du malheur.

Un bruit de chaînes et de voix rauques troubla ce touchant tête-à-tête ; c'étaient les galériens du pape qui revenaient à l'ouvrage. Ils inondèrent l'arène en sifflant, et le cliquetis des chaînes alla se mêler au chant des oiseaux. Un homme vêtu de noir s'approcha alors de la mère de douleur, et lui donna la main pour remonter dans son carrosse. Cet homme était un roi détrôné.

Resté seul avec les galériens, Anselme se déroba à leurs regards. Comme il rentrait sous le portique obscur qui lui servait de retraite, il vit venir à lui un moine ; il le prit pour le custode du Colossée : c'était le capucin calabrais.

Sa mission remplie au cloître de Saint-François, il était revenu au Forum pour y voir ses compagnons ; quoique protégé par son habit, il n'en avait pas moins cherché un refuge au Colossée, et il y attendait le soir pour sortir plus sûrement de Rome et regagner Asture.

— « Qu'a dit le grand-pénitencier ? lui demanda Anselme quand ils se furent joints.

— « Mon Dieu, a-t-il dit en prenant l'anneau que je lui présentais en silence, faites que cette coupe se détourne de moi ! » Puis levant les yeux au ciel, il a ajouté, comme le Fils de l'homme à Gethsémané : « Toutefois que votre volonté soit faite, et non pas la mienne ! » Ensuite il m'a congédié, et s'est enfermé dans sa cellule. — Eh bien ! Anselme, reprit le Calabrais après une pause et en croisant les mains sur sa poitrine avec un mélange de tristesse et d'ironie, croyez-vous encore qu'il y ait une justice ? »

Anselme allait répondre, lorsqu'une procession entra dans le Colossée, conduite par un religieux. Hommes et femmes, et les galériens eux-mêmes, s'agenouillèrent en chantant des litanies au pied de la croix que venait de quitter la mère de Napoléon. La cérémonie des stations commença ; vint ensuite le *predica*. Le moine monta sur un fût de colonne antique, et, le crucifix à la main, il fit l'apothéose des martyrs.

— « Hélas ! disait-il, combien ont rougi de leur sang précieux cette poussière où nous venons prier et pleurer ! C'est ici même, dans cette arène impie, qu'ils étaient déchirés par les chiens et les bêtes féroces ; c'est ici qu'on les mettait en croix comme le maître, et qu'on les allumait la nuit en guise de

» flambeaux. Et comme ils étaient tous des saints, et qu'on ne
» pouvait trouver en eux aucun péché, savez-vous ce que fit
» pour les perdre l'empereur des Gentils ? Il mit le feu à Rome
» de sa propre main, puis accusa les chrétiens de cet abomina-
» ble forfait; vêtu en cocher, il présida en personne à leur sup-
» plice, comme il avait assisté du haut de son palais, en jouant
» de la lyre, à l'incendie de la ville éternelle. Mais les décrets
» de Dieu étaient écrits, mes frères, et les supplices n'ont pas
» empêché la chute des idoles et le triomphe du vrai Dieu; et la
» croix règne sur le monde du haut du Vatican, et l'Église est
» inébranlable; elle est fondée éternellement sur le rocher des
» siècles, et les portes de l'enfer ne prévaudront point contre
» elle. Gloire aux martyrs! Couronnés de célestes palmes, ils
» siégent maintenant à la droite de Dieu, face à face avec ses
» anges. Gloire à eux! Puisse leur sang racheter nos péchés et
» nous ouvrir les voies du ciel! O saints martyrs! priez pour
» nous! »

La foule agenouillée répétait d'une voix pénétrée : — « O saints martyrs! priez pour nous! »

— « Eh bien! mon père, répondit alors Anselme au Calabrais, doutez-vous encore qu'il y ait une justice? » Et comme le capucin le regardait d'un œil de surprise : « Eh quoi! poursuivit-il, avez-vous donc, vous aussi, des yeux pour ne point voir, des oreilles pour ne point entendre, et cette scène est-elle pour vous sans enseignemens? Pour moi, elle me remplit d'espérance et de foi. Oui, mon père, il y a une justice. Baptisez-la Dieu, providence, loi, force, destin, elle existe une sous tous ces noms; la nier, c'est nier la lumière, c'est nier la vie même. Ce que les chrétiens étaient pour la Rome de Néron, nous le sommes, nous, pour la Rome du Vatican. Ils abattaient les idoles, nous les abattons comme eux, et comme eux on nous flétrit du nom d'incendiaires, on nous livre aux supplices. Mais, croyez-moi, outragés, calomniés par notre âge, l'avenir réparateur nous réhabilitera comme il les a réhabilités. Nous sommes les précurseurs de la loi nouvelle, loi d'union, loi de liberté. Comme le prophète du Jourdain, nous aplanissons les sentiers du Rédempteur de l'Italie. Hérode en vain nous décapite. Comme on dit aujourd'hui saint Jean-Baptiste, on dira quelque jour saint Marius, saint Azzo. Oui, mon père, il y a une justice parce qu'il y a un Dieu, parce qu'il y a une humanité. Mourir pour elle est le plus noble destin de l'homme. Il faut à toute vérité des martyrs; il est beau de l'être. C'est de toutes nos prérogatives la plus auguste. Voudriez-vous donc vous en dessaisir ? Vous n'en avez pas le droit; vos actions démentent vos doutes ; vous êtes un martyr vous-même ; vous croyez. Et si nous sommes faibles encore, si le nombre encore nous écrase, qu'on ne nous l'impute point à crime ; le monde ne marche que par les minorités ; d'abord opprimées, puis triomphantes, elles deviennent à leur tour majorités. Ce temps n'est pas loin pour nous; si le peuple ne s'associe pas encore à nos combats, il s'émeut au spectacle de nos malheurs. Écoutez ce que j'ai vu. Passant un jour à Imola, je rencontrai sur le pont du Santerno une troupe de nos frères de Romagne enchaînés au pied de la statue de Rivarola. Les pâtres et les laboureurs arrivaient en foule pour les voir, et tous en arrivant près des victimes se découvraient en silence, les contemplaient d'un œil attendri. Pour eux déjà les carbonari étaient des martyrs. Ne sont-ce pas là des symptômes? Quand les sympathies du peuple sont pour une cause, son bras, croyez-moi, ne tarde pas à s'armer pour elle, et c'est alors qu'elle triomphe comme les martyrs chrétiens ont triomphé. »

Anselme s'arrêta et fit une pause ; puis tout-à-coup se levant d'un air prophétique : — « Mon père, reprit-il en se tournant vers le Forum, regardez là, qu'y voyez-vous ? des cadavres ? du sang ? J'y vois, moi, comme ici, des statues et des autels. J'y vois un prêtre en prière, et une multitude en larmes, agenouillée comme ici sur la poussière d'un tombeau ! Heureux les morts qui l'habitent ! »

Cependant la cérémonie était terminée, la foule s'était relevée, et la procession allait sortir du Colossée : — « Mon père, reprit Anselme, s'il est beau de mourir pour la vérité, il est beau aussi de vivre pour elle jusqu'au dernier instant. Je vous donne rendez-vous à Asture ; précédez-m'y. Le destin vous en aplanit les voies. Ce prédicateur est un moine de Saint-Paul hors des murs; il retourne à son couvent : mêlez-vous dans la foule qui l'y accompagne, vous sortirez de Rome avec elle sans danger. De Saint-Paul, gagnez Ostie; là, prenez la grève, et suivez-la de tour en tour jusqu'à celle du fidèle Oddo ; votre habit et votre barbe vous serviront de passeport. Quant à moi, je suis trop connu pour m'aventurer de jour avec vous. Ma compagnie vous serait funeste, elle vous perdrait. Un devoir sacré, d'ailleurs, me retient à Rome. Partez seul, je vous suivrai de près dans la tour hospitalière ; mais s'il m'est donné d'y retourner, je n'y arriverai pas seul : une femme m'accompagnera ; et nous aurons besoin du prêtre, mon père, avant d'affronter l'océan avec le carbonaro. Allez donc, et tandis que le sergent mettra à flot la parancelle de salut, érigez, vous, l'autel nuptial sur la plate-forme du donjon. »

Le capucin prit congé d'Anselme ; il se glissa inaperçu dans l'arène, et prit rang dans la procession. Il descendit avec elle, en chantant les litanies, la rue Saint-Grégoire, traversa l'Aventin tout près de l'asile du proscrit, et sortit de Rome par la porte Saint-Paul. Arrivé à la basilique, il prit la route d'Ostie.

Quelque temps avant d'y arriver, il fut rejoint, près du tombeau de Socrate Astomachus, par une estafette qui venait de Rome bride abattue. Ils firent quelque temps route ensemble ; mais le cavalier prit les devans ; il portait au brick mouillé à l'embouchure du Tibre l'ordre cacheté de partir sur-le-champ pour Asture.

Le Calabrais continua, seul et à pied, sa route vers Ostie, et de là suivit par les marines de Laurente, Ardée et Porto-d'Anzo, l'itinéraire tracé par Anselme.

Pour Anselme, resté de nouveau en tête-à-tête avec les galériens, mais caché toujours à leurs yeux, il attendait que la nuit brisât sa chaîne et lui ouvrît la route de l'Aventin. Rendu à l'amour et à ses impatiences, il maudissait ce soleil inflexible qui ne voulait pas, ce soir-là, abdiquer l'empire des cieux. Enfin le roi du jour descendit du trône, déroulant après lui dans l'espace un voile d'or ; le front du Colossée s'embrasa de feux ardens, mais passagers ; à l'or bientôt succéda la pourpre, à la pourpre l'azur, puis le gris vaporeux du crépuscule envahit tout. Les tourterelles et les chardonnerets se turent ; une nuée de choucas s'abattit sur les ruines en poussant des cris farouches ; les travailleurs quittèrent l'ouvrage ; traînant leurs lourdes chaînes sur le tombeau des martyrs, les galériens sortirent du Cirque deux à deux sous le bâton des alguazils. Anselme resta seul encore une fois. Il faisait nuit.

Trompant les regards des sentinelles nocturnes qui défendent les ruines contre les bandits, qui en ont fait plus d'une fois leur repaire, il se glissa dans l'ombre des arcades inférieures, et gagna, sans être vu, les cyprès du mont Célien et l'église antique des deux martyrs saints Jean et Paul qu'ils ombragent. De là, il se jeta à travers les vignes et les villas désertes, et atteignit, à la faveur des ténèbres, les solitudes de son Aventin.

XXXIX

LE DÉSERT.

Effrayée tout le jour par le bruit du combat et par le silence plus terrible encore qui l'avait suivi, Loysa avait cru d'abord, aux premiers coups de fusil, que c'étaient des chasseurs; mais l'attaque du Forum et le canon voisin du Palatin avaient détruit bientôt son erreur, et rendu dès lors impossible cette illusion rassurante.

Quatre heures, six heures, douze heures se passèrent dans cette affreuse angoisse, et Anselme ne revenait pas. La prisonnière lui avait juré à son départ de l'attendre tout le jour et toute la nuit; elle n'en fut pas moins mille fois au moment de rompre son serment et sa chaîne pour s'envoler au Forum ou à la place du Peuple. La crainte de rencontrer son père la retint toujours et l'enchaîna à sa parole.

Le soir enfin était descendu sur l'Aventin, mais sans y ramener son amant. Les fantômes dont l'imagination terrifiée de la captive abandonnée peupla les premières ténèbres furent si épouvantables, que sa nature succomba; elle s'évanouit. Anselme en rentrant la trouva sans connaissance.

Le son de sa voix la réveilla; elle se précipita dans ses bras avec une explosion long-temps comprimée de larmes et de sanglots.

— « Jésus! s'écria-t-elle en apercevant du sang sur ses habits, qu'est-il donc arrivé? D'où venez-vous? Et Marius, où est-il?

— » Il est mort, et bien d'autres avec lui! le destin nous a dénié la consolation de le sauver.

— » Hélas! hélas! reprit la jeune fille tout en pleurs, faut-il nous revoir ainsi!

— » Trop heureux de nous revoir encore! répondit Anselme d'une voix sombre. Dieu veuille que ce ne soit pas pour la dernière fois! Tu disais vrai, mon enfant; les mauvais jours sont venus. Mais nous ne sommes pas ici pour éclater en plaintes et en regrets; le temps presse, il faut l'employer mieux. Écoutez-moi, Loysa, et préparez votre courage; c'est maintenant qu'il en faut, le coup va être bien rude. Je vous ai trompée, je vous ai endormie jusqu'ici dans une sécurité menteuse. J'ai joué ma tête, je l'ai perdue, et la hache de la proscription est levée sur moi. Il n'y a pas de quartier à espérer, car le jeu est à mort, et le gagneur implacable ; il est sans entrailles comm' le destin. Mais je ne ferai pas comme Satan, je n'entraînerai pas les anges avec moi, je tomberai seul. Non, continua-t-il d'une voix de plus en plus émue, je ne t'entraînerai pas dans ma chute. Il en est temps encore. Ces liens sont trop doux, hélas ! que le mensonge a noués, la vérité les rompt. Soyez libre, Loysa ! Sois heureuse, mon enfant ; cueille sur tes pas les fleurs dont ta vie est semée ; et quand la pierre sanglante du sépulcre...

— » Que parlez-vous de sépulcre ? interrompit la Romaine avec une terreur superstitieuse. Est-ce à notre âge que l'on prononce ces mots funestes ? Êtes-vous centenaire, pour mourir ? Et croyez-vous que je veuille rester seule dans la vie ? O mon Anselme ! que voudrais-tu donc que j'y fisse sans toi ? Mais quoi ! vous ne rougissez pas de me venir parler à moi des fleurs d'une vie où vous ne seriez pas ? Cette liberté que vous m'offrez si généreusement, vous l'ai-je demandée ? Vous ai-je rendu la vôtre pour m'offrir la mienne ? Qui vous a dit que je voulusse être libre ? Je ne veux pas l'être ; j'adore ma chaîne, et je maudirais la main qui l'oserait briser. L'esclavage, pour moi, c'est la liberté, c'est le bonheur ; et l'amour a si bien façonné ma tête à son joug, qu'il est pour moi doux et léger. Anselme ! Anselme ! n'est-ce donc pas assez de m'avoir méprisée au point de me taire vos périls et de jouer seul votre vie, sans me repousser indignement, sans me chasser de votre cœur, comme la pauvre Agar fut chassée de la tente impitoyable du patriarche ? Vous n'en avez pas le droit : n'ai-je pas juré d'être à vous ? n'avez-vous pas reçu mon serment ? n'avez-vous pas, vous aussi, juré d'être à moi ? Avez-vous la mémoire si courte que vous ayez oublié l'autel de Sainte-Marie-Majeure, et qu'il ne vous souvienne plus du crucifix d'ambre que vous baisiez ce matin même en recevant ma foi et en me donnant la vôtre ? Le voici, poursuivit-elle en le tirant de son sein ; le voici humide encore de vos baisers ; juge et témoin accusateur, il vous défend de délier ce que Dieu a lié. Que si tout ceci n'est qu'une épreuve pour ma tendresse, vous vous donnez là un bien triste plaisir. Au nom du ciel, Anselme, soyez vous-même ; ou je vous ai horriblement méconnu, ou vous ne pousserez pas plus loin ces cruautés inutiles. Je ne vous rappelle pas à vos sermens ; je vous rappelle à l'amour, à nos doux projets, à nos longues soirées des Quatre-Fontaines, aux tête-à-tête de Sainte-Marie-Majeure. Anselme ! mon Anselme ! seriez-vous comme tous les autres? ne sauriez-vous aimer qu'à demi? L'amour ne serait-il pour vous qu'un passe-temps, une distraction? Hélas! pauvres femmes que nous sommes, il est tout pour nous; nous ne sommes rien que par lui. Gloire, carrière, fortune, nous vous laissons tout, nous vous laissons l'empire du monde; nous ne vous demandons que votre amour, et vous me le refuseriez! Nous ne sommes jalouses ni de vos prospérités, ni de vos grandeurs; nous le sommes de vos infortunes, et nous voulons notre part de vos adversités. Et si les mauvais jours sont venus, sont-ils donc si nouveaux pour moi? Croyez-vous que j'aie oublié si tôt le cloître de Sainte-Catherine et la prison d'où j'échappe à peine? L'orage ne gronde-t-il pas aussi sur ma tête? Ne suis-je pas toute meurtrie encore des violences de mon père? Il y aurait de la lâcheté à m'abandonner, et de la barbarie à me rejeter sous sa main de fer. Que ferais-je sans vous? où irais-je? N'êtes-vous pas mon asile, mon refuge unique, mon ange gardien? Unissons nos malheurs, Anselme, comme nous avons uni nos espérances et nos joies. Je ne vous demande ni vos secrets, ni vos projets; je ne demande qu'à partager tes dangers, ta proscription; et s'il faut mourir, la mort avec toi perdra son horreur; dans tes bras elle me sera douce. Parlez, ordonnez; je suis votre esclave, je suis votre Agar. Faut-il partir pour le désert, pour l'exil? Me voici. Partons; où vous serez je veux y être; le désert et l'exil seraient pour moi partout où vous ne seriez pas. »

Ce torrent impétueux emporta toute idée de séparation; Anselme ne répliqua qu'en pressant sur son cœur la tendre et courageuse fille, et il ne songea plus qu'aux moyens de regagner Asture avec elle. Une fois là, et mariés par le capucin calabrais, son projet était de chercher un refuge en Corse avec sa jeune épouse et les carbonari réunis dans la tour, si du moins le ciel y en avait ramené quelques-uns. La distance est d'environ cinquante lieues; la saison était bonne. Anselme comptait faire la traversée sur la parancelle napolitaine, et attendre sur la terre de France la fin de l'orage, tout en se préparant à lui et aux siens les moyens de repasser en Italie.

La première difficulté était de sortir de Rome dans un moment où les portes en étaient si rigoureusement gardées par les inquisiteurs du palais Madame. Sous quel nom, sous quel travestissement échapper à leurs yeux? Une idée vint à Anselme.

— » Le prénom de ton père? demanda-t-il à Loysa.
— » Laurent.
— » Nous sommes sauvés! »

A ces mots, il passa sans rien ajouter dans un cabinet voisin, espèce de vestiaire où la prudence du proscrit avait rassemblé et tenait en réserve divers déguisemens. Il en sortit quelque temps après, non plus en pèlerin comme naguère, mais en vieille femme. Sa métamorphose était si complète, que Loysa recula de surprise, presque d'effroi. Elle ne l'avait pas reconnu.

— « Voici un cierge, lui dit la fausse duègne d'une voix contrefaite comme son visage, que nous irons brûler ensemble, au soleil levant, à Saint-Laurent hors des murs, sur le tombeau du martyr. Ne faut-il pas bien que la signorina aille, en fille reconnaissante, remercier le saint patron du capitaine Orlandini de lui avoir sauvé la vie dans le combat d'hier?...

— » Et de l'avoir tirée elle-même, avant-hier, de ses griffes, ajouta Loysa. Soyez tranquille, ma bonne mère, ma gratitude est profonde, et mon oraison sera fervente. Et de là?

— » De là, j'aurai l'honneur d'accompagner la signorina à une plus douce cérémonie. L'autel est dressé; le prêtre attend. Partons. »

La nuit avait marché vite, et le jour commençait à poindre; on quitta l'Aventin. Appuyée sur le bras de sa duègne et le cierge à la main, la jeune fille s'achemina courageusement vers la porte Saint-Laurent; elle passa même par Sainte-Marie-Majeure, afin de mieux jouer son rôle en ayant l'air de venir des Quatre-Fontaines.

— « La signorina se souvient-elle du pèlerin? demanda Anselme à voix basse, quand, déjà dorée du soleil, la basilique apparut à leurs yeux.

— » Chut! répondit Loysa en appuyant son bras sur celui de la duègne; la Madone vous défend de parler. »

Ils atteignirent la place et la traversèrent. Un groupe de femmes des Monts devisait à la fontaine qui est sous la colonne de Constantin; la noblesse de leur taille, la pureté sévère de leur profil antique, la forme artistique des vases qui leur servaient à puiser l'eau, l'éclat du temple et des colonnes, et, pardessus tout, l'obélisque égyptien immobile au milieu des acacias de l'Esquilin, donnaient à ce rassemblement matinal je ne sais quelle physionomie orientale et biblique. On eût dit le groupe des filles de Mésopotamie à la citerne de Nacor, et Poussin a dû peindre là sa Rebecca.

— « Tiens! dirent les femmes en apercevant Loysa, voilà la fille du capitaine Orlandini qui va brûler un cierge à Saint-Laurent.

— » C'est sans doute un vœu qu'elle aura fait au patron de son père. S'appelle-t-il pas Laurent? Quelle sainte fille! avant l'arrivée du capitaine, elle ne manquait pas un jour les vêpres.

— » Mais avec qui va-t-elle donc là? demanda une nouvelle voix; ce n'est pas dame Véronique, sa respectable tante. C'est la première fois que l'on voit cette vieille par ici; elle n'est pas mise comme nous autres.

— » Ce sera, répliqua une autre, quelque duègne que le capitaine aura amenée à sa fille, de par là-bas où il est en garnison.

— » *Sarà!* dirent les femmes; mais elle a un drôle d'air tout de même.

— » A propos, que nous chantait donc hier la Tita, en revenant de Monte-Cavallo? Ne disait-elle pas que la signorina avait été enlevée par son amant, le seigneur Anselme? un beau jeune homme, ma foi!

— » Qu'on dit carbonaro?

— » Allons donc, carbonaro! comme si je ne l'avais pas vu entrer cent fois avec elle à Sainte-Marie-Majeure!

— » Mille écus, mille écus de récompense! interrompit une voix de Stentor partie de la rue de l'Orme, mille écus à quiconque apportera à monseigneur le gouverneur de Rome des nouvelles d'Anselme, le carbonaro. »

Loysa pâlit, chancela et s'appuya avec force sur le bras d'Anselme pour ne pas tomber. Les fugitifs avaient passé la petite église de Saint-Antoine-Abbé; et, laissant derrière eux sur la place le rassemblement de la fontaine et le héraut de mort, ils étaient entrés déjà dans la rue champêtre qui mène à la porte Saint-Laurent. Ils doublèrent le pas.

— » Mille écus, mille écus de récompense! » criait toujours le héraut; et, traversant le groupe féminin, il alla droit à la basilique, et y placarda la sanglante affiche.

La tête d'Anselme avait, en effet, été mise à prix par le palais Madame, et semblable avis était cloué à la porte de toutes les églises de Rome. Le crieur de Sainte-Marie-Majeure n'était autre que le Catalan, qui profitait de cette nouvelle bonne fortune pour explorer au bénéfice du palais de Venise les divers quartiers de la ville sainte.

Anselme avait reconnu à la voix l'espion marse; mais il ne l'avait pas été par lui; il ne le fut pas non plus par les Argus de la porte. Ils se rangèrent, au contraire; ils se découvrirent devant l'intrépide dévote, et, sans même remarquer la duègne, ils se signèrent à la vue du cierge libérateur. Le stratagème avait

21.

réussi ; l'enceinte de Rome était franchie ; le désert appartenait aux amans, car le désert commence de tous côtés à la porte de la ville éternelle.

La basilique de Saint-Laurent, une des sept de Rome, n'est qu'à un demi-mille des murs. C'est un des plus anciens sanctuaires de la chrétienté. Au moyen âge, un Courtenay de France y fut couronné par le pape empereur de Constantinople. Arrivée là, Loysa tomba à genoux sur le tombeau du martyr, et, comme elle l'avait promis, son oraison fut fervente. Après tant de saisissement, tant d'alarmes, elle avait besoin de donner cours à ses pleurs ; elle pleura plus encore qu'elle ne pria.

Saint-Laurent est du côté de Rome opposé à Asture ; il fallait un grand circuit dans la Campagne pour aller reprendre, au-delà du fleuve Almo et de la voie Appia, le chemin de la tour hospitalière. Anselme pressa le départ, et, toujours travesti en duègne, il conduisit sa fiancée un mille encore sur l'ancienne route Collatine. Là, il coupa brusquement à droite, et se dirigea vers le midi à travers les aqueducs rompus, les temples écroulés et la poussière des voies désertes.

— « Recommandons-nous à la divinité de ces lieux, dit-il à Loysa ; et lui indiquant du doigt un petit édifice en ruines : C'est le temple de la Fortune-des-Femmes, et c'est ici que Coriolan fut fléchi par les larmes de son épouse. Puissent les tiennes, ô mon enfant ! désarmer aussi la Fortune ! »

Laissant à gauche la prétendue vallée d'Égérie et ce magnifique sépulcre de Cecilia Metella que crénela le moyen âge, et qui domine aujourd'hui le désert comme une forteresse, ils traversèrent enfin l'Almo, et arrivèrent sur le champ de bataille de Bélisaire, à sept ou huit milles de Rome. Ils en avaient encore trente à faire.

Tant de détours avaient dévoré bien des heures : la chaleur déjà était brûlante ; jointe à tant d'émotions, la fatigue d'une si longue marche à pied avait brisé les forces de Loysa. Un bouquet de pins s'élevait comme un oasis dans la plaine aride ; Anselme l'y fit reposer et s'assit près d'elle.

Creusées par les siècles, les Catacombes s'étendent jusque là, plus loin encore ; et peut-être en ce moment le martyr florentin expirait-il sous les pieds des fugitifs. La basilique de Saint-Sébastien brillait à leurs yeux du côté de cette Rome qu'ils fuyaient, et la coupole de Saint-Pierre était là, immobile à l'horizon, pour leur rappeler leurs dangers.

— « Allons ! s'écria tout-à-coup Loysa en se levant, je ne

suis plus lasse : l'amour me donne tant de force, que je marcherais tout le jour sans fatigue. »

Anselme la fit rasseoir à l'ombre, et la quitta un instant. Il revint bientôt, vêtu des habits d'homme qu'il avait gardés sous sa longue jupe de vieille. Sa coiffe de dentelles avait été remplacée par une toque de velours aux trois couleurs de l'Italie. La fausse duègne avait jeté sa dépouille dans un pâturage voisin, et en ramenait par la crinière une jument noire, fille encore indomptée du désert. L'œil sanglant, la peau frémissante, l'animal fougueux labourait du pied la terre, et se cabrait à la voix humaine.

Anselme lui imposa un frein de bois assez grossièrement improvisé; il sauta sur son dos nu, la dompta de ses genoux vigoureux; et, prenant Loysa dans ses bras, la pressant sur son cœur, il lança la cavale écumante dans la plaine immense.

Elle galopa plusieurs heures sous son double fardeau, sans s'arrêter et sans broncher. Emportée comme Mazzeppa, Loysa, d'abord effrayée, puis rassurée, avait repris tout-à-fait courage, et flattait de sa main blanche le poitrail luisant de sa rapide monture. Assise sur son cou musculeux comme sur un siége dont le bras d'Anselme formait le dossier, l'un des siens était passé autour de lui et l'enlaçait. L'impétuosité de la course avait dénoué sa chevelure; mais, au lieu de la renouer, elle la livrait au vent du désert, et se plaisait à la voir ondoyer à grands flots, mêlée à la noire crinière du coursier; l'œil distrait, la pensée errante, elle se livrait en silence à l'indicible volupté de la vitesse; et la cavale ardente galopait toujours à travers la plaine muette et solitaire.

Comme Loysa, Anselme était tombé dans la rêverie; mais sa rêverie n'était pas vague comme la sienne. On traversait alors, au pied du mont Albane, le berceau des Sicules, habitans primitifs de cette Sicile dont le bâtard à cette heure gémissait, mourait peut-être, au cloître trastévérin de Saint-François d'Assises. Ramené des lieux à l'homme, Anselme repassa une à une dans sa mémoire toutes les scènes de ce noble et terrible drame dont l'ouverture avait été si brillante, le dénoûment si tragique. Que d'illusions évanouies, d'espérances détruites! que de grands citoyens massacrés! Douleur et pitié! Et cette Rome, cette Italie si ardemment aimée, fallait-il donc les voir river au pilori sanglant de la tyrannie, quand leurs chaînes allaient tomber! Ces lugubres pensées chargeaient de nuages le front d'Anselme, et mouillaient ses yeux de pleurs.

— « Si ton ami t'est ravi par la mort, lui dit Loysa en passant amoureusement les deux bras autour de son cou, ne te resté-je pas pour le remplacer et pour te consoler de son absence? Nous parlerons de lui sans cesse, nous baptiserons de son nom notre premier né; et si nous ne pouvons rendre la vie à son corps, nous réjouirons son âme par notre fidélité.

— » Chère enfant! répondit Anselme, apaisé par cette voix douce et tendre, tu ne sais pas, hélas! tout ce que je pleure, tout ce que je perds dans cette journée de malédiction! Tu ne sais pas, continua-t-il en la pressant dans ses bras, non, tu ne sais pas, ô ma Loysa! tout ce que tu épouses avec moi! L'exil, l'infamie, l'échafaud...

— » Eh! n'ai-je donc pas entendu mettre à prix ta tête? interrompit la fille d'Orlandini, exaltée par le péril et par la fièvre de la vitesse; crois-tu que l'échafaud me fasse peur, et que je n'y montasse pas avec toi sans pâlir et sans sourciller? N'es-tu pas mon époux? Va, bien loin de me refroidir, tes dangers m'embrasent; et je t'aime plus ainsi proscrit, fugitif, mis à prix, qu'aux paisibles tête-à-tête des Quatre-Fontaines. Rome nous est fermée: qu'importe? le monde est vaste, il est à nous. Conduis-moi où tu voudras; rien ne m'effraie. Il n'est pas jusqu'aux tempêtes de l'Océan qui ne me sourient affrontées ensemble. L'exil le plus dur, le plus noir cachot, me seraient doux, partagés avec toi. »

En prononçant ces énergiques paroles, les yeux de la Romaine étincelaient de flammes inaccoutumées, son teint brillait d'un éclat qu'il n'avait jamais eu.

— « J'étais né pour les champs, reprit Anselme en portant à ses lèvres la longue chevelure ondoyante de sa maîtresse; j'étais né pour la retraite et pour la paix du village; nous y eussions vécu si heureux! Ignorant le monde et ignoré de lui, nous aurions béni notre obscurité et enseveli nos jours avec joie dans la solitude! Jouant au soleil sur l'herbe des prés, et sous l'ormeau touffu des vallées, nos petits enfans grandiraient sous nos yeux, et avec eux mon amour et ta beauté. Mais qu'importent les lieux, ô ma douce amie! la paix et le bonheur ne sont-ils pas où tu es? ne les portes-tu pas partout avec toi? »

Il se fit à ces mots une pause, un long silence d'ivresse et de volupté; rafraîchis par une brise née pour eux seuls, les fiancés du désert fendaient toujours la Campagne ardente.

— « Voilà bien long-temps que nous galopons, dit enfin Loysa; n'arrivons-nous pas bientôt?

— » Avant que le soleil couchant ne dore cette montagne

bleue que tu vois se dresser comme une île au bout de la plaine, j'aurai reçu mon épouse à l'autel.

— » Il y a donc une église où tu me conduis ? Est-elle aussi belle que notre Sainte-Marie-Majeure ?

— » Elle est nue et vide ; mais nous aurons pour cierges toutes les étoiles du ciel, et pour orgue l'Océan battu par tous les vents. Oui, quelques heures encore, et je recevrai mon épouse en mes bras, plus rien ne nous séparera. La vie du proscrit va changer, puisque tu l'aimes malgré tout, et que tu veux être à lui. Tu es mon ange de bénédiction, tes larmes ont fléchi le destin : le passé s'efface, l'avenir m'enchante ; je me sens renaître à une nouvelle vie. Si Dieu te demande un jour : Qu'as-tu fait sur la terre ? réponds-lui : Un heureux ! et tu seras portée au ciel en triomphe. »

Ainsi l'amour tirait un rideau magique sur le sanglant passé du conspirateur, et jetait des fleurs sur son avenir d'exil et de proscription. Pressée étroitement par son ravisseur, et l'enlaçant de ses bras comme elle l'était dans les siens, son cœur sur son cœur, ses yeux sur ses yeux, Loysa se livrait en silence au charme irrésistible de cette fascination voluptueuse.

Pendant ce temps l'infatigable coursier avait ralenti sa marche. Tout-à-coup il se rejeta violemment en arrière en hennissant de douleur, et fit un bond si brusque, si impétueux, que les deux amans furent renversés. Sorti à l'improviste d'un hallier touffu, un buffle s'était lancé sur la cavale, et lui avait percé le poitrail d'un coup de corne.

Anselme fut bientôt debout ; la chute de Loysa était plus grave ; elle resta couchée sans mouvement sur la poussière du désert.

Les fugitifs se trouvaient alors au-dessous des ruines de Corioles, sur les confins de la vaste métairie de Carocelle ; mais la moisson était terminée, et le champ cette fois était désert ; d'ailleurs c'était dimanche, et le peu de montagnards dispersés encore dans la campagne étaient à la messe à Neptune ou à Porto-d'Anzo. Depuis Rome les fugitifs n'avaient pas rencontré un visage humain, et ils avaient fait plus de vingt-cinq milles.

C'était l'heure du jour la plus chaude ; la canicule était dévorante, le soleil tombait à plomb sur le visage pâle, inanimé de la fille d'Orlandini ; il n'y avait nul secours à espérer dans cette Thébaïde en feu ; Anselme n'y trouva pas même une goutte d'eau : sources, ruisseaux, citernes, tout était desséché.

En vain promenait-il au loin dans l'espace un œil perçant et scrutateur, il ne voyait partout qu'une solitude embrasée : d'un côté une plaine jaune, aride, nue, sans fin ; de l'autre, les marais Pontins plus nus encore déployaient à perte de vue ces océans de verdure si rians, si frais, si perfides, qui invitent au sommeil et qui donnent la mort. Le mont Albane, au nord, nageait avec ses bois lointains et ses villas blanches dans une atmosphère bleue et scintillante ; et, seul sous ce ciel d'airain, Anselme rêvait de loin, comme Tantale, la délicieuse fraîcheur de ces forêts bercées au bord des lacs d'Albane et de Némi.

Saisi d'un découragement profond, il leva aux cieux un œil sombre et farouche, leur demandant s'ils avaient donc décrété de laisser périr là, dans ce désert, tant de jeunesse, tant de beauté, et s'ils ne feraient pas un miracle comme pour le fils d'Agar. Mais nulle voix d'en haut ne répondit, nul ange n'apporta l'eau de vie aux lèvres d'Ismaël.

Anselme alors blasphéma.

De ces cieux inflexibles et muets ses yeux retombèrent sur les traits décolorés de Loysa. Pas un souffle ne soulevait son sein de marbre, pas une brise n'agitait ses longs cheveux noirs. La vie manquait à ce beau corps, comme l'air à ce ciel pur et radieux.

A genoux à côté d'elle et la main sur son cœur, il retenait, pour en mieux surprendre le premier battement, son haleine, et jusqu'au mouvement de ses yeux. Tout-à-coup il crut sentir sa main légèrement repoussée, et cette poitrine si long-temps immobile se souleva comme un flot enflé par la brise. Dans son ravissement, Anselme enleva dans ses bras sa maîtresse ressuscitée ; il colla ses lèvres aux siennes, il s'empara de ce premier soupir dans un baiser qui la ranima. Elle ouvrit ses grands yeux noirs et lui sourit. Elle n'était qu'étourdie par sa chute, elle n'était pas blessée.

L'ivresse d'Anselme fut troublée. Quand il chercha sa monture pour continuer son voyage, il la trouva morte à cent pas de lui. Un combat terrible s'était engagé dans le désert entre le buffle féroce et la jument déjà blessée ; celle-ci avait succombé ; la terre était toute labourée et sanglante autour du cadavre ; le vainqueur était rentré dans ses halliers.

En vain Anselme chercha-t-il du regard quelque nouvelle armée de cavales à décimer ; les pâturages étaient déserts comme les champs. Tous les troupeaux étaient aux montagnes. Sans dangers tant que le soleil neutralise les miasmes fièvreux, les Maremmes sont mortelles dès qu'il s'éteint, et il penchait déjà vers la mer. Asture était à plus de quinze milles encore, et la nuit, c'est-à-dire la mort allait surprendre et tuer les fugitifs.

Ils firent quelques milles à pied dans la métairie de Carocelle; mais, affaiblie par son évanouissement, Loysa ne put soutenir la marche, et fut obligée de s'arrêter. Anselme alors la prit dans ses bras, et fit un mille encore chargé de son doux fardeau; mais la lassitude le prit comme elle; il tomba sous un pin, le même à l'ombre duquel avait expiré, trois jours auparavant, la jeune fille [des montagnes, enterrée par les bannis sous les myrtes du Conca.

— « Quoi! s'écria Anselme avec indignation, nous faudra-t-il donc mourir ici? Destin railleur et féroce, ne nous as-tu donc arrachés à tant de périls que pour nous amener dans ces solitudes empoisonnées, que pour nous livrer sans défense aux vents mortels qui les infectent! Echapper aux boulets du Forum, et mourir au désert de mal'aria! Rage et dérision! »

Pour Loysa, elle avait dépensé toutes ses forces, toutes ses consolations; elle n'avait plus de larmes, plus de paroles. Couchée en silence sous le pin funèbre, elle fixait sur son amant un œil éteint et résigné; la soif la consumait, et le soleil baissait toujours.

— « Je ne suis qu'un lâche, reprit tout-à-coup Anselme après une pause; je me laisse tyranniser par la matière. Nous allons voir qui sera le plus fort ici, de mon âme qui veut, ou de ce corps insolent qui résiste. Esclave, obéis! »

Reprenant Loysa dans ses bras intrépides, il allait se remettre en route, lorsqu'il vit poindre à l'horizon un cavalier.

C'était Nicolo qui revenait des montagnes à travers les marais Pontins. Il avait appris à Cora les déplorables nouvelles de Rome, et regagnait tristement la tour. Dès qu'il aperçut Anselme, il mit son cheval au galop, et l'atteignit bientôt.

— « Vous êtes l'ange du désert, lui dit Anselme en lui serrant la main; c'est Dieu qui vous envoie. »

Loysa fut placée sur le cheval du garde-forêt; Nicolo suivit à pied avec Anselme, et, sortant des fournaises de Carocelle, la petite caravane ne tarda pas à entrer dans les bois frais et touffus d'Asture.

Tout en cheminant, Nicolo raconta à Anselme qu'il avait, quelques heures auparavant, rencontré au milieu des marais Pontins un homme en chemise qui fuyait comme un fantôme à travers la solitude.

Le fantôme était l'ambassadeur des Deux-Siciles, le duc de

Télèse. L'émeute de la veille l'avait tellement effrayé, qu'il était parti pour Naples le soir même. Arrêté par les bandits qui avaient relevé les carabiniers sur la route, Son Excellence avait été dépouillée et laissée nue par eux au milieu du désert.

Non moins effrayé, mais plus heureux, le marquis d'Ivrée avait quitté Rome aussi; il en fut quitte, lui, pour la peur, et il arriva sain et sauf à Florence, d'où il regagna Turin.

L'abbé Saverio, leur collègue au consistoire, n'en fut pas quitte à si bon marché. Parti de Rome avant le conclave pour aller intriguer à Modène, l'impatient jésuite fut pris en flagrant délit dans une vente de carbonari. Il eut beau dire qu'il avait l'oreille de son souverain, et qu'il travaillait pour lui, il n'en fut pas moins pendu le même jour et au même gibet qu'Azzo.

Ainsi la mort, par un de ses jeux pleins d'ironie et de fiel, avait réuni au même poteau d'infamie et jeté au même tombeau ces deux conspirateurs qui n'avaient eu de commun que la patrie, et qui n'avaient ni combattu ni péri pour les mêmes dieux. Toute victime n'est pas un martyr; et certes ce fut pour le fils intrigant d'Ignace un honneur dont il était peu digne, que de partager le supplice d'un tel homme. Mais ce qui honora l'un tacha l'autre et le déshonora. Le vulgaire s'y méprit; confondant dans sa pensée ce que ses yeux voyaient réuni, il accoupla deux noms que l'infini séparait. Méconnu sur la terre d'erreur et d'illusions, ailleurs sans doute Azzo fut vengé; parties ensemble du même échafaud, l'âme ignoble de l'égoïste intrigant et la grande âme du citoyen héroïque ne durent pas s'envoler à la même étoile. O mon Dieu! s'il n'y avait pas dans l'éternité plus de justice qu'ici-bas, la vie serait la plus épouvantable des déceptions, l'homme le plus misérable de tous les êtres.

XL

SAINTE-CÉCILE.

Le capucin avait bravé la mal'aria et marché toute la nuit; il avait fait si grande diligence, qu'il était arrivé à Asture quelques heures après le lever du soleil. Fidèle aux instructions d'Anselme, il avait dressé, sur la plate-forme de la tour, un autel improvisé, dont la sacristie domestique du dévot député avait fait les frais. Un crucifix d'ébène se détachait sur un simple drap blanc, et le ciboire d'argent étincelait au soleil. Tout étant disposé pour la cérémonie nuptiale, il avait attendu tout le jour les époux.

Le jour baissait; Anselme ne venait point.

— « Pourvu qu'il ne lui soit pas arrivé malheur! disait le sergent, assis sur sa tour, seul avec le Calabrais; car, hélas! nul autre que le moine n'y avait cherché asile. Quoi! poursuivait Oddo, sont-ils donc tous morts?

— » Tous! répondait le capucin d'une voix sombre.

— » Hélas! reprenait le sergent en se cachant la tête dans les deux mains, ils sont morts, et je n'y étais pas! O mes hôtes, mes bons cousins! je ne vous reverrai donc plus, jamais plus!

— » Jamais plus! répétait la voix sépulcrale du Calabrais.

— » Eh quoi! mon père, ce Remo si tendre et si doux, il est donc mort?

— » Mort!

— » Et Ponzio, et le Vénitien, l'un si brave, si énergique, l'autre si joyeux et si gai, morts aussi?

— » Aussi.

— » Et le Sicilien, et le Lombard, et le vieux Septime, et Côme, et Azzo, le juste Azzo, notre triste et grand ami, et notre enfant à tous, le gracieux Conradin, morts, tous morts?

— » Tous morts!

— » Et vous les avez vus mourir?

— » Je les ai vus mourir.

— » Jeunesse, beauté, justice, courage, et conviction, rien n'a donc pu les sauver! Pas un n'a échappé?

— » Pas un! » répétait l'écho lugubre du moine; et Oddo pleurait amèrement.

On entendit tout-à-coup, au pied de la tour, la voix du vieux Matteo.

— « Ma fille! ma fille! » — s'écriait-il en sanglotant. Ayant aperçu Loysa qui, en ce moment, sortait de la forêt avec Anselme et Nicolo, le triste vieillard s'était précipité au devant d'elle, la prenant pour Isolina.

Car le malheureux père avait eu aussi son lot de douleur dans cette journée de désolation. Il avait perdu sa fille.

Arrachée par surprise des bras de Conradin, Isolina avait accordé peu de foi au grossier mensonge de Septime et de Tipaldo; elle n'en avait pas moins attendu tout le jour avec assez de patience le retour de la chasse imaginaire. Le soir ne ramena pas son amant, le lendemain ne le ramena pas davantage ; l'inquiétude, l'épouvante, l'avaient chassée de la tour dès le matin du samedi. Elle s'en était échappée dès l'aurore, et avait fait retentir les bois muets du nom de Conradin : mais Conradin n'avait pas répondu ; il expirait alors sur la place du Peuple.

Lasse, éperdue, elle était revenue tomber de lassitude et de désespoir au bord de la mer, entre Asture et Neptune. Couchée sur le sable, elle inondait de larmes et de baisers les Heures du saint d'Arona, otage de mort et d'amour ; elle avait été aperçue dans cet état par le Barbaresque qui épiait depuis si long-temps cette fleur du désert pour l'arracher. Le hardi pirate avait tenté un coup plein d'audace ; se jetant, lui cinquième, dans un canot, et gagnant la côte à force de rames sous le feu même des tours, il avait enlevé la jeune fille dans ses bras. Le ravisseur était de retour à son bord avant même d'avoir été aperçu ; en vain les canons tonnèrent, les boulets volèrent ; la voile s'enfla, le léger vaisseau bondit, et le vent, son complice, emporta la vierge d'Europe à l'encan des voluptés africaines.

Les garde-côtes avaient, par humanité, trompé le vieux Matteo. Il croyait sa fille égarée dans les bois, et c'est ainsi qu'il avait pris Loysa pour elle. Quand il eut reconnu son erreur, il éclata en anathèmes contre Anselme.

— « C'est toi, excommunié ! lui cria-t-il ; c'est toi qui m'as damné ! car je suis damné, oui, damné ! et les peines éternelles commencent pour moi dès ici-bas. Dieu m'a puni de mon coupable silence. C'est pour toi, maudit, que j'ai perdu ma fille et mon âme. O mon Isolina ! où es-tu, où es-tu? Pourquoi ne réponds-tu pas à ton vieux père? Si tu es déjà au ciel, prie, oh ! prie pour lui, car ils m'ont fermé le ciel, les impies ! ils m'ont damné. Ils m'entraînent avec eux dans l'étang de feu et de soufre. »

Épuisé par tant d'efforts, le vieillard tomba évanoui sur le sable.

Un tel accueil épouvanta Loysa ; portée plutôt que soutenue par Anselme, elle arriva pâle et tremblante sur la plate-forme de la tour :

— « Voici, lui dit-il en la déposant au pied de l'autel, le temple où tu vas sacrifier à la fortune du proscrit ta couronne de vierge pour ceindre avec lui le bandeau d'épines. »

Le soleil était couché ; le crépuscule et le silence régnaient sur les flots. L'archipel de Ponza n'était plus visible ; un vent frais des montagnes apportait aux mers le parfum des bois.

En sentinelle sur les deux grèves de Neptune et de Paola, les deux soldats carbonari protégeaient la pompe nuptiale de leur chef, comme ils avaient protégé naguère la pompe funèbre de Grimaldi. Nicolo était comme eux à son poste; les deux autres étaient toujours consignés.

Quant au député, il était pénétré d'horreur; un crucifix et un ciboire aux mains des carbonari étaient pour lui la plus épouvantable des profanations; il ne s'y était prêté que par peur et par faiblesse. Il lui semblait voir des diables tenir le sabbat dans une église, et jouer avec les vases sacrés.

Revenu de son évanouissement, il se verrouilla, il se barricada dans sa chambre, il murmura toute la nuit des exorcismes. Quelques jours plus tard il mourut de douleur, d'épouvante, de désespoir, appelant toujours sa fille et criant qu'il était damné.

Prêtre, autel, époux, tout était prêt pour la cérémonie; la robe brune du capucin, sa barbe noire, sa figure morne, ajoutaient à l'austérité de cette triste fête.

— « Comme vous êtes mon hôte, dit Anselme au sergent en lui tendant la main, soyez mon témoin. Vous serez ensuite notre pilote à tous. »

Oddo se découvrit, mais il ne répondit pas; son émotion lui ôtait la voix.

Loysa était silencieuse. Une appréhension vague l'intimidait. De subites rougeurs allumaient son front; puis la pâleur l'éteignait, et son regard immobile ne quittait pas les flots.

Élevée dans les naïves croyances, elle croyait sans réticences et sans figures. L'hostie pour elle était bien le Sauveur en chair et en os, et le Sauveur, c'était Dieu; la voix du prêtre était la voix du ciel; à lui seul appartenait de légitimer la tendresse; en dehors du sacrement, il n'y avait que crime et péché. Ainsi la solennité nuptiale se parait à ses yeux du double prestige de l'amour et de la religion.

La foi d'Anselme était plus raisonneuse; ces formes matérielles, ces pompes extérieures, il les méprisait dans son cœur; la sanction du prêtre n'était pour lui qu'un acte de discipline humaine, de décence sociale; il s'y résignait plus qu'il ne s'y soumettait, et sa résignation était la condescendance du fort vis-à-vis du faible; sa raison superbe ne se pliait à ce sacrifice que pour complaire à sa maîtresse, et pouvoir dire en la présentant au monde: Elle est ma femme.

Il n'en mettait pas moins dans son amour de la piété, car il y a piété partout où il y a amour; l'un sans l'autre n'existe point. De même qu'il n'avait pas besoin du succès ni des prestiges de la victoire pour garder sa foi, dans l'exil, à la liberté de l'Italie, il n'avait pas besoin non plus de ce vain appareil de prêtre et d'autel pour rendre un culte en son âme à l'amour et à la fidélité.

L'épouse était en prière au pied de l'autel. Attendri par la pensée des périls et des épreuves auxquelles il condamnait sa jeunesse, le proscrit abaissa sur elle un œil plein de larmes.

— « Chère enfant, lui dit-il, nos noces sont bien mornes, n'est-ce pas ? Ce n'est pas là, sans doute, ce que tu avais imaginé dans tes rêves de jeune fille. Ne t'avais-je pas dit, poursuivit-il avec un sourire plus triste encore que ses pleurs, que l'église était nue et vide ? Mais voici l'orgue qui ouvre la symphonie et les cierges qui s'allument. »

Et en effet la vague gazouillait, d'une voix douce et plaintive, au pied du donjon ; et une étoile, Vénus peut-être, brillait sur les crêtes déjà plus sombres de la mystérieuse montagne de Circé.

Seul témoin de l'hyménée du désert, Oddo pleurait. Le moine attendait que Loysa eût fini sa prière. Enfin la cérémonie commença. Le fiancé s'agenouilla près de la fiancée, il prit sa main dans la sienne, et ils reçurent le sacrement à la clarté des étoiles.

— « Faites, ô Dieu ! dit Anselme en embrassant Loysa, faites qu'elle ne s'en repente jamais ! »

Un rire satanique lui répondit ; se retournant brusquement, les époux se trouvèrent face à face avec le capitaine Orlandini et vingt carabines.

— « Je sais le sort qui m'attend, s'écria le capucin de Calabre ; mais les prêtres ne m'auront pas vivant. »

En disant cela, il se jeta du pied de l'autel dans la mer. Ouverts pour le recevoir, les abîmes se refermèrent sur lui ; l'Océan fut son tombeau.

Le rieur infernal était Angelo, le forçat libéré ; consigné dans la tour par le sergent pendant la cérémonie, il avait vu à travers la fenêtre des casques et des carabines briller au crépuscule sur les marines solitaires de Paolo. Étaient-ce des troupes qui venaient assiéger la tour, ou bien passaient-elles là par hasard ? c'est ce qu'il ne savait pas. Mais, dans un cas comme dans l'autre, l'occasion lui avait paru bonne pour gagner ses galons de sergent. Il s'était glissé doucement à la porte, en avait tiré sans bruit les verroux, et s'était mis en campagne. Toutefois, pour être hors de la tour, il n'était pas libre, puisque les bois et les grèves étaient gardés. Rendu à ses vieilles habitudes d'assassin, le galérien avait pris sur-le-champ son parti; afin que la sentinelle en faction du côté de Paola ne pût l'arrêter ni jeter l'alarme, il l'avait assaillie par derrière et assommée sur place d'un coup de crosse; après ce noble exploit, il avait volé au-devant d'Orlandini, qui arrivait en ce moment de Terracine avec ses carabiniers, et lui avait servi de guide jusqu'au pied de l'autel nuptial. La surprise avait été complète; non moins favorisé de la fortune que son digne patron, le gouverneur de Rome, le capitaine prenait du même coup la tour, sa fille, le pèlerin de Sainte-Marie-Majeure, et le carbonaro du Forum.

— « Je vous arrête au nom du saint-père! s'écria-t-il; le premier qui bouge est mort. »

Oddo s'approcha de lui.

— « Capitaine, lui dit-il, vous êtes carabinier, je suis artilleur; je ne suis ni de votre corps ni de votre arme, et vous n'êtes point mon chef. Veuillez, s'il vous plaît, me montrer vos ordres.

— » Mes ordres! répondit Orlandini avec un rire atroce; ah! tu veux voir mes ordres? Écoute donc bien; les voici : Carabiniers, ce sergent est un carbonaro; il a trahi le saint-père et déshonoré l'armée. Qu'on le fusille par derrière. »

Oddo fut entraîné par six hommes jusqu'au bord du Conca, au lieu même où avait brûlé le bûcher de Grimaldi. Une décharge de carabines annonça que l'ordre sanglant était exécuté.

— « A nous deux maintenant, reprit Orlandini en s'adressant à Anselme, déjà saisi par les carabiniers. Ne suis-je pas prophète? Ne t'avais-je pas dit à Sainte-Marie-Majeure que je t'escorterais moi-même au gibet?

— » Arrêtez! s'écria tout-à-coup Loysa en s'élançant sur les créneaux de la forteresse; si vous l'emmenez, je rejoins le capucin, je me précipite dans la mer.

— » Allez toujours, mon capitaine, dit Angelo; elles disent toutes la même chose. N'ai-je pas vu ça, moi, quand on a pris le fameux bandit Garbarone? La belle Grazzia, sa maîtresse, soit dit, mon capitaine, sans vous offenser, menaçait aussi de se tuer si on arrêtait son amant; on l'a arrêté, et elle vit encore.

— » Angelo, Angelo! interrompit son camarade Salvator d'une voix effrayée, tu joues là un bien triste rôle. Ne crains-tu pas le sort du pauvre Checo, brûlé sur la montagne?

— » Va-t'en, lâche, imbécile! » répondit le forçat; et d'un coup de pied il jeta le trembleur au bas de l'escalier.

Cependant Loysa n'avait pas quitté son créneau, ni les carabiniers leur proie; mais sa menace les tenait en respect. La vue de son père lui avait rendu toute son énergie, et sa résolution était prise là comme à Sainte-Catherine. L'embarras d'Orlandini était grand, car il y allait de ses épaulettes de colonel. Il menaça à son tour, il jura, blasphéma, mais en vain; attentive au moindre geste, Loysa ne répondait que par ces quatre mots : Si vous l'emmenez, je me précipite.

Anselme alors intervint. Jusque là il s'était tû. Qu'avait-il à dire? Écrasé par le nombre, il se résignait en silence à la mort. Mais il ne se résignait pas à celle de sa jeune et héroïque épouse; ne pouvant voler dans ses bras pour rejoindre avec elle le capucin et mourir tous ensemble au sein des flots, il se mit à genoux, les mains jointes, au milieu de la plate-forme, dans l'attitude d'un suppliant; mais au premier mot qu'il voulut hasarder pour la conjurer de vivre, elle lui ferma la bouche.

— « Crois-tu, lui dit-elle fièrement, que je veuille d'un salut qui n'assurerait pas le tien, et d'une vie que tu ne devrais point partager? Ne suis-je pas ton épouse? N'es-tu pas mon époux? Le ciel n'a-t-il pas reçu nos sermens? Ne vient-il pas de bénir notre union?

— » Votre union! interrompit le capitaine exaspéré; votre union! Vous osez nommer cela un sacrement! C'est un sacrilége, et l'abominable prêtre qui s'est prêté à une telle profanation s'est senti lui-même si coupable, qu'il a prévenu par un nouveau crime les châtimens du saint-office. S'il a échappé à l'ergastulum de Corneto, il n'échappera pas à l'enfer. Mais enfin, continua-t-il en faisant un pas vers Loysa, te plaira-t-il de descendre de ce créneau, ou s'il faut que je t'en aille arracher de force?

— » N'approchez point. Un pas de plus, vous êtes parricide. Vous savez bien que je ne fais pas de vaines menaces; rappelez-vous plutôt Sainte-Catherine et les Quatre-Fontaines. Je vous répète que si vous ne voulez pas être parricide, et vous présenter au jugement dernier teint du sang de votre propre fille, vous devez relâcher mon époux et le laisser fuir : vous me garderez si vous voulez; mais lui, je sais le sort qui l'attend; n'ai-je pas, ce matin même, entendu mettre à prix sa noble tête? Je sais aussi bien que vous ce que cela signifie : si vous l'emmenez, il est perdu pour moi, et je n'ai plus qu'à mourir. Ainsi, mon père, n'espérez pas me tromper.

— » N'avez-vous point de pitié? s'écria tout-à-coup Anselme en tournant de la fille au père toutes ses supplications. Je ne vous prie pas pour moi ; mais c'est elle, c'est votre enfant qu'il faut sauver. S'il faut pour cela m'humilier devant vous, me voici à vos pieds. Qu'exigez-vous de plus ? N'est-ce pas une victoire assez belle que d'avoir à vos genoux le pèlerin de Sainte-Marie-Majeure ? Au nom du ciel, au nom de tous vos saints, préservez-la d'elle-même ; arrachez-la de cet affreux créneau. Vous voyez bien qu'elle va tomber, qu'elle va périr. Sauvez-la donc ! sauvez-la ! »

Il fut là encore interrompu par Loysa.

— « Et tu crois donc que, si les prières pouvaient le toucher, je ne t'en aurais pas épargné l'humiliation ? Tu crois que je n'aurais pas moi-même usé sous mes genoux la plate-forme de cette tour de malédiction ? Va, ne prie plus, Anselme ; je le connais mieux que toi : tes supplications se brisent contre un roc. Relève-toi ; ne prie plus. Autant vaudrait dire au Tibre de s'arrêter, et au Vésuve : Éteins-toi ! Il n'a point d'entrailles. C'est la peur qui le touche, ce ne sont pas les larmes. Mais, mon père, songez-y, continua-t-elle en se tournant vers le capitaine ; il ne s'agit plus de moi, il ne s'agit plus de lui, il s'agit de votre salut éternel ; car vous êtes un parricide, et vous aurez à rendre compte à Dieu de ma mort si votre inflexibilité me force à prendre la route du capucin.

— » Il te sied vraiment de parler de Dieu, à toi, fille rebelle, qui te révoltes contre ton père, comme Absalon. Dieu te punira comme lui.

— » Allez toujours, mon capitaine, ne cessait de lui murmurer à l'oreille le galérien ; elle ne se tuera pas plus que la belle Grazzia. Je vous en réponds. »

Un coup de canon partit de la mer ; c'était le brick qui arrivait d'Ostie. Il avait aperçu de loin une embarcation clandestine qui fuyait la côte ; l'ayant hélée sans qu'elle répondît, il avait tiré dessus et l'avait coulée bas. C'était la parancelle. Une fois la tour au pouvoir des carabiniers, et tout espoir étant perdu, le soldat de garde vers Neptune s'était glissé sous le pont où elle était amarrée, et avait gagné le large ; il fut coulé à fond avec elle.

Nicolo fut plus heureux : quoique dénoncé par Angelo, il échappa ; pour éviter le bagne il prit le bois, c'est-à-dire qu'il entra dans une comitive de l'Apennin, et qu'il se fit bandit.

Cependant il fallait prendre un parti. Les carabiniers murmuraient déjà, et la présence du brick avait rallumé la vulgaire ambition d'Orlandini. Jaloux de terminer à lui seul une entreprise si noblement commencée, afin de mieux gagner son brevet de colonel, il donna, plus peut-être pour éprouver sa fille et l'effrayer que pour être obéi sur-le-champ, l'ordre bref et précis d'emmener Anselme; il la somma elle-même militairement de descendre de son créneau, et s'élança vers elle pour l'y contraindre. Il arriva trop tard; elle avait suivi le moine. La mer jalouse engloutit dans son sein la vierge épouse, et se refermant en grondant sur ce trésor perdu pour la terre, l'abîme renvoya au père dénaturé un cri de malédiction.

C'en était trop pour le proscrit; resté à genoux sur la plateforme, il tomba le front sur la pierre, et resta sans mouvement aux pieds des soldats, comme le Dante aux pieds de Françoise de Rimini.

Il revint à la vie, au lever du soleil, sur la route d'Ardée. Il se trouva garrotté sur le dos d'un cheval et entouré de cavaliers. Orlandini marchait en tête. Laissant sa fille au sein des mers et la tour d'Asture sous la garde d'Angelo, nommé sergent, et de quelques carabiniers détachés de sa troupe, il conduisit à Rome son prisonnier.

La cavalcade fit halte à Ardée, pour laisser rafraîchir les chevaux. Accablé de fatigue, muet de douleur, l'époux de Loysa était couché sur la prairie qui sert de place à la ville de Danaé, au lieu même où, quelques semaines auparavant, il s'était assis avec Marius. Que d'espérances alors! et maintenant!...

Dévoré de chaleur et de soif, il ne demandait rien, il n'eût rien obtenu. Un vieillard s'approcha malgré la brutalité des gardes, et, soutenu par un prêtre, il tendit au prisonnier un verre d'eau que le prêtre fut obligé de lui porter lui-même aux lèvres, car ses deux bras étaient enchaînés. Le vieillard était ce moribond qu'Anselme avait arraché vivant de l'hypogée ténébreux; le prêtre, celui auquel il l'avait confié en repartant pour Asture. Tous les deux l'avaient reconnu; il les remercia du regard, et le vieillard se retira en fondant en larmes.

La caravane repartit. Comme elle traversait le pont de Numicus, Orlandini aperçut un homme qui gravissait devant eux la colline opposée. Il détacha à sa poursuite deux carabiniers qui revinrent sans l'avoir atteint. Il s'était perdu dans les bois.

C'était Septime. Réveillé, par l'instinct de sa propre conservation, de la longue léthargie où la mort de Conradin l'avait plongé, le vieux Sarde avait coupé une boucle de cheveux à la tête blonde du bel enfant; il avait serré sur son cœur ce triste et doux trophée; et, laissant son fils adoptif à Sainte-Cécile sous la garde des Trastévérines, il avait repris seul la route d'Asture. Il n'y était arrivé que pour y voir entrer Orlandini ; mais, caché par la nuit, il avait rebroussé chemin sans avoir été découvert. A peine avait-il fait un mille du côté de Neptune, qu'un obstacle l'avait fait trébucher dans sa fuite ; il crut que c'était un porc-épic : c'était le livre d'Heures d'Arona que le vent avait fait voler de la grève où l'avait laissé tomber Isolina dans les bois où fuyait le père adoptif de Conradin. Septime s'empara de la sainte relique ; il cacha dans son sein ce nouveau trophée, et, seule victime échappée au sacrifice, le soldat sexagénaire avait repris seul, à travers ces déserts hérissés de tant de périls, le chemin de l'exil.

Cependant la cavalcade avait atteint le Tibre par Camposelva, Lavinie, les champs Laurentins, Tellènes, toutes ces solitudes silencieuses, peuplées de tant d'invisibles prestiges, et tant de fois traversées par Anselme et Marius aux jours radieux de l'espérance. Les instructions d'Orlandini portaient que les prisonniers d'Asture devaient être conduits à Rome par le Tibre, afin de prévenir toute tentative d'enlèvement. Une galère pontificale les attendait à l'embouchure de l'Eau Férentine. Anselme y fut embarqué sous bonne escorte ; et, remorquée par les chevaux, la galère entra de bonne heure au Trastévéré dans le port de Rive-Grande ; grande rive en effet, illustrée par Coclès, Clélie et Scévola, aux siècles géans de la république.

Le faubourg du Janicule était désert ; la population trastévérine était tout entière à Sainte-Cécile pour les obsèques de Conradin. Exposé sur le tombeau même de la sainte toute la journée du dimanche, le martyr adolescent devait être enseveli, par une grâce particulière, dans la chapelle même où la vierge mélodieuse reçut elle aussi le martyre dans tout l'éclat de sa jeunesse et de sa beauté.

Les restes de Marius avaient été moins heureux. Déposés par les Trastévérins à Saint-Jean-Décollé, ils en avaient été arrachés violemment dès le soir. Informée par l'ignoble confesseur du condamné qu'il avait refusé de baiser son crucifix de buis, et que par conséquent il était mort en état complet de réprobation, la confrérie des suppliciés avait refusé son ministère au philosophe du Janicule ; repoussant sa dépouille avec horreur, comme indigne de reposer en terre sainte, elle l'avait fait jeter au pied du Muro-Torto, cimetière, ou plutôt voirie des impénitens, située entre la porte du Peuple et la villa Borghèse. La terreur qui régnait dans Rome n'empêcha pas de trouver le lendemain matin la tombe du carbonaro jonchée de lis et d'immortelles.

La barbarie monacale de la confrérie des suppliciés perdit Taddée : cet acharnement de prêtres sur un cadavre l'exaspéra ; il alla dans sa rage jusqu'à maudire l'autel et ses ministres. Il le paya cher. Convaincu par le Saint-Office de blasphème public au premier degré, il fut condamné aux galères perpétuelles, et le dictateur du Trastévéré alla mourir au bagne de Civita-Vecchia.

Le jour venu d'ensevelir Conradin, les Trastévérines, ses protectrices, avaient envoyé une députation au cloître de Saint-François, pour supplier le cardinal de Pétralie de vouloir bien condescendre, pour l'amour d'elles, à officier en personne aux funérailles du jeune inconnu, leur protégé. — C'est le fils adoptif du faubourg, lui dirent-elles, et le grand-pénitencier est le père du faubourg. Comment refuserait-il de prier pour le plus pur et le plus beau de ses enfans ?

Anéanti par la restitution muette, éloquente, de son mystérieux anneau, le Sicilien sortit une seconde fois de la tombe où il était plus qu'à demi descendu, et consentit à payer au monde ce dernier tribut.

Dès l'aube du lundi, l'église de Sainte-Cécile était en deuil. Beau dans la mort comme dans la vie, Conradin était couché, le visage découvert, au pied du maître-autel d'albâtre et d'agate où la sainte repose. Sa chevelure blonde et pendante ondoyait sur le marbre sacré ; seize cierges, autant qu'il avait d'années, brûlaient autour du cercueil. Le cardinal monta en chaire, pâle, livide, déjà saisi du froid de la tombe. Il parla de la jeunesse, de l'espérance, de l'éternité ; c'était un spectacle à la fois triste et touchant que cette oraison funèbre de l'adolescent inconnu par le prince de l'Église septuagénaire. Tous deux fils de l'Italie, entraînés tous deux à Rome par la même idée, le vieux bâtard de Sicile et le jeune orphelin d'Arona mouraient du même coup. Mais en les voyant là l'un dans sa pourpre, l'autre dans son linceul, quel œil aurait pu soupçonner entre le vieillard et l'enfant une si intime conformité d'espérance et d'infortune ?

La multitude était en larmes.

Le bruit d'une cavalcade troubla la cérémonie, et, du haut de sa chaire, le cardinal vit passer devant l'église un homme enchaîné. Du port de Rive-Grande, Orlandini traînait son prisonnier au château Saint-Ange. Le galop des chevaux se perdit au loin dans la solitaire Longare, et, un instant distraite par le bruit, la pensée de l'auditoire revint à Conradin.

Le prédicateur n'y revint pas ; il avait reconnu Anselme. Resté muet dans sa chaire, il garda un long et morne silence. Tout-à-coup, son œil terne et son front livide s'allumèrent d'un feu surnaturel ; faisant sur lui-même un puissant effort, le moine étendit les deux bras sur la foule prosternée, et il s'écria avec le Crucifié du calvaire :

— « Jérusalem ! Jérusalem ! toi, qui tues tes prophètes et lapides ceux qui te sont envoyés, combien de fois ai-je voulu rassembler tes enfans, comme la poule rassemble ses poussins sous ses ailes, et tu ne l'as pas voulu ! »

A ces mots, il tomba évanoui.

Comme on plongeait Anselme dans le cachot quitté la veille par Marius, le grand-pénitencier fut reporté mourant dans sa cellule. Il y languit plusieurs jours ; un devoir l'attachait encore à la vie. Il s'attendait au supplice d'Anselme, et il en épiait l'heure afin d'user du droit des vestales, et de se jeter entre le martyr et l'échafaud. Cette consolation lui fut déniée. Le palais Madame avait assez de l'émeute de Marius sans en affronter une seconde. Condamné à mort, Anselme fut exécuté dans son cachot.

Ce dernier fil rompu, rien ne retenait plus à la terre le bâtard de Sicile ; il retomba sur son lit de douleur, sur son lit de mort, et descendit dans la tombe après tous les autres. Il s'y coucha en silence, et sa grande âme, inconnue du monde, emporta dans l'éternité le secret de son génie et de ses douleurs.

Un mois s'était écoulé depuis la tragédie du Forum. Les mille bouches du Vatican hurlaient encore de joie ; Naples et Turin faisaient écho. La consternation régnait dans les ventes ; on y avait reçu à la fois et les dépêches clandestines d'Anselme et la nouvelle publique de sa défaite ; cette lamentable nouvelle ajournait tout. C'était une plaie saignante au carbonarisme italien ; ne pouvant songer à se remettre à l'œuvre avant d'avoir cicatrisé ses blessures, il attendait sa guérison et y travaillait dans le silence du désespoir, mais du désespoir qui ne se résigne pas.

Un soir du mois de juillet, après une journée brûlante, une légère barque sortit du port d'Arona sur le lac Majeur.

Le soleil était couché, mais le crépuscule, encore clair, surgissant du milieu des citronniers et des cyprès, la gigantesque statue de saint Charles Borromée se dressait dans l'espace et se dessinait inerte et sombre sur les mouvantes nuées d'un couchant d'or. A l'autre rive, ondulaient les coteaux enchantés de Varèse, tout brillans de chapelles, de tours, de villas, et dominés par le sanctuaire aérien de la Madone-du-Mont. Ispra, Belgirate, Palanza, Lisance, tous les villages, tous les couvens, tous les châteaux, semés sur les bords, suspendus aux flancs des collines, se miraient dans les eaux bleues et tranquilles ; couronnés d'orangers en fleurs, de myrtes, de grenadiers, les îles Borromées siégeaient en ruines au milieu du lac. Les glaciers roses de Bellinzone et du Valais fermaient au nord l'horizon.

Bercée sur les flots avec mollesse, la barque glissait en paix. Elle n'avait qu'un rameur, et à la poupe était assise une femme blonde, vêtue de noir, belle, gracieuse, jeune encore, mais pâle et fatiguée par les pleurs. Arrivée au milieu du lac, elle tira de son sein un portrait qu'elle couvrit de baisers. Cette femme en deuil était la mère de Conradin, et, dernière ébauche de Remo, ce portrait — qui ne s'en souvient avec larmes? — sortait du donjon d'Asture. Confié là à Marius, et déposé par lui à Bologne en des mains sûres, il était parvenu à la veuve d'Arona par des voies mystérieuses. Sans autre nouvelle du jeune proscrit, et le croyant toujours en Corse, elle s'exilait chaque soir de la terre de servitude, et cherchait le tranquille désert des eaux pour verser en liberté sur son Benjamin des pleurs dont la tyrannie jalouse lui faisait un crime.

Ses larmes coulaient sans bruit; le jour baissait; et, venu aussi d'Arona, un esquif monté par un homme seul fendit tout-à-coup les vagues. Il eut bientôt atteint la mère de Conradin. Arrivé près d'elle, l'inconnu sauta de l'esquif dans la barque; il s'agenouilla à ses pieds, lui prit la main, la baisa en silence; et tirant un livre de son manteau, il le lui présenta sans parler.

C'étaient les Heures du saint lombard, dont le colosse de bronze contemplait, du haut des collines en fleurs, cette scène muette et douloureuse. Une boucle de cheveux blonds tachés de sang pendait au volume héréditaire.

La triste mère comprit; elle leva sur Septime, car c'était lui, ses beaux yeux bleus noyés de larmes, et tomba dans ses bras sans connaissance.

— « Fuyez! » — s'écria derrière lui la voix du rameur. Tournant les yeux du côté de la terre, le banni vit galoper sur la rive sarde une troupe de carabiniers royaux. Ils l'aperçurent, descendirent de cheval, et, s'élançant dans une embarcation, ils se mirent à sa poursuite.

Septime pressa sur son cœur la mère de son fils d'adoption; il baisa une dernière fois ses mains glacées, et la déposa doucement dans la barque; rentré à la hâte dans son esquif, il gagna la côte lombarde à force de rames. Là, du moins, les sbires piémontais ne pouvaient le poursuivre. Ils ne l'atteignirent pas, mais ils se vengèrent de la fuite du carbonaro sur la veuve évanouie. Elle fut traînée dans la citadelle de Novare, pour avoir entretenu de coupables intelligences avec les ennemis de l'État.

Débarqué au fond d'un petit golfe désert, Septime se jeta seul, et par des sentiers de traverse, dans les vallées lombardes de Gavirate et de Cassano. Il marcha toute la soirée, toute la nuit; au soleil levant il franchit la Trésa, et, avec elle, la frontière libre des républiques suisses.

Il était sauvé.

Désormais en sûreté, le banni sexagénaire gravit à pas lents le mont Cendre ; arrivé au faîte, il s'arrêta ; il se retourna vers l'Italie étendue à ses pieds, comme une esclave enchaînée ; il salua d'un long, d'un dernier regard cette terre inondée du sang de tous ses frères, et, se prenant à pleurer, il se demanda pourquoi il survivait seul, lui qui était le plus vieux de tous ; si ce n'était pas une ironie du destin, ou si, anneau providentiel d'une chaîne invisible et consolante, il ne serait point destiné peut-être à unir à la génération des martyrs la génération des vengeurs.

L'avenir lui répondra.

NOTE.

On fait observer à l'auteur qu'un livre de la nature de celui-ci réclamerait des pièces justificatives. L'auteur y avait pensé, et les documens originaux ne lui manquent pas; mais ils sont en si grand nombre, que les notes auraient à elles seules composé — et composeront en effet plus tard (1) — un ouvrage spécial. Il est un point cependant qui exige dès aujourd'hui une explication, les sanfédistes. L'action, on l'a compris, se passe à la fin de la Restauration ; or, la révolution de juillet a fait subir à la secte guelfe une modification qu'il est bon de constater, afin de prévenir toute confusion et tout malentendu. La victoire des Parisiens a frappé d'un tel effroi Rome et César, qu'elle les a rapprochés momentanément dans un intérêt commun d'existence, et le guelfe a pactisé avec le gibelin pour tuer de concert la liberté. La pièce suivante expliquera mieux que tout ce qu'on pourrait dire le but de l'alliance : c'est le serment secret qui lie entre eux les adeptes. Ce document singulier et authentique voit le jour pour la première fois. Il arrive d'Italie par des voies sûres, et on le publie tel qu'il a été communiqué; après une telle profession de foi, tout commentaire serait superflu.

INSTRUZIONE

PER I FRATELLI DELLA CATTOLICA APOSTOLICA SOCIETA DEI SANFEDISTI.

Giuramento.

Io N. N. in presenza di Dio onnipotente Padre, Figliuolo e Spirito santo, di Maria sempre vergine immacolata, di tutta la Corte celeste, e di te, onorando padre, giuro di farmi tagliare piuttosto la mano diritta, la gola, di morire dalla fame, o fra i più atroci tormenti, e prego il signore Iddio onnipotente che mi condanni alle pene eterne dell' inferno piuttosto che

---

(1) *Fragmens politiques et littéraires sur l'Italie*, 2 vol. in-8°.

tradire o ingannare uno degli onorandi padri e fratelli della cattolica apostolica società alla quale in questo momento mi ascrivo; o se io non adempissi scrupolosamente le sue leggi, o non dassi assistenza ai miei fratelli bisognosi. Giuro di mantenermi fermo nel diffendere la santa causa che ho abbracciato, di non risparmiare nessun individuo appartenente all' infame combriccola de' liberali, qualunque sia la sua nascita, parentela o fortuna, di non avere pietà nè dei pianti de' bambini, nè de' vecchi, e di versare fino all' ultima goccia il sangue de gl' infami liberali senza riguardo a sesso, età, nè a grado. Giuro in fine odio implacabile a tutti i nemici della nostra santa religione cattolica romana unica e vera.

Parole di passo e colloquio di ricognizione.

Saluto : « Evviva! — Risposta : « Evviva pure!
Dimanda : « Abbiamo una bella giornata? — Risposta : Domani spero che sarà migliore.
D. Sarà bene, perchè la strada è cattiva.
R. In breve sarà accommodata.
D. E in qual modo? — R. Cogl' ossi dei liberali.
D. Come vi chiamate? — R. Luce.
D. Di dove viene la luce? — R. Dal cielo.
D. Che pensate oggi di fare? — Di perseverare sempre a separare il grano dal loglio.
D. Qual è la vostra parola d'ordine? — R. ***.
D. Qual è la vostra professione di fede? — R. La distruzione dei nemici dell' altare e del trono.
D. Qual è la lunghezza del vostro bastone? — R. E lungo abbastanza per abbatterli.
D. Qual pianta l' ha prodotto! — R. Un alloro seminato in Palestina, cresciuto nel Vaticano sotto la fronda del quale stanno al coperto tutti i fedeli.
D. Vi proponete voi di viaggiare? — R. Si.
D. Dove? — R. Verso i lidi della fedeltà e della religione, a bordo del navicello del pescatore.

Segue per gli initiati d'un ordine superiore.

D. Evviva! siete il ben venuto; ditemi per la seconda volta chi siete voi? — R. Un vostro fratello.
D. Siete voi uomo? — R. Si certamente ed acconsento che la mia mano dritta, e la mia gola sia tagliata; di morire di fame e fra i più atroci tormenti, se mai ingannassi o tradissi un fratello.
D. Come fate a conoscere un uomo fedele al suo Dio e al suo principe? — R. Con queste tre parole : fede, speranza ed unione indissolubile.
D. Chi vi ha ammesso fra i sanfedisti?
R. Un uomo venerabile con i capelli bianchi.
D. Come a fatto a ricevervi? — R. Mi ha fatto porre un ginocchio

sopra la croce, la mano dritta sopra la santissima Eucaristia, e mi ha armato di un ferro benedetto.

D. In che luogo vi ha ricevuto? — *R.* Alle rive del Giordano, in luogo non contaminato dai nemici della santa religione et dei principi, nell' ora istessa che nacque il nostro divin Redentore.

D. Quali sono i vostri colori? — *R.* Col giallo e col nero mi copro la testa, (*colori della bandiera austriaca*) e copro il cuore col bianco e col giallo, (*colori della bandiera papale*).

D. Sapete voi quanti siamo? — *R.* Siamo certamente in numero sufficiente per annientare i nemici della santa religione e della monarchia.

D. Qual è il vostro dovere? — *R.* Di sperare in nome di Dio e della sola vera Chiesa cattolica romana.

D. Da dove viene il vento? — *R.* Dalla Palestina e dal Vaticano; questo disperderà tutti i nemici di Dio.

D. Quali sono i nodi che ci stringono? — *R.* L'amore di Dio, della patria, e della verità.

D. Come vi addormentate? — *R.* Sempre in pace con Dio e colla speranza di svegliarmi in guerra contro i nemici del suo santo nome.

D. Come si chiamano i vostri passi? — *R.* Il primo: *Alfa*; il secondo: *Archa di Noè*: il terzo: *Aquila imperiale*; il quarto: *la Chiave del cielo*.

Coraggio dunque, fratello, e perseveranza.

FIN.

TABLE.

I. Ardée	3
II. Asture	13
III. Présentation	28
IV. La Parancelle	34
V. Neptune	41
VI. Le Cilento	49
VII. Loysa	59
VIII. La Place de Saint-François	69
IX. Les Sanfédistes	78
X. Le Conciliabule	90
XI. Le Palais de Venise	100
XII. La Prison Mamertine	107
XIII. La Rue des Quatre-Fontaines	114
XIV. Le Mont Mario	118
XV. La Cellule	139
XVI. Pasquin	148
XVII. Le Palais Madame	157
XVIII. Le Vélabre	165
XIX. Sainte-Marie-Majeure	177
XX. Le Bûcher	187
XXI. Le Conclave	190
XXII. Les Vêpres	197
XXIII. Le Scrutin	205
XXIV. Le pont du Numicus	215
XXV. Les Thermes de Caracalla	231
XXVI. Le Sépulcre de Bibulus	236
XXVII. L'Adoration	242
XXVIII. Amnistie	249
XXIX. La Place publique et le Boudoir	256
XXX. Le Mont Sacré	268
XXXI. Le Couronnement	275
XXXII. L'Ostérie	284
XXXIII. Les Métamorphoses	290
XXXIV. Le Palatin	303
XXXV. Saint-Jean-de-Latran	312
XXXVI. L'Aventin	320
XXXVII. Martyre	332
XXXVIII. Le Colossée	359
XXXIX. Le Désert	365
XL. Sainte-Cécile	376
Épilogue	388
Note	391

Paris. — Imprimerie de Vᵉ DONDEY-DUPRÉ, rue Saint-Louis, 46, au Marais.